KB141342

지식을 공유하라

한국 오픈 액세스 운동

지식공유연대
서울대 아시아도시사회센터
기획

박서현·정경희
엮음

지식을 공유하라

빨간소금

박서현·정경희

1 ─────────────────────────────────────

이 책은 '새로운 학문 생산 체제와 '지식 공유'를 위한 학술 단체 및 연구자 연대'(Knowledge Commoning and the Open Access Movement in Korea, 이하 지공연)와 서울대 아시아도시사회센터가 기획·출판했다. 지공연은 2019년 8월 27일 「새로운 학문 생산 체제와 '지식 공유'를 위한 학술 단체 및 연구자 연대 선언」을 발표하고 2020년 7월 17일 창립했다. 오픈 액세스(Open Access, OA)의 필요를 제기한 2019년 8월 선언문은 국내 인문사회 분야 학술 생태계의 현실 진단에 근거해 학술 논문과 같은 학술 지식의 OA를 통해 현실을 변화시킨다는 취지를 담고 있었다. 이후 지공연은 이러한 실천을 실제로 전개해왔다. 이 책은 지공연의 그간의 실천에 관한 중간 보고인 동시에, 계속해서 이루어져야 할 뿐 아니라 더욱더 심화·확대해야 하는 실천의 토대를 놓기 위해 기획됐다.

지공연 창립의 발단은 2019년 초에 있었던 학술 DB 업체와의 재계약 문제였다. 업체가 제공하는 학술 정보 서비스 플랫폼에서 논문을 계속 유통하기 위한 재계약이 당시 심각한 문제로 받아들여졌다. 학술 생태계와 직접적으로 연관된 문제로 이해되었기 때문이다. 주지하듯이 학회는 학술지를 출판한다. 그런데 2000년대 중반 이후부터 논문 게재를 위해 저작권양도계약서를 쓰는 문화가 생겨났다. 학술 DB 업체의 플랫폼에서 논문을 '상품'으로 유통하기 위한 업체의 요청과 그에 대한 학회의 무비판적 수용에 따른 것이었다. 그 대가로 학회는 업체로부터 소정의 저작권료를 받았다.

　업체의 플랫폼에서 논문이 배타적으로 유통되면 저자 역시 자기 논문을 유료로 내려받아야 하는 웃지 못 할 일이 생긴다. 편집을 거친 출판 논문의 정확한 쪽수를 확인해야 하는 등의 일이 필요할 수 있기 때문이다. 일반적으로 연구자는 업체와 계약을 맺은 소속 대학 도서관 사이트를 통해 업체의 플랫폼에 접속해 논문을 내려받는다. 그런데 박사과정을 수료하거나 박사를 막 졸업해 소속이 없는 연구자는 돈을 주고 사서 보지 않고서는 논문에 접근할 방법이 없다. 아울러 시민단체 활동가가 사회문제를 분석하고 해결책을 모색하는 논문에 자유롭게 접근할 수 있다면, 우리 사회의 건강한 변화를 도모하려는 그들의 활동에 분명 도움이 될 것이다. 그런데 논문 접근이 지금처럼 제한된다면 우리 사회의 발전이 그만큼 제약될 수밖에 없다. 이러한 점에서 시민사회 활동가와 성직자 그리고 일반 시민과 같은 비연구 집단 역시 논문에 자유롭게 접근할 수 있어야 한다.

　이처럼 재계약 문제는 논문에 대한 접근의 문제였을 뿐만 아니라, 국내 인문사회 분야 연구자들로 이루어진 학술 생태계, 나아가 우리 사회 전체의 문제와 직간접적으로 연관된 문제였다. 점점 더 많은 연구자가 대학에 안정적으로 소속될 수 없는 현실에서 연구자의 연구 위기, 삶의 위기와 직접적으로 연관된 이 문제를 집단으로 성찰·대응하기 위해 주로 국어국문학 분야 학회들과 연구자들이 모였다. 이후 이 연구자들과, 지공연 선언이 있기 1년 전인 2018년 4월 20일 「문헌정보학 분야 학술단체의 오픈 액세스 출판 선언」을 발표한 문헌정보학 분야 학회들과 연구자들이 연결됐다. 2018년 4월 선언문 발표 이후 문헌정보학 분야 학회들은 한국기록관리학회지를 포함한 소속 학회 학술지의 OA 출판 전환에 성공했다. 문헌정보학 분야 연구자들과의 결합은 학술지 OA 출판 전환을 위한 경험과 지식을 나누는 것을 넘어 OA 운동의 역사와 의미, 필요에 관한 인식을 크게 확장하는 계기가 되었다.

국내 인문사회 분야 학술지의 OA 출판 전환은 2002년 「부다페스트 OA 선언(Budapest Open Access Initiative, BOAI)」 이후 여러 학문 영역에서 전 세계적으로 진행되고 있는 OA 운동의 하나로 이해할 수 있다. 디지털 기술과 학술지 출판의 접목을 통한 학술 지식 생산의 변화로 인해 인쇄본을 도서관에서 구독하고 복사하는 문화가 사라지고 PDF 같은 디지털 학술 출판물을 내려받는 문화가 생겨났다. 이와 함께 한편에서는 저작권 등을 통한 디지털 학술 출판물의 인클로저가, 다른 한편에서는 이러한 인클로저에 맞서 디지털 학술 출판물을 자유롭게 공유하려는 OA 운동이 일어났다. 지공연의 지식공유운동은 전 세계적으로 전개되고 있는 학술 지식의 상품화와 자유로운 공유를 둘러싼 싸움의 맥락에서 이해할 수 있다.

지식공유운동은 국제적인 OA 운동과 관련해 이해할 수 있는 운동일 뿐만 아니라, 우리 사회 전체의 문제, 특히 대학에 일시적으로 소속되거나 아예 소속되지 않은 국내 인문사회 분야 비정규직 연구자 및 독립연구자의 '연구의 권리'와 '삶의 안전'이라는 문제를 직간접적으로 제기하는 운동이었다. 후자와 관련해 지식공유운동은 한국 사회의 신자유주의화와 함께 1990년대 후반 도입된 '학술지 등재 제도'의 영향 아래 성립되어, 2000년대 이후의 학술 생태계를 특징짓는 소위 '학진 체제'를 비판적으로 이해하고 그에 대한 대안을 모색하는 운동이기도 했다.

그동안 학진 체제, 즉 계량화를 중심으로 하는 평가–지원 체제 아래에서 논문이 양산되어왔다. 하지만 그렇게 생산된 다양한 지식이 과연 '공공성'을 가지는지를 되물을 수밖에 없는 상황, 나아가 상당수의 연구자가 그들의 삶을 안정적으로 영위하기 어려운 조건에서 다시금 저 평가–지원 체제 아래서 발버둥 칠 수밖에 상황이 바로 지공연의 탄생 배경이자 지공연이 문제 삼았던 국내 인문사회 분야 연구자들의 환경이었다. 이와 같은 환경을 문제시하면서 연구자의 권리를 보장하고 연구 안전망을 구축하기 위한 실천을 전개해온, 지식공유 연구자의집 같은 학술 운동 단체가 지공연의 일원이 된 것은 너무나도 자연스러운 일이었다.

지공연은 논문에 대한 접근, 학술 지식 공유를 학술 생태계 문제와 관련해 이해하고 지식 공유를 통해 이 문제에 대응하려 했다. 이러한 점에서 지식공유운동은 2000년대 이후 계속해서 심화·확대돼온 학술 생태계의 위기를 극복하려 했던 국내 비판적 학술 운동의 역사를 이어가는 운동이었다. OA 운동과 비판적 학술 운동 등 여러 운동의 흐름이 관류하고 있는 지식공유운동을 소개하고, 나아가 운동의 토대를 놓고자 하는 이 책에서도 여러 운동의 흐름이 관류하고 있음을 확인할 수 있을 것이다. 총 4부와 부록으로 이루어진 이 책의 각 부와 장에 대한 소개는 다음과 같다.

2

1부는 지식의 공공성에 관한 이해를 다룬다. 학술 지식을 자유롭게 공유해야 하는 이유 중 하나로 공공성을 들 수 있다. 1부에서는 학술 지식의 성격은 무엇이며 그것은 어떠한 공공성을 가지는지, 지식이 안정적으로 생산될 수 있는 환경은 무엇인지, 한국에서는 이러한 환경을 실제로 조성해왔는지, 만약 그렇지 못했다면 이러한 환경을 보호하고 확대하기 위해서는 무엇이 필요한지 등의 물음을 제기하면서 연구자의 삶, 국가와의 관계, 저작권의 문제를 중심으로 이 물음에 대한 답을 제시한다.

「지식 커먼즈와 연구(자)의 삶」에서 권범철은 지공연의 2019년 8월 선언문이 지식의 생산에서 유통, 소비에 이르는 순환 과정 전체를 문제화한다고 진단하면서, 특히 지식 생산과 관련해 학술지 등재 제도가 낳은 논문 생산 체제가 연구자를 논문에 매진하는 주체, 경쟁하는 주체로 만든다는 점을 지적한다. 또한 '공공'기관, 즉 국가가 이러한 주체화에 이바지했다는 점에서 국가를 개혁의 주체가 아닌 대상으로 이해할 필요가 있다고 말한다. 아울러 지식의 자유로운 이용, 공유가 연구 증진에 기여하는 것을 넘어 경쟁하는 주체로 형성되는 연구자의 삶에 과연 어떻게 기여할 수 있는가 하는 문제를 제기한다. 이러한 문제 제기로부터 권범철은 재화로서의 지식에 대한 공유를 넘어 연구자와 연구 공간을 재생산하는 노동자 등을 포함한 지식 생산자들의 새로운 사회적 관계, 새로운 삶의 양식을 만들어갈 필요를 제안한다.

「공공성과 거버넌스: 한국 인문사회 분야 학술 지식 생산의 공공성을 증진하는 커먼즈와 국가의 관계」에서 박서현은 학술 지식이 인간과 사회, 자연과 예술 등에 대한 기존의 지식을 문제시하고 새로운 연구를 통해 이를 다르게 보게 하고 다르게 생각하게 한다는 점을 지적한다. 이러한 다른 봄, 다른 생각이 우리 사회의 건강한 변화를 위한 초석이 될 수 있다는 점에서 학술 지식은 공공성을 가진다. 아울러 박서현은 공공성을 가지는 지식 생산의 토대가 될 지식 공유가 무엇인지를 연구할 필요가 있음을 제기하면서, 그 방안의 하나로 연구자의집에서 만들고자 했던 연구자 공동체 OA 플랫폼을 소개한다. 연구자들의 사회적 협력을 강화하는 데 초점을 맞춘 플랫폼을 만들기 위해서는 국가와 '비판적으로' 협력하는 연구자 공동체와 국가의 거버넌스 구성이 필요하다. 오늘날의 관료화된 국가를 바꾼다는 함의를 가지는 이 거버넌스는 학술 운동을 통해서만 구성될 수 있을 것이다.

「지식 커먼즈와 저작권법, 그리고 CCL」에서 윤종수는 저작권이 저작물의 공정한 이용과 함께 저작자의 권리를 보호하기 위해 마련된 정책적 권리라는 점을 지적하면서, 저작권법의 특징이자 문제로서 저작권법이 모든 저작물을 같은 수준에서 취급하고 있다는 점을 제시한다. 저작권법에서는 문학, 학술 또는 예술의 범위에 속하는 창작물을 모두 저작물로 본다. 이는 저작권법에서 저작자가 어떤 동기로 저작물을 창작했는지, 어떻게 활용하고자 하는지, 저작물이 어떤 특성을 가지는지를 구별하지 않음을 의미한다. 윤종수는 그러나 학술 논문이나 학위 논문 같은 학술 지식은 직접적 수익 창출을 목표로 하지 않으므로 일반 저작물과 창작 동기가 다르다는 점, 학술 지식은 '후속 연구의 토대가 되어야 한다'라는 공익적 필요가 있다는 점을 지적하면서, 이를 실현하는 방안 중 하나로 자유이용 라이선스를 제안한다. 자유이용 라이선스를 통해 저작자가 저작물 이용의 허용 범위와 제한 사항을 분명히 표시함으로써, 학술 DB 업체에 논문 이용 권한이 독점적으로 부여되는 방식으로 학술 지식이 독점적 재산이 되는 것을 막을 수 있기 때문이다.

3

2부는 지식공유운동의 역사와 필요를 살펴본다. 전술했듯이 지식공유운동은 전 세계적으로 진행되고 있는 OA 운동의 하나라고 할 수 있다. 2부에서는 먼저 국제 OA 운동의 역사를 영미권을 중심으로 살펴본 다음 국내에서 OA 운동이 일어난 배경을 확인한다. 그리고 학술 운동의 역사를 검토하면서 지식공유운동이 학술 운동의 역사를 이어가는 측면이 있음을 확인한다. 아울러 학술 운동의 태동 배경인 학술 생태계의 현실 진단에 근거해 지식공유운동의 필요를 제안한다.

「지식공유운동으로서의 오픈 액세스」에서 정경희는 학술지 출판이 상업화되어 학술지 가격이 상승함에 따라 비윤리적인 고가 학술지로부터 독립을 선언하고 무료 온라인 학술지를 출판하며 온라인 논문 아카이브를 만들었던 영미권의 OA 운동을 살펴본다. 이와 함께 OA가 학술 지식의 생산과 출판, 배포를 '누가' 책임지고 관리하면서 우리 모두의 것으로 만들어갈 것인지, '누가' 건강한 학술 생태계를 만들어갈 것인지라는 문제를 제기한다는 점을 강조하면서 이러한 만듦의 주체가 다름 아닌 연구자와 연구자 집단임을 지적한다. 이어서 정경희는 국내에서 학술 논문 유통에 필요한 자원을 가진 학술 DB 업체에 논문 저작권이 이전되어 연구자와 학회가 학술 논문의 통제권을 잃고서 소외되는 과정을 살펴본다. 상업 영역에 포섭되면서 학술 지식에 대한 접근 장벽이 높아진 현실은 학회가 지식의 자유로운 공유를 구현하는 식으로 학술지를 출판·유통하는 방법을 모색할 필요를 제기하는 것이었다. 정경희는 이러한 모색의 결과가 2018년 문헌정보학 분야 학회들의 OA 선언과 2019년 지공연 선언 그리고 이러한 선언들 이후 이루어진 소속 학회 발행 학술지들의 OA 출판 전환이었음을 지적한다. 그리고 이러한 전환이 향후 더 잘 실현될 수 있도록 학술 연구 지원 기관, 대학, 도서관의 지원이 필요하다고 강조한다.

「국내 학문 생태계의 현실과 혁신의 방향: 지식의 공공성, 저작권, 오픈 액세스」에서 김명환은 지공연의 현안인 OA 운동을 중심으로 지식의 공공성과 저작권의 쟁점을 살펴보면서 이를 둘러싼 학문 생태계의 현실을 진단한다. 김명환은 먼저 한국에 종합적인 학술 정책이 부재하다고 지적하면서 2019년 4월 발표된 「인문사회 학술 생태계 활성화 방안(안)」을 비판적으로 평가하고 그 한계를 지적한다. 그리고 학술 정책을 모든 국민이 그것의 수혜 대상인 시민적 권리로 인식하는 것이 학문 사회의 개방성과 투명성, 민주성과 관련해 중요하다고 강조한다. 아울러 실적주의와 성과주의를 중심으로 하는 연구 평가 체제의 부작용을 지적하면서 학술 활동이 사회적으로 공유되고 적용되며 검증되는 회로를 만드는 것이 중요하다고 말한다. 나아가 여러 분야의 박사과정생을 위한 생활장학금 지급과 같은 연구의 물적 토대를 마련·지원함으로써 공공의 이익을 위해 연구 성과물을 자연스레 OA 하는 식으로 지식의 공공성을 증진하는 방안이 필요하다고 지적한다. 이와 함께 김명환은 지식의 공공성을 실현하는 운동인 OA 운동의 당면 과제로 대학들의 OA 운동 동참 선언, OA 관련 정부 예산 증액, 공공 플랫폼 개선과 같은 구체적 활동을 제안한다.

「지식 공유와 한국의 학술 및 교수·연구자 운동」에서 박배균은 지식 공유운동이 학술 운동의 새로운 장을 열 수 있느냐는 물음을 제기하면서 지공연과 연구자의집 활동에 주목한다. 연구자의집은 연구자의 권리 향상과 함께 안정적 연구 활동을 가능케 하는 연구 안전망의 구축을 지향해왔다. 이는 대학의 위기와 학문 생태계의 붕괴로 인해 연구자의 생존권이 위협받는 상황에서 연구자 스스로 활동 기반을 만드는 것이 자율적 학술 공동체의 지속성과 재생산을 위해 중요하기 때문이었다.

학술 지식이 지속적·안정적으로 생산되는 데 필요한 토대를 마련한다는 의미가 있는 연구 안전망은 대학과 학술 생태계가 변화하지 않는다면 결코 구축될 수 없을 것이다. 박배균은 이러한 변화를 위한 참조점으로 연구자학술협동조합 모델을 제시한다. 이는 지식의 생산자와 이용자의 연합에 기반을 두고서 집합적 지식을 공동 생산·공동 이용하는 모델로서 지식 상품화에 대항하는 지식 공통화의 토대가 될 수 있다. 물론 공통화는 지식이 생산·유통·이용되는 체제 자체의 개혁이 없다면 전혀 가능하지 않을 것이다. 그리고 지식공유운동은 학술 지식의 OA와 함께 이러한 개혁을 지향하는 활동을 수행할 필요가 있을 것이다.

4

2018년 문헌정보학 분야 학회들의 OA 선언에서 시작해 2019년 지공연 선언을 통해 확대된 국내 인문사회 분야 지식공유운동은 아직 시작 단계에 있다고 할 수 있다. 그러므로 지식공유운동의 현재를 진단하고 향후 과제를 모색하는 것이 필요하다. 지식공유운동의 현재와 과제를 검토하는 3부에서는 해외의 OA 사례를 조사해 국내 OA 실천을 위한 참조점을 제시하고, 해외와 한국의 학술지 출판의 차이를 참고해 국내 상황에 부합하는 OA를 전개할 필요가 있음을 제안한다. 이외에도 국내 학술 생태계에 관한 고려와 해외 거대 학술 출판사와의 OA 계약에 관한 고민이 담긴 구체적 제안들을 확인할 수 있다.

「공공 영역의 오픈 액세스 출판 지원 정책」에서 이재윤은 OA가 진전된 국가의 사례를 검토하면서 국내 학술지 OA 출판 지원 정책에 관한 구체적 상을 제시한다. 먼저 대학에서 대부분 학술지를 발행하는 인도네시아가 OA 학술지와 논문 비율 기준이 전 세계적으로 가장 높고, 브라질이 국가 주도 OA 플랫폼을 통해 OA를 선도하고 있음을 제시한다. 그리고 OA 학술지 출판 지원 사업으로 국제 도서관 컨소시엄인 Open Library of Humanities와 일국의 도서관 컨소시엄으로 노르웨이 연구위원회가 후원하는 HumSam, 연구 기금 기관이 OA 학술지 발행을 지원하는 캐나다 인문사회과학연구위원회 기금 사업을 검토한다. 이를 바탕으로 이재윤은 국내 중소 학회 학술지의 경우 투고·심사·편집·출판·유통의 다섯 단계 중 투고에서 출판까지 이르는 대부분 과정을 학술 연구자가 진행하고, 온라인 유통은 학술 DB 업체와 같은 영리 기업이 독점적으로 운영하는 현실을 고려한 OA 지원 사업 추진의 필요성을 지적한다. 학술지의 OA 전환은 공공 영역의 학술지 지원 정책 개선과 학술 단체의 상호 협력에 근거해 공공 영역이 OA 출판을 위한 인프라·서비스를 제공하고 편집·출판을 지원하는 것을 필요로 한다. 아울러 학술 단체의 협력을 통한 편집 출판 컨소시엄 같은 공동 대응이 필요하며, 대학과 도서관은 OA 출판 지원을 강화할 필요가 있다. 동시에 대학이 직접 발행하는 학술지의 OA 전환, OA 학술지 출판지원센터(가칭) 선정·운영, 그리고 학술지 OA 전환을 위한 도서관 컨소시엄 구성을 추진할 필요가 있다. 이처럼 연구자, 연구비 지원 기관, 대학, 도서관 등 학술 커뮤니케이션의 전 주체가 참여해 각자의 영역에서 기여할 때 비로소 국내 학술지의 지속가능한 OA 전환이 가능할 것이다.

「그럼에도, '학술원'에 드리는 보고: 포스트 코로나19 대응 한국연구재단 정책 과제를 마치며」에서 박숙자는 연구재단의 정책 과제 「포스트 코로나19 대응 학술 단체 지원 사업 개선 방안 연구」를 수행하면서 이루어진 여러 연구자와의 인터뷰 내용을 소개하고 학술장의 변화를 위한 방안을 제시한다. 먼저 인터뷰 내용 소개에서 학회가 논문 발행에만 초점을 맞춰 폐쇄적으로 운영되고 있다는 목소리, 학회가 학술장 자체를 가능하게 하는 학술 담론 생산에 참여하기보다는 학술지 생산에 자족하는 것은 아닌가 하는 목소리를 들을 수 있다. 학술장이 지워진 논문 유통 플랫폼과 다양한 연구 노동을 그림자 노동으로 만드는 학술지 발간, 비윤리적·폐쇄적으로 운영되면서 이익 집단이 된 학회와 같은 학술 생태계의 문제를 변화시켜나가기 위해서는 학회 내부의 수평적 소통 과정을 만들어내고 학술 정보 플랫폼을 연구자 중심으로 기획하며 학술장 운영을 위해 필요한 인건비를 지급하는 일 등이 필요하다. 이러한 소개와 논의 이후에 박숙자는 학술 정보를 공유하고 온라인 학술장에 접근할 권리를 공유하는 다양한 방안을 강구하는 것(공공성), 출판 인력 전문화에 대한 공적 지원과 학문 분야별 편집위원회를 두는 것(지속가능성), 공공기관과 연구자 공동체의 신뢰 관계를 만드는 것(자율성)에 초점을 맞춰 학술장의 변화에 대비할 필요가 있음을 제안한다.

「학술지 오픈 액세스 출판 전환을 둘러싼 두 거인의 협상 이야기」에서 이수상은 캘리포니아대학(University of California, UC)과 세계 최대

규모 학술 출판사인 엘스비어(Elsevier)의 학술지 OA 출판을 둘러싼 협상을 소개한다. 이를 통해 이 협상이 UC 도서관만의 일이 아닌 UC 공동체가 협력해 공동 대응했던 대학의 현안이었다는 점, UC 도서관들은 엘스비어 학술지 논문들에 대한 대체 접근 방안을 적극적으로 제시했다는 점, 학술지 논문에 대한 이해관계자들의 차이가 있었다는 점, 즉 대학이나 도서관은 학술지와 논문을 공공재로 인식하고 출판·유통 과정의 적정 비용을 지급할 의사가 있었던 반면 저자는 학술지 논문의 출판에만 집중하고 있었고 출판사는 학술지를 독과점의 상업재로 인식하면서 고부가가치를 추구하고 있었다는 점을 제시한다. 이와 함께 엘스비어를 포함한 다른 대형 출판사들과의 OA 전환계약을 위한 한국적 대응 방안으로 국가 단위의 대학, 연구 기관을 망라하는 컨소시엄뿐 아니라 교육부와 과학기술정보통신부 등 국가 수준에서의 적극적인 정책적 지원이 필요함을 제안한다. 아울러 국내 학술지의 경우에는 OA 전환을 위한 계약 모델을 개발하고 국가와 대학이 OA 출판을 위한 정책적 기반을 조성하며 대학 도서관과 저자가 OA 출판 비용을 분담하는 모델 개발이 필요하다고 제안한다. 국내 학술지 출판·유통을 위한 새로운 학술 공유 생태계는 이러한 노력으로 비로소 만들어질 수 있을 것이다.

5

지공연 구성원은 두 번의 지식 공유 대담을 진행했다. 첫 번째 대담은 학술지 OA 출판 전환을 실천한 국어국문학 분야 세 학회의 구성원이

OA를 실천하면서 갖게 된 고민과 경험을 나눈 시간이었다. 첫 번째 대담은 『상허학보』 60집(2020년 10월 발행)에 게재되었는데, 이 책에서는 학회의 현실을 성찰하고 OA와 관련한 학회의 향후 과제를 모색할 필요를 제기하는 본 대담을 다시 게재한다. 두 번째 대담은 지공연 구성원이 서로 다른 맥락에서 지공연에 결합해 지식공유운동을 실천하게 된 과정을 공유하고 서로 다른 운동의 흐름이 접속되어 있는 지식공유운동의 성격을 확인하며 지공연의 향후 과제를 함께 검토한 시간이었다.

첫 번째 대담 「OA라는 형식이 학회에 제기한 질문」에서는 2020년 상반기에 학술지 OA 출판 전환을 결정한 대중서사학회, 한국여성문학학회, 상회학회의 구성원이 모여 OA 출판 전환을 둘러싼 학회의 여러 모습과 맥락을 소개한다. 그전에는 묻지 않았던 논문을 유통하고 자유롭게 읽을 권리가 당시 OA의 필요라는 문제로 제기됐다. 이와 함께 학회 안의 민주주의 문제가 제기됐다. 이 문제는 공동의 담론을 생산하는 것이 학회의 본래 역할인데 재생산의 위기 속에서 연구재단이 개입하는 학술지 등재 제도 때문에 학회가 유지되고 있는 것은 아닌가 하는 점, 공동의 담론을 발신하는 학회의 역할이 저하되고 있다는 점과 직접적으로 연관된 문제였다. 이러한 현실이 학회를 다시금 집단적 연구 실천의 장으로 만들기 위한 모색이 필요한 이유라고 할 수 있을 것이다. 나아가 OA 역시 학회 출판 학술지에 논문을 실음으로써 학회에 참가한다는 의미를 찾을 수 있을 때 비로소 '학회'와 관련해 의미가 있을 수 있을 것이다. OA가 학회를 상호 참여와 협동의 형식으로 재구성해야 할 필요를 제기하는 것은 이 때문이다. 이외에도 대담을 통해서 그동안 간사가 공들여 만들어온 학술지 논문의 메타 정보가 방치되어 학회의 공동의 부로 의미화되지 못했던 현실에 대한 진단, 학술지편집인협의회를 구성하고 공동의 학술 플랫폼을 기획·준비할 필요가 있다는 제안 등을 확인할 수 있다.

　두 번째 지식 공유 대담「지식공유운동의 현재와 미래」에서는 비판적 학술 운동과 OA 운동 그리고 커먼즈 운동이 공존·결합해 있는 지식공유운동의 특징을 확인한다. 자신이 쓴 논문에 대한 연구자의 권리와 연구자의 불안정한 지위 등이 저작권 문제와 함께 비판적 성찰의 화두가 되었다는 점, 문헌정보학 분야 학회들이 2018년 4월 OA 선언하고 학술지의 OA 출판 전환을 이루어왔다는 점, 그리고 경의선공유지운동으로 대표되는 커먼즈 운동의 일환으로서 지식공유운동을 실천하게 된 점 등이 지공연에 여러 운동의 흐름이 접속하게 된 배경이 되었다. 이러한 배경에서 지식공유운동은 지식에 대한 '접근'의 문제와 함께 지식을 생산하는 연구자 즉 '주체'의 문제를 제기한다는 특징을 띠었다. 달리 말한다면 지식을 어떻게 공유할 것인가 하는 문제와 함께 지식을 어떻게 생산할 것인가라는 학술 생태계의 문제를 함께 제기한 것이 지공연 지식공유운동의 특징이었다. 이외에도 대담을 통해서 향후 학술 생태계의 실질적 변화를 끌어내기 위해서 다수의 학회가 OA 전환에 동참하도록 하는 방안, 학술 생태계의 변화를 위한 직접 행동, 공동 토론회 개최 등을 통한 여러 학술 단체들과의 연계, 학술 운동으로서의 지식공유운동의 이론적 정립 등이 필요하다는 진단을 확인할 수 있다.

6

부록은 문헌정보학 분야 학술 단체의 OA 출판 선언과 지공연의 2019년 8월 선언, 인문사회과학 학술지 OA 전환을 위한 선언, 한국기록관리학회지의 OA 출판 전환을 위한 로드맵, 지공연 학술지 OA 전환 매뉴얼 1.0으로 이루어져 있다. 선언문과 로드맵, 매뉴얼을 통해 당시 OA 선언의 취지와 학술지 OA 출판 전환을 위한 구체적 방안을 확인할 수 있다. 이 방안은 기록으로서의 의미뿐만이 아니라 OA 출판 전환을 이루고자 하는 학회에 여전히 참조할 수 있는 유용한 자료라는 의미도 지닌다. 지공연은 OA 출판 전환을 추구하는 학회가 시행착오를 줄이고 더욱더 쉽게 이를 달성할 수 있도록 지공연과 함께 이를 모색하면 좋겠다는 바람을 가지고 있다.

전술했듯이 지식공유운동은 학술 생태계의 변화라는 과제를 지식에 대한 접근의 문제와 함께 제기하고 추구하는 운동이었다. 물론 이 과제는 분명 연구자의 힘만으로 달성할 수 있는 과제가 아니라 학술 생태계를 구성하는 여러 주체와 협력할 때 비로소 달성할 수 있을 것이다. 분명한 것은 이러한 협력의 핵심에는 연구자가 자리하며, 연구자가 나서지 않는다면 학술 생태계 변화는 불가능하다는 점이다. 아울러 이러한 변화는 지공연의 과제이지만 지공연이 홀로 감당할 수 있는 과제는 결코 아닐 것이다. 오히려 이 땅의 연구자들이 함께 만들어가야 하는 과제일 것이다.

차례

책을 펴내며 박서현·정경희 4

1부   지식의 공공성

1   지식 커먼즈와 연구(자)의 삶   권범철   25

2   공공성과 거버넌스 : 한국 인문사회 분야 학술 지식 생산의   40
    공공성을 증진하는 커먼즈와 국가의 관계   박서현

3   지식 커먼즈와 저작권법, 그리고 CCL   윤종수   58

2부   지식공유운동의 역사와 필요

4   지식공유운동으로서의 오픈 액세스   정경희   85

5   국내 학문 생태계의 현실과 혁신 방향 :   124
    지식의 공공성, 저작권, 오픈 액세스   김명환

6   지식 공유와 한국의 학술 및 교수·연구자 운동   박배균   147

3부   지식공유운동의 현재와 과제

7   공공 영역의 오픈 액세스 출판 지원 정책   이재윤   165

8   그럼에도, '학술원'에 드리는 보고 : 포스트 코로나19 대응   190
    한국연구재단 정책 과제를 마치며   박숙자

9   학술지 오픈 액세스 출판 전환을 둘러싼   211
    두 거인의 협상 이야기   이수상

4부 　　　　　　　　　　　　　　　　　　　　대담

10　OA라는 형식이 학회에 제기한 질문　박숙자·이혜령·장문석　249

11　지식공유운동의 현재와 미래　276

　　박배균·박숙자·정경희·천정환·박서현

　　　　　　　　　　　　　　　　　　　　부록

• 문헌정보학 분야 오픈 액세스 출판 선언　302

• 새로운 학문 생산 체제와 '지식 공유'를 위한　304

　학술 단체 및 연구자 연대 선언

• 인문·사회과학 학술지 오픈 액세스(Open Access)　307

　전환을 위한 선언

• 한국기록관리학회지의 오픈 액세스 출판 전환을 위한 로드맵　310

• 지식공유연대 학술지 오픈 액세스 전환 매뉴얼 1.0　324

주 357　참고문헌 372

1부

지식의 공공성

1

지식 커먼즈와
연구(자)의 삶[1]

권범철

지식의 자유로운 이용을 넘어서는

'새로운 학문 생산 체제와 '지식 공유'를 위한 학술 단체와 연구자 연대'(이하 지식공유연대)의 선언문에는 "지식 생산 및 활용의 공공적 가치 증진"을 위해 노력한다는 표현이 있다. 또한 지식공유연대의 서명 운동에 참여한 한 연구자는 "지식의 상품화는 중단되어야 하며, 널리 이롭게 쓰일 수 있는 지식의 공유가 꼭 필요하다"라고 말했다. 공공성 확대, 공유 등 유사한 맥락에서 쓰이는 이 용어들은 지식공유연대의 활동과 이에 공감하는 연구자들에게서 쉽게 확인할 수 있다. 지식의 사적 전유는 중단되어야 하며, 공공성이 확대되거나 널리 공유되어야 한다는 것이다. 그렇게 지식의 공공성과 공유를 말할 때 우리는 어떤 상황을 염두에 두고 있을까?

2019년 8월 지식공유연대가 주최한 심포지엄에서 발표를 맡은 배성인은 공공성을 "자유롭고 평등한 시민이 공개적 의사소통 과정을 통해 공동체의 복리를 추구하는 것"[2]이라고 설명했다. 여기서도 확인할 수 있듯이 지식의 공공성은 보통 사적 전유에 대립하는 것으로서 "널리 이롭게 쓰이는" 상황을 가리키는 용어로 쓰인다. 논문을 에워싼 장벽을 제거하면 그만큼 논문은 널리 이용될 수 있고 논문의 사회적 가치는 더 커진다는 것이다. 이때 지식 공유는 그 과정의 출발점으로 이야기된다. 위에서 언급한 선언문에서 오픈 액세스와 거의 비슷한 뜻으로 사용되는 공유는 누구나 지식에 자유롭게 접근할 수 있도록 해서 지식의 공공적 가치 확대를 이끈다는 것이다. 물론 이것은 필요하고 중요하다. 그러나 전부는 아니며, 여러 모호한 문제가 남는다. 지식을 상품이 아닌 공유물로 누구나 자유롭게 이용하게 되면 공동체의 복리가 증진될까? 이때 공동체는 누구인가?

지식의 자유로운 이용만큼이나 중요한 것은 지식을 누가 어떻게 생산하는가다. "새로운 학문 생산 체제와 지식 공유"를 포괄하는 지식공유연대 본래의 긴 이름 역시 이 연대체의 관심사가 단순히 지식의 자유로운 이용에 한정되지 않음을 보여 준다. 다시 지식공유연대의 선언문으로 돌아가 보자.

연구와 연구자의 삶

위에서 언급한 선언문은 사실 더 많은 내용을 담고 있다. 크게 두 가지 소주제로 나뉘는데, 하나는 "지식 생산 및 활용의 공공적 가치 증진"이고 다른 하나는 "학문과 지식 생산의 공공성·합리성" 확대이다. 소제목만으로는 잘 구별하기 어려울 수도 있지만, 전자는 지식의 상품화 반대와 공공성 확대 즉 자유로운 이용과 관련한 내용을, 후자는 오늘날 지식 생산 체제의 개혁에 관한 내용을 담고 있다. 다시 말해서 전자는 생산된 지식의 이용과 관련한 문제를, 후자는 지식 생산 과정의 문제를 다룬다. 이처럼 지식공유연대는 선언문을 통해 지식의 이용뿐 아니라 생산의 문제, 더 나아가 지식의 생산-유통-소비에 이르는 순환 과정 전체를 문제화한다. 그 문제는 무엇인가?

많은 사람이 이야기하듯이 지식은 사회적 생산물이다. 드미트리 클라이너의 말처럼 "모든 표현은 기존 인식의 확장이다. 아이디어는 독창적인 것이 아니며 역사를 통틀어 축적된 지식의 켜 위에서 만들어진다."[3] 파푸아뉴기니 하겐산(Mount Hagen) 지역을 연구한 스트래튼은 그곳 사람들이 사물을 개인의 생산물이 아니라 관계의 산물로 이해한다고 말한다. 그에 따라 모든 사람과 물건은 "다수의 저자들" 혹은 다수의 "기원"이나 "원천"을 갖는다.[4] 우리가 어떤 연구를 진행하는 과정을 떠올려 보면, 혼자서 연구하고 글을 쓸 때도 언제나 복수의 주체가 관여한다는 사실은 분명하다. 내가 어디선가 듣고 읽은 것을 지워버린다면 내 글에서 무엇이 남을까? 비단 연구만이 아니라 우리가 어떤 글을 쓰고 말을 할 때 그것은 언제나 복수의 사람들과 지식의 그물망을 전제로 한다.

그러므로 지식의 창출 혹은 연구의 생산성은 그 과정에 필요한 많은 것들이 '공통적인 것'이 될 때 극대화된다. 네그리와 하트는 이를, 비물질적인 것은 쉽게 재생산되기 때문에 사유화나 공적 통제를 벗어나 공통으로 되려는 경향을 지닌다고 설명했다. 사실 지식을 나누는 일은 매우 쉽다. 누군가와 대화하면서 혹은 대중 매체를 통해 우리는 많은 정보를 교환하거나 접한다. 소셜 미디어의 타임라인에는 각양각색의 이야기가 줄지어 올라온다. 그러나 지식이나 정보를 누구나 자유롭게 이용할 수 있게 되면 이윤 창출의 기회가 사라지기 때문에 자본은 인위적인 장벽을 세운다. 주지하다시피 지식재산권은 공통 재화를 상품으로 만들기 위한 자본의 노력이다. 그러나 그런 시도는 종종 실패한다. 음악이나 영화, 논문 등은 파일의 형태로 해적 사이트나 P2P 파일 공유 프로토콜을 통해 쉽게 공유되며, 이를 막기란 매우 어렵다. 그래서 다른 이윤 창출 방식이 시도된다. 비물질 형태의 지식이나 정보가 자본의 바람과 달리 아무런 장벽 없이 퍼져나가는 것을 막기 어려울 때 그것을 경험하는 방식 자체를 바꾸는 것이다. 예를 들어 음원 판매보다 스펙터클한 이벤트에 집중하거나 파일 대신 스트리밍(콘텐츠의 선택 과정을 소비자에게서 알고리즘으로 점점 이전시키는 자동화 과정과 더불어)을 판매한다.

연구 논문의 경우는 어떠한가? 파일 형태로 응결된 연구 성과물 역시 쉽게 공유될 수 있다. 하지만 "모든 비물질적인 공간들에는 그 공간들에 대한 물질적 기생체들이 있다."[5] 논문 중개 업체는 그에 필요한 인프라를 갖추고 역시나 장벽을 세운다. 모든 논문은 그 인프라 속으로 정렬되고, 대학을 비롯한 제도 기관들은 중개 업체에 큰 비용을 지급한다. 제도 기관의 연구자는 중개 업체가 중개하는 연구물에 쉽게 접근할 수 있지만(학생은 그만큼 값비싼 등록금을 내야 한다), 그렇지 않은 연구자는 높은 비용을 부담해야 한다. 물론 공공도서관을 이용하거나, 기관에 속한 연구자의 아이디를 빌리거나, 해적 사이트를 이용할 수 있다. 많은 책(특히 영어로 된)은 그다지 어렵지 않게 인터넷에서 파일을 구할 수 있다. 그렇지만 영화나 음악처럼 널리 공유되지 않는 까닭은 논문이 그만큼 대중적이지 않아서일까? 그럴지도 모른다. 그러나 논문 중개 업체가 논문을 다른 비물질 재화들과 달리 안정적으로 판매할 수 있는 까닭은 개인들 간의 공유가 상품 판매에 지장을 주지 않아서라기보다는, 제도 기관이라는 안정적인 구매자가 있기 때문이다. 논문의 생산과 유통이 자유로운 개인들의 연합이 아니라 '공공'기관이 확립한 제도 안에서 활성화될 때 상품으로서 논문의 성격은 굳건히 유지된다. 만약 논문이, 개인들이 자율적으로 생산하고 배포하는 것이라면 논문 유통 업체가 현재와 같은 방식으로, 그러니까 논문과 연구자 사이에 높은 장벽을 세우는 방식으로 논문을 유통하기란 매우 어려울 것이다. 음악이나 영화 파일이 자유롭게 돌아다니는 것처럼 말이다. 그러나 오늘날 논문은 개인의 자율성에 기초하기보다는 제도 기관, 특히 대학의 '스펙'을 위해 (그리고 그곳에 진입하고자 하는 개인의 스펙을 위해) 요구되는 성격을 지녔다. 대학은 자신의 스펙을 위해 논문 게재 실적이 필요하므로 소속 연구자들이 실적을 효율적으로 채울 수 있도록 논문에 대한 (대학 내에서만) 자유로운 접근권을 보장한다. 즉 논문 중개 업체로부터 접근권을 구매한다. 요컨대 논문이라는 비물질 재화의 판매가 다른 비물질 재화와 달리 안정적으로 유지될 수 있는 까닭은 그 재화의 삶이 제도화된 환경 내에서 주로 이루어지기 때문이다. 공적 기관이 그 재화의 상품으로서의 성격을 보장한다.

국가는 또한 어떤 학술지가 '우수'하고 그렇지 않은지를 선별하고, 우수한 학술지에 논문을 게재한 연구자에게만 연구 지원 제도에 접근할 자격을 부여함으로써 논문 유통을 점점 자신이 '공인'한 학술지 안으로 가둔다. 연구를 취미로만 하는 이가 아니라면, 자신의 글이 다른 무엇도 아닌 공인 학술지의 '논문'으로 발표되길 바랄 것이다. 그리고 논문의 숫자는 다다익선이므로 연구자는 학술지 논문이 아닌 다른 형태의 글을 다른 공간에 발표하는 일을 꺼릴 것이다. 다시 말해 학술지를 중심으로 구축된 제도를 벗어나 "널리 이롭게 쓰이는" 글을 쓰고 발표하는 일은 되도록 피할 것이다. 논문을 써야 하기 때문이다. 논문이 거의 연구자들 사이에서만(그것도 해당 분야 연구자들 사이에서만) 유통되는 현실을 고려할 때 연구자들의 학술지 논문 추구(와 다른 형태의 글을 꺼리는 일)는 연구의 공공성을 약화하는 효과를 낳는다. 따라서 지식의 공공성은 흔히 그것의 담지자로 여겨지는 국가를 통해 확보될 수 없다. 오늘날 등재 학술지 제도에서 확인할 수 있듯이, 국가는 공공성 확대라는 개혁의 주체가 아니라 대상이다. 국가는 연구의 공공적 가치를 확대하기보다는 오히려 자신이 확립한 제도 안에 학술지 논문의 형태로 연구 성과물을 가둠으로써 그것의 공공적 가치를 훼손한다. 그뿐 아니라 평가 제도를 확립해 연구자를 다른 무엇도 아닌 논문에 매진하는 주체로 만든다.

다시 말해서 학술지를 중심으로 한 평가 제도는 연구자를 특정한 주체로 만드는 효과를 낳는다. 네그리와 하트에 따르면, 비물질 생산 과정에서 자본은 (산업 생산과 달리) 생산 과정에 직접 개입할 수 없다. 연구라는 비물질 노동은 노동자(연구자)들의 자율적인 협력을 토대로 한다. 그러나 자본이 생산 과정 자체에 직접 개입할 수는 없다고 해도 연구자들이 노동할 수 있는 환경을 특정한 방식으로 조성하는 것은 가능하다. 영화나 음악을 경험하는 방식 자체를 바꾸는 것처럼 연구를 수행하는 환경 자체를 바꾸기 위한 시도가 일어난다. 학술지 논문 숫자를 중심으로 한 노동 환경이 대표적이다. 여기서 많은 이들이 이미 지적한 노동 환경의 문제점을 다시 언급할 필요는 없다. 어쨌든 다른 식으로도 일어날 수 있었던 연구물의 생산은 이 노동 환경 속에서 경쟁적으로 조직된다. 다른 연구자보다 더 많은 논문을 (되도록 해외 저널에) 게재해야 정규직이 될 가능성이 커지고, 대학은 대학 평가 순위에서 도약하기 위해 더 많은 논문을 (되도록 해외 저널에) 생산할 수 있는 연구자가 필요하다. 이 과정에서 연구라는 실천은 점점 이 땅에서 유리되어 해외 저널이라는 궁극의 외부 척도를 중심으로 구름 위에서 활성화된다. 연구는 경쟁에 복무하는 추상적인 실천이 되고, 대학과 연구자는 스스로 경쟁하는 주체가 되어 그 과정에 복무한다. 학술지 논문 생산 체제는 그야말로 삶정치적이다. 경쟁을 중심으로 한, 아니 경쟁 자체만이 유의미한 연구-삶의 방식을 만들어내기 때문이다.

이러한 생산 체제가 '국가 경쟁력 강화'라는 원대한 목표를(그것의 실현 가능성과는 무관하게) 염두에 두고 있다는 사실은 분명해 보인다. 그리고 자본의 가치화를 중심으로 조직되는 그 과정이 경쟁하는 주체로서의 주체화 과정과 떼어 놓을 수 없는 관계에 있음은 두말할 필요도 없다. 결국 학술지 논문 양산 체제의 핵심은 자유롭게 전개될 수도 있는, 어디로 나아갈지 모르는 예측 불가능한 연구-노동자를 예측할 수 있는 노동력으로 만들어내는 데 있다. 요컨대 연구자를 길들이고 통제하는 것이 그 체제의 목적이다. 해리 클리버는 이윤 창출이 자본의 궁극적인 목적이 아니라 우리에게 일을 부과해 우리를 통제한다는 사회적 목적을 이루기 위한 자본주의적 수단에 불과하다고 말한다. 그는 마르크스를 인용하면서 "자본주의가 잉여 노동을 발명한 것은 아니"고, "자본주의가 발명한 것은" "노동의 끝없는 부과"라고 주장한다.[6] 다시 말해서 자본에 이윤보다 중요한 것은 "유일하게 계획할 수 없는 자본의 요소"인 "노동계급"[7]을 끝없는 노동 부과 속에서 계획할 수 있는 존재로 만드는 것이다. 그의 말을 따른다면, 학술지 논문 양산 체제에서 중요한 것은 자본의 이윤 창출이라기보다 위계화된 학계 일자리와 결합해 효과적으로 연구자들을 다스리는 것이다. 많은 비정규직 연구자들의 꿈이 임노동자(정규직 교원)가 되는 것이며, (실현 가능성은 불확실하지만) 그것을 이루기 위해 논문을 써야 한다는 점은 확실하다. 이러한 사실은 현재의 노동(연구) 환경이 연구자를 통제한다는 사회적 목적을 효과적으로 달성하고 있음을 알려 준다. 연구자들은 학술지 논문 양산이라는 이 체제가 유지되는 한 논문의 "끝없는 부과" 속에서 계획할 수 있는 요소가 되고, 논문을 꾸준히 쓰면서 체제를 다시 재생산한다.

이러한 상황에서 지식(논문)을 자유롭게 이용하게 된다는 것은 어떤 의미일까? 지식의 자유로운 이용 즉 공유는 지식의 삶에, 또 연구라는 활동의 삶에 분명 크게 이바지할 것이다. 그렇지만 지식과 연구의 삶을 증진하는 것이 공동체의 복리에, 공동체 구성원의 안녕에, 연구자의 삶에 이바지할 수 있는지는 분명하지 않다. 그 어느 때보다 많은 논문이 쏟아지고 있지만 공동체와 그 구성원의 삶은 그다지 안녕하지 않음을 확인하기 위해 별도의 연구가 필요하지는 않을 것이다. 즉 지식의 자유로운 이용은 연구의 삶에는 이바지하겠지만 연구자의 삶에는 무엇을 이바지할 수 있을지 분명하지 않다. 연구라는 실천 자체는 활성화될 수 있을지 몰라도 그것을 수행하는 연구자의 삶은 여전히 척박할 것이다. 지식 공유가 불안정한 소득 속에서 학술지에 논문을 게재하기 위해 경주해야 하는 삶에 큰 영향을 줄 것 같지 않기 때문이다. 또한 위에서 언급한 것처럼, 연구 자체가 경쟁을 중심으로 한 추상적인 실천이 되는 상황에서 연구 생산물(논문)이 공동체에 어떤 유의미한 효과를 끼칠 수 있을까?

사실 이러한 학술지 논문의 활성화는 어느 정도 연구자의 불안한 삶에 기인한다. (정규직이든 비정규직이든) 안정을 바라는 연구자는 불안한 미래에 대한 보험으로 논문 생산에 매달려야 한다. 교수직을 이미 획득한 연구자는 자리를 유지하기 위해, 그렇지 않은 연구자는 교수직을 얻거나 각종 지원 사업에 신청하기 위해 정기적으로 써야 한다. 그에 따라 사회적으로 논문의 숫자는 늘어가지만, 그것이 개별 연구자(특히 비정규직 연구자)의 삶의 지표 개선과 연결되지는 않는다. 연구의 삶과 연구자(를 비롯한 공동체 구성원)의 삶 사이에는 어딘가 끊어진 고리가 있다. 그러므로 앞서 언급한 2019년 8월의 심포지엄에서 박서현이 잘 정리한 것처럼, 지식 공유의 문제만이 아니라 지식 생산 양식의 변화가 중요하다는 것은 더 말할 필요가 없다.[8]

그러므로 우리가 지식 공유를 단지 지식의 자유로운 이용 문제로만 생각하면 지식 커먼즈의 중요한 영역을 놓치게 된다. 바로 지식 생산자의 삶이다. 그러나 누가 지식을 생산하는지도 혼란스럽다. 우리는 지식이 사회적 생산물이라는 점에 쉽게 동의하면서도 지식 생산자를 좁게 한정하곤 한다. 예를 들어 대학(원)생은 지식의 생산자인가 소비자인가? 대학이라는 공간에서 생산되는 지식은 교수들만의 것이 아니다. 지식은 대학에서 일어나는 수많은 강의와 세미나, 발표, 토론, 잡담 등에 참여하는 모든 이가 함께 생산한다. 무엇보다 대학(원)생은 자기 자신을 자본주의 사회에서 가장 중요한 상품인 노동력으로 생산한다는 점에서 노동자다. 그러나 대학(원)생은 임금을 받기보다 오히려 돈(등록금)을 지불해야 한다. 이는 대학(원)생이 노동자라는 사실을 효과적으로 감추고 그들을 소비자로 부각한다. 그들이 '학업의 끝없는 부과' 속에서 자기 자신을 계획 가능한 자본의 요소로 만들고 있음에도 말이다. 또한 대학에서 청소·관리·조리 등을 수행하는 많은 노동자는 일반적으로 지식 생산자일 수 없다고 여겨진다. 하지만 여러 대학에서 일어난 노동자들의 투쟁은 대학 구성원들에게 풍부한 정치적 경험을 선사하면서 대학을 새로운 교육의 장으로 만들고 있지 않은가?[9] 무엇보다 노동자들은 대학이라는 공간 자체를 매일 재생산한다. 노동자들이 없다면 대학의 숱한 '지식' 생산은 가능하지 않을 것이다. 그러나 대학은 이들(학생과 학내 재생산 노동자)을 소비자로 취급하거나, 지식 생산과는 무관한 '비생산적인' 이들로 간주하며 이들의 노동을 가치 절하하고 그만큼 무상으로 흡수한다. 이러한 의미에서 현재의 대학은 이들의 노동을 무상으로 흡수해 지탱하는 뒤집힌 커먼즈다.

지식 커먼즈를 살아가기

뒤집힌 커먼즈를 어떻게 다시 회복할 수 있을까? 뒤집힌 커먼즈가 (넓은 의미에서) 지식 생산자들의 노동을 가치 절하해 무상으로 흡수하는 자본의 커먼즈라면, 지식 커먼즈는 그와 달리 지식 생산자들의 대안적인 삶의 양식이어야 한다. 커먼즈는 공유된 재화만이 아니라 새로운 집합적 주체가 되는 '과정'이다. 따라서 지식 커먼즈는 인터넷에 연결된 서버에 저장된 지식에 자유롭게 접근하는 문제에 그치는 것이 아니라, 지식 생산을 중심으로 새로운 삶의 양식을 꾸리고 살아가는 일이다. 그것은 "연구자들이 파편화되어 각자도생하고 있는 문화"[10]를 넘어서 새롭게 연결되는 과정이다. 즉, 문제는 지식 생산을 중심으로 우리가 얼마나 다른 관계를 만들 수 있는가이다. 그러므로 공유해야 할 것은 지식만이 아니라 우리의 삶이다. 이 '우리'는 대학 안팎에서 공부하고 연구하는 이들뿐 아니라 대학을 비롯한 연구 공간을 재생산하는 노동자들까지 포함한다. 나아가 우리가 공부하고 글을 쓰는 과정을 생각하면, 사실 우리를 둘러싼 모든 이들이 지식의 생산자라고 해야 하지 않을까? 우리가 만나고, 이야기를 나누고, 보고 듣는 모든 과정을 통해 지식은 생산된다. 지식은 그 과정에 연결된 모든 이들의 공동 생산물이다. 따라서 지식 커먼즈는 지식을 공유하고 (학술지 논문 양산 체제가 아닌) 새로운 연구 환경을 만드는 것을 넘어서 지식이라는 공통의 부를 중심으로 우리의 사회적 관계를 재구성하는 일이다.

　이 새로운 관계 구성에서 부딪힐 수 있는 가장 큰 난관은 '우리'가 너무나 분리되어 있고 위계화되어 있다는 것이다. 제도 내 연구자와 제도 밖 연구자, 교사와 학생, 학내 이용자(교사와 학생)와 학내 재생산 노동자, 교수와 강사 등은 서로 다른 영역에서 고립된, 생산자와 소비자로 분리된 혹은 위계화된 관계들이다. 따라서 중요한 것은 이 분리되거나 위계화된 관계들을, 서로 소비하거나 지시하는 관계들을 서로에게 책임을 갖는 수평적인 관계로 재구성하는 것이다. 다시 말해 화폐를 매개로 서비스를 교환하는 것을 넘어서 책임이 순환하는 관계를 생성하는 것이다. 상품은 관계를 바꾸지 않는다. 지식이 상품으로 유통될 때 생산자와 소비자라는 구분은 변하지 않고 유지된다. 우리는 여전히 분리되어 있다. 그와 달리 우리가 지식을 공유한다(commoning)고 말할 때, 그것은 지식을 자유롭게 이용하는 것만이 아니라 함께 생산한다는 의미를 포괄한다. 그리고 그러한 지식 생산은 생산자와 소비자로 분리된 관계를 넘어서 함께하는 '우리'를 생산한다. 그렇게 새로운 관계를 만드는 것이 상품과 공유(물)의 가장 큰 차이다. 여기서 지식의 생산은 그것을 둘러싼 (사회적) 공간의 재생산 위에서 가능함을 떠올린다면, 지식의 생산이란 그 기반의 재생산을 포함한다.

여러 커먼즈 연구자가 커머닝 형태로 사회적 노동을 가동하는 두 가지 방식을 이야기한다. 데 안젤리스는 그 두 가지를 공동 노동(communal labour)과 호혜 노동(reciprocal labour)이라고 부른다. 공동 노동이 공유인들(commoners)의 공동체가 회의에서 정한 특정한 공동 목표를 위해 협력하는 사회적 노동이라면, 호혜 노동은 호혜성이나 선물 혹은 상호부조에 관한 지각과 얽혀 있는 사회적 노동 형태다. 이 두 노동은 구별되지만 상호보완적이다. 공동 노동이 특정 목적을 위해 공동체가 협력하는 노동을 나타낸다면, 호혜 노동은 호혜성의 순환을 통해 공동체의 사회 구조를 짜는 노동을 가리킨다. 데 안젤리스는 농경 사회에서 분명하게 나타났던 이 두 가지 커머닝 형태가 현대 도시에서 새롭게 재발명된다면서, 2008년 금융 위기의 여파로 나타났던 미국과 스페인의 주택

압류 반대 운동을 예로 든다. 활동가 집단은 은행 집행관에게 거주민이 저항할 수 있도록 돕고, 그다음에는 도움을 받은 거주민이 투쟁에 참여하도록 요청(혹은 초대)해 같은 조건에 있는 다른 사람을 돕도록 이끈다. 여기에는 압류에 저항한다는 공동의 사업과 도움을 받은 사람이 다른 사람의 저항에 힘을 보탠다는 호혜성이 함께 있다. 데 안젤리스에 따르면 "이러한 유형의 네트워크는 메트로폴리스의 개인화 경향에 중대한 파열을 나타낸다."[11]

데 안젤리스의 말처럼 이 두 가지 커머닝 형태가 사회적 노동을 가동하는 유일한 기준은 물론 아니다. 하지만 지식 커먼즈라는 맥락에서도 이 두 형태를 고려해 볼 수 있다. 지식공유연대의 선언문을 따른다면, 지식 생산 체제의 재구성과 지식 공공성 확대는 공동의 사업이다. 이 사업들은 지식공유연대라는 연대 기구에 함께하는 여러 학회와 연구자 단체가 공동으로 협력해 추진해야 하는 과제다. 그러나 이러한 공동의 사업을 한결같이 추진하려면 주체 즉 연대체의 짜임새가 중요하다. 그 짜임을 만드는 것은 호혜 노동이다. 이것은 위에서 '서로에게 책임을 갖는 관계'로 표현한 것이다. 이 연대체에 속한 사람들은 당연하게도 같은 자리에 서 있지 않다. 각각의 개인을 가로지르는 여러 사회적 선들이 특정한 방식으로 연결되어 연대체가 꾸려졌지만, 그 선들은 다른 공간에서는 또 다른 방식으로 연결되어 서로 대립하는 관계를 형성할 수 있다. 앞서 우리가 보았던 지식 생산자 '우리'를 고립시키고 분리하고 위계화하는 관계로 말이다. 그 숱한 관계의 조합에서 우리가 서로에게 책임을 갖고 순환하는 관계를 만들지 못한다면, 즉 호혜성을 꾸리지 못한다면 지식 공유라는 공동의 사업 역시 이루기 어렵다는 것은 너무나 뻔하다.

아니 불가능하다. 지식 생산 체제의 재구성이란 사실 호혜성을 토대로 하기 때문이다. 또한 지금 지식공유연대에 함께하지는 않지만, 지식의 장을 함께 (재)생산하는 가시화되지 못한 노동자들과도 서로 책임을 갖는 관계를 꾸리지 못한다면 지식의 공유란 얼마나 공허할 것인가. 누군가의 삶을 배제한 채 그 위에서 이루어지는 지식의 공유, 공공성 확대는 지식을 위한 지식 활성화의 다른 이름에 불과하다. 그렇게 활성화된 지식은 결국 각종 평가 보고서의 잘 정리된 표에 갇힌 숫자의 운명을 벗어나지 못할 것이다.

정치적 논의를 시작하자

커머닝과 자본주의적 노동의 핵심적인 차이는 가치를 설정하는 척도가 어떻게 구성되는가에 달려 있다. 커머닝에서 공동체 구성원들 스스로 가치의 척도를 설정한다면 자본주의적 노동에서는 척도가 외부에서 결정된다.[12] 오늘날 한국 학계의 지배적인 연구 생활이 (앞서 인용한 클리버의 말을 따른다면) '끝없는 노동의 부과'라는 목적하에 외부에서 설정된 '논문 게재 숫자'라는 단 하나의 척도에 의해 가동된다고 하면 지나친 표현일까? 그러한 연구는 공동체의 복리와도, 연구자의 삶과도 무관한 경쟁 그 자체를 위한 경쟁적인 실천에 불과하다. 지식 커먼즈는 무엇보다 하찮게 되어버린 연구, 그것의 무의미한 (게재) 숫자 늘리기를 벗어던지는 것에서 시작된다.

자본은 끝없이 노동을 부과하며 예측 불가능한 존재를 계획할 수 있는 요소로 치환하려고 한다. 하지만 우리가 역사를 공부하며 배웠듯이 그 시도는 언제나 실패를 거듭해왔다. 또한 우리는 '끝없는 논문의 부과' 속에서도 예측할 수 없는 존재로 사는 친구들을 안다. 지식공유연대의 출범 역시 그러한 예측할 수 없는 사건이 아닐까? 부르디외의 말을 빌리자면, 이제 해야 할 일은 다른 연구-삶의 방식이 정말 가능한가를 학술적으로 논하는 것이 아니라, 그것을 위해 필요한 정치적 논의를 시작하는 것이다.

2

공공성과 거버넌스
한국 인문사회 분야 지식 생산의 공공성을 증진하는 커먼즈와 국가의 관계[1]

박서현

학술 지식 오픈 액세스 확대의 필요성

2019년 8월 지식공유연대가 결성됐다. 결성 이후 소속 학회가 학회 학술지의 오픈 액세스 출판 전환에 성공하는 등 지식공유연대는 오픈 액세스 운동을 활발히 전개해왔다. 이 장에서는 지식공유연대가 오픈 액세스 운동을 전개하게 된 맥락을 한국 인문사회 분야 학술 생태계의 문제를 중심으로 검토하고, 이 학술 생태계 안에서 학술 지식 생산의 공공성을 증진할 수 있는 연구자들의 공동체와 국가의 관계가 무엇인지를 확인하고자 한다. 먼저, 한국 인문사회 분야 학술 지식 오픈 액세스의 확대가 필요한 이유부터 논의를 시작하자.

한국 인문사회 분야 학술 지식의 오픈 액세스는 한국연구재단(이하 연구재단)에 의해 정책적으로 추진돼온 측면이 있다.[2] 2010년 시행된 '인문사회 분야 학술연구지원사업 처리 규정'(이하 처리 규정) 34조는 공적 자금이 지원된 연구 성과의 이용·확산·활용에 관해서다. '처리 규정'에 따르면 전문 기관은 공적 자금이 지원된 연구 성과가 널리 활용되도록 성과물에 관한 데이터베이스 구축 등의 조치를 취해야 한다(2항). 그리고 전문 기관은 연구자로부터 성과물에 대한 이용을 허락받아 전문 기관의 인터넷 홈페이지 등을 통해 일반인에게 제공해야 한다(3항). 연구 성과물에는 연구재단 등재(후보) 학술지 게재논문이 포함된다(30조 2항). 그리고 연구재단은 '처리 규정'이 지정한 전문 기관 중 하나이다(9조).[3] 정리하면 인문사회 분야 최대 기금 지원 기관[4]인 연구재단은 공적 자금을 지원받은 연구 성과물을 연구자로부터 이용허락받아 홈페이지에서 제공하도록 하고 있다. 이러한 기능을 하는 연구재단의 홈페이지가 한국학술지인용색인(Korea Citation Index, KCI)이다. 연구재단의 인문사회 분야 학술 지식의 오픈 액세스는 분명 의의가 있었다. 등재지에 게재되는 많은 논문이 공적 자금 즉 세금을 지원받은 논문들이었는데, 이러한 논문들을 자유롭게 사용하는 것은 소위 '납세자의 권리'를 보장하는 방편 중 하나였기 때문이다.[5]

사실 세금을 지원받은 다수의 등재지 게재논문이 누리미디어나 한국학술정보 등 상용 DB 업체의 플랫폼인 디비피아와 KISS 등에서 '상품'으로 매매되어왔다.[6] 학술 지식의 매매는 저작권을 통해 '인위적 희소성'을 창출한다는 데 근거한다.[7] PDF 형태로 되어 있는 논문의 경우 누군가가 사용하더라도 다른 사람의 사용분이 감소하지 않으며, 다른 사람의 사용을 배제할 수 없기 때문이다. 이런 의미에서 학술 지식은 '비배제성'과 '비감소성'을 특징으로 하는 경제학적 의미의 '공공재(public goods)' 성격을 가진다.[8]

세금을 지원받은 논문을 포함해 공공재로서의 학술 지식 자체를 연구자들이 자유롭게 공유할 수 있을 때 새롭게 생산되는 지식의 질은 높아질 수 있다. 나아가 본래 학술 지식은 연구자들의 사회적 협력의 결과로서, 이미 생산된 지식 및 공동의 부에 영향받을 뿐만 아니라 공동의 부의 발전에 이바지한다.[9] 이러한 점들을 상기한다면, 학술 지식 발전의 토대인 연구자들의 사회적 협력에 이바지할 오픈 액세스의 확대가 필요하다.

학술 지식 오픈 액세스 '운동'이 일어난 맥락

2021년 6월 17일 3인의 국회의원이 주관하고 교육부 등의 후원 아래 연구재단이(한국과학기술단체총연합회 등과 공동으로) 주최한 '국가 오픈 액세스 정책 포럼'은 오픈 액세스에 관한 관심 증가와 함께 국가의 정책적 지원이 강화될 것을 예상해볼 수 있는 자리였다.[10] 이처럼 국가의 정책적 지원이 강화되어 더 많은 인문사회 분야 학술지들이 오픈 액세스로 출판될 필요가 있다는 것은 분명하다. 그런데 이러한 필요에 대한 인식이 인문사회 분야 학술지들의 오픈 액세스 출판 전환을 위한 '운동'의 결과라면, 한국에서 이 운동이 일어난 맥락은 무엇이었을까? 그리고 이 운동이 가지는 의미는 무엇일까?

인문사회 분야 학술 지식의 오픈 액세스는 이미 2010년부터 연구재단에 의해 '정책적으로' 추진되어온 측면이 있다. 하지만 오픈 액세스 '운동'이 인문사회 분야에서 본격적으로 시작된 것은 한국기록관리학회를 포함한 문헌정보학 분야 학회들이 「문헌정보학 분야 학술 단체의 오픈 액세스 출판 선언」[11]을 발표한 2018년부터라고 할 수 있다. 이후 문헌정보학 분야 학회들을 포함해 지식공유 연구자의집(이하 연구자의집), 인문학협동조합 등의 진보적 학술 단체와 한국고전문학회, 한국여성문학학회 등 주로 국어국문학 분야 학회가 주축이 되어 지식공유연대를 결성하고 2019년 8월 29일 선언문[12]을 발표하면서 오픈 액세스 운동을 전개한다.

여기서 두 선언문을 간단히 검토하기로 하자. 문헌정보학 분야 학회들의 선언문이 학술지의 오픈 액세스 출판 전환에 초점을 맞추고 있다면, 지식공유연대의 선언문은 '학술 지식 생산의 공공성'을 강조하면서 '지식 생산과 활용의 공공적 가치 증진'을 위해 오픈 액세스가 이루어져야 한다는 점에 초점을 맞추고 있다. 문헌정보학 분야 학회들을 포함할 뿐만 아니라, 결성 이후 인문사회 분야 지식공유운동을 주도하고 있는 지식공유연대에서 학술 지식의 오픈 액세스를 지식 생산의 공공성, 공공적 가치의 증진이라는 과제 아래 추구해야 하는 것으로 설정한 이유는 무엇일까?

이 물음과 관련해 먼저 한국 인문사회 분야 학술 지식의 오픈 액세스가 학술 생태계 안에서 생산된 학술 지식을 대상으로 한다는 사실을 떠올릴 필요가 있다. 만약 인문사회 분야 학술 생태계가 어떤 중대한 문제를 가지고 있다면, 그래서 이 생태계 안에서 생산되는 학술 지식의 공공성이 담보될 수 있는지가 의심스럽다면 이 생태계에서 생산된 학술 지식의 오픈 액세스가 가지는 의의에 대해 당연히 물을 수 있기 때문이다. 달리 말한다면, 학술 지식의 오픈 액세스가 인문사회 분야 학술 생태계 안에서 지식 생산의 공공성을, 공공적 가치를 가지는 학술 지식의 생산을 과연 증진할 수 있을까?

인문사회 분야 학술 생태계의 문제

그렇다면 인문사회 분야 학술 생태계의 문제는 무엇일까? 이를 구체적으로 이해하기 위해서는 이 생태계 안에서 학술 지식이 생산되는 '현실'을 검토해야 한다. 앞서 한국 인문사회 분야 학술 지식의 오픈 액세스가 연구재단에 의해 정책적으로 추진돼온 측면이 있다고 했는데, 연구재단의 오픈 액세스 정책은 다시금 '학술지 등재 제도' 정책과 연동되어 있다. 어떤 점에서 오픈 액세스 정책이 등재 제도 정책과 연동되어 있는지 확인해보자. 이러한 확인이 필요한 이유는 등재 제도가 인문사회 분야 학술 생태계를 현재와 같은 모습으로 만드는 데 결코 무시 못 할 영향을 미쳐왔기 때문이다.

  등재 제도는 국내 학술지가 양적·질적으로 빈곤하다는 판단 아래 학술지 수준을 끌어올리기 위한 정책적 지원이 필요하다는 논리에 근거해 1998년 도입되었다.[13] 처음 도입되었을 때 인문사회 분야 등재지가 인문계 8개, 사회계 14개였는데, 2020년에는 각각 584개, 910개가 될 정도로 도입 이래 점점 큰 영향력을 행사해왔다.

등재 제도는 신청 자격을 충족한 학술지들을 대상으로 체계 평가(정량)와 내용 평가(정성)를 진행해 우수등재지, 등재지, 등재후보지를 구분한다. 특히 체계 평가에서는 '학술지 및 수록 논문의 온라인 접근성'이 총점 30점 중 10점으로 배점이 가장 높다. 온라인 접근성에서 중요한 것은 논문 원문이 학회 홈페이지에 무상으로 제공되느냐다. 특기할 것은 학회가 KCI에 원문공개동의서를 제출함으로써 논문 원문을 공개할 수 있으며, 연구재단은 이를 학회 홈페이지에 원문을 공개한 것으로 인정한다는 점이다. 즉, KCI에 논문 원문을 공개하면 최고점을 받을 수 있다.[14] 이는 연구재단이 등재 제도를 활용해 KCI에 논문 원문 공개를 유도해왔음을 뜻한다.

확인했듯이 KCI를 플랫폼으로 해서 연구재단이 오픈 액세스를 정책적으로 실천해온 것은 그 나름의 의미가 있다. 하지만 등재 제도가 낳은 폐해들, 특히 인문사회 분야 학술 생태계를 현재와 같은 식으로 만드는 데 일조한 폐해들에 대한 시정 없이 등재지의 오픈 액세스 출판 전환만으로 공공적 가치를 가지는 학술 지식 생산을 증진할 수 있다고 판단할 연구자는 아마 없을 것이다. 등재 제도만의 문제는 아니겠지만 인문사회 분야 학술 생태계를 지금과 같이 만드는 데 등재 제도가 일조했다는 것은 분명하다. 따라서 등재 제도의 개선이나 폐지를 통한 학술 생태계의 변화 없이 등재지의 오픈 액세스 출판 전환만으로 지식 생산의 공공성을 증진하는 것은 불가능하다.

국내 학술지 수준을 끌어올리기 위해 목표지향적으로 추진된 등재 제도는 목표를 달성하기 위한 가장 손쉬운 수단인 '계량화'를 학술지 평가에 도입했다.[15] 계량화는 등재 제도의 양적 기준에 맞춰 학술지를 출판하는 식으로 학회에만 영향을 미친 것이 아니라, 교수와 강사, 연구원과 대학원생 등 인문사회 분야 연구자 공동체 전체에 심대한 영향을 미쳤다. 등재 제도와 계량화된 평가 방식이 연구자 공동체에 수용되면서 임용, 승진, 연구비 수주 등에서 소위 '업적'으로 인정받을 수 있는 논문들을 가능한 한 많이 출판하는 것을 당연하게 받아들이는 문화가 만들어졌다. 등재지 등에 가능한 한 많은 논문 싣기가 연구자들의 지상 과제가 되었다.[16]

이미 2011년 교육과학기술부는, 등재 제도가 등재지 게재논문 편수 중심의 교수 업적 평가 등으로 인한 논문 실적 부풀리기와 같은 연구자들의 일탈 행위 조장, 학술지 질의 하향평준화, 연구자가 학술지 평가에 의존하는 경향과 같은 학계의 자율적 평가 역량 약화 등의 폐해를 초래했다고 진단했다.[17] 이러한 폐해 때문에 등재 제도는 이미 2014년에 폐지하기로 했었다. 하지만 시기상조라는 당시 대학과 전문가의 의견이 압도적이어서[18] 현재까지 유지되고 있다. 등재 제도가 폐지되면 대학의 업적 평가 방식을 전면 수정해야 한다. 그런데 2013년에 이미 전체의 96%에 달하는 대학이 업적 평가에서 등재 제도를 활용하고 있었기 때문에 대학으로서는 대안 없는 폐지가 분명 시기상조였을 것이다.[19] 위와 같은 폐해를 낳은 등재 제도는 연구자, 대학 등과 함께 인문사회 분야 학술 생태계를 구성하는 연구재단이 학술 생태계를 현재와 같은 식으로 만드는 데 일조한 대표적 정책이라고 할 수 있다. 그리고 업적 쌓기용 지식 생산이 이루어지는 경향이 있는 현재의 인문사회 분야 학술 생태계가 변화하지 않고서 등재지의 오픈 액세스 출판 전환만으로 지식 생산의 공공성이 증진될 수 있다고 판단할 수는 없다. 달리 말한다면 연구재단, 곧 국가 정책에 대한 비판 없이 국가의 오픈 액세스 지원만으로 지식 생산의 공공성을 증진할 수 있다고 판단하기는 어렵다.[20]

오픈 액세스 실천의 필요

오픈 액세스는 학술 지식을 공공재로서 자유롭게 공유하고 학술 지식의 공공재적 성격을 강화하는 것을 목표로 한다. pdf 파일 같은 형태의 논문은 경제학적 의미의 공공재라고 할 수 있다. 하지만 학술 지식은 비배제적이고 비감소적인 경제학적 의미의 공공재일 뿐만 아니라 공공성, 공공적 가치를 가지는 공공재라는 점에 주목할 필요가 있다.

이와 관련해 먼저 공공성 개념의 의미를 확인하기로 하자. 공공성(publicness) 혹은 '공적인 것(the public)'은 국가와 관련된 것, 국가적인 것만을 의미하지 않는다. '공적인 것'을 의미하는 라틴어 '푸블리쿰(publicum)'이 단순히 국가 행정이 아닌 모든 시민으로 구성된 전체 공동체를 가리키는 말이었다는 점에서도 알 수 있듯이, '공적인 것'과 '국가적인 것'은 다르다. 예컨대 '공중(public)을 위해' 존재해야 하는 공공 서비스(public service)는 국가가 원하는 대로 서비스를 제공할 수 있다는 의미에서의 국가 서비스(state service)와 같지 않다.[21]

학술 지식은 인간과 사회, 자연과 예술 등에 관한 기존 지식을 문제시하고, 새로운 연구를 통해 연구자 자신과 동료 연구자가 이 영역의 제반 지식을 다르게 보고 생각하게 하는 토대가 된다. 나아가 이러한 다른 봄과 다른 생각은 일반 시민에게도 영향을 미침으로써 모든 시민으로 구성된 전체 공동체, 즉 우리 사회의 건강한 변화를 위한 초석이 될 수 있다. 학술 지식이 공공적 가치, 공공성을 가지는 까닭은 이처럼 우리 사회의 건강한 변화를 위한 초석이 될 수 있기 때문이다.[22] 학술 지식의 오픈 액세스가 필요한 까닭은 (학술 지식이 단순히 경제학적 의미의 공공재이기 때문이 아니라) 동료 연구자와 시민이 다른 봄과 다른 생각을 하게 하는, '공공성을 가지는 공공재'이기 때문이다.

이러한 점에서 공공성을 가지는 학술 지식 생산의 토대가 될 수 있을 인문사회 분야 학술 생태계가 무엇인지, 학술 생태계의 변화에 이바지할 수 있는 오픈 액세스의 실천이 무엇인지를 연구할 필요가 있다. 오픈 액세스를 국가에서 정책적으로 견인하거나 재정적으로 지원하는 것에 앞서(혹은 병행해서) 연구가 이루어질 필요가 있다. 지식공유연대에서 오픈 액세스를 공공성을 가지는 학술 지식 생산의 증진이라는 과제 아래 추구할 필요를 제기한 것은 이 때문이다.

2019년 초 국공립대학교도서관협의회와 누리미디어 사이의 구독료 협상 결렬에 따라 2020년 초까지 대략 1년간 전국 10개의 국공립대학교에서 디비피아를 사용할 수 없게 된 사건이 지식공유연대운동의 도화선이었다. 그러나 이로부터 지식공유연대에서 디비피아 같은 자본의 플랫폼이 아닌 KCI 같은 국가의 플랫폼을 이용해 오픈 액세스를 달성하자고 쉽사리 결론 내린 것은 아니었다. 오픈 액세스의 실천은 인문사회 분야 학술 생태계 변화라는 과제의 중요한 일부였으므로, 이를 통해 공공성을 가지는 학술 지식 생산을 증진할 방안 모색이 필요했다.

이러한 모색은 '자본의 플랫폼 대신 국가의 플랫폼을 이용하는 식으로 오픈 액세스 출판 전환을 달성함으로써 과연 인문사회 분야 학술 생태계를 변화시킬 수 있는가'라는 물음에 쉽사리 답할 수 없으므로 당연

2019년 말에 준비 중이었던 연구자의집 오픈 액세스 플랫폼의 가상 웹페이지[23]

했다. 국가의 플랫폼을 이용해 오픈 액세스 출판 전환을 달성하는 것이 학술 생태계 변화에 어느 정도 이바지할 수 있음이 사실이라고 하더라도 말이다. 지식공유연대에 참가하는 연구자의집에서 자본의 플랫폼도 아니고 국가의 플랫폼도 아닌 연구자 공동체의 플랫폼, 커먼즈로서의 플랫폼을 만들고자 한 것은 이러한 모색의 결과였다.

연구자의집에서 만들고자 했던 플랫폼은 연구자들의 사회적 협력, 지식 커머닝 강화를 목표로 했다. 이 플랫폼은 이미 생산된 지식, 출판된 논문의 오픈 액세스에 초점을 맞추지 않고 연구자들의 집단지성, 다중 지성의 네트워킹에 초점을 맞추었다. 예컨대 코로나19, 기후위기와 같은 중요한 사회적 논제들에 관해 연구자들이 모으고 공유한 자료들을 분석·정리해 논의를 진행하고, 이와 관련한 학술대회 개최뿐 아니라 발표 논문을 출판·공유하는 플랫폼을 생각해 볼 수 있다. 심사를 거친 논문만 자유롭게 공유하는 것이 아니라, 연구자들의 다중지성 네트워킹이 이루어지는 플랫폼, 온라인 공론장 역할을 하는 플랫폼을 생각해 볼 수 있다.[24]

커먼즈와 국가의 협력 체계, 거버넌스 구성의 필요

오픈 액세스 플랫폼이 우리 사회의 중요한 문제들이 논의되는 온라인 공론장이 된다면, 이러한 대안적 플랫폼 만들기를 포함하는 오픈 액세스의 실천은 공공성을 가지는 학술 지식 생산의 증진에 어느 정도 이바지할 수 있을 것이다. 물론 온라인 공론장 역할을 하는 플랫폼이 인문사회 분야 학술 생태계의 변화를 위한 해답이라고 말하는 것은 결코 아니다. 오히려 중요한 것은 현재의 인문사회 분야 학술 생태계에 문제가 있음을 인지하고 이를 변화시키는 방안에 관한 연구와 실천이다.

이러한 연구·실천을 통한 학술 생태계의 변화는 인문사회 분야 연구자들이 중심이 되는 운동 없이 불가능하다. 오픈 액세스를 국가가 정책적으로 견인하거나 재정적으로 지원하더라도 학술 생태계 문제 해결에 국가가 선의로 나설 것이라고 장담할 수 없다. 오히려 인문사회 분야 학술 생태계를 지금처럼 만드는 데 국가가 일조해왔음을 비판적으로 인지하는 것이 무엇보다 중요하다.

학술 생태계의 변화를 위해 국가와 협력하는 것은 이러한 비판적 태도에 입각한 다음에 비로소 생각해 볼 수 있다. 왜냐하면 국가와 관련한 '공적인 것'이란 우리의 과거 노동이 축적된 것으로서 자본이 탈취하면 안 되는 것,[25] 지금 맥락에서는 인문사회 분야 학술 생태계의 변화를 위해 우리가 활용해야 하는 것이기 때문이다. 또한 학술 생태계의 변화를 위해 국가와 '비판적으로' 협력하는 연구자 공동체, '국가와 커먼즈의 협력(public-commons partnership)'[26]이 필요하기 때문이다.

그렇다면 학술 생태계의 변화를 위한 연구자 공동체, 커먼즈와 국가의 구체적 협력 방식은 무엇일까? 다양한 방식이 있겠으나 가장 기본은 공공성을 가지는 학술 지식을 생산하기 위해 진정으로 무엇이 필요한지를 연구자들에게 묻고, 연구자들의 필요를 조사하며, 이러한 필요를 충족하기 위해 국가는 무엇을 할 수 있고 해야 하는지를 연구자들과 함께 논의하는 것이다. 이러한 물음·조사·논의가 학술지의 오픈 액세스 출판 전환을 위해 거액의 예산을 책정하고 이를 집행하는 것만큼 중요하다. 아니 이러한 물음·조사·논의가 아마도 오랜 시간이 걸릴 수밖에

없을 학술 생태계 변화의 토대가 될 수 있다는 점에서 거액의 예산 측정
과 집행보다 더 중요하다.

이 문제를 오픈 액세스 출판 전환을 위해 필요한, 자본의 플랫폼을 대
신할 대안적 플랫폼, 인문사회 분야 학술 지식 생산의 공공성을 증진할
수 있는 플랫폼을 사례로 생각해 보자. 우선 지금의 KCI가 이러한 플랫
폼이 될 수 있을까? 최근 수행된 「포스트 코로나19 대응 학술 단체 지원
사업 개선 방안 연구」 보고서에서는 KCI가 공공성을 가지지 못하므로
개선이 필요하다고 지적한다.[27] 그런데 학술 지식 생산의 공공성을 증
진하기 위한 플랫폼이 되도록(이것의 가능 여부는 차치하고서) KCI를 당장
개선하는 것보다 더 중요한 것이 있다. KCI 개선에 관한 학계의 요구가
무엇인지를 인문사회 분야의 다양한 연구자들에게, 예컨대 학술지 출
판 학회의 편집위원장·편집간사·편집조교 등의 학회 관계자들을 포함
하는 다양한 연구자들에게 묻고, 이들의 필요를 조사하고, 이들과 함께
어떠한 개선이 가능한지를 논의하는 것이다.[28]

이러한 물음·조사·논의는 물론 주기적·지속적으로 이루어져야 하
며, 이를 통한 개선도 장기간에 걸쳐 이루어져야 한다. 다시 오픈 액세스
플랫폼을 예로 들어보자. 일단은 국가의 지원 아래 지금의 KCI를 활용
해 학술지를 오픈 액세스 학술지로 전환한다. 그러면서 향후 2년간은 오
픈 액세스 플랫폼으로서 KCI에 어떤 개선이 필요한지 학회 관계자들과
일반 연구자들을 인터뷰하고, 그다음 2년간은 인터뷰 내용을 바탕으로
시범적으로 플랫폼을 만들어 운영하면서 피드백을 거쳐 플랫폼을 수정
한다. 그리고 5년째 정식 플랫폼을 오픈하지만 계속해서 피드백을 받아
오픈 액세스 플랫폼의 수정이 이루어지는 과정을 생각해 볼 수 있다.

이 가상의 사례를 통해서 학술지의 오픈 액세스 출판 전환을 위한 정책적 견인과 재정적 지원만 중요한 것이 아니라, 국가와 커먼즈의 협력 체계, 거버넌스 구성이 무엇보다 중요하다는 점을 생각해 볼 수 있다. 물론 거버넌스 구성이 오픈 액세스 출판 전환을 위한 단기적인 거액의 예산 책정과 집행보다 분명 더 어려울 것이다. 그리고 이러한 어려움 때문에, 아니 실은 오픈 액세스 플랫폼의 개선·운영과 관련한 거버넌스 구성이 불가능했기 때문에 연구자 공동체의 플랫폼을 연구자의집에서 만들고자 했다고도 할 수 있다. 거버넌스가 실제로 구성되어 오픈 액세스 플랫폼을 국가에서 제공하는 동시에 연구자들이 국가와 실질적으로 플랫폼을 공동 생산, 공동 운영할 수 있다면 대안적 플랫폼을 연구자들이 직접 만들 필요는 없을 것이다.[29]

국가와 커먼즈의 거버넌스를 구성한다는 것

지금까지는 학술지 오픈 액세스 출판 전환과 관련한 국가와 커먼즈의 협력 체계에 관해 생각해 보았다. 그런데 인문사회 분야 지식 생산의 공공성 증진은 오픈 액세스 실천만으로는 가능하지 않다. 등재 제도의 개선이나 폐지 역시 필요하다. 그리고 비판적 연구자들과 국가의 협력 체계가 구성되지 않는다면 가능하지 않다.[30] 아울러 학문후속세대 재생산 위기에 봉착한 인문사회 분야의 경우 '연구 안전망'과 같은 것이 없다면 공공성을 가지는 학술 지식 생산의 토대가 될 수 있을 학술 생태계는 아마도 만들 수 없을 것이다. 그리고 연구 안전망 만들기 역시 비판적 연구자들과 국가가 협력 체계를 구성하지 않는다면 가능하지 않을 것이다.

여기서 생각해 볼 것은 이러한 협력 체계의 구성이 오늘날의 관료화된 국가 바꾸기를 함의한다는 점이다. 위계적으로 조직된 현대의 국가 행정 체계는 오늘날의 대의민주주의에 잘 들어맞는다. 이 체계에서는 선출된 정치인이 정책을 결정하고, 정책의 결정과 실행은 분리되며, 정책 실행은 가치중립적인 기계적 과정으로 이해된다. 즉 정치인이 정책을 결정하고, 중립적 전문가인 공무원이 정책을 정교하게 가다듬을 뿐 아니라 정책 실행에 필요한 지식을 가지고 있다고 상정된다.[31] 정책을 실행하는 중립적 전문가로서의 공무원과 정책 결정자로서의 정치인은 선거권이 있을 뿐인 시민과 정책 결정·실행을 분리하는 대의민주주의 논리를 반영한다.

커먼즈와 국가의 거버넌스는, 예컨대 연구 안전망을 만드는 일을 정치인이나 공무원에게 위임하는 것이 아니라 이들과 함께 이를 논의해 결정하는 것을 함의한다. 이러한 점에서 국가와 커먼즈의 거버넌스는 민주주의를 더 이상 경화된 선거제가 아니라, 삶의 핵심적 문제들에 관한 '자기결정권'으로 이해한다.

나아가 연구자들의 공동체가 학술 생태계가 무엇인지를 연구하고(역시 거의 불가능에 가까운 일이겠지만) 이를 국가와의 거버넌스를 통해 실현하는 과정은, 연구자와 공무원 그리고 정치인이 서로 소통하면서 배우는, 교육적 의미가 있는 사회적 협력 과정이라고 할 수 있다. 그리고 이는 대의민주주의에 기반을 두고 있는 현대의 국가 행정 체계와는 다른 식으로 인간의 지식·역량을 조직하는 방식이라고 할 수 있다. 인간의 지식·역량을 이처럼 다르게 조직하는 방식은 사회 운영을 새로운 시각에서 생각해 볼 수 있는 여지를 주고,[32] 나아가 이러한 여지를 키우는 데 이바지할 수 있는 인간의 지식과 역량을 축적하는 과정이라는 점에서 의의가 있다.

물론 현대의 국가 행정 체계가 커먼즈와 국가의 거버넌스를 받아들이는 것은 어려운 일이다. 학술 지식 생산의 공공성 증진과 같은 대의를 선언한다고 국가에서 커먼즈와의 거버넌스를 곧장 받아들일 것이라고는 결코 생각할 수 없다. 이는 거버넌스가 지식공유연대의 활동과 같은 학술 운동의 결과로서만 비로소 구성될 수 있다는 것을 의미한다. 지식공유연대의 활동은 오픈 액세스에 관한 여러 연구자의 지지와 국가의 지원을 끌어냈다. 그렇듯이 학술 생태계의 변화를 위한 국가와 커먼즈의 협력 체계 구성이 필요함을 제기하고 이에 선뜻 나서지 않는 국가를 비판하는 연구자들의 운동, 커먼즈 운동이 필요하다. 이러한 운동이 존재하지 않는다면 국가와 협력 체계를 구성할 수 없을 뿐만 아니라 설혹 어떤 호기로 인해 구성한다고 하더라도 일회성으로 그칠 가능성이 크다.

결국 인문사회 분야 학술 지식 생산의 공공성을 증진하는 커먼즈와 국가의 거버넌스 구성은 현대 국가 행정 체계의 운영 방식 혹은 국가권력이 작동하는 방식의 변형을 함의하는 학술 운동이자 사회운동의 하나다. 물론 이러한 변형은 연구자들뿐만 아니라, 시민들의 삶의 재생산과 관련한 핵심적 문제들에 관한 논의와 결정을 위해 시민들의 연합, 즉 커먼즈와 국가의 거버넌스를 구성하는 것으로 이어질 필요가 있다. 이런 점에서 연구자들의 공동체와 국가의 협력 체계는 변형의 시작이지 끝이 아니다.

운동이 없다면 절대로 일어나지 않는다

인문사회 분야 학술 지식 생산의 공공성 증진에 이바지하는 커먼즈와 국가의 거버넌스는 인문사회 분야 연구자들이 주체가 되는 학술 운동이 없다면 결코 구성할 수 없다. 오픈 액세스의 실천과 관련해 이 운동은 국가에 학술지의 오픈 액세스 출판 전환 지원 정책을 당장 실시하라는 요구를 넘어서야 한다. 학술 지식 생산의 공공성을 증진하기 위한 학술 생태계를 만들기 위해 연구자들에게 진정으로 필요한 것이 무엇인지를 국가가 묻고, 연구자들의 필요를 조사하고, 이러한 필요를 충족하기 위해 국가는 무엇을 할 수 있고 해야 하는지를 연구자들과 함께 논의하자고 요구해야 한다. 그리고 국가가 이를 행하지 않을 때 비판하고 압박해야 한다.

위에서 살펴본 대안적인 오픈 액세스 플랫폼과 관련해서도 학술 지식 생산의 공공성을 증진하기 위한 대안적 플랫폼이 무엇인지를 연구자들에게 묻고, 이들의 필요를 조사하고, 이들과 함께 가능한 개선 내용을 논의하는 것에서 시작할 필요가 있다. 오픈 액세스 플랫폼의 구체적 형태는 이러한 논의의 결과를 통해 구현되고, 향후 지속될 논의에 따라 다시금 변형될 수 있으며, 변형에 열려 있다는 점에서 잠정적일 수밖에 없다. 으레 그렇듯이 돈을 들여 당장 무엇을 해야 한다고 생각하는 대신에 논의를 시작하고, 공동으로 모색하고, 협력하는 것이 중요하다.

물론 커먼즈와 국가의 협력은 인문사회 분야 학술 생태계의 변화뿐만이 아니라, 권력이 작동하고 사회가 운영되는 방식을 변형을 위해서도 필요하다. 이러한 변형은 거버넌스를 통해서 비판적으로 협력하면서 서로 소통하고 배운다는 의미에서 교육적 의미가 있다. 아울러 익숙한 대의민주주의가 아닌, 삶의 핵심적 문제들에 대한 자기결정권으로 민주주의를 확장한다는 의미가 있다. 물론 이러한 변형이 저절로 일어나지 않는다. 운동이 없다면 절대로 일어나지 않는다.

3

지식 커먼즈와 저작권법, 그리고 CCL[1]

윤종수

커먼즈의 진화와 지식 커먼즈

전통적인 관점에서 커먼즈는 모든 이가 효용을 누려야 하는 '비배제성 (non-excludability)'이 본질적 속성이지만 한 주체의 이용이 다른 주체의 편익을 감소시키는 '경합성(rivalry)' 때문에 그 지위가 흔들린다. 자유롭게 참여하는, 합리적이지만 이기적인 주체들이 일으키는 공유 자원의 남용·파괴라는 딜레마는 늘 커먼즈를 관통하는 주제였다. 울타리 설치로 비배제성을 제거해 자원의 지속을 담보하는 다양한 인클로저 사례들은 개럿 하딘(Garrett Hardin)의 「공유지의 비극(The Tragedy of the Commons)」으로 힘을 받지만(사실 이 논문의 주된 주제가 인구 문제라는 사실은 잘 알려지지 않았다) 그 순간 커먼즈는 사라져 버린다. 사유재산권의 거침없는 질주와 간혹 등장하는 국가 통제의 틈에서 허덕이던 커먼즈는 엘리너 오스트롬(Elinor Ostrom) 교수가 오랜 연구 끝에 어장, 산림, 지하수, 관개시설 등의 공유자원이 참여자들의 합의에 따라 지속되어 왔음을 보여줌으로써 뒤늦게나마 이론적 근거와 함께 제3의 대안으로 주목받는다.[2]

하지만 본격적으로 커먼즈에 힘을 불어넣은 건 전통적인 커먼즈와 달리 비배제성과 함께 비경합성을 갖는 정보 자원이었다. 인터넷으로 연결된 오픈 디지털 플랫폼에서 공유에 기반한 개인 생산(Common-based Peer Production)으로 만들어 낸 리눅스로 대표되는 오픈 소스 코드들은 디지털 커먼즈의 가능성과 위력을 보여주었다. 경합성이 없는 무형물인 정보는 전통적인 공유자원의 딜레마와는 다른 양상을 띤다. 전체의 후생을 고려하지 않는 자원의 과다 소비로 인한 남용 문제는 드러나지 않고, 오히려 몇 가지 특별한 효용을 갖는 정보들을 제외하고 정보 자원의 보편적 소비는 전체 후생에 긍정적인 영향을 미친다. 정보 생산의 인센티브에 미치는 부정적 영향으로 인한 과소생산의 문제와 그 어느 인클로저보다 강력한 지식재산권 체제로 커먼즈의 복원이 쉽지 않았다. 하지만 기존의 커먼즈를 회복하는 것을 넘어 참여자들이 함께하는 커먼즈의 생산과 이어지는 재생산, 그리고 그에 수반하는 혁신의 확산이라는 강력한 동력으로 극복해 나갔다. 그전까지의 커먼즈가 접근성과 지속성의 확보라는 다소 방어적인 기제였다면, 디지털 커먼즈는 더욱 적극적인 가치 창조와 커먼즈의 재생산이라는 모습으로 강력한 인상을 남겼다. 코드에서 시작된 디지털 커먼즈는 다양한 정보로 확대되면서 열린 콘텐츠(Open Contents), 열린 지식(Open Knowledge) 등의 정보 커먼즈로 이어졌다. 이것이 21세기가 시작되면서 본격적으로 등장했던 인터넷의 자유 문화(free culture) 운동이고, CC(Creative Commons)가 탄생한 배경이다.

법적·경제적·기술적 제한이 없이 누구나 이용·재배포가 가능한 지식, 즉 지식 커먼즈의 구축을 논함에 있어서 이와 같은 디지털 커먼즈에서 정보 커먼즈로 이어지는 과정을 살펴보는 것은 중요한 의미가 있다. 특히 그 과정에서 지식과 문화의 향상 발전을 주요 목적의 하나로 천명하고 있는 저작권법이 지식 커먼즈와 긴장 관계에 있을 수밖에 없었던 사정을 이해하고 지식 커먼즈가 이를 어떠한 방법으로 극복하고자 했는지 알아봄으로써, 지식 커먼즈 생태계를 구축·지속하기 위한 중요한 통찰을 얻을 수 있다.

디지털 시대의 저작권

정보의 인클로저

인류의 문화와 지식의 역사는 본래 커먼즈의 역사였다. 문화와 지식은 오랫동안 사회의 구성원들에 의해 생산·공유·전승되면서 발전했고, 사회를 결속시키는 역할을 해왔다. 창작은 언제나 상호 영향 아래 누적적인 경로를 통해 이루어지는 활동이었다. 커먼즈로서 문화와 지식은 무형의 정보가 갖는 본질적인 속성, 즉 비경합성과 비배재성 때문에 자연스러운 결과라고도 할 수 있다. 누군가의 이용이 다른 사람의 이용에 영향을 미치지 않는 비경합성과 다른 사람의 이용을 막기가 불가능하거나 어렵다는 비배제성은 문화와 지식이 공유에 친할 수밖에 없음을 의미한다. 그러나 15세기 말부터 16세기에 걸쳐 자행되었던 목초지에 대한 인클로저 운동에 빗대어 문화와 지식에 "두 번째 인클로저 운동(Second Enclosure Movement)"이 벌어지고 있다는 지적[3]이 있을 정도로 문화와 지식은 그 커먼즈적인 본질에도 불구하고 과다한 사유화의 틀에 밀려들어 가고 있으며, 그 정도 또한 가속화하고 있다. 문화와 지식은 점차 상품으로서 중요한 사유재산으로 통제가 강화되고 있다.

 문화와 지식과 같은 정보에 대한 인클로저는 두 가지 측면에서 살펴볼 수 있다. 첫 번째는 정보 접근에 대한 물리적 통제다. 즉, 정보의 원천이나 미디어, 장소 등에 대한 배타적인 관리를 통해 접근이나 취득 자체를 막는 것이다. 기본적으로 접근 통제는 미디어나 장소 등에 대한 일반적인 재산권에 근거를 두고 있으며,[4] 이를 담보하기 위해 다양한 통제 기술이 사용되어왔다. 그럼으로써 권리자는 대가를 지급한 이용자에게만 접근을 허락하면서 이익을 얻는다. 두 번째는 저작권에 의한 통제다. 첫 번째 통제와 비교해서 저작권에 의한 통제는 상대적으로 그리 역사가 길지 않다. 인간의 사상 또는 감정을 표현한 창작물로서의 저작물이 저작권법에 따라 보호받게 된 것은 그리 오래된 일이 아니다. 저작권의 역사는 복제 기술의 역사와 함께한다. 복제 기술의 등장으로 일반 공중의 접근이 가능한 수많은 사본이 존재하고 되고, 저작물의 원본이나 미디어, 장소에 대한 배타적 관리만으로는 이익 보호에 어려움이 있자 사본의 생성, 즉 복제(Copy)라는 이용행위를 통제할 수 있는 권리인 'Copy Right'이 고안되었다. 창작자에게 자기 창작물에 대해 복제를 허락하거나 금지할 배타적 권리를 부여한 것이 저작권의 출발이다.

정보에 대한 인클로저는 이와 같은 두 가지 측면에서 그 범위와 정도를 계속 확대해왔다. 그러한 추세의 상징적 사건이 미국에서 1998년에 만들어진 소니보노법 또는 미키마우스법이라고 불리는 저작권보호기간연장법(Copyright Term Extension Act of 1998)[5]과 DMCA(Digital Millennium Copyright Act)[6]이다. 저작권보호기간연장법은 저작권 보호 기간을 일반적인 저작물은 저작자 사후 70년, 법인 저작물은 창작 후 120년 또는 발행 후 95년 중 짧은 것으로 각각 연장했다. 이에 따라 저작권 보호 기간 만료로 퍼블릭 도메인(Public Domain)이 될 예정이었던 디즈니의 미키마우스 등을 포함한 저작물이 계속 저작권의 보호 대상으로 남게 되었다. 이 법에 관해서는 입법 당시부터 격렬한 논쟁이 벌어졌고 결국 위헌 소송[7]까지 제기되었다. 대법원은 2003년 1월 15일 7:2로 저작권이 제한 기간 동안 유지된다는 헌법의 요건을 위반하지 않으며 원고들의 수정헌법상의 권리를 침해하지 않아 합헌이라고 판결했다. 저작권이 인센티브를 고취하기 위한 한시적인 권리라는 본질을 무색하게 하는 사후 70년의 저작권 보호 기간은 한·EU FTA와 한·미 FTA에 포함되었고, 이에 따라 우리의 저작권법도 개정되기에 이르렀다.

DMCA는 디지털 시대의 변화에 대응하기 위해 1996년에 채택된 세계지식재산권기구(WIPO)의 두 개 조약, 즉 저작권조약(WIPO Copyright Treaty, WCT)과 실연음반조약(WIPO Performances and Phonogram Treaty, WPPT)에 따른 것이다. 온라인 서비스 제공자의 책임 제한에 관한 규정이 주로이나, 제1편의 'Section 103. 저작권 보호 시스템과 저작권 관리 정보(Copyright Protection Systems and Copyright Management

Information)'의 제1201조로 도입된 '기술적 보호 조치의 우회 금지'가 중요하다. 이는 앞서 언급한 일반 재산권으로 이루어졌던 저작물에 대한 접근 통제가 디지털 시대에 들어와 강력한 기술적 통제 수단과 함께 그에 대한 법적 규제를 통해 저작권에 포함되어 있지 않던 권리인 접근권(access right)의 창설로 이어졌다는 것을 의미한다. 법으로서의 코드(code)와 기술로서의 코드가 결합함으로써 디지털 시대에 정보의 인클로저는 새로운 차원으로 전개되었다.

저작권에 대한 이해

저작권과 소유권의 차이　소유를 유·무형물을 가리지 않고 재산에 대한 배타적인 지배의 의미로 사용하는 경우가 많다. 하지만 물건에 대한 권리로서의 소유권과 정보라는 무형물에 대한 권리로서의 저작권은 그 지배의 대상인 목적물의 차이 외에도 여러 면에서 다른 특성이 있다. 저작권과 소유권의 차이를 인식하는 것은 저작권의 본질을 이해하는 데 중요하다.

소유권은 목적물의 사용가치와 교환가치를 지배하는 그야말로 전면적이자 완전한 물권으로, 대상에 대해 포괄적으로 독점적·배타적인 권리를 갖는다. 게다가 존속 기간의 제한도 없고 소멸시효에도 걸리지 않는 항구성을 가지고 있다. 이에 비하면 저작권은 소유권과 같은 배타적인 지배권으로서의 성격을 갖고 있으나, 하나의 완전한 권리가 아니라 개별적 권리들의 집합에 불과하다. 즉 저작권은 비록 저작권이라는 하나의 이름으로 불리지만 실은 공표권, 동일성유지권, 성명표시권 등의 저작인격권에 속하는 권리와 복제권, 공연권, 공중송신권, 전시권, 배포권, 2차적저작물 작성권 등의 저작재산권에 속하는 개개의 권리를 포괄해서 통칭하는 용어다. 이는 저작자에게 그의 창작물에 대한 완전한 지배를 인정하지 않고 필요한 범위 내에서 제한적으로 권리를 부여한 것임을 의미한다. 비록 권리자들의 요구로 계속 권리들이 추가되고 있기는 하지만, 저작권은 논리적으로 당연히 인정되는 권리라기보다는 저작권법 제1조의 목적 조항에서 밝힌 것처럼 문화 및 관련 산업의 향상 발전에 이바지하기 위해서 저작물의 공정한 이용과 함께 저작자의 권리를 보호하기 위해 마련한 정책적인 권리라고 할 수 있다. 게다가 항구적인 권리인 소유권과 달리 저작권은 존속 기간이 정해져 있다. 한정된 기간 동안만 권리자에게 독점적인 지배권을 부여하되, 그 기간이 종료되면 권리를 소멸시키는 아주 독특한 특성이 있다. 이 또한 저작권이 정책적인 차원에서 필요한 범위에 한정해 권리를 부여한 것임을 시사한다.

저작권의 목적　앞서 본 것처럼 저작권은 하나의 완전한 권리가 아니라 개별적 권리들의 집합으로서, 저작재산권에 속한 권리들은 저작물의 사본을 만들거나(복제권) 다수의 이용에 제공하는 행위(공연권, 공중송신권, 전시권, 배포권)[8] 및 저작물을 이용해 새로운 저작물을 만들어내는 행위(2차적저작물 작성권)에 대한 권리이다. 저작재산권에 속하는 위 권리들은 한마디로 말하면 '저작물로부터 수익을 얻기 위한 추가적인 행위를 할 수 있는 권리'이고 '저작권자의 이익 취득 기회를 상실시키거나 저작권자의 시장을 침해하는 타인의 행위를 막기 위한 권리'이다. 애초 저작권이 출판업자에 대한 독점적 출판권의 부여에서 출발한 이래 이러한 목적을 달성하기 위해 시대의 변화에 따라 권리를 추가해왔을 뿐이지 결코 그러한 범위를 벗어날 수는 없었다. 저작권의 존속을 일정 기간에 한정시킨 것도 저작권자가 타인의 간섭 없이 자신의 저작물로부터 충분한 경제적 이익을 받을 것으로 보이는 기간을 고려했다. 그리고 그 기간이 경과하면 저작권자의 독점적 이익의 향수가 더 필요 없다는 이유로 부여했던 권리를 다시 거둬들였다. 저작재산권 외에 공표권, 동일성유지권, 성명표시권의 저작인격권도 저작권자에게 인정된다. 하지만 이는 저작자의 인격 발현이라는 저작물의 성질을 고려해 저작권자의 인격적 이익의 보호를 목적으로 인정되는 것으로, 위와 같은 저작재산권의 본질에 영향을 끼치지 않는다.

지식 커먼즈의 관점에서 본 저작권법의 문제

저작물의 일률적인 동일한 취급　현행 저작권법에 의한 저작권의 보호는 ㉠저작물의 창작자에게 저작물의 이용에 관한 배타적인 모든 권리를 일률적으로 부여하고, ㉡그 저작물을 다른 사람이 이용하기 위해서는 저작권자의 허락을 필요로 하며, ㉢그러한 허락을 얻지 않고 이용하는 행위를 위법으로 규정하고, ㉣이에 대한 방어적 권리를 저작권자에게 부여하는 것으로 정리된다.

이러한 저작권법 체계를 관통하는 가장 큰 특징이자 문제는 모든 저작물을 같은 수준에서 취급한다는 점이다. 저작권법에 따르면 '문학·학술 또는 예술의 범위에 속하는 창작물'이면 모두 저작물이 된다. 저작물의 창작자가 누구인지 상관하지 않으며, 저작물의 수준, 질, 목적, 형태, 이용 어느 것도 따지지 않고 일률적으로 동일한 저작권을 부여한다. 말 그대로 언제나 'all rights reserved'가 적용된다. 그러나 실제 저작물들은 결코 똑같은 처지에 있지 않다. 저작물들은 서로 다른 가치를 가진다. 결코 귀천을 따지듯이 어느 저작물이 다른 저작물보다 우수하다거나 질적으로 뛰어나다는 의미가 아니다. 저작자가 자신의 저작물에 두고 있는 의미가 다르다는 것이다. 현 저작권 시스템은 저작자가 어떤 동기로 저작물을 창작했고 어떻게 활용하고 싶은지, 그 저작물이 어떠한 특성이 있는지를 전혀 구별하지 않고 마치 본질에 따른 자연스러운 귀결처럼 모든 저작물에 대해 저작자에게 똑같은 권리를 주고 있다. 하지만 실제 의도는 저작물에 대한 저작권자의 경제적 이익을 어떻게 보호할 것인가를 규율하는 것이었으므로 현재의 권리 체계에 실질적으로 반영되어 있지 않다고 할 수 있다. 따라서 현행 저작권 시스템이 비록 모든 저작물에 대한 동등한 보호를 규정하고 있더라도, 실제 시스템 운영에서 나타나는 문제들을 해결하기 위해서는 애초에 저작권이 저작권자의 재산적 이익 보호라는 측면에서 설계되었음을 염두에 두고 보호의 실질적 필요성을 따져봐야 한다.

아이디어와 표현　저작물은 인간의 사상 또는 감정을 '표현'한 것이어야 한다(저작권법 제2조 제1호). 이는 저작권의 보호 대상은 인간의 사상 또는 감정이 아니라 창작자의 개성이 담긴 표현이며, 따라서 표현이 아닌 '아이디어'에 불과한 것은 저작권으로 보호되지 않는다는 의미이다. 이른바 '아이디어와 표현의 이분법(idea-expression dichotomy)'이라는, 저작권법 체계에서 오랫동안 확립되어온 법리로서 저작권 침해를 판단하는 데 매우 중요한 개념이다. 자연과학의 법칙이나 사상 등 아이디어에까지 저작자의 독점적 권리가 미치면, 지식, 문화, 과학 발전에 장애가

되고 아이디어가 다양한 표현 형식으로 전파되는 것을 막는다. 이는 저작권법의 목적에 부합하지 않기 때문에 아이디어가 아무리 독창적이더라도 저작권법의 보호 대상에서 제외한다. 예외적으로 아이디어가 특별한 요건을 갖추었으면 엄격한 심사를 거쳐 일정 기간 동안 독점적 권리를 부여하는 특허 등의 제도로 보호한다.

실제 표현과 아이디어를 구분하는 것은 쉽지 않다. 아이디어는 창작자에 의해 점차 구체화되는데, 어느 부분부터 표현의 영역으로 넘어가는지는 밤낮의 모호한 경계처럼 정확한 기준을 제시하기 어렵다. 예를 들어 소설 같은 스토리가 있는 저작물은 구체적이고 특색 있는 사건 전개 과정, 등장인물의 교차 등은 비록 문언적 표현이 아니더라도(이른바 비문언적 표현) 아이디어가 아닌 표현의 영역에 속하는 것으로 본다.[9] 반면 이러한 허구적 저작물(fictional work)이 아닌 사실적 저작물이나 기능적·실용적 저작물은 저작자의 창조적 개성이나 독창적인 표현이 반영될 여지가 상대적으로 적으므로 표현보다 아이디어의 영역에 속하는 부분이 더 많을 수 있다. 학문 지식 콘텐츠 역시 성격상 표현보다 아이디어가 더 핵심이라 할 수 있다. 따라서 학문 지식 콘텐츠는 저작권법상 표현이라 볼 수 있다 하더라도 표현으로서의 가치는 다른 창작물에 비해 작을 수밖에 없다. 보호의 필요성이나 저자의 이해관계 측면에서 차별적인 접근이 필요하다.

지식 커먼즈와 인센티브　　자연 자원 등 전통적인 커먼즈에서는 커먼즈를 유지하기 위해서 참여자의 이기심에 따른 과다소비(overconsumption)를 제한할 필요가 있었고, 이를 위해 규제나 참여자들의 합의에 따른 거버넌스가 필요했다. 그러나 지식과 같은 정보 커먼즈에서 과다소비는 전혀 문제가 안 된다. 그보다는 필요한 지식 자원이 제대로 생산되지 못하는 과소생산(underproduction) 문제가 발생할 수 있다. 이를 해결하기 위해서는 참여자들에게 자원 생산에 나아갈 수 있도록 적절한 인센티브를 제공하는 것이 중요하다. 앞서 본 것처럼 저작재산권을 '저작물로부터 수익을 얻기 위한 추가적인 행위를 할 수 있는 권리', '저작권자의 이익 취득 기회를 상실시키거나 저작권자의 시장을 침해하는 타인의 행위를 막기 위한 권리'로 이해할 수 있다. 이는 저작권법 체계가 자원 생산의 인센티브를 경제적 인센티브로 예정하고 있음을 의미한다. 이러한 점에서 학문 지식 콘텐츠는 일반 콘텐츠와 다른 접근이 필요하다. 학문 지식 콘텐츠, 특히 학술 논문이나 학위 논문은 단행본이나 음악 콘텐츠 등 일반적인 저작물과는 다른 창작 동기가 있으며, 저작자가 기대하는 인센티브도 고유한 특성이 있다. 학술 논문을 작성하는 연구자에게는 논문으로 이익을 얻기보다는, 연구 내용이 널리 알려지고 다른 논문에서 계속 인용되면서 학자로서 명성을 높이고 영향력을 확대하는 것이 중요하다. 대학은 기본적으로 교수, 학생 등 참여자들이 함께 연구하고 동료평가를 통해 새로운 지식을 만들어내는 데 이바지하는 커먼즈에 바탕을 둔 생태계라 할 수 있다. 학술 논문의 저자가 학술 논문을 폐쇄적으로 관리해 이용을 제한하거나, 대가를 받고 이용을 허락하는 식으로 영리적으로 활용하거나 수익을 창출하는 경우는 상정하기 어렵다. 또한 저자의 이익에 부합한다고 보기도 어렵다. 학술 논문은 해당 논문에서 연구된 내용이 동료 학자들이나 일반인들에게 검토되어 이를 바탕으로 후속 연구가 진행될 수 있도록 해야 할 공익적 필요성이 있다.

디지털 커먼즈의 등장

배경

1990년대 중반부터 확산하기 시작한 '월드 와이드 웹(World Wide Web)' 은 본격적인 인터넷 시대를 열었다. 누구의 허락도 필요 없이 방대한 네트워크를 돌아다니며 웹사이트 등 자신의 공간을 만들 수 있고, 별다른 비용을 들이지 않고도 전 세계 사람들과 교류하고 협업할 수 있는 인터넷 공간은 그야말로 혁명적인 정보 공유의 실험 공간이었다. 인터넷에서 새로운 사업 기회를 포착한 기업들이 나름의 비즈니스 모델을 만들어가는 동안 개인들은 협업과 공유의 커뮤니티를 통해 디지털 커먼즈를 만들어갔다. 정보 접근과 교환의 효율성 극대화, 창작을 위한 기술적·경제적 장벽 제거, 문화 향유의 기회 확대를 가져온 디지털과 인터넷은 문화와 지식 창달의 최적화된 환경을 제공했다. 물론 앞서 본 것처럼 디지털 기술과 인터넷으로 저작권 환경이 바뀌면서, 이전에는 큰 무리 없이 보호받던 기존 권리들에 대한 침해의 폭과 정도가 급격하게 증가했다. 저작권법은 권리 보호의 수단과 정도를 확대·강화했다. 하지만 그에 대응해 새로운 기술을 적극적으로 활용한 디지털 커먼즈는 세력을 넓히면서 국가나 기업 등 기존 조직에 의존하지 않고도 창조적인 생산을 지속할 수 있는 새로운 가능성을 실현했다. 디지털·인터넷 시대에 기존의 코드인 법 외에 디지털 코드가 문화와 지식의 새로운 인클로저 움직임을 주도한 것처럼 새로운 혁신을 주도한 주인공 역시 디지털 코드였다. 본격적인 디지털 커먼즈의 시작은 MIT의 전설적 해커인 리처드 스톨먼(Richard F. Stallman)이 시작한 자유소프트웨어 운동이었다.

자유소프트웨어 라이선스

1989년 리처드 스톨먼이 설립한 FSF(Free Software Foundation)가 고안해 공개한 자유소프트웨어 라이선스인 GNU GPL(GNU General Public License, 이하 GPL)은 이른바 자유이용 라이선스라는 디지털 커먼즈의 확산에 결정적 역할을 한 혁신적인 법적 메커니즘의 시초이다. 컴퓨터 코드는 자유롭게 분석, 수정, 개선될 수 있어야 하고 그 결과물은 모든 개발자에게 공유되어야 한다는 해커 정신에 투철했던 리처드 스톨먼은 1983년 9월 유닉스(Unix)를 대체할 운영체제를 만들기 위한 GNU 프로젝트를 시작하고 1985년 FSF를 설립했다. 그는 독점적 소프트웨어가 개인들의 자유를 제한하고 코드의 접근과 재이용, 더 나아가 혁신을 제한하는 것을 비판했다. 그러면서 소스 코드가 공개되어 컴퓨터 프로그램의 개발, 수정, 보완, 유지 및 테스트 등 모든 단계에서 모든 이들의 자발적인 참여와 자유이용을 보장할 수 있는 자유소프트웨어를 확산시키고자 했다. FSF의 정의에 따르면, 자유소프트웨어는 ㉠어떤 목적으로든지 사용 가능하고, ㉡자유로운 개작이 허용되며, ㉢영리적 목적을 포함해 자유로운 복제·배포가 허용되고, ㉣개작된 컴퓨터 프로그램 역시 공개되어야 한다. 이를 위해 소스 코드를 반드시 공개해야 한다.[10]

GPL은 특정인에게 개별적으로 부여되는 라이선스(이용허락)가 아니다. 라이선스에 규정된 조건을 충족하는 한 모든 이에게 이용허락의 효력이 발생하는 이른바 공중 라이선스(public licence)의 하나로서, 자유소프트웨어의 확산과 유지를 위한 중요한 법적 장치다. 즉, 컴퓨터 프로그램을 개발한 개발자는 저작권법에 따라 컴퓨터 프로그램의 저작권을 취득하고 타인에게 그 이용을 허락할 수 있는 권한이 있다. 따라서 자신이 개발한 컴퓨터 프로그램에 GPL을 적용해 자유소프트웨어의 정의를 충족하는 이용을 허락함으로써 자유소프트웨어 확산에 참여할 수 있다. GPL에 의한 이용허락의 효력은 항구적이어서, 공개된 컴퓨터 프로그램이 상업적 기업 등에 의해 다시 독점적 소프트웨어로 돌아가거나 오용되는 것을 제어할 수 있다. 특히 자유소프트웨어의 요건 중 핵심인 이른바 카피레프트 조항으로 불리는 ㉣조건, 즉 개작된 컴퓨터 프로그램 역시 GPL이 적용되어야 한다는 조건이 그 역할을 한다. 개작에 이용된 코드가 극히 일부라고 하더라도 개작된 컴퓨터 프로그램 전부에 대해 GPL을 적용해야 하는 의무가 부과된다. 자유소프트웨어를 이용해 새로운 프로그램을 만든 후 이를 독점적·배타적으로 이용하는 행위는 이 조항에 위배된다. 그러므로 자유소프트웨어가 상용 소프트웨어로 변질되는 것을 막을 수 있을 뿐만 아니라, 우수한 컴퓨터 프로그램에 GPL이 적용될수록 자유소프트웨어가 확산하는 효과가 있다. 이는 저작권법에서 규정하는 이용허락 제도를 활용해서 모든 이들의 자유이용을 허락하되, 부가된 이용 조건에 의해 오용을 방지하고 그에 위배된 행위는 저작권법에 의해 법적 제재를 가하는 시스템이다. 저작권을 이용해 저작권의 문제점을 해결하는 정말 창의적인 방식이라 할 수 있다. 이러한 법적 수단 덕분에 수많은 개발자가 마음 놓고 자유소프트웨어 생태계에 기여할 수 있게 됨에 따라 커먼즈로서의 코드가 확산했다. 이는 컴퓨터 프로그램의 개발과 운영에 새로운 패러다임을 제시했다.

오픈 소스 라이선스

한편, 자유소프트웨어 라이선스와 거의 유사하지만 자유소프트웨어의 철학과는 약간 다른 자유이용 라이선스가 오픈 소스(Open Source) 라이선스다. 오픈 소스 라이선스 역시 자유로운 이용과 수정, 재배포를 허용하고 소스 코드의 공개를 조건으로 하는 컴퓨터 프로그램의 자유이용 라이선스로서 자유소프트웨어 라이선스와 큰 차이가 없다. 다만 자유소프트웨어가 이른바 해커 정신에 바탕을 둔 도덕적·철학적 가치를 중시한다면, 오픈 소스 라이선스는 커뮤니티에 기반한 개인들의 자발적 참여와 협업, 투명한 프로세스에 의한 컴퓨터 프로그램의 효율적인 개발방법론에 중점을 둔다.

1998년 에릭 레이먼드(Eric Raymond), 브루스 페렌스(Bruce Perence) 등이 설립한 오픈 소스 이니셔티브(Open Source Initiative, 이하 OSI)[11]의 오픈 소스 정의에 따르면 ㉠재배포의 자유, ㉡소스 코드의 공개, ㉢개작의 자유와 개작된 프로그램이 같은 라이선스로 이용허락됨을 허용, ㉣원 소스 코드의 무결성, ㉤상대방의 차별 금지, ㉥사용 영역의 차별 금지, ㉦라이선스의 배포, ㉧특정 상품에 종속 금지, ㉨같이 배포되는 프로그램에 대한 제한 금지, ㉩라이선스의 기술적 중립성이 오픈 소스 라이선스의 필수 요건이다. OSI는 컴퓨터 프로그램 라이선스가 위와 같은 조건을 충족하면 오픈 소스 라이선스로 인증한다. 오픈 소스의 정의는 FSF의 자유소프트웨어의 정의와 거의 비슷하다. 그러나 카피레프트 조항이 필수가 아니라는 점에서[12] 큰 차이가 있다. 사실 카피레프트 조항은 매우 강력하다. 아무리 사소한 코드를 사용했어도 그 코드에 GPL이 적용되어 있으면 모든 컴퓨터 프로그램의 소스 코드를 공개하고 자유이용을 허락하거나 저작권 침해에 따른 책임을 져야 한다. 따라서 개발 과정에서 실수로 GPL이 적용된 코드가 사용되는 경우 의도하지 않은 피해를 당할 수 있어 영리 기업 입장에서는 엄청 신경을 쓸 수밖에 없다. 또한 카피레프트 조항은 자유소프트웨어의 이용을 망설이게 되는 결정적 이유로서 자유소프트웨어의 확산에 오히려 장애가 된다는 비판을 받기도 했다. 이러한 점에서 카피레프트 조항을 포함하지 않는 오픈 소스 라이선스는 영리 기업이 활용할 수 있는 유연성을 가지고 있어서, 관련 대기업들도 많은 참여를 함으로써 오픈 소스 소프트웨어가 오히려 상용 소프트웨어를 능가하는 주류의 지위를 차지하는 데 큰 역할을 했다. 다만 오픈 소스 코드를 이용해서 개발했는데도 이를 공개하지 않고 독점적인 코드로 사유화하는 사례들은 커먼즈의 효용만 가져가는 것이라는 비판을 받을 수밖에 없어 GPL의 함의는 여전히 크다고 할 수 있다.

크리에이티브 커먼즈 라이선스

자유이용 라이선스와 커먼즈

자유이용 라이선스라는 법적 도구는 커먼즈의 역사에서 두 가지 중요한 의미가 있다.

첫째는, 공유(公有)가 아닌 공유(共有)로서의 커먼즈를 본격적으로 실현한 것이다. 모든 이가 효용을 누려야 하는 비배제성이 커먼즈의 본질적 속성이라 할 때, 누구의 독점적인 지배권의 대상이 되지 않는 자원, 즉 공공의 영역에 속하는 공유(公有) 자원으로서의 퍼블릭 도메인을 커먼즈로 우선 생각할 수 있다. 저작권법에서 말하는 표현이 아닌 아이디어, 저작권 보호 대상이 되지 않는 창작물, 저작권 보호 기간이 만료된 저작물 등이 퍼블릭 도메인이고 공유자원으로서의 커먼즈라고 할 수 있다. 이와 달리 공유(共有)는 퍼블릭 도메인이 아니다. 공유자원은 독점적인 지배권을 갖는 권리자가 엄연히 있는 자원이다. 비록 모든 이에게 자유로운 이용을 허락하지만, 권리자는 여전히 권리를 보유하고 그에 관한 통제권을 갖는다. 때에 따라서는 무조건적인 자유이용이 아니라 일정한 조건을 수반하기도 한다. 그런데도 공유자원은 커먼즈로서 중요한 역할을 한다. 특히 정보 자원에 있어 이러한 공유자원이 큰 비중을 차지한다. 앞서 언급한 정보의 비경합성, 즉 남에게 이용을 허락해도 자신의 이용에 지장이 없다는 속성에 기인하는 것으로 볼 수 있다. 커먼즈의 발목을 잡는 '이기심'이라는 요소가 별로 걸림돌이 되지 않기 때문에 정보 자원은 좀더 공유의 실현이 용이하다. 공유자원은 커먼즈의 확산에 크게 이바지한다. 사유재산에 대한 위협이라는 이념적인 오해를 극복하고 커먼즈의 가치와 역할을 이해시키는 데 도움이 될 수 있을 뿐만 아니라, 자율적인 인간으로서 개인과 전체의 이익을 스스로 조정하며 현명한 선택을 할 수 있는 공동체의 실현과 부합하기 때문이다. 자유이용 라이선스는 권리자들이 공유를 통해 커먼즈를 경험하고 기여할 수 있는 기회와 안정적인 법적 수단을 제공한다. GPL의 등장 이후 아래에서 살펴볼 일반 저작물에 대한 크리에이티브 커먼즈 라이선스(Creative Commons License, 이하 CCL)와 같이 다양한 영역에서 자유이용 라이선스 메커니즘을 활용한 공유의 사례들을 찾아볼 수 있다. 이는 자유이용 라이선스를 통한 커먼즈에 대한 인식 확산과 유용성을 시사한다.

둘째, 자유이용 라이선스는 커먼즈를 유지하고 방어하는 데 중요한 역할을 한다. 앞서 살펴본 것처럼 저작권 메커니즘을 활용해서 창작자

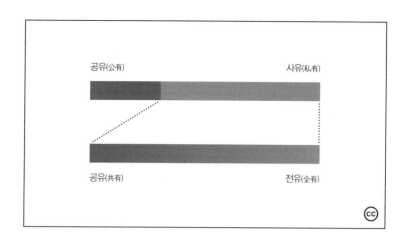

가 자신의 창작물이 독점적인 사유나 상업화의 대상이 되는 것을 방지하기 위한 법적 제한을 부여함으로써 공유 저작물의 커먼즈를 구축하고 사유화 시도로로부터 방어할 수 있다. 명확한 법적 수단 없이도 사실상 이용허락이나 잘 설계된 서비스를 통해 공유의 기회를 제공할 수 있지만, 이는 지속적인 커먼즈의 확장과 보호의 목적을 달성하지 못할 위험이 있다. 예를 들어 페이스북 같은 SNS 플랫폼에 저작물을 게시하고 전체공개로 공개 범위를 설정하면, 모든 이들이 저작물에 접근할 수 있고 공유 버튼을 통해 다른 사람들에게 전달할 수 있으므로 이를 커먼즈와 유사한 구조로 오해할 수 있다. 그러나 이러한 방식은 중요한 문제가 있다. 이러한 공유는 특정 사업자가 지배하는 플랫폼 내에서의 공유에 한정되고, 이용자들이 사전에 동의한 해당 플랫폼의 이용약관에 의해 통제받는다는 점이다. 플랫폼은 언제든지 이용자들로부터 동의받은 이용약관에 따라 이용자의 콘텐츠에 관한 정책과 접근을 변경할 수 있다. 때에 따라서는 독점적인 이익을 얻을 목적으로 활용할 수도 있다. 학술

논문도 마찬가지다. 저작권자인 저자가 학회의 투고 규정에 따라 논문을 제출해 자유롭게 배포되는 학회지에 실을 때 저자는 자신의 논문을 배타적으로 통제하거나 그로부터 이익을 얻을 의사 없이 최대한 많은 사람이 논문을 읽고 인용할 수 있을 것으로 기대한다. 하지만 그의 논문은 어디까지나 학회지를 운영하는 학회의 정책에 따라 활용의 범위가 결정된다. 보통 투고 규정에 구체적인 이용 방법에 관한 내용들이 포함되어 있다. 하지만 법적으로 불명확하거나, 납득하기 어려운 과다한 권리를 학회에 부여하는 예도 많다. 때로는 DB 업체에 논문에 대한 이용 권한을 독점적으로 부여하는 바람에 저자는 자신의 논문임에도 업체가 요구하는 대가를 지급하고 봐야 하는 웃지 못할 상황이 벌어지기도 한다.

권리자가 자신의 저작물에 자유이용 라이선스를 적극적으로 적용해야 하는 이유는 명확하다. 저작권법이 보장하는 자신의 권리를 적극적으로 행사해 저작물 이용의 허용 범위와 제한 사항을 명확히 표시함으로써 커먼즈가 다시 독점적인 재산의 영역으로 회귀하지 않도록 명확한 법적 방어 장치를 만들어 놓을 필요가 있기 때문이다.

CC

미국의 비영리 단체인 CC(Creative Commons)[13]는 자유이용 라이선스의 원형인 GPL의 구조를 차용해 일반 저작물에 대한 대표적인 자유이용 라이선스인 CCL을 만들었다. CC는 폐쇄적이고 경직된 저작권 시스템의 부작용을 해소하고 인터넷 시대의 문화적인 잠재력을 최대한 발휘할 수 있는 유연한 저작권을 실현하고자 2001년에 설립되었다. CC의 주된 활동은 저작권자가 자신의 저작물에 대한 공유 의사를 쉽게 표시할 수 있는 법적 도구인 CCL의 개발 및 업데이트와 보급이다. 더 나아가 CCL을 이용한 다양한 사회·경제·문화적인 혁신 모델을 연구하고, 전 세계의 다양한 활동가들과 함께 자유로운 창작과 리믹스를 통해 인터넷 시대에 걸맞은 개개인의 문화적 잠재력을 실현한다. 그리고 그 결과물을 공유하면서 다른 이에게도 새로운 창작의 기회를 부여하는 이른바 열린 문화(open culture)의 실현을 위해 이벤트·교육·어플리케이션 개발, 공공 정책 참여 등의 다양한 프로젝트를 수행한다.

CCL

의미와 역할   앞서 살펴본 것처럼 저작권은 저작물의 작성과 동시에 자동으로 성립하고, 저작권자는 모든 권리를 취득한다. 현행 저작권법은 저작자가 원하든 원하지 않든 저작자에게 일률적으로 배타적인 권리를 부여한다. 하지만 저작물의 종류나 저작권자의 상황에 따라 저작물에 대한 권리자의 의사는 다양할 수 있다. 즉 자신이 저자임을 밝히기만 하면 언제든지 자유로운 이용을 허락할 의사가 있을 수 있고, 때에 따라서는 남들이 자신의 저작물로 이득을 취하거나 자신의 저작물을 개작해 이용하는 것을 원하지 않을 수 있다. 그러나 저작권법은 저작물의 구체적인 이용 관계는 개별적인 저작권의 양도나 이용허락의 방법으로 정하도록하고 있어, 저작자가 자신의 의사를 효과적으로 전달하기가 쉽지 않다. 한편 이용자는 저작자의 의사를 제대로 확인할 수만 있다면 기꺼이 그러한 의사에 따라 적법하게 저작물을 이용할 수 있기를 바란다. 그런데 저작권의 성립에 있어서는 등록 절차나 기타 공시 절차가 필요하지 않기 때문에 이용자는 저작권자를 파악하기도, 저작권자가 어떤 의사가 있는지 확인하기도, 일일이 저작권자와 접촉하기도 어렵다. 결국 이러한 제도적 경직성은 모든 저작물을 일률적으로 과도하게 보호해 저작자가 저작물을 다양하게 활용할 수 있는 기회를 차단한다. 오히려 이용자에게 원하지 않는 저작권 침해 행위를 유발하는 엉뚱한 결과를 가져온다. 이는 저작자와 이용자의 대립을 더욱더 심화시키는 악순환을 불러온다.

GPL의 자유이용 라이선스의 골격을 응용해서 고안된 일반 저작물을 위한 최초의 자유라이선스가 CCL이다. CCL은 저작권자가 저작자표시, 비영리, 변경금지, 동일조건변경허락의 네 가지 옵션 중 원하는 것을 골라 정해진 이용 조건에서 저작물에 대한 자유로운 이용을 허락하는 내용의 라이선스를 유형별로 정리해 놓은 것으로, 누구나 무료로 이용할 수 있는 이용허락의 표준계약서이다. 저작자들은 유형별 라이선스 중 적당한 것을 선택해 자신의 저작물에 적용하고 이용자들은 그 저작물에 첨부된 라이선스의 내용을 확인한 후 저작물을 이용한다. 그럼 저작자와 이용자 사이에 그와 같은 내용의 이용허락 계약이 체결된 것으로 간주한다. 이용자가 CCL에 포함된 이용 조건을 위반하면, 저작권 침해에 해당하고 저작권자는 저작권법에서 규정하는 모든 권리 구제 방법을 행사할 수 있다. CCL은 자유이용이 가능한 저작물을 공급하는 한편, 자유롭게 이용할 수 있는 저작물과 그렇지 않은 저작물에 대한 확실한 구분을 가능하게 한다. 아무런 이용허락의 의사 표시가 없는 저작물은 원칙적으로 모든 권리가 유보되어 있다는 것을 자연스레 인식시켜준다. 따라서 이용자들이 정보 공유를 올바르게 이해하고 저작권을 확고하게 인식하는 교육적 효과가 있다.

내용 현재 CCL의 최신 버전은 4.0이다. CCL의 핵심 요소는 저작물의 자유로운 이용을 허락하면서 이용자들에게 부과하는 '이용 방법 내지 조건'이다. 이는 이전 버전부터 동일하다. 첫째, 원저작자표시(attribution)로 저자 및 출처의 표시이다. 저작권법 제12조 제1항이 규정하고 있는 저작물의 원작품이나 그 복제물에 또는 저작물의 공표에 있어서 그의 실명 또는 이명을 표시할 권리인 성명표시권의 행사에 해당한다. 4.0 버전에서는 저작자표시가 좀 더 유연하게 변경되었다. 이전에는 저작물의 제목이 있다면 저작자와 함께 제목도 써야 했는데, 현재는 저작자만 적어도 무방하다. 그리고 저작자표시를 저작자가 원하지 않으면 이를 제거해야 한다. 둘째, 변경금지(nonderivation)로서 수정을 금지한다는 의미이다. 여기서 수정은 새로운 저작물의 작성에 이르지 못하는 내용, 형식 등의 단순한 변경의 금지를 구하는 동일성유지권의 대상으로서의 수정과 2차적 저작물의 작성에 이르는 수정을 모두 포함하는 개념이다. 셋째, 동일조건변경허락(sharealike)이다. 변경을 허락하되 새로이 작성된 2차적 저작물에는 원저작물의 CCL과 동일한 내용의 CCL이 적용되어야 한다는 의미로서, 앞서 언급한 카피레프트 조건이다. CCL에는 카피레프트 조건이 선택 사항으로 되어 있다. 이에 대해서는 오픈 소스 라이선스에 관한 비판처럼 커먼즈를 다시 독점적 지배 대상으로 돌리는 것을 막지 못하는 한계가 있어 진정한 자유이용 라이선스가 아니라는 지적이 있다. GPL은 궁극적으로 상용 소프트웨어를 자유소프트웨어로 대체하는 것을 목표로 하며, 컴퓨터 프로그램이라는 특성상 기능이 뛰어나다면 충분히 대체할 수 있다. 이와 달리 문화는 다양성에 기반을 두고 있고 유연한 조건으로 더 많은 저작물이 커먼즈로 편입될수록 더 풍부해질 수 있다는 점을 고려하면, CCL의 이러한 접근은 충분히 수긍할 만하다. 마지막으로 비영리로서 저작물의 영리적 이용을 금지한다는 의미이다. CCL은 위 네 가지 중 어떤 조건이 포함되는가에 따라 그 유형이 나뉜다. 저작자표시는 항상 포함되고, 내용상 변경금지와 동일조건변경허락은 동시에 적용될 수 없다. 그러므로 가능한 이용허락의 유형은 제일 자유로운 이용을 허락하는 저작자표시 라이선스부터 제한적인 자유이용을 허락하는 저작자표시-비영리-변경금지까지 총6개가 있다.

한편, CCL 4.0은 이전 버전과 비교해서 몇 가지 변화가 있다. 첫째, 데이터베이스 제작자의 권리에 대한 이용허락까지 포함한다. 예를 들어 홈

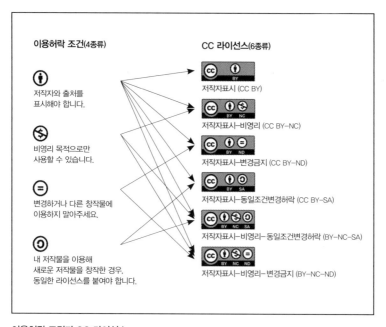

이용허락 조건과 CC 라이선스

페이지 전체에 CCL 4.0을 적용할 때 홈페이지에 있는 개개의 창작물(콘텐츠)뿐만 아니라 데이터베이스 전체를 복제할 수 있으므로 주의를 기울일 필요가 있다. 따라서 이를 원하지 않을 때에는 DB에 대한 이용허락이 포함되지 않은 구 버전의 CCL을 사용하거나 개별적으로 콘텐츠에 CCL을 적용해야 한다. 그리고 이전에는 기본적으로는 동일한 내용이지만 각 국가의 저작권법의 특수성에 대응할 수 있도록 국가별 버전을 마련해 관리했다. 그런데 4.0부터는 하나의 국제 버전으로 통합되어 국가별 버전은 따로 존재하지 않는다. 따라서 제공되고 있는 CCL 4.0의 한국어 버전은 국가별 버전이 아닌 한국어로 번역된 버전에 불과하다. 또한 이전 버전에서는 이용자가 CCL 조건을 지키지 않으면 그 즉시 라이선스가 소급해 효력이 상실되었다. 그런데 4.0버전에서는 30일간의 유예 기간을 부여한다.

학문 공동체로서의 지식 커먼즈

디지털 커먼즈가 우리에게 남긴 유산은 커먼즈 자체에만 있지 않다. 오픈 플랫폼에서의 다양한 실험을 통해 오스트롬 교수가 언급한 "실수를 범하지만 시행착오를 통해 배우고, 행동과 그로 인한 결과의 비용과 편익을 염두에 두지만 자기 이익의 노예가 아니라 규범을 내재화할 수 있는 능력이 있는 사람들"이 만들어내는 개인과 전체의 이익을 스스로 조정하는 자치의 가능성을 경험한다. 인간과 인간의 사회적 관계성에 중점을 두면서 시장과 국가의 틈에서 거의 사라질 뻔한 공동체의 부활 역시 디지털 커먼즈에서 확인할 수 있다. 또한 해커들의 커뮤니티에서 출발한 디지털 커먼즈가 다양한 사회 영역으로 확대되어 특유의 커먼즈를 만들어 나가는 모습에서 보편적인 일반성(generality)과 함께 커뮤니티마다 존재하는 특수성에 따라 서로 다른 모습으로 구현되는 지역성(locality)과 다양성(diversity) 역시 새삼 실감한다. 이처럼 공유자원인 커먼즈는 자원의 관리와 분배에 관한 기본 원리로 확대되고, 더 나아가 그 과정에서 터득하는 자치성, 문화적 특성, 민주성, 다양성, 사회성 등 삶의 원리와 체계로 발전한다. 항구적인 공유를 가능하게 해 커먼즈를 인클로저로부터 보호하고자 하는 법적 인프라로서의 GPL이 성공했던 이유, 그로부터 파생된 CCL이 열린 문화와 OA(Open Access), OER(Open Education Resources), OS(Open Science) 등 다양한 영역에서 커먼즈를 만들어낼 수 있었던 것 역시 열린 커뮤니티의 목표와 비전에 공감해 자발적으로 참여한 개인들이 만들어 낸 자치에 기반한 공동체의 부활이 핵심이다. 이것이 디지털 커먼즈를 거쳐 정보 커먼즈에 이르는 과정에서 얻을 수 있었던 통찰이다. 학술 논문을 둘러싼 지식 커먼즈의 실현을 위해 가장 중요한 것도 학술 커뮤니티의 성취에 있다.

2부

지식공유운동의 역사와 필요

4

지식공유운동으로서의
오픈 액세스

정경희

높아지는 접근 장벽

1960년대 이후 약 30~40년에 걸쳐 영미권의 학술지 출판이 상업화하면서 학술지 가격은 급등했고, 연구자와 학회는 이를 제어할 수 없는 상태에 이르렀다. 연구자들은 연구 결과를 더 많은 동료와 공유하고 학문과 사회에 조금이라도 이바지하는 방안을 모색하면서 상업출판사로부터 독립, 인터넷을 활용한 새로운 지식 교류, 모두가 무료로 접근할 수 있는 온라인 학술지 출판 등 다양한 시도를 해나갔다. 2000년대 초반 오픈 액세스라는 이름으로 시작된 지식공유운동은 이러한 시도를 하나로 묶고 그 필요성을 연구자에게 널리 알리면서 도서관과 대학, 학술 연구지원 기관과 협력해 누구나 자유롭게 인터넷에서 학술 논문에 접근할 수 있도록 지식 공유를 실천해나가자는 운동이다.

영미권 학술지의 상업화가 극에 달했던 1990년대 중반 이후 30여 년에 걸쳐 국내 학술지 또한 유통 영역에서부터 시작해 학술지 출판까지 서서히 학술 논문 유통 자본에 편입되었다. 대부분의 학회는 학문 발전과 인간 삶에 이바지하는 학문 활동이라는 학회의 목적 실현을 위해 학술지를 출판한다. 하지만 학술 논문의 유통에 관련한 학회의 권한은 축소되고, 저작권료와 유통사가 제공하는 서비스에 점차 의존하면서 연구자가 생산한 논문에 대한 접근 장벽은 높아지고 있다.

이 글은 영미권에서 오픈 액세스 운동이 등장하기까지 과정과 그 이후 전개를 간략히 살피면서 이 운동의 의미를 파악하고자 한다. 또한 2000년대 이후 국내 학술지를 둘러싼 저작권 분쟁과 논문 유통 및 원문 서비스 사업, 최근 학회들의 오픈 액세스 선언의 의미를 살피고자 한다.

지식공유운동의 시작

비용 장벽과 파우스트의 거래

연구 공동체에 기여하지 않는 출판사와 학술지로부터의 '독립 선언'에 동참해주십시오. (중략) 연구자들이 스스로 우리 학술지를 관리할 수 있습니다. 우리는 학술지를 상업적인 소모품에서 교육과 연구에 기여하는 수단으로 바꿀 수 있습니다. 우리가 관리할 때 비로소 우리는 스스로와 사회, 우리가 속한 기관과 전 세계의 동료들에게 우리의 책임을 다할 수 있습니다. (중략) 우리가 해냈습니다. 당신도 할 수 있습니다. 나는 우리의 전략을 모두에게 권하지는 않지만 분명 상업 출판에 관한 대안이 있습니다. 우선 여러분의 학술지가 연구 공동체의 요구에 부응하는지를 파악하기 위해 이 핸드북을 검토하는 것부터 시작해주십시오.

이 글은 SPARC[1]이 2001년 발표한 『독립선언: 공동체 기반의 학술지 창간 가이드』[2] 서문의 일부이다. 『Evolutionary Ecology』 편집장이었던 마이클 로젠즈와이그(Michael L. Rosenzweig)는 출판사의 이해할 수 없는 학술지 가격 인상에 반대하며 1998년 편집장직을 그만두고 대안 학술지 『Evolutionary Ecology Research』를 창간한 경험을 밝히며 동료 연구자들에게 동참을 권했다.

헨리 하게돈(Henry Hagedorn)은 2000년 와일리 출판사의 『Archives of Insect Biochemistry & Physiology』 편집장을 그만두고 애리조나대학도서관과 공동으로 『Journal of Insect Science』를 창간하면서 동료들에게 공개서한[3]을 보냈다. 이 학술지 편집장으로 있던 자신은 결국 상업출판사의 날강도짓에 협조한 것이었다고 반성하며 출판사의 지나친 가격 인상을 비판했다. 또한 학자들이 자신의 정년 보장을 위한 논문을 출판하려고 저작권을 출판사에 넘기는 것은 파우스트의 거래와 같다고 지적했다. 이 거래는 아이디어와 지식의 교류, 활발한 토론이라는 학계의 기본 동력을 시장이 왜곡하게 만든다는 점에서 특히 더 교활하다고 비판했다. 그러면서 독자가 논문을 자유롭게 읽을 수 있도록 도서관과 협력해 학술 출판에 관한 권한을 되찾자고 호소했다.

로젠즈와이그나 하게돈 등이 추진한 학술지 독립선언은 상업출판사의 가격 고공 행진에서 비롯되었다. 예를 들면 『Archives of Insect Biochemistry & Physiology』는 1986~1996년에 기관 구독료가 250달러에서 2,000달러로 8배가량 상승했는데 해당 기간에 연간 게재된 논문 수는 65편으로 일관되었다고 한다. 이러한 가격 인상은 특히 STM 분야에서 심각했다.[4]

학술지 가격 인상의 배경을 좀 더 살펴보자. 1955년 『Science』에 인용색인 개념을 다룬 논문을 발표한 유진 가필드(Eugene Garfield)는 1964년에 SCI(Science Citation Index) 데이터베이스를 세상에 내놓았다. SCI는 원래 도서관이 구독해야 할 '핵심 학술지'를 파악하기 위한 도구였다. 그러나 학술지를 '핵심(core)'과 그 나머지로 구분함으로써 이 데이터베이스는 곧바로 정부나 대학, 연구비 지원 기관에 의해 과학자의 성과를 등급화하는 객관적인 척도로 사용되었다. 또한 연구자에게는 경력 관리 도구가 되면서 학술 출판에서 경쟁적인 구조를 만들어냈다. 핵심 학술지에 논문을 게재하려는 연구자, 여기에 논문을 출판한 연구자에게 연구비를 지원하려는 정부나 연구비 지원 기관, 이 학술지를 구독하려는 전 세계의 도서관이라는 안정된 시장을 확보하면서 학술지 출판은 빠르게 새로운 비즈니스 영역으로 이동했다. 그 결과 이미 1970년대 초반부터 학술지 가격 위기가 드러났다. 출판사들은 서로 인수와 합병을 해가며 핵심 학술지를 확보했고, 규모가 커진 출판사들은 저자에게 출판 서비스를 제공하면서 1980년대 말까지 학술 커뮤니케이션 계에서 확고히 자리 잡는다. 이 출판사들은 생산 비용과 무관하게 학술지 가격을 부가했다. 핵심 학술지를 구독해야 하는 안정된 시장인 도서

관과 대체재가 없다는 학술 논문의 특징은 학술지 가격 상승을 더욱 부추겼다.[5]

가격 상승은 결국 학술 지식 접근의 카스트화를 초래했다[6]. 거의 모든 학술 지식에 접근할 수 있는 서구권 대규모 대학에 소속된 지식 접근의 엘리트 계층과 소규모 대학, 개발도상국의 연구자, 독립연구자, 다양한 NGO 활동가, 번역가, 소규모 비즈니스 창업자, 설교를 준비하는 성직자 같은 다양한 지식 접근 빈민층을 만들어냈다.[7]

1990년대 들어 이러한 지식 접근의 위기를 해결하기 위해 다양한 시도가 이루어졌다. 연구자들은 비윤리적인 고가 학술지로부터 독립을 선언했고, 웹을 기반으로 한 무료 온라인 학술지를 출판하면서 학술 지식 독점 문제를 해결하고자 했다. 또한 온라인 논문 아카이브를 만들면서 학술 지식의 생산과 배포를 위한 새로운 방향을 모색해나갔다.

학술지 독립선언

앞서 언급한 로젠즈와이그나 하게돈의 독립선언보다 약 10년 앞선 1989년 학술지 『Vegetatio』 편집장인 웁살라대학 에디 머렐(Eddy van der Maarel) 교수와 당시 편집위원들 대부분이 이 학술지에서 나와 그다음 해에 『Journal of Vegetation Science』(JVS)를 출간했다. 로젠즈와이그는 『Evolutionary Ecology』 편집장을 그만두고 새로운 학술지 창간을 준비하면서 머렐에게 자문했다. 머렐은 장문의 이메일[8]을 보내 그의 사임과 창간 과정을 설명한다. 머렐에 따르면 『Vegetatio』가 1948년 국제식생학회(International Association for Vegetation Science, IAVS)의 공식 학술지로 창간된 후 정크(Junk), 니호프(Nijhoff), 클루버(Kluwer)

출판사로 옮기면서 1980년대에는 클루버 출판사의 핵심 돈벌이가 되었다. 하지만 학회 개인회원이 점차 줄어들면서 연구 공동체가 해체되는 상황이 벌어졌다. 머렐은 새로운 학술지 창간을 준비하면서 저자와 편집자에게 가격이 비싸지 않은 새로운 학술지를 창간한다면 구독할 의지가 있는지, 투고할 의지가 있는지를 조사했는데 이에 대해 95%가 긍정적으로 답했다. 머렐은 클루버 출판사로부터 경제적 손해에 대해 고소당하기도 했으나, 동료 연구자들의 지지를 얻으며 다음 해 열린 IAVS 연차 학술대회에서 학회가 직접 소유하고 출판하면서 가격을 결정할 수 있는 새로운 기관지인 『JVS』 창간을 결정한다. 창간 당시 약 300명의 개인회원과 일부 도서관회원을 모집한 것을 보면, 머렐 교수의 취지에 공감하는 연구자와 도서관이 상당했던 것으로 보인다. 당시 『JVS』 연간 구독료는 회비를 포함해 개인 30달러, 도서관 400달러였다. 이후 저자에게 게재료를 요구하거나 구독을 요청해 일부 저자가 분개하기도 했으나, 개별 편지를 보내 상황을 설명하면 대부분은 진정했다고 설명하고 있다. 머렐이 로젠즈와이그에게 편지를 쓴 1998년에는 개인회원이 900명, 도서관회원이 400개 관에 이르렀다. 도서관회원이 이렇게 늘어난 까닭은 『JVS』가 SCI에 등재되었기 때문이라며, SCI의 지배력이 지나쳐 학술지 가격 인상을 초래하는 문제는 있으나 이를 이용하는 것은 불가피하다고 조언하고 있다. 『JVS』는 개발도상국의 연구자가 학술지를 이용할 수 있도록 '글로벌 기금'을 조성해 투고와 이용이 가능하도록 했다. 편집 비용을 절감하기 위해 머렐 교수는 학교에 편집 사무실을 두고 자원활동가의 지원으로 운영하다가 논문 투고 수가 증가하면서 점차 시간제 편집자, 전일제 편집사무실장을 고용했다. 또한 첫 호부

터 모든 원고를 파일로 제출받고 교정도 PDF로 하는 등 출판 전산화를 도입했다.[9]

이와 같은 독립선언은 1990년대 중반과 후반에도 계속되었다. 1996년 슈쿤 린(Shu-Kun Lin)은 스프링거의 『Molecules』 편집장을 그만두고 『Molecular Diversity Preservation International』을 출간했다. 스프링거는 린이 같은 이름을 사용하는 것을 막기 위해 소송을 걸기도 했다. 1998년에는 『Journal of Academic Librarianship』 편집위원들이 사임하고 『Portal: Libraries and the Academy』를 창간했으며, 같은 해 『Evolutionary Ecology』에서 편집장 로젠즈와이그와 편집위원들이 모두 사임하고 『Evolutionary Ecology Research』를 창간했다. 1999년에는 편집위원회 50명 전원이 엘시비어의 『Journal of Logic Programming』에서 사임하고 『Theory and Practice of Logic Programming』을 창간했다. 이들 중 일부 학술지는 1998년 대학 및 연구 도서관 단체에서 학술지 문제를 해결하기 위해 결성한 SPARC으로부터 창간과 초기 출판 과정을 지원받기도 했다.

1960년대 이후 급격히 상업출판사에 종속되면서 그들의 돈벌이로 전락한 학술지를 구하기 위해 연구자 집단과 도서관이 회원제로 발간하던 오래된 전통을 회복하려 했던 연구자들의 행동을 SPARC은 학술 지식 독점으로부터의 독립선언(declaration of independence)이라고 불렀다. 로젠즈와이그는 학술 지식 독점을 위해 상업출판사가 강제했던 저작권 양도를 더 이상 허용하지 말고 논문 저자 스스로 자신의 저작권을 지킬 것, 폭리를 취하는 출판사와 거래하지 말 것, 그러한 출판사에 원고를 제출하지도 동료심사를 하지도 말 것, 편집위원으로 활동하지 말 것, 그러한 출판사의 논문을 읽지도 말고 인용도 하지 말 것, 학회가 이들과 장사하는 것을 허락하지 말고 동료 편집자들이 그러한 학술지에서 벗어나도록 도울 것, 무지는 부도덕이니 학술지 출판과 관련해 현재 무슨 일이 벌어지고 있는지 주의를 기울이라며 연구자를 위한 행동강령[10]을 발표한다. "지식이 납치당하고 있는 상황"을 멈추려는 연구자들의 독립선언은 2000년대 이후 오픈 액세스 운동과 함께 지금도 계속되고 있다.

무료 온라인 학술지의 등장

웹이 등장하기 이전에 사용되었던 리스트서브와 유즈넷은 인터넷을 이용해 토론하는 공간이었다. 1990년대 초부터 연구자들은 이 공간을 활용해 전 세계 동료들로부터 논문에 대한 공개 논평을 받고 저자가 이에 빠르게 응답할 수 있는 새로운 방식의 학술 커뮤니케이션을 모색했다. 스티반 하나드(Stevan Harnad)는 초기 오픈 액세스 운동에 기여한 중요한 인물 중 한 사람으로 1989년 미국심리학회(American Psychological Association, APA)로부터 후원받아 『Psycoloquy』를 창간하고 편집장이 되었다. 하나드는 저자와 독자가 논문에 관해 신속하게 의견을 교환하고 학문 분야를 넘어 국제적 교류까지 활발히 이루어지도록 리스트서브와 유즈넷 상에서 학술지를 출판했다. 이 학술지는 기존의 학술지와 달리 논문 저자가 저작권을 소유하도록 하고 논문을 전자 아카이브에 영구 보존해 누구라도 쉽게 검색하고 무료로 이용할 수 있도록 했다. 저자가 저작권을 소유하고 있으므로 논문이 출판된 이후에도 전자 또는 인쇄본으로 자신의 논문을 자유롭게 재출판할 수도 있었다. 하나드가 "학문적 스카이라이팅(scholarly skywriting)"[11]이라고 표현한 이 새로운 방식은 이후 오픈 액세스 운동에서 제안한 오픈 액세스 학술지와 유사하며, 공개 동료심사 등 연구자와 대중 간의 열린 소통을 추구하는 오픈 사이언스의 요소도 포함하고 있다.

이후 연구자와 학회를 중심으로 다양한 무료 온라인 학술지가 인터넷에서 발행되었다. 인문사회과학 분야의 『Electronic Journal of Communication』(1990), 『Postmodern Culture』(1990), 『Bryn Mawr Classical Review』(1990), 『Education Policy Analysis Archives』(1993), 『Electronic Journal of Analytic Philosophy』(1993), 『Electronic Journal of Sociology』(1994), 『The Journal of Computer-Mediated Communication』(1995), 『D-Lib Magazine』(1995), 『Romanticism on the Net』(1996), 『The Nordic Journal of Philosophical Logic』(1996), 과학기술 분야의 『EJournal』(1991), 『Computer Science Technical Reports』(1992), 『Logic Journal of the IGPL』(1992), 『Surfaces』(1991) 등이 그 예들이다. 이 학술지를 출판한 연구자들은 새롭게 등장한 인터넷 기술을 자유로운 지식 공유의 실천 공간으로 인식하면서 새로운 학술 커뮤니케이션의 가능성을 모색했다.

1990년대 중반에는 개별 학술지의 온라인 출판에서 한발 더 나아가 인터넷 기술을 활용해 저렴한 비용으로 온라인 학술지를 배포하려는 움직임도 일었다. 생명과학 분야 학술지의 고가화로 인한 지식 접근 문제는 특히 개발도상국에서 심각했다. 노벨의학상 수상자 조슈아 레더버그(Joshua Lederberg)가 생명정보학 학술대회에서 이 문제를 제기하면서 IT 기술에 익숙한 학자들이 주축이 되어 1993년 브라질의 환경정보참고센터(Reference Center on Environmental Information), Biostrategy Associates와 함께 Bioline Publications를 시작했다. 이들은 기존의 학술지를 스캔해 이메일로 전달하는 방식을 취하다가 1995년에는 25개의 학술지를 웹으로 서비스했다.[12] Bioline Publications는 2000년에는 토론토 대학도서관으로 옮겨 Bioline International로 다시 출범해 지금까지 연구자와 도서관의 협업으로 개발도상국의 생명과학 분야 오픈 액세스 학술지를 출판하고 있다.

상업출판 영역에서도 무료 온라인 학술지 출판사가 등장했다. 리뷰 학술지로 출판 사업에 성공한 어떤 사업가는 독자보다 저자가 논문 출판에 더 관심이 많고, 이미 인터넷이 연구자들에게 익숙한 기술이라는 점에 착안해 출판사를 경유하지 않고 누구나 무료로 접근할 수 있는 온라인 무료 리포지토리인 BMC(BioMed Central)[13]를 운영하기 시작했다. BMC는 접근은 무료로 하되 저자와 그 소속 기관 및 연구 기금 지원 기관으로부터 봉사료를 받는 수익 모델을 적용했다. 상업출판사들이 온라인학술지를 라이선스 방식으로 도서관에 제공하는 것이 일반적이었던 1990년대에 연구자와 학회가 다양한 온라인 무료 학술지를 출판하면서 상업 영역에서 이를 새로운 사업의 기회로 만들기 시작한 것이다.

프리 프린트 아카이브와 셀프 아카이빙

무료 온라인 학술지가 등장한 1990년대 초반에 온라인 프리 프린트 아카이브도 출현했다. 고에너지 물리학 분야에서 폴 긴스파그(Paul Ginsparg)가 만든 arXiv는 오픈 액세스 실천 전략의 하나인 셀프 아카이빙의 실례로 자주 언급된다. 그런데 시작 당시 arXiv는 앞서 언급한 독립 학술지나 무료 온라인 학술지처럼 지식 접근에 관한 비용 장벽을 해결하려는 목적은 아니었다. 프리 프린트는 학술지에 실린 논문을 출판하기까지 상당히 긴 시간이 소요되므로 인쇄 전 상태의 원고를 간단히 제본해서 연구자들끼리 신속하게 돌려보기 위함이다. 긴스파그의 arXiv는 물리학 분야에서 오랫동안 유지되었던 이러한 프리 프린트 작업 방식을 개선한 것이다. 그런데 시작과 동시에 전 세계 연구자들이 arXiv에 활발히 참여하면서 다른 학문 분야에서 더 혁신적인 시도를 하는 계기가 되었다.

프리 프린트 아카이브의 기술적 실험과 연구자들의 참여를 확인하고 이를 지식공유운동을 위한 토대로 사용하고자 한 사람은 초기의 온라인 학술지『Psycoloquy』를 창간하면서 스카이라이팅을 제안한 하나드다. 그는 1994년 6월 한 인터넷 토론 목록에 상업출판사와의 파우스트 거래를 멈추고 전 세계 연구자가 공공 FTP(File Transfer Protocol)에 자신의 논문을 실어 모든 사람이 자유롭게 이용할 수 있는 순수한 전자출판으로 바꾸어가자는 "파괴적 제안(Subversive Proposal)"을 올린다. 이는 물리학 분야에서처럼 기존의 상업출판을 전제로 한 프리 프린트 아카이빙에 관한 제안이 아니었다. 상업출판사로부터 독립한 학술지, 온라인 무료 학술지와 다른 방식의 지식 공유에 관한 제안이었다. 하나드는 물리학 분야에서 긴스파그가 만든 프리 프린트 네트워크에 전 세계 2만여 명의 이용자가 참여하고 있으며 하루에 3만 5,000건이 히트되고 있다고 설득했다. 하나드의 제안은 약 두 달간 학술 커뮤니케이션계에 높은 관심을 불러일으켰다. 첫 번째 응답자는 학술지 전자출판사 시스템 관리자인 폴 사우스워스(Paul Southworth)였다. 그는 "좋아, 해보자!

내가 아카이브 공간과 네트워크 연결, 관리자 계정을 제공하겠다. (중략) 준비되면 나에게 알려 달라. 파일럿을 출범시키면 바로 내가 디스크 공간을 서버에 마련하고 계정을 주겠다"라고 응답했다. 이후 arXiv의 긴스파그, 출판인, 학자가 참여해 이 제안에 관한 논의를 계속해나가면서[14] 인지심리학 분야의 Cogprints(1997), 경제학 분야의 RePEcs(1997) 등 온라인 셀프 아카이브가 등장했다.

Public Library of Science(PLoS)

arXiv의 성공은 의학 분야에도 영향을 미쳤다. 1998년 데이비드 리프만(David Lipman) 등 몇몇 생의학 분야 연구자들은 긴스파그를 초청해 arXiv에 관한 설명을 들은 후,[15] 미 국립보건원장 해럴드 바무스(Harold Varmus)와 함께 프리 프린트 아카이브이면서 동시에 출판 후 논문도 아카이빙할 수 있는 E-biomed를 의학계에 제안한다. 그러나 검증되지 않는 논문의 공개를 염려하는 의학자들의 반대에 부딪히면서 출판 후 논문 아카이브인 PubMed Central(PMC)로 전략을 변경해 PLoS(Public Library of Science)라는 조직을 만들고(2000) 학술 논문에 적용할 공개 라이선스인 PLoS Open Access[16] License(PLoS OAL) 1.0을 발표한다. 이 라이선스는 이를 적용한 논문이 퍼블릭 도메인이 되지만 2차 저작물에도 같은 라이선스를 적용해야 한다는 조건이 있었다. 퍼블릭 도메인이라는 용어를 사용해 학술 논문을 마치 저작권이 만료된 저작물처럼 누구나 자유롭게 저작권자로부터 허락받지 않고 사용할 수 있는 상태로 만들겠다는 것이다. 이 라이선스는 다음 해 발표된 CCL(Creative Commons License)과 비슷하지만, 출판사가 일정 기간 복제와 재배포를 독점하는 유예 기간을 설정할 수 있도록 만들었다는 점에서 근본적으로 다르다. 저자가 사망한 후 일정 기간이 지나면 저작권이 소멸한다는 개념을 적용해 출판사가 일정 기간 저작권을 행사하는 것을 허용한 라이선스다. PLoS OAL 1.0은 서문에 향후 발간할 PLoS 학술지 논문에 적용하기 위해 이 라이선스를 개발한다고 밝히면서 다른 학술지와 출판사도 적용할 것을 권한다. 이들이 제안한 엠바고 기간 이후 논문 공개 방식은 이후 BOAI 선언의 셀프 아카이빙에 적용되어 지금까지 미국의 오픈 액세스 운동의 주류가 되었다.

라이선스를 공개한 직후 PLoS는 '과학 출판사에 보내는 공개서한(Open Letter to Scientific Publishers)'을 발표하고 지지 서명을 받기 시작한다. 이 선언은 의학과 생명과학 분야에서 출판된 연구 논문을 자유롭게 이용할 수 있는 온라인 공공도서관을 만들고, 이를 위해 학술지 출판사는 향후 출판한 모든 연구 논문을 출판일로부터 6개월 이내에 PMC나 그와 유사한 곳에 제한 없이 무료로 배포하는 데 동의해야 하며, 연구자는 이를 허용하는 학술지에만 논문을 출판하고 편집과 동료심사에 참여하자고 제안한다. 상업출판사와 공존을 염두에 둔 6개월 엠바고형 셀프 아카이빙을 제안했지만, 이들은 곧바로 접근 비용 없이 출판과 동시에 누구나 무료로 이용할 수 있는 오픈 액세스 학술지 출판이 가능함을 보여주기 위해 『PLoS Biology』를 창간(2003년 10월)했다. 물론 여기에 게재된 모든 논문에 PLoS OAL을 적용했다. PLoS는 1990년대 진행된 무료 온라인 학술지와 셀프 아카이빙 두 가지 방식을 모두 적용하며 학술 지식공유운동을 추진해 나갔다.

PLoS 선언에는 249개국 약 3만 6,000명의 생명과학 및 의학 분야와 그 외의 다양한 학문 분야의 교수, 연구자, 대학원생과 사서가 서명했다.[17] 이 선언은 학술지 문제에 관한 언론의 관심을 끌어내는 계기가 되었고, 몇 개월 후 전체 학문 분야의 오픈 액세스 운동의 시작인 BOAI 선언을 끌어내는 데 크게 이바지했다.

BOAI 오픈 액세스 선언의 의미

1990년대 학술 지식의 생산과 배포에 관한 연구자와 학회의 주체성 회복을 강조하며 상업출판사로부터 독립선언을 한 연구자, 인터넷 기술을 지식 교류의 새로운 기회로 만들고자 한 연구자, 이들을 지원한 도서관 단체, 무료 온라인 학술지를 새로운 비즈니스 모델로 만든 상업출판사가 2001년 12월 OSI가 소집한 회의에 참석해 새로운 세기의 학술 커뮤니케이션 방향을 모색했다. 이들은 다음 해 2월 연구와 지식을 위해 대가 없이 학술지에 연구 결과를 출판해왔던 연구자들의 오래된 전통을 지키면서, 인터넷이라는 새로운 기술을 이용해 연구와 교육을 풍성하게 만들고 부자와 빈자가 배움을 공유하면서 지적 탐구와 대화 속에서 인류 통합을 위한 토대를 만들겠다는 BOAI 선언[18]을 발표한다. 이를 위해 인터넷에서 전 세계의 누구라도 완전히 무료로 자유롭게 지식에 접근할 수 있도록 오픈 액세스를 실천해나갈 것을 다짐하면서, 두 가지 전략으로 셀프 아카이빙과 오픈 액세스 학술지를 제안한다.

셀프 아카이빙은 긴스파그의 프리 프린트와, 하나드와 PLoS가 제안한 포스트 프린트를 모두 수용해 학문 분야의 특성에 맞는 아카이빙을 해나가자는 제안이었다. 셀프 아카이빙을 위해서는 연구자가 자신의 논문을 쉽게 오픈 아카이브에 제출할 수 있는 소프트웨어 툴과 연구자 지원이 이루어져야 하며, 각각의 오픈 아카이브는 마치 하나인 것처럼 연계되어 통합 검색이 이루어져야 한다고 제안했다. 오픈 액세스 학술지를 위해서는 연구자들이 이러한 학술지를 출판할 수 있도록 툴을 지원하고 기존의 학술지를 오픈 액세스로 전환하는 데 필요한 지원이 이루어져야 한다고 보았다. 또한 접근 비용이 무료이므로 출판에 필요한 비용을 연구비를 지원하는 재단이나 정부, 대학, 연구소 등이 지원해야 한다고 강조했다. 오픈 액세스 학술지의 저작권은 더 이상 접근과 이용을 제한하는 수단으로 사용해서는 안 되며 오로지 저자의 인격적 권리를 지키면서 영구적인 오픈 액세스를 보장하는 목적으로만 사용할 것을 제안했다.

BOAI 선언은 오픈 액세스 전략 두 가지를 새롭게 제안한 것이 아니라, 이미 1990년대 각 분야에서 연구자들이 주도했던 지식 공유의 세 가지 흐름을 오픈 액세스라는 이름 아래 집결시킨 것이다. 이 선언은 그동안 각자가 추진한 지식공유운동에 더 많은 학문 분야와 더 많은 연구자 및 관련 주체가 참여할 수 있도록 그간의 한계와 앞으로의 방향을 논의하고 지식공유운동의 목표와 전략을 구체화했다.

학술 커뮤니케이션 참여자에 대한 지원 요청

BOAI 선언 약 1년 후 의학 분야에서는 도서관, 출판사, 학회, 연구 기금 지원 기관이 오픈 액세스 운동에 동참할 것을 요구하는 베데스다 선언을 발표한다.[19] 이 선언에는 BOAI 회의에 참여한 연구자와 단체 이외에 의학 분야 연구 기관(Howard Hughes Medical Institute, 영국의 웰컴재단), 의과대학 및 학회, 미국국립의학도서관(NLM)과 의과대학 도서관, 오픈 액세스 출판사가 참여했다. 선언에 참여한 서로 다른 주체들은 각자 영역에서 오픈 액세스 출판과 셀프 아카이빙을 위해 무엇을 해야 하는지를 명확히 하고 이를 실천하자고 제안했다.

대학과 연구비 지원 기관에 요청한 것은 네 가지다. 첫째, 교수와 연구 기금 수혜자가 오픈 액세스 원칙에 따라 연구 결과를 출판해 전 세계 학자와 대중이 접근하고 이용할 수 있도록 정책을 수립해야 한다. 연구자의 연구물 출판은 그 아이디어와 결과를 사회구성원 모두와 공유해 사회에 유용하게 만들기 위한 것이므로, 이것이 실현되지 않는다면 대학과 연구비 지원 기관의 임무는 그 절반만 완료된 것이라고 설득했다. 둘째, 동료심사 학술지에 출판하는 논문에 대한 오픈 액세스 출판 비용을 지원해야 한다. 셋째, 연구자에 대한 평가가 논문을 게재한 학술지 타이틀이 아니라 논문 그 자체가 대상이 되어야 한다. 앞서 언급했듯이 상업출판사에 의한 학술 논문 독점은 '핵심 학술지'가 연구자 평가의 도구로 잘못 사용되면서 촉발된 것이므로, 연구자 평가의 주체인 대학과 연구비 지원 기관이 이를 개선하라는 것이다. 넷째, 연구자의 오픈 액세스 출판 경력이 교원 임용, 승진, 기금 지원자에 대한 평가에서 공공적 가치를 실현하려는 사회 봉사의 증거로 사용되어야 한다.

이를 위해 도서관에는 첫째, 오픈 액세스 출판 전환을 할 수 있는 구조를 개발하고 지원해 연구자 집단에 성공 사례를 제공하고, 둘째, 교육과 이용자 지원 활동에서 오픈 액세스 출판과 오픈 액세스 학술지의 이익과 가치를 교육하는 것을 최우선으로 하며, 셋째, 도서관이 제공하는 학술

자원에 오픈 액세스 학술지를 포함하고 강조해야 한다고 요구했다.

출판사에는 첫째, 학술지마다 논문별 오픈 액세스 옵션을 제공해야 하며, 둘째, 오픈 액세스 모델로 학술지를 전환하는 구체적인 계획을 발표하고, 셋째, 아카이빙과 효율적 검색에 적합한 표준 전자 형식의 출판 도구를 개발하며, 넷째, 재정적 어려움이 있는 연구자나 개발도상국의 연구자에게 논문 출판 비용인 APC(Article Processing Charge)가 장벽이 되지 않도록 해야 한다고 요구했다.

연구자에게는 출판이 연구 과정의 일부이므로 출판 비용 또한 연구 수행의 기본 비용이어야 한다며 오픈 액세스 출판 모델 지지를 요청했다. 더불어 오픈 액세스 학술지 동료심사와 편집에 참여해달라고 요청했다. 학회에도 오픈 액세스 모델 지지와 향후 출판하는 모든 학술지의 오픈 액세스 전환을 요구했다. 대학과 기금기관에 요청한 것처럼 연구자와 학회도 학술지가 아니라 개별 논문이 연구자의 승진과 평가 기준이 되도록 같이 변화를 만들어가자고 제안했다.

생명과학 분야의 PLoS 선언과 BOAI 선언이 연구자들에게 오픈 액세스를 알리고 동참을 요구한다면, 베데스다 선언은 오픈 액세스가 연구자 집단의 의지만으로 해결되지 않으므로 이들이 실천할 수 있도록 학술 커뮤니케이션 주체들이 그 역할을 재구조화할 것을 요청한다. 대학과 연구 지원 기관은 더 이상 연구자가 비윤리적인 학술지에 의존하지 않도록 새로운 평가 구조를 만들어야 하고, 도서관은 더 이상 학술지 소비자가 아닌 학술 지식 생산의 동반자가 되어야 하며, 출판사는 더 이상 무한의 이윤 추구 집단이 아닌 지식 배포 기관으로서 본연의 역할을 다하라고 요구한다. 오픈 액세스는 겉으로는 모든 사람이 무료로 학술 논문을 이용하자는 것이었지만 그 내부에는 연구와 출판 즉, 지식의 생산과 배포가 분리되면서 만들어진 학술 커뮤니케이션 생태계의 문제를 해결하자는 움직임이었다.

그런데 베데스다의 요청이 이 모순을 해결하는 데 전적으로 옳은 방향은 아니었던 것 같다. 베데스다 선언에서는 BOAI 선언과 달리 논문 단위의 오픈 액세스 출판을 제안하고 있다. 이는 오픈 액세스 학술지를 새로 창간하거나 기존 학술지를 오픈 액세스로 전환하는 것이 쉽지 않고, 설령 가능하더라도 상당한 시간이 소요될 것이라는 판단에서 이루어진 것으로 보인다. 베데스다의 제안대로 이후 무수히 많은 상업 학술지가 오픈 액세스 옵션을 제공하는 하이브리드 학술지가 되었다. 그러나 이들은 점차 APC 가격을 인상하거나 APC를 받은 논문을 다시 도서관에 비용 청구하는 비윤리적인 행태로 또 다른 문제를 일으켰다.

정보 서비스 기관의 응답

베데스다 선언을 발표한 약 6개월 후인 2003년 10월 독일의 막스플랑크협회(Max Planck Society)와 유럽문화유산온라인(European Cultural Heritage Online)은 도서관과 아카이브, 박물관 등 문화유산 기관과 연구 단체 및 연구 기금 지원 기관 등의 의사결정권자가 참여한 회의[20]를 소집해 3일간 논의한 결과로 베를린 선언[21]을 발표한다. 이 회의 참석자들은 사회 모든 구성원이 정보를 자유롭게 이용할 수 없다면 지식 배포를 책임지는 기관들의 임무가 절반만 완성된 것이므로 오픈 액세스를 통해 임무를 구현할 것을 다짐한다. 이 선언은 연구자와 기금 수혜자가 오픈 액세스로 출판하도록 독려하고, 오픈 액세스 출판물과 온라인 학술지 평가 수단과 방법을 개발하며, 오픈 액세스 출판이 승진이나 정년 보장 평가에서 인정받을 수 있도록 지지하고, SW 툴 개발, 메타데이터 생산, 개인 논문 출판 등 오픈 액세스 인프라를 구축하며, 오픈 액세스를 위한 법적인 프레임워크와 재정적 프레임워크를 개발해나갈 것을 다짐한다. 이 선언에는 프랑스, 독일, 중국, 인도, 네덜란드 등 주로 유럽 지역의 국가 연구 기관, 대학 및 연구비 지원 기관이 서명했다.

베데스다 선언이 의학 분야를 중심으로 미국의 대학과 연구 기관이 참여한 선언이었다면, 베를린 선언은 학술 정보 서비스 기관이 주도해 오픈 액세스 운동에서 그들의 역할을 확인하고 참여 방안을 제시했다. 이 선언을 주도한 막스플랑크협회는 지속해서 베를린 회의를 개최해 유럽에서 오픈 액세스 논의를 이끌어 나갔으며, 전 세계 학술지를 오픈 액세스로 전환하자는 비전을 제시한 OA2020(2016)까지 오픈 액세스 실천을 위한 새로운 제안을 지속해 나갔다.

오픈 액세스 운동의 전개

3개의 선언 이후 대학과 연구 기관은 오픈 액세스 출판 혹은 셀프 아카이빙을 의무화하는 정책을 발표하기 시작했다. 2004년 32개 이탈리아 대학 총장이 베를린 선언에 서명한 후 오픈 액세스 선언을 발표했고, 다음 해에는 영국의 주요 대학을 대표하는 러셀그룹과 전체 대학을 대표하는 영국대학협회(Universities UK)가 오픈 액세스를 선언했다. 영국연구위원회(RCUK)는 오픈 액세스 정책을 발표했다. 이어서 핀란드의 대학총장협의회(Finnish Council of University Rectors), 유럽대학연합회(The European University Association)도 오픈 액세스 정책을 채택한다. 2008년과 2009년에는 하버드대학교 인문과학부와 법대, MIT 등 무수히 많은 대학이 오픈 액세스 의무화 정책을 채택해 나갔다. 대학의 연구자들은 학교 내에서 대학의 오픈 액세스 정책 도입을 추진하면서 연구자가 오픈 액세스를 실천할 수 있는 기반을 만들었다. 학교 밖에서는 학술지의 오픈 액세스 전환과 공공 기금 논문의 오픈 액세스 의무화 법안 도입을 촉구했다.

2008년 미국의 보건복지부와 유럽연합집행위원회(European commission)가 각각 공공 기금으로 작성한 논문의 셀프 아카이빙을 의무화하는 정책을 발표했다. 그 이후 정부 산하의 연구소와 민간 연구소도 그들의 연구비를 지원받은 논문의 셀프 아카이빙 혹은 오픈 액세스 출판을 의무화하면서 연구자의 논문 출판 비용을 지원했다.

학술 출판계에서는 상업적인 오픈 액세스 학술지 출판사가 다수 등장했다. 의학 분야의 PLoS는 오픈 액세스 학술지를 창간해 SCI에 등재하면서 오픈 액세스 학술지의 질적 수준에 관한 오해를 불식시키기 위해 노력했다. 처음부터 상업적인 오픈 액세스 학술지 출판을 목표로 한 BMC 출판사는 학술지 수를 지속해서 늘려나갔다. 힌다위(Hindawi), MDPI 등 오픈 액세스 학술지 전문 출판사들이 다수 등장하면서 학술지 시장 규모는 더 커졌다. 대규모 상업출판사들은 구독학술지를 논문별로 오픈 액세스를 선택할 수 있는 하이브리드 학술지로 전환했고, 이들 논문에 관한 APC를 지속해서 인상하면서 오픈 액세스를 새로운 사업으로 만들어갔다. 또한 구독학술지들은 6~24개월 정도의 엠바고 기간을 두고 포스트 프린트에 대한 셀프 아카이빙을 허용하면서 대학과 연구 기금 지원 기관의 오픈 액세스 의무를 이행하려는 연구자들의 논문을 확보해 사업의 손실을 막고자 했다.

대학도서관들은 독립을 선언하고 오픈 액세스 학술지를 출판하려는 연구자를 지원하거나 교내 각 기관이 발간하는 학술지의 오픈 액세스 전환을 지원했다. 또한 교내 연구자들이 셀프 아카이빙할 수 있는 오픈 액세스 리포지토리를 운영하면서 연구자들의 논문 기탁을 지원했고, 연구자들이 오픈 액세스를 잘 이해하고 기금 지원 기관의 요구를 제대로 이행할 수 있도록 필요한 정보를 제공했다.

기관 단위의 오픈 액세스 운동이 진행되는 동안에도 엘스비어, 와일리, 스프링거 등 대규모 상업출판사의 학술지 편집위원장과 편집위원의 독립선언은 계속되었다. 인문학 분야에서는 독립한 학술지들의 안정적인 오픈 액세스 출판 모델을 만들기 위해 도서관과 협력해 개별 저자에게 APC를 부과하지 않는 다이아몬드 오픈 액세스 학술지 모델을 개발했다. 인문사회과학 분야 연구자는 의학이나 과학기술 분야처럼 연구비를 지원받는 경우가 많지 않다. 따라서 출판 비용을 개인 연구자가 부담하는 오픈 액세스 학술지는 인문사회 분야 연구자에게 또 다른 장벽이 될 수 있다. 다이아몬드 오픈 액세스 학술지는 출판 비용을 도서관회원과 외부 지원 기금으로 충당해 논문 저자가 출판비 부담 없이 논문을 게재할 수 있도록 한 것이다. 인문학 분야의 『Open Library of Humanities』(OLH), 언어학 분야의 『LingOA』, 수학 분야의 『MathOA』, 심리학 분야의 『PsyOA』 등이다. 이들은 도서관과 함께 공정오픈액세스연합(Fair Open Access Alliance, FOAA)을 조직하고 '공정한 오픈 액세스 원칙'[22]을 발표한다. 이 원칙은, 학술지는 소유 구조가 투명해야 하며 연구자 집단이 관리하고 연구자 집단의 요구를 만족해야 한다, 논문 저자가 저작권을 소유해야 하며 오픈 액세스 논문에는 오픈 액세스 라이선스를 사용해야 한다, 출판비가 연구자의 논문 투고와 출판을 가로막아서는 안 되며 학술지 출판 비용은 저렴하고[23] 투명하며 수행된 작업에 비례해야 한다는 것이다. 이 원칙은 약 20년간 진행되어온 오픈 액세스 운동이 상업출판사의 오픈 액세스 사업으로 왜곡되고 있음을 비판하고 있다. 이 원칙에는 상업출판사로부터 독립해 연구자 집단이 관리하는 학술지를 만들고 인터넷 기술을 새로운 학술 지식 공유의 기회로 만들려고 했던 1990년대의 연구자들, 그리고 이 노력을 확산시키고자 했던 2000년대 초반의 연구자들이 그렸던 꿈을 오픈 액세스 운동으로 회복하자는 의지가 담겨있다.

약 20년간 진행한 오픈 액세스 운동의 결과, 무료로 볼 수 있는 논문의 양은 분명 증가했다. 하지만 초기 계획과 달리 약탈적 학술지의 등장, 상업출판사의 높은 APC, 연구자 집단이 아닌 상업출판사의 지배 아래 놓인 오픈 액세스 학술지, 오픈 액세스 라이선스를 적용하지 않은 채 모호하게 공개된 무료 논문 등 다양한 문제도 생겨났다. 오픈 액세스 학술지는 논문 출판 비용이 보장되므로 논문이 가능한 한 많이 게재될수록 많은 이익이 발생한다. 과다한 논문 실적을 요구하는 대학, '핵심 학술지'에 출판한 경력을 요구하는 연구비 지원 기관, 이러한 구조에서 논문 출판 실적을 올리기 위해 쉬운 선택에 내몰리는 연구자에 힘입어 오로지 출판비 수익만을 목적으로 하는 약탈적인 오픈 액세스 학술지가 대거 등장했다. 그 결과 오픈 액세스는 수준 낮은 논문을 양산할 뿐이라는 오해가 발생하기도 했다. 전통적으로 연구자에게 가치 있는 우수한 학술지를 선정해 연구자에게 제공하던 도서관들은 약탈 학술지 목록을 작성하고 이들을 연구자에게 알리는 작업을 하고 있지만, 이에 대한 출판사와 연구자의 반발도 상당하다. 스프링거 출판사가 최초의 오픈 액세스 출판사인 BMC를 매입해 세계 최대 오픈 액세스 출판사가 되었듯이, 상업출판사들은 거의 모든 학술지에 오픈 액세스 옵션을 제공하거나 오픈 액세스 학술지를 창간하면서 구독료 대신 APC로 수익을 올리고 있다. 대형 출판사와 도서관이 기관 내 논문 저자의 오픈 액세스 출판 비용과 도서관의 구독료를 결합하는 방식의 오픈 액세스 전환계약은 자칫 APC 빅딜이 되면서 또 다른 학술지 위기가 될 수 있다는 우려도 있다.[24] 이러한 문제들은 오픈 액세스를 구독 시스템의 지속 가능하지 않은 높은 비용에 대한 대안이나 구독 시스템보다 더 비용 효율적인 방법으로만 인식한 결과로 보인다. 오픈 액세스는 그보다 더 근본적인 문제, 학술 지식의 생산과 출판, 배포를 누가 책임지고 관리하면서 건강한 학술 생태계를 만들고 학술 지식을 우리 사회 모두의 것으로 만들어 갈 것인가에 관해서다. 공정한 오픈 액세스 원칙은 적어도 그것이 상업출판사는 아니며 연구자와 연구자 집단이어야 한다고 말한다.

셀프 아카이빙 또한 근본적인 문제를 가지고 있다. BOAI는 오픈 액세스의 목표를 달성하는 방법 가운데 하나로 셀프 아카이빙을 제안했다. 그러나 상업출판사는 구독학술지의 이익이 충분히 회수될 수 있도록 엠바고 기간이 지난 후 저자에게 아카이빙을 허용한다. 그러므로 출판과 동시에 누구나 자유롭게 논문에 접근할 수 있어야 한다는 BOAI의 오픈 액세스 정의를 충족시킬 수 없다. 엠바고가 있는 오픈 액세스는 출판된 논문을 즉시 읽고 싶어 하는 사람들에게는 큰 장벽이고 재사용을 허용하는 방식이 아니라는 점에서 근본적인 한계를 가진다.

유럽의 국립 연구 기관들이 2018년에 발표한 PlanS는 오픈 액세스 학술지라도 적정한 수준의 APC만 지원하고 하이브리드 학술지에 게재하는 논문에는 APC를 지원하지 않는다. 그리고 인문사회과학 분야의 다이아몬드 오픈 액세스 모델은 출판비를 개별 연구자에게 부과하지 않고 도서관 등 다양한 기관이 회원이 되어 오픈 액세스 학술지를 출판한다. 이들은 고가의 APC 문제와 엠바고라는 장벽을 제거하기 위한 새로운 시도다. 연구자와 도서관 등이 회원으로 가입한 학회가 학술대회와 학술지 출판이라는 지식 교류 활동을 보장한 오래전 방식이 오픈 액세스의 오래된 미래일 수 있다.

한국 상황

오랫동안 연구자가 연구 결과를 발표하고 동료 연구자와 공유하기 위해 학회가 출판하던 영미권의 학술지가 20세기 중반 이후 연구비 지원과 연구자 임용 및 승진을 위한 평가 도구가 되면서 상업출판사의 통제 아래 놓였다. 상업출판사는 논문의 저작권을 독점하고 학술지 가격을 올리면서 학술 지식 접근의 위기를 초래했다. 1990년대 들어 연구와 학술 논문 출판의 본질을 회복하기 위해 거대 상업출판사로부터 독립해 연구자 집단 스스로 관리할 수 있는 학술지를 출판하려는 시도들이 이어졌다. 이들은 인터넷 기술을 기반으로 새로운 방식의 출판과 배포를 시도하면서 2000년대 도서관, 대학, 연구 지원 기관과 협력하며 오픈 액세스 운동을 이어갔다. 이 기간 국내 학회와 학술지에는 어떤 일이 벌어졌을까? 이에 관해 학술지의 저작권, 공공 영역의 원문 서비스 사업, 학술지 유통의 상업화 과정을 중심으로 살펴보고, 최근 몇 년 동안 이루어진 연구자 중심의 오픈 액세스 운동의 의미를 살펴본다.

학술지 저작권 분쟁과 연구자 소외

몇몇 거대 상업출판사가 학술지 출판 시장을 장악하고 있는 영미권과 달리 한국은 학회가 학술지 대부분을 출판하고 있다. 거의 모든 학회가 회칙에 밝히고 있듯이, 학회는 해당 주제에 관한 연구와 그 결과를 보급해 학문과 사회의 발전에 이바지함을 목적으로 한다. 학술지 출판은 이를 실현하기 위한 학회 활동 중 하나이다. 학회는 오랫동안 그 분야의 학술 지식을 탐구하고 생산하는 연구자와 연구자의 연구 결과를 필요한 사람들에게 제공하려는 도서관이 회원제로 운영했다. 학술 지식의 생산, 출판, 유통이 모두 학회라는 연구자 공동체 내에서 자신들의 관리 아래 이루어지고 있었다. 이러한 상황에서 학술 논문의 저작권은 누구의 관심사도 아니었다. 사실 저작권은 저작물이 자신의 것임을 보장하는 인격적 권리인 동시에 지적 창작물에 대한 배타적 재산권이다. 재산적 권리로서 저작권은 권리를 독점해 저작권료를 지급하지 않는 이용자를 배제하기 위한 수단으로 사용될 때 유용하다. 연구자 공동체 내에서 학술지를 생산하고 스스로 이용하며, 공동체 일원으로서 도서관이 지식을 얻고자 하는 모두에게 이를 제공할 수 있었던 상황은 누군가를 접근에서 배제하는 방식이 아니었다. 그러므로 학회가 저작권에 관심을 둘 필요가 없었던 것으로 보인다. 따라서 해외의 상업출판사처럼 논문 저자로부터 저작권양도계약서를 받는 학회가 드물었고, 대부분 논문 투고 규정에 '논문 투고와 동시에 저작권은 학회에 양도한다'라는 간단한 문구만 형식적으로 두고 있었다.

1990년대에 등장한 영리 목적의 학술 논문 DB는 공동체 관리 방식이었던 학술지에 균열을 가져왔다. 학회가 학술지는 출판하지만, 유통은 상용 DB 회사에 넘기면서 학회의 구성원이었던 도서관은 이제 상용 DB를 통해 학술지를 구매하는 지식 소비자가 되어 공동체를 떠났다. 학술 논문 유통이 상업화되었다는 것은 이용료를 지급하지 않은 도서관 또는 개별 독자를 접근으로부터 배제할 수 있는 권리로서 저작권이 중요해졌음을 의미한다. 그러나 저작권 신탁 관리 단체에 의한 학술 논문 저작권 소송이 이루어지기 전까지 학술지의 저작권 관리는 여전히 그동안의 느슨한 방식대로 이루어졌던 것으로 보인다.

한국복사전송권관리센터는 도서관이 디지털화한 자료에 대한 보상금을 징수하기 위해 만들어진 저작권 신탁 관리 단체이다. 이 단체는 보상금 징수 사업과 더불어 상용 DB 회사가 저작권을 제대로 확보하지 않은 채 학술 논문 사업을 하고 있음을 확인하고 저작물 이용 상황을 개선한다는 목적으로,[25] 2006년 당시 규모가 가장 큰 두 개의 DB 회사였던 한국학술정보와 누리미디어를 대상으로 저작권 분쟁 조정을 신청했다. 상용 DB 회사가 논문 저자로부터 저작권을 양도받지 않은 학회와 저작권 계약을 맺고 학술 논문을 판매하는 것은 저작권 침해라는 뜻이다. 한국학술정보는 학회가 저작권을 센터에 위탁하도록 도와주고 이후 학술논문 판매 수입의 15~25%를 저작권 사용료 명목으로 센터에 제공한다는 조건으로 협의했다. 그러나 누리미디어는 센터와 협의하지 않고 법률 소송을 진행했다. 센터는 논문 저자로부터 신탁받은 몇몇 저작물이 누리미디어 DB에 포함되어 있다며 서비스 금지 청구 소송을 신청했다. 이에 대해 법원은 관례상 논문 저자가 저작권을 학회에 양도했더라도 이는 아날로그 및 무상 제공 방식을 예정한 것이지 유료 제공까지 이용을 허락한 것은 아니라고 판단해 상용 DB에서 해당 논문의 서비스가 중지되었다.

이 분쟁에서 중요한 것은 연구자로부터 권리신탁도 받지 않은 단체와 상용 DB 회사가 연구자가 생산하고 학회가 출판한 논문의 저작권을 두고 다툼을 벌이는 과정에서 정작 연구자와 학회가 배제되었다는 점이다. 신탁 관리 단체는 표면상 논문 저자에게 저작권료를 분배하기 위한 것이라며 저자의 권리를 보호하기 위한 분쟁인 듯 설명하고 있다. 그러나 저작권료를 염두에 두고 논문을 출판하는 연구자는 거의 없으며, 설령 그런 연구자가 있더라도 연구 논문의 특성상 실제로 재산상의 이익이 될 정도의 저작권료가 발생하기 어렵다. 그런 점에서 신탁 관리 단체의 속내는 기관의 규모 확대를 위한 회원 확보였을 것으로 보인다. 이 분쟁 이후 상용 DB 회사는 합법적인 학술 논문 판매를 위해 학회가 저자로부터 정확히 저작권을 양도받을 것을 요구한다. 학회지의 발간 목적에 부합하는 범위 내에서 저자로부터 저작권 이용을 허락받던 학회들도 이제는 상용 DB 회사의 '합법적'인 논문 판매를 보장하기 위해 발간 목적을 넘어서는 저작권 양도를 받기 시작했다. 이 분쟁은 당시 외부에 널리 알려지지 않았고 연구자와 학회도 크게 관심을 기울이지 않았던 것으로 보인다. 상업적 유통과 별개로 학회의 목적을 달성하기 위해 학술지를 출판한다는 취지는 달라지지 않았기 때문이다. 어쩌면 학회는 영문도 모른 채 저작권양도계약서 사본을 어딘가에서 구해 논문 저자에게 계약서 제출을 요구하지 않았을까? 연구자도 왜 그동안 작성하지 않아도 되는 서류 하나를 더 제출해야 하는지 모르는 채 계약서를 작성하지 않았을까? 이 분쟁은 학술 논문 유통에 필요한 도구와 자원을 가진 논문 유통 사업자에게로 저작권이 이전되어, 학술 지식을 생산하고 출판하는 연구자와 학회가 오히려 학술 논문의 통제권을 잃고 소외되는 과정이었다.[26]

공공 영역의 원문 서비스 사업과 오픈 액세스

한국과학기술정보원(KISTI)과 한국교육학술정보원(KERIS), 한국연구재단은 성격은 다르지만, 공공 영역에서 국내 학술지 원문 서비스를 한다는 공통점이 있다. 상용 DB 회사가 학회의 논문을 디지털화하며 학술지 유통 사업을 시작하던 즈음 KISTI와 KERIS도 학회정보화지원사업과 학술정보DB구축사업 등의 이름으로 학술지 논문을 디지털화해 각 기관의 웹사이트에 무료로 공개하는 서비스를 시작했다. 1960년대부터 과학기술 분야 연구자를 위한 정보 서비스를 제공하던 KISTI는 이 분야 학회들과 긴밀한 관계를 유지하면서 학술지 원문 서비스에 관한 허락을 받을 수 있었다. 이 기관은 2000년대에는 학술지 논문 투고 관리시스템을 개발해 학회에 무료로 제공하면서 과학기술 분야 '학회 정보화'와 학술지 무료 공개 서비스를 계속 확대해나갔다. 1990년대 후반에 생겨난 KERIS는 특정 주제 분야에 관한 학술 정보 서비스 기관이 아니었으므로 학회로부터 원문 서비스에 관한 허락을 받는 것이 쉽지 않았던 것으로 보인다. 이 기관은 일부 학회로부터 허락받아 디지털화한 학술지와 공공 및 민간 영역의 학술 논문을 연계해 통합 검색하는 서비스를 제공했다. 위의 두 기관보다 늦었지만, 한국연구재단 또한 2012년부터 학회로부터 원문공개동의서를 받은 학술지를 무료로 공개해왔다. 재단은 학술지 평가를 위해 2013년부터 논문투고심사관리시스템을 학회에 제공하고 등재지 평가를 위해 출판한 논문 파일을 포함한 메타데이터 등을 KCI 시스템을 통해 제출받았다. 재단은 이미 파일을 제출받은 상태이므로 학회로부터 원문공개동의서만 받으면 쉽게 원문을 공개할 수 있었다. 무엇보다 등재지 평가 기관이라는 지위를 이용해 등재지 심사에서 '온라인 접근성' 점수를 최대한 확보하려는 학회로부터 원문 공개 허락을 쉽게 얻을 수 있었다. 따라서 앞서 두 기관에 비해 비교적 빠르게 원문 공개 서비스를 확대해나갈 수 있었다.

이 기관들은 학회로부터 이용허락을 얻은 논문을 주로 각 기관의 웹사이트에 공개했다. 일정 기간에는 KERIS의 학술 연구 정보 서비스 사이트인 RISS에서 KISTI의 무료 공개 논문을 연계해 검색할 수 있도록 했으나 이내 중단되었다. 구글 등 검색엔진에서도 무료 공개 논문이 검색되지 않았으므로 특정 학술지가 어느 기관에서 무료로 공개되고 있는지 모르면 이용하기 어려운 상태였다. 누구든지 인터넷에서 논문을 무료로 볼 수 있는 상태를 오픈 액세스라고 한다면, 이 기관들의 웹사이트에 공개된 논문들도 오픈 액세스의 하나라고 볼 수 있다. 그런데 오픈 액세스는 어딘가에 논문이 공개된 상태가 아니라, 공개된 논문을 누구나 어디서라도 쉽게 검색하고 접근해 이용할 수 있는 상태를 말한다. 한국연구재단의 등재지 평가에서 학회 홈페이지에만 논문을 공개하더라도 '온라인 접근성' 항목의 만점을 부여하는 것도 같은 문제를 가지고 있다. 논문을 이용하기 위해 학회 홈페이지 주소를 알아내고 그 사이트로 이동한다는 것이 기술적 접근 장벽이 될 수 있다. 비학회원은 말할 것도 없고 학회원이라 하더라도 학회지 홈페이지에 방문해 논문을 이용하는 것은 쉽지 않다. 오픈 액세스로 출판하지 않고 셀프 아카이빙한 논문이라도 검색 사이트나 도서관 목록 등을 통해 쉽게 찾을 수 있고 이용할 수 있어야 한다. 이런 상태를 만드는 것이 오픈 액세스다. 이러한 점에서 공공 영역의 학술 정보 서비스 사이트에서 공개한 논문은 기관의 원문 서비스 사업은 될 수 있지만 오픈 액세스 사업이라고 보기에는 한계가 있었다. 이러한 방식의 공공 영역 원문 공개 사업은 학술지의 오픈 액세스 전환을 고민하는 학회에 상용 DB 플랫폼, 도서관 목록, 네이버나 구글, 심지어 공공 영역의 학술 정보 서비스 사이트인 RISS 등 어디서나 검색되고 바로 원문을 내려받을 수 있도록 서비스하는 상용 DB의 대안이 되기는 어려웠다.

학술지 유통 독점 강화

국내 학술지 대다수는 국내의 상용 DB 또는 공공 DB에서 제공된다. 두 개의 채널을 모두 이용하면서 상용 DB에서는 유료로 공공 DB에서는 무료로 제공되는 학술지도 많았다. 그러나 2011~2016년에 상용 DB를 통해 유통되는 학술지는 점차 늘어난 반면 공공 DB를 통해 제공되는 학술지는 줄어들었다. 특히 인문사회 분야에서 그러한 경향이 강하게 나타났다.[27] 이것은 다음과 같은 몇 가지 상황에 기인한 것으로 보인다.

오랫동안 학회와 상용 DB 회사의 저작권 계약은 학회가 공공 DB와 상용 DB 양쪽에 서비스할 수 있도록 이루어졌다. 그러나 2010년대 중반 이후 DB 회사는 공공 DB에 논문을 공개하지 않는 조건의 계약을 학회에 요구하면서 학술 논문 독점 공급을 위한 법률적 기반을 마련해 나갔다. 공공 DB 운영 기관에 대한 압박도 이루어졌다. KERIS는 2015년 국내 5개의 상용 DB 회사와 업무 협정을 맺고 원문에 대한 링크와 타 기관의 무료 논문에 대한 링크를 동시에 제공하고 있었다. 당시 상용 DB 회사들을 대표해 한국전자출판협회는 KERIS에 공문을 보내 무료 논문 공개 서비스는 민간 학술 산업과 중복되는 세금 낭비성 사업이고 DB 회사가 각 학회와 저작권 계약을 맺고 있으므로, 이 두 기관의 원문 공개가 불법적이라는 점을 지적하며 원문 공개 사업 중단을 요청했다. 이에 따라 KERIS는 상용 DB 회사와 독점 계약을 체결한 학술지의 원문 서비스를 RISS에서 중단하고 KISTI와의 무료 논문 연계 서비스를 중단했다.[28]

공공 영역의 원문 공개 서비스에 대한 저작권 소송도 이루어졌다. 첫 번째 분쟁이 저작권 위탁 관리 단체와 상용 DB 회사 간의 소송이었다면, 이번에는 개인 연구자와 한국연구재단 간의 분쟁이었다. 재단은 2018년 두 차례에 걸쳐 KCI를 통한 논문 열람 서비스 중지 청구로 피소된 바 있다. 이 소송에서 학술 논문 저자 A와 B는 KCI에 자신의 논문이 제공되는 것이 공중송신권 침해라고 주장했다. 그러나 법원은 학술지 발행 기관의 내규에 따라 A와 B의 저작재산권이 학회에 양도 또는 이용허락이 이루어진 것이며, 따라서 학회의 이용허락하에 한국연구재단이 KCI에 원문을 공개하는 것이 A, B의 저작권 침해가 아니라고 판단했다.[29] 첫 번째 저작권 분쟁 이후 논문 저자로부터 저작권양도계약서를 제출받은 학회들이 증가했지만, 여전히 '논문 투고와 동시에 저작권은 학회에 귀속된다'라는 문구만으로 저작권을 관리받지 못한 학회들도 많았다. 소송 대상이 된 논문은 이러한 학술지에 게재된 논문이었다. 이 소송은 개별 연구자가 영리를 목적으로 하지 않는 공공 기관의 원문 서비스에 관해 저작권 침해를 제기한 매우 이례적인 소송이다. 만일 이 소송이 A와 B의 주장대로 한국연구재단의 저작권 침해로 판결되었다면, KCI와 그 외 공공 영역의 원문 서비스 상당수가 중단되어야 했고 그 결과 상용 DB의 논문 독점 가능성은 더 커졌을 것이다. 소송 당사자 A와 B는 개인 연구자였지만, 이들이 승소했을 경우 그로 인한 이익이 그들보다 상용 DB 쪽에 돌아갈 것은 자명했다. 이런 점으로 미루어볼 때 이 소송은 상용 DB 회사와 무관하지 않았을 것이다.

상용 DB 측은 저작권 독점, 공공 영역의 논문 공개 사업에 대한 압박을 가하는 동시에 학회에는 홈페이지 구축, 학술지 평가 컨설팅, 학술대회 지원, 논문투고심사관리시스템 지원, 좀 더 인상된 저작권료를 지급했다. 그리고 개인 연구자에게는 논문 투고료 지원, 독립연구자에 대한 논문자유이용권 지원, 올해의논문상 선정 등 논문 유통을 넘어서 학술 지식 생산 영역으로 서비스를 확대해나갔다. 학술지 유통뿐만 아니라 학술지 출판, 학술 활동에서도 학회의 유통 기관 의존도는 점차 높아지고 있다. 학회의 기관지임에도 불구하고 동료심사를 제외한 모든 것을 전문 출판사가 담당하는 해외의 상업 학술지 특징이 국내 학술지에도 보이기 시작했다.

당연한 결과겠지만, DB 구독 기관인 도서관에 더 높은 라이선스 비용이 청구되기 시작했고 2019년도에는 도서관과 상용 DB 회사 간의 가격 협상이 결렬되어 DB 구독 중단 사태가 발생했다. 연구자들이 동료 연구자 또는 더 많은 대중에게 자신의 연구 결과를 알리고 학문의 발전과 인간의 삶에 이바지하기를 바라면서 출판한 논문이 상업 영역에 포섭되면서 학술 지식의 접근 장벽은 점차 높아지고 있다. 학회는 학문 발전과 사회 기여라는 목적을 달성하기 위해 학술지를 출판한다고 한다. 하지만 논문 저자의 투고비와 게재료로 출판한 논문을 상업 DB 회사에 넘김으로써, 회원의 논문이 어느 곳에서 어떻게 어느 정도의 가격으로 유통되어야 하는지를 결정할 권한 없이 지식 접근 장벽을 높이는 데 일조하고 있다. 그리고 학술 논문 접근으로부터 배제된 독립연구자와 논문 투고료가 부족한 연구자들은 접근 장벽을 만들어낸 자본의 지원을 받아 논문을 이용하고 논문을 출판한다. 학회가 이러한 지식 인클로저를 만드는 데 이바지하지 않고 누구도 배제하지 않는 자유로운 지식의 공유를 실현해 학문의 본질과 연구자의 논문 발표 의도, 학회의 목적에 맞게 학술지를 출판하고 유통하는 방법은 없을까? 연구자들이 자신의 학술 지식의 사용에 관한 자기 결정권인 저작권을 되찾아 자신이 연구하고 발표한 논문을 원래의 목적대로 공공적 가치를 가장 잘 실현할 수 있도록 사용하는 방법은 없을까?

연구자 집단의 오픈 액세스 운동

다시 생각해 보자. 상용 DB가 학술 지식을 보급하는 최고의 방법인가? 상용 DB 회사로부터 받는 저작권료는 학술지 출판에 절대적으로 필요한가? 상용 DB 회사가 제공하는 여러 가지 서비스와 저작권료에 우리가 생산한 지식의 장벽을 만드는 것이 올바른가? 우리가 연구해 생산하고 동료들의 감사한 논평을 거쳐 우리가 생산한 논문이 학문의 발전과 인류의 삶을 조금이라도 높이는 데 기여할 수 있는 최고의 방법인가? 상용 DB 회사에 논문을 팔고 그 대가로 학회와 학술지를 출판하는 것에 대해 연구자들은 동의하는가? 논문, 학문의 공공적 가치를 희생시키는 것 아닌가? 학자적 자존심은 어디 있는가?[30]

공공 영역의 학술 논문 무료 공개가 연구자의 저작권을 침해하는 것이라며 국내 한 상용 DB 회사의 저작권기획팀원인 『오마이뉴스』 시민 기자가 쓴 기사에 대해 황은성 교수가 반박하며 쓴 기고문 일부다. 학회는 학술 논문 이용 확산을 바라면서 상용 DB를 학술지 유통 채널로 삼기 시작했지만, 이제는 거꾸로 학술 지식 접근 장벽이 되어버린 이 상황에 대해 황은성 교수에 동의하는 연구자가 매우 많았을 것으로 보인다. 그러나 연구자들의 의견이 공식적으로 외부에 드러난 것은 2018년 문헌정보학 분야 학회들의 공동 선언과 그다음 해에 있었던 인문사회과학 분야 연구자 선언을 통해서다.

문헌정보학 분야 7개 학회를 중심으로 이루어진 「문헌정보학 분야 학술 단체의 오픈 액세스 출판 선언」(2018. 4. 20)은 지식 공유를 통해 연구와 학문, 지식 발전에 이바지할 수 있도록 각 학회가 발행하는 학술지를 단계적으로 오픈 액세스 학술지로 전환하고 다른 학문 분야의 학술지도 오픈 액세스 전환이 이루어질 수 있도록 협력하겠다고 선언했다. 아울러 학술 도서관과 정부 및 학술 진흥을 담당하는 공공 기관이 오픈 액세스 학술지 출판을 지원하고 학술 논문 이용이 확산할 수 있도록 지원할 것을 요청했다. 문헌정보학 분야 학회들은 선언 후 실무적인 차원에서 각 학회가 오픈 액세스 전환을 위한 준비를 할 수 있도록 각 학회의 편집위원으로 TFT를 구성해 「국내 문헌정보학 분야 학술지의 오픈 액세스 출판 전환을 위한 로드맵」을 개발했다. 이 로드맵에는 오픈 액세스 학술지로 전환 후 지식 공유 라이선스인 CCL(CC BY NC ND)을 적용한다, 인쇄본 간행을 중단해 출판비를 절약하고 동료 심사자에게 지급하던 심사비를 논문 출판 비용으로 전환해 상용 DB로부터 받던 저작권료 손실을 보전한다, 출판 및 유통 플랫폼은 KISTI 등 공공 영역으로부터 협조받는다는 등 오픈 액세스 전환에 필요한 실무 사항들이 담겨있다. 선언에 참여한 모든 학회의 편집진이 참여해 오픈 액세스 학술지 출판에서 중요한 저작권, 출판비, 논문 공개 채널의 문제를 구체적으로 고민하고 함께 결정하면서 상용 DB와의 계약 만료 시점 직후 전환이 쉽게 이루어질 수 있도록 준비한 것이다. 이 TFT는 오픈 액세스로 전환한 학술지의 원문 검색 서비스를 위해 KERIS의 RISS에는 무료 공개 논문 연계 서비스를, KISTI에는 오픈 액세스 출판 플랫폼 개발을 요청했다. 상용 DB의 논문으로만 링크를 제공하던 RISS 서비스는 2019년 초부터 KISTI와 KCI에 공개된 논문에 관한 링크 서비스를 제공하면서 오픈 액세스 논문의 접근성을 높이는 역할을 재개했다. KISTI는 검색엔진에서도 쉽게 논문이 검색될 수 있고 KCI에 제출한 논문을 이관할 수 있는 기능이 구현된 오픈 액세스 학술지 서비스 플랫폼을 개발 지원했다. 선언 후 2021년 말 현재까지 상용 DB 회사와 계약 만료 기간이 아직 남아있는 1개 학술지를 제외한 6개 학술지 모두 오픈 액세스 학술지로 전환했다.

문헌정보학 분야의 오픈 액세스 선언 약 1년 후 「새로운 학문 생산 체제와 '지식 공유'를 위한 학술 단체 및 연구자 연대 선언」(2019.8.29)[31]도 이루어졌다. 주로 국문학 분야 학회가 참여한 이 선언은 지식의 공공적 가치를 높이기 위해 학회와 상용 DB 회사의 계약 재구조화, 연구자가 주체가 된 학술 논문 공개, 오픈 액세스 학술지 출판에 관한 도서관과 정부의 지원을 요청하고 있다. 또한 학문과 지식의 공공성과 합리성을 높이기 위해 학술지 평가 제도 개혁과 인문사회과학 분야 학회들의 협동과 공동 운영, 학회의 비정상적 운영 개선을 선언했다. 이 선언에 참여한 학술 단체들은 다음 해 7월 지식공유연대를 창립하면서(2020. 7. 17) 주로 국문학 분야의 18개 학술 단체가 오픈 액세스 학술지 전환을 선언했다. 이 선언은 상용 DB 회사 중심의 학술 지식 유통을 방치한 학회의 소홀함을 반성하고 향후 학술 공공성 회복과 오픈 액세스 출판, 노동 착취가 이루어지지 않는 학술지 출판을 위해 노력한다는 자기반성적 내용을 담고 있다. 동시에 학회의 오픈 액세스 전환에 교육부와 한국연구재단, 국립중앙도서관, KERIS, KISTI 등이 함께 노력할 것을 요청하고 있다. 이들 선언 이후 국문학 분야의 학술지들인 상허학보, 대중서사연구, 여성문학연구 등의 학술지가 오픈 액세스로 전환했다.

그동안 국내에서 학술 논문 무료 공개는 공공기관의 원문 서비스 사업 차원에서 이루어졌다. 일부 학회들은 학술지 평가에서 유리한 점수를 얻기 위해, 또 일부는 학술 논문 이용 확산을 위해 이들 기관에 원문 이용을 허락했다. 그러나 두 경우 모두 공공기관이 원문 공개를 어떻게 할지는 마치 상용 DB에 논문 유통을 맡기는 것과 마찬가지로 무관심했던 것으로 보인다. 학회의 이러한 무관심은 상용 DB 회사가 저작권을 근거로 공공 영역의 원문 공개 서비스 중단을 요구하는 빌미가 되었다. 문헌정보학 분야와 인문사회과학 분야의 선언은, 그동안 공공기관에

맡기고 무관심했던 방식의 무료 공개가 아닌 연구자 집단이 스스로 학술 논문의 저작권을 되찾고 이를 지식 공유를 위해 사용한다. 학술 지식의 출판과 유통을 스스로 관리해 학술 활동과 그 결과물 모두를 공공의 것으로 만든다. 이것을 실현할 수 있는 지속 가능한 출판 모델이 오픈 액세스 학술지임을 인식하고 이것을 실천한다는, 연구자가 주체가 된 오픈 액세스 운동의 시작이었다. 이 운동들은 앞서 소개한 1990년대 영미권의 학술지 독립선언이며 BOAI 선언이기도 하다. 이들의 선언이 잘 이행될 수 있도록 이제 베데스다·베를린 선언처럼 학술 연구를 지원하는 기관, 학술 정보 서비스 기관, 대학과 도서관의 응답이 필요하다.

오픈 액세스 선언에 서명한 책임을 이행할 때

2000년대 초반 서구에서 오픈 액세스 선언이 이루어진 직후부터 국내 공공 영역의 학술 정보 서비스 기관, 국가대표 도서관, 국회의원실, 대학 도서관, 학술 연구 지원 기관과 정부에서 오픈 액세스라는 이슈로 무수히 많은 발표와 세미나가 이루어지고 포럼이 만들어졌다. 이들 기관의 의뢰로 꽤 많은 연구 보고서도 발간되었다. 그런데 정작 그 논의에서 학술 지식의 생산자인 연구자와 학술지를 출판하는 학회들은 제외되었던 것으로 보인다. 학회들은 언제나 공공이든 민간이든 그들이 원하는 원문 서비스에 관한 허락을 얻어내야 할 대상이었다. 앞서 영미권의 오픈 액세스 진개 과정에서 살펴보았듯이, 오픈 액세스는 학술 지식의 독점을 거부하며 지식의 자유로운 공유를 실천하려는 연구자들의 운동이었고 새로운 기술에 대한 연구자들의 실험인 동시에 학문과 연구자 평가 체제의 개선을 위한 모색이었다. 도서관과 대학, 연구 지원 기관과 정부는 이들 연구자와 협력하며 오픈 액세스 운동을 확산시켰다. 국내에서 연구자와 학회가 학술지의 출판과 유통 문제에 스스로 큰 관심을 두지 않는 상태에서 진행된 오픈 액세스 논의가 무료 논문 공개 사업과 도서관의 학술지 구독료 문제를 중심으로 진행되었던 것은 당연해 보인다. 오픈 액세스를 도서관의 구독료 문제 해결 수단으로 바라볼 때 국내 학술지 상용 DB의 가격은 해외 DB의 가격에 가려 그다지 큰 문제가 되지 않는 듯하다. 따라서 구독료 문제 중심의 오픈 액세스 논의에서마저 국내 학술지는 중요한 관심사가 될 수 없었다.

최근에 진행된 학회들의 오픈 액세스 선언은 그동안 오픈 액세스 논의의 주체들이었던 공공 영역의 학술 정보 서비스 기관과 도서관, 학술 연구 지원 기관에 기존과 다른 논의와 '사업'이 필요함을 인식하는 계기가 되었다. 전 세계가 오픈 액세스의 가치와 그 실천에 따른 이익을 공유하고 있지만, 이를 실천하고 실현하는 것은 매우 지역적 차원이다. 오픈 액세스 운동은 각 지역에서 생산하는 그들의 학술 지식을 각자 오픈 액세스 자원으로 전환하고 이를 전 세계가 공유하자는 것이다. 국내의 연구자, 도서관, 학술 연구 지원 기관과 서비스 기관, 정부가 전 세계의 오픈 액세스 논의와 운동에 참여한다는 것은 곧 국내 연구자가 생산하는 학술 논문, 국내 연구 집단이 출판하는 학술지를 오픈 액세스로 만든다는 것을 의미한다. 이것을 실천할 때 우리는 다른 지역에서 생산한 학술 지식의 오픈 액세스를 기대하거나 요구할 수 있다. 그리고 비로소 그들의 오픈 액세스 논의에 참여할 최소한의 자격을 갖추는 것이고, 세계가 참여한 오픈 액세스 선언에 서명한 책임을 이행하는 것이다.

오픈 액세스 운동은 학술 커뮤니케이션에 참여하는 세 그룹, 즉 연구자와 학회, 연구 및 연구비 지원 기관(대학, 정부), 학술 정보 서비스 기관의 협력 속에서만 가능하다. 연구자와 학회는 학술지의 출판과 유통에 관한 자기결정권을 확보해 학술 지식의 공공적 가치를 실현할 수 있는 방향을 모색하면서 오픈 액세스 전환을 결정해야 한다. 연구 지원 기관은 학회와 연구자가 오픈 액세스 학술지를 출판할 수 있도록 제도 정비와 재정적 지원을 해야 한다. 도서관을 포함한 학술 정보 서비스 기관은 학술지 출판이 유통 및 서비스와 분리되지 않은 오픈 액세스 출판 메커니즘을 이해하고 더 많은 학술지가 오픈 액세스로 출판될 수 있도록 지원하면서 그 결과물의 확산을 책임져야 한다.

영미권에서 상업출판사로부터 독립한 학술지 중 상당수는 재정적 불안정, 운영비 증가, 새로운 기술의 필요, 열정적인 오픈 액세스 지도자 그룹이 사라지면서 다시 상업출판사의 그늘로 들어가는 역전환(reverse flip)을 겪었다. 최근 오픈 액세스를 선언한 학회들에 이러한 비극이 발생하지 않도록 연구자와 학회, 대학과 정부를 포함한 연구 지원 기관, 학술 정보 서비스 기관이 함께 우리의 학술 지식 공유지를 만들어갈 필요가 있다.

국내 학문 생태계의 현실과 혁신 방향
지식의 공공성, 저작권, 오픈 액세스

김명환

학문 생태계가 위협받고 있다

일반 시민들은 학문 생태계의 건강과 오픈 액세스의 절박함이 얼마나 심각한지 피부로 느끼기 어렵다. 이해를 돕기 위해 학문 세계의 심각한 상업화를 보여주는 사례를 들어보자. 최근 몇 년 사이에 나는 학술대회에 초청한다는 명목의 스팸 메일을 부쩍 많이 받고 있다. 아마 주당 평균 한 통 정도는 될 것인데, 많은 대학교수가 그러할 것이다.

가장 최근의 메일 두 가지만 소개하면 첫째, 2021년 8월 21일에 받은 '최근의 혁신적 연구에 관한 제9차 국제 온라인 학술대회(9th Online

International Conference on Recent Innovative Research(ICRIR-2021))'라는 제목의 메일은 말레이시아에서 2021년 8월 28~29일 양일간 열린다고 되어 있다. 불과 1주일여 남은 학회에 논문을 발표하라고 권하는 셈이며, 구체적인 학문 분야를 명시하지 않고 모호하게 '혁신적 연구'에 관한 논문이면 다 받는다고 한다. 2018년에 큰 논란을 부른 '와셋', '오믹스' 등의 가짜 학회 사건이 당장 떠오른다. 아니나 다를까 홈페이지에 들어가면 열대의 멋진 해변 사진이 유혹한다.

그보다 앞서 8월 13일에 온 메일은 『네이처』 편집장과 ESG 및 지속 가능성을 논의하는 『네이처』 최초의 하이브리드 콘퍼런스'라는 제목을 달고 있다. 이 학회는 서울에서 10월 26~28일에 온라인으로 열리는데, "국내외 요청으로 초록 제출 마감이 8월 31일로 한 달 연장되었습니다. 많은 분의 초록 접수를 기대합니다"라고 안내한다. 제대로 된 학회라면 이렇게 무작위로 들어오는 초록을 학회 개최 두 달 전까지 받는 경우는 극히 드물다. 그 유명한 과학 저널 『네이처』에서 정말 이런 학회를 여는가 싶어 직접 문의하고 싶었지만 부질없는 짓 같아 그만두었다.

이 글은 학문 생태계가 여러 가지 이유로 심각한 위협을 받는 상황에서 지식의 공공성, 저작권, 오픈 액세스 문제를 학술 정책 관점에서 살펴보려고 한다. 사실 지식의 공공성이나 저작권을 입에 올리는 순간, 이미 논의는 학술 정책, 고등교육 정책의 영역을 넘어 한 나라의 문화 정책, 지식 정책 전반으로 확대된다. 이처럼 큰 주제를 이 글이 감당하기는 어렵지만, 적어도 지식공유연대의 현안인 오픈 액세스 운동을 중심에 놓되 논의에 필요한 범위에 국한해 관련 쟁점을 다루고자 한다.

주지하다시피 근대 대학의 이념과 얼개가 정립된 이후 200년에 가까운 시간 동안 대학이라는 제도는 비교적 성공적으로 자신의 임무, 즉 지식의 생산과 학문 연구자의 재생산을 수행해왔다. 그러나 지금 국내외를 가릴 것 없이 시장만능주의, 경쟁지상주의가 대학을 지배하면서 대학이 진리 탐구의 본거지라는 인식이 무색해지고 있다. 전통적인 인문주의가 생각하는 대학 본연의 모습, 즉 인간의 인간다움을 연마하는 장으로서의 참모습은 아예 잊히고 있다. 또 디지털정보혁명, 즉 지식과 정보의 전달과 확산이 시공간의 제약을 뛰어넘는 현실이 도래하면서 과거와는 전혀 다른 차원의 도전도 많아졌다. 지식공유연대의 오픈 액세스 운동은 항상 이러한 도전을 염두에 두고 거시적 비전을 가다듬으며 실천해야 시행착오를 피하고 제 길을 갈 수 있다고 본다.

지식의 공공성에 관한 원론적 논의는 이 글의 대상이 아니지만, 서두에서 한 가지는 지적할 필요가 있다. 학문의 자유는 우리 헌법에 보장된 것으로서 그 주체는 상당한 기간의 전문적 수련을 거친 학자/연구자이지만, 그렇다고 해서 일반 시민의 동참을 배제하지는 않는다. 국가와 시장, 시민사회 모두가 공공성의 견지에서 학문 주체의 자율성을 최대한 보장하는 동시에 학문 발전에 공동으로 책임져야 한다. 그래야만 국가와 시장의 학문 지원이 국가주의나 시장주의의 폐해와 함정을 피할 수 있다.

더불어 잊지 말아야 할 것은 현실에서 학문 연구와 고등교육이 정부와 국회의 통제를 아예 벗어나기는 어렵다는 사실이다. 소위 '책무성'의 원칙에 따라 학문 연구와 고등교육에 대해 일정 기간 안에 가시적이고 수치화할 수 있는 성과를 요구하는 정부와 시장의 압력은 엄연한 현실적 조건이다. 국가나 기업 등 주류적 시각의 '공공성'은 (종종 편협하게 이해됨) 국가 경쟁력과 산업 경쟁력에 기여하는 것만을 뜻하며, 학문 연구자인 우리가 생각하는 공공성과 자주 충돌한다. 대학과 학문 사회에 시장 원리를 도입하는 일은 우리가 볼 때 '상업화'이지만 주류적 시각에서는 공공성과 책무성을 강화하는 길이다. 우리는 이러한 압력을 견디면서도 학술 정책이 제 길로 가도록 방향을 잡아야 한다. 하지만 학문 사회가 정치권력과 시민사회를 설득할 깊이 있는 담론, 다양한 방법과 지표 개발이 필요한 것 또한 부인하기 힘들다.

학술 정책의 굴곡진 역사와 당면 과제

대한민국은 1960년대 이래 급속한 경제 성장 과정에서 적어도 과학기술 분야의 학술 정책을 국가 정책으로 강력하게 추진했다. 그 결과 신생 국가로는 매우 드물게 우수한 과학기술 인력이 양성되어 산업화를 이루었다. 1960년대 초에 미국은 자신의 원조를 활용한 한국의 과학기술 인력 양성 계획이 불가능하고 비현실적이라며 반대했지만, 한국은 그러한 부정적 시각을 뚫고 성공을 거두었던 것이다.[1]

학술 정책의 부재와 불균형의 역사

그러나 1948년 정부 수립 이래 지금까지 대한민국에는 종합적인 학술 정책이 부재했다. 국가적 차원의 종합적인 학술 정책을 수립하고 이를 일관되게 집행한 후 그 성과를 검증·평가하고 이에 근거해 다시 새로운 학술 정책을 수립하는 작업, 나라 운영의 정상적이자 필수적인 작업을 제대로 해보지 못했다. 특히 과학기술 분야의 상대적 성공에 비해 인문사회과학 분야에 대한 정부 차원의 종합적이고 장기적인 계획은 불균형하리만치 부재한 채 지금까지 이어져 왔다. 실상 '과학기술'이라는 용어가 암시하듯이 '과학'도 경제 성장과 국가 발전에 도움이 되는 실용적 '기술'을 뒷받침하는 한에서 국가적 관심사가 되었을 뿐이다.[2] 과학기술 분야의 성과에 가려 인문사회과학 분야는 사실상 학술 정책의 부재 상태로 방치되었을 뿐더러, 엄밀히 말하면 기초적인 순수자연과학 또한 내실 있는 학술 정책의 대상이 되지 못했다.

물론 우리 사회의 민주화에 따라 실효성 있는 학술 정책의 수립과 집행의 맹아가 싹튼 것도 사실이며, 한국연구재단의 예산과 규모는 비약적으로 성장했다. 그러나 그것은 절반의 성공이었으며, 주지하다시피 최근 10여 년간 인문사회과학 분야의 문제는 점점 더 악화했다. 2019년 4월 이 문제를 좌시할 수 없다는 여론에 힘입어 정부는 교육부, 과학기술정보통신부, 문화체육관광부의 명의로 '인문사회 학술 생태계 활성화 방안(안)'을 발표했지만, 적어도 현재로서는 큰 전환이 이루어지는 계기가 되지 못했다.

학술 정책의 부재 또는 불균형은 더 이상 방치할 수 없다. 선진국을 따라잡을 때 유효했던 추격형 모델이 시효를 다한 시점에서, 과학과 기술 분야도 추격형 모델을 극복하는 탈추격형의 새 모델을 제대로 세우지 못하고 있는 형편이다. 해마다 되풀이되는 노벨상 타령, 2010년 감사원 감사로도 드러난 '세계 수준 연구 중심 대학(WCU)' 사업의 총체적 부실과 실패 등이 그러한 병적 증상의 두드러진 사례이다.

문재인 정부 역시 학술 정책, 고등교육 정책에 관한 명확한 비전과 계획을 제시하지 못했다. 문재인 정부의 5대 국정 목표와 20대 국정 전략,

100대 국정 과제 등에 학술·학문이 등장하지 않았다는 사실이 안타깝게도 그러한 허점을 적나라하게 드러낸다. 2017년 집권 첫해에 문재인 대통령은 "기초연구에 대한 국가 투자를 임기 내 2배 수준으로 확대하겠다"라고 거듭 약속했다. 실제 과학기술 분야 기초연구비는 2018년과 2019년 모두 크게 증액되었으며, 2022년에 사실상 공약이 달성되었다. 그러나 인문사회 분야는 기초연구비 증액 대상에 사실상 포함되지 못했다. 인문사회 분야 순수 연구비는 2017년 3,064억 원에서 2018년 2,980억 원으로 박근혜 정부 때보다 오히려 더 삭감되었다가 2019년 3,340억 원으로 약간 늘어났다. 하지만 2020년과 2021년은 각각 3,203억 원, 3,226억 원으로 제자리걸음하고 있다.

2019년 4월 정부가 발표한 '인문사회 학술 생태계 활성화 방안'은 이제까지 정부가 해온 인문사회 분야의 각종 연구 지원 사업 등에 관한 정확한 평가나 자기반성이 선행되지 않은 채 내놓은 지원 방안이었다는 점에서 태생적인 한계를 안고 있었다. 정부는 학술 생태계 활성화를 실행하기에 앞서서 이해 당사자를 포함한 광범위한 여론을 수렴해야 하며, 무엇보다도 학술진흥법에서 규정한 학술실태조사를 내실 있게 실행해야 한다. 참고로 학술실태조사에 관해 설명하자면, 이는 2011년 학술진흥법 개정 때 처음 포함되었으며 2015년 말 개정 시에는 "13조(학술실태조사) ① 교육부 장관은 학술 진흥을 위한 정책을 수립·추진하기 위해 분야별 학술 수준 및 동향, 연구자 현황, 학술지 현황, 대학 등의 기관별 연구 성과와 사업비 실적, 사업비 관리 현황 등 학술 활동에 관한 실태조사 및 분석(이하 '학술실태조사'라 한다)을 5년마다 실시하고 그 결과를 공표해야 한다"라고 5년마다 의무 실시를 명문화했다. 이에 따라 관련

통계를 단순히 모은 학술실태조사는 해마다 나오고 있지만, 법 시행 후 6년 차에 접어드는 올해까지 심도 있는 학술실태조사는 없다. 정부는 앞으로 학술 생태계를 위한 사업 계획 과정에서 반드시 학문 사회와 충분한 사전 협의를 통해 심층적이고 다각적인 학술실태조사를 하고 그에 기반한 학술 정책을 수립해야 한다고 본다.

시민적 권리로서 진리 탐구와 학문 사회의 책무

학술 정책은 우리 헌법 제19조에 보장된 '양심의 자유', 제21조 1항의 '언론·출판의 자유'와 '집회·결사의 자유', 제22조 1항의 '모든 국민은 학문과 예술의 자유를 가진다'라는 규정 등에 토대를 둔 정책으로서 진리 탐구의 권리와 자유를 보장하고 증진하기 위한 구체적 실천이다. 원칙적으로 학술 정책의 수혜 대상은 대학 등 제도권 학계에 있는 교수나 연구자만이 아니라 모든 국민이다. 물론 장기간 깊이 있는 학문 연구 경력을 가진 학자의 연구 활동이 베푸는 사회적 기여로 다수 국민이 혜택을 입는 경우가 일반적이다. 하지만 황우석 사건, 삼성 백혈병 사건, 가습기 살균제 사건 등 지난 20여 년 동안의 중대 사건만 돌아봐도 자연과학이든 인문사회과학이든 그것을 일반 시민의 정당한 관심과 통제 밖에 두고 전문가들의 특권적 영역으로 삼는 것이 얼마나 위험한 일인지 쉽게 알 수 있다. 학문과 학술 정책을 시민적 권리의 하나로 인식하는 것이 학문 사회의 개방성과 투명성, 민주성에 결정적으로 중요하다. 그러한 인식이 없다면 학문은 구시대의 개발주의, 국가주의, 성장지상주의, 선진국 추격형 모델에 매몰된 채 주저앉을 수밖에 없다.

학문 사회의 개방성, 투명성, 민주성이 곧장 연구 성과의 탁월성

(excellence)을 자동으로 보장하지는 않는다. 하지만 이런 기본 가치가 밑바닥에 깔리지 않은 여건에서는 장기적으로 뛰어난 학문적 성취가 가능하지 않다. 비정규교수나 미취업박사에 대한 부당한 처우 문제도 이런 시각에서 바라볼 필요가 있다. 또한 학문의 길을 택하는 젊은이가 갈수록 줄어들고 소득 수준과 문화자본이 갖춰지지 못한 계층에서 나오기 힘들어지는 현상도 같은 맥락에서 비판적으로 성찰해야 한다.

학문 사회의 투명성과 민주성을 보장하는 책임은 무엇보다 대학 전임교수 집단에 있다. 이미 기득권 세력화된 전임교수들의 철저한 반성과 자기혁신, 그에 따르는 대폭적인 양보와 자기희생은 시대에 맞는 학술정책 수립의 전제조건이다. 예를 들어, 2018년 탐사보도 매체 『뉴스타파』의 폭로로 사회적 문제가 된 와셋, 오믹스 등 가짜 학회 사건은 일방적으로 양적 기준에 매달리는 실적주의·성과주의에 근거한 연구 평가 체계의 부작용이다. 이러한 학문 행태는 궁극적으로 전임교수 집단의 책임이며, 그만큼 뼈저린 반성과 자기혁신의 과제를 제기한다.

정부 학술 정책을 비판할 때 '학문 사회 대 정부'라는 이분법이 작동하는 경우가 많다. 하지만 실제 정부의 부실하거나 잘못된 학술 정책은 정부 정책을 자문하고 돕는 교수들이 관료층과 함께 만들어낸 것임을 기억해야 한다. 결국 전임교수가 비정규교수, 대학 밖의 독립연구자, 석박사 대학원생과 연대하며 사회적으로 설득력 있는 자기혁신을 보여주어야 비로소 사회 여론 또한 학술 정책의 수립과 학문 연구 지원에 목소리를 보낼 것이다.

고등교육 재정 확충과 국내 대학원의 발전

다른 모든 분야와 마찬가지로 고등교육 또한 투자 없이 성과나 발전을 기대하기 어렵다. 누구나 아는 사실이지만, 지난 2009년부터 13년째 대학 등록금은 동결되어왔음에도 불구하고 고등교육 지원 예산은 제자리를 맴돌았다. 지난 정권들에서 정부의 대학재정지원사업은 하나같이 대학 구조조정을 강제하기 위해 시장주의적인 경쟁 방식으로 실행되어 대학 사회를 왜곡하고 기초학문을 황폐화했다. 결국 현재 정부의 고등교육 지원 규모는 OECD 국가 중 하위권으로 추락했다. 주목할 점은 최근 10여 년간 OECD 상위권 국가들은 현실 변화에 대응하기 위해 고등교육 투자를 꾸준히 늘려온 데 비해 한국은 물가 인상률조차 등록금에 반영하지 못하도록 인위적이고 무리한 정책을 써왔다는 것이다. 그 결과 1인당 학생 교육비로 볼 때 국내 대학생이 국내 초·중등 학생보다 더 낮은 기막힌 지경에 이르렀다.[3] 1990년대와 2000년대에 걸쳐 등록금이 타당한 근거 없이 마구 인상되었으며, 한국의 대학 등록금 부담이 여전히 국제적으로 매우 높은 편에 속하는 것도 사실이다. 하지만 이를 해결하기 위해 정부가 등록금을 동결했다면, 고등교육 투자 확대라는 대안을 마련했어야 옳다.

인공지능과 빅데이터로 상징되는 새로운 산업과 경제의 시대에 이처럼 고등교육 투자가 후퇴하는 상황을 즉각 전면적으로 개선해야 한다. 우리는 인문사회과학 분야에서 특정 지원 사업에 적절한 규모의 재원이 들어가지 않을 때 해당 사업의 실제 진행 과정이 왜곡되어 결국 목표 달성에 역행하는 사례를 너무 많이 겪어왔다. 이제는 정말 합당한 사업이 적절하고 충분한 예산 규모와 함께 가는 시대를 열어야 한다.

이 대목에서 해외, 특히 미국 대학에 박사 양성을 압도적으로 의존하는 우리 학문의 고질적인 구조가 바뀌어야 비로소 제대로 된 학술 정책이 뿌리내린다는 사실을 지적할 필요가 있다. 국내 대학원이 학자를 내실 있게 양성하고 우리 학문을 발전시키는 기관이 되어야 하는 것이다. 해외 대학 못지않게 사회적으로 인정받는 우수 인력 배출은 학문 사회의 학술 활동이 사회 안에 정상적으로 자리 잡아 연구 성과가 학자들만의 폐쇄적인 상아탑 안에 머물지 않고 사회적으로 공유되고 적용되며 검증되는 회로를 만드는 것으로 이어진다. 달리 말해 사회의 공공적 이익과 가치를 위해 자신의 학문 활동을 바치는 학자들이 생계를 걱정하지 않고 사회의 관심과 보호를 받으며 학술 활동을 할 수 있다는 뜻이다. 더불어 소위 '돈이 되지 않는' 기초학문에 우수한 인력이 마음 놓고 자신 있게 투신할 토대를 마련한다는 뜻이다. 허위 학회, 허위 학술지나 약탈적 학술지 등의 고질적 폐해가 자기 점검과 성찰의 문화와 제도가 학문 사회 내부에 부족한 데에서 비롯되는 일임을 기억해야 한다.

박사 일자리와 박사과정 생활장학금

학술 정책의 으뜸가는 목표는 뛰어난 학문 연구자의 양성이다. 특히 기초학문의 경우, 신진 박사 또는 미취업박사가 안정적으로 연구에 집중할 수 있는 일자리를 많이 만들어야 한다. 이는 학령 인구 급감으로 대학의 일자리가 급격하게 줄어드는 현실에서 더욱 절박해지고 있다. 현재 한국연구재단에서 실시하는 '인문사회 학술연구교수' 제도는 과거보다 나아졌지만, 아직 여러모로 태부족하다. 또 박사과정 생활장학금은 이공계에서는 어느 정도 실현되고 있지만, 인문사회계에서는 아직 먼나라 얘기일 뿐이다. 모든 분야에서 미래의 학자가 학업에 전념할 수 있도록 월 150만 원 이상의 생활장학금을 박사과정 기준으로 최소 5년간 지급하는 것을 목표로 삼아야 한다.

다수의 학문 연구자를 국내에서 양성해 국내 대학원이 제 궤도에 오름으로써 해외 대학에 고급 인력 양성을 의존하는 식민지적 구조를 청산하는 과제는 현재 정부 프로그램으로는 달성하기 어렵다. 대학과 학문 사회가 자발적이고 자율적으로 선정하는 연구 어젠다를 중심으로 유기적인 연구 조직을 만들고 여기에 안정적으로 재정을 지원해야 소위 '취로사업'의 오명을 시원하게 넘어설 수 있다. 박사과정 생활장학금 제도 도입 역시 비전과 원칙 있는 대학원 간 연합 운영 및 네트워크화, 입학 정원 조정 등의 어려운 과제를 병행할 때 내실화가 가능하다. 소위 상위권 대학의 이공계 전공 학과(학부), BK 사업단, 서울대의 강의조교 장학금(GSI) 등에서 일부 생활장학금에 해당하는 제도가 정착되거나 시행되고 있지만, 이를 적절한 대학 구조조정 작업과 더불어 학문 분야 전체로 대폭 확대해야 한다.

근본적인 개혁을 통해 학문 연구자가 정부와 사회의 공공적 지원으로 양성된다고 해서 지식 생산의 공공성이 자동으로 확보되는 것은 아니지만, 적어도 그 물적 토대는 마련된다. 달리 말해 학문 연구자가 자신의 피땀으로 이룩한 연구 성과물에 대해 지식재산권을 앞세우지 않고 공공의 이익을 위해 오픈 액세스를 택할 수 있는 길이 열리는 것이다. 최근 코로나19 백신의 특허권 면제가 필요하다는 주장이 좌초하는 과정이 잘 보여주듯이, 지식의 공공성은 때로 인류의 운명을 좌우할 수 있다.

창조 활동의 네 주춧돌

2016년에 세계 작가 조직인 국제펜(PEN International)은 「저작권 선언」을 발표했다. 여기서 "저자의 경제적 독립과 자율성은 표현의 자유에 핵심적이고 다양한 목소리를 장려하며, 다양한 목소리는 민주주의를 육성한다(An author's economic independence and autonomy is central to freedom of expression and encourages a diversity of voice, which in turn fosters democracy)"라는 문장이 선언의 핵심이다. 즉 표현의 자유, 민주주의, 저작권(저자의 경제적 독립과 자율성을 보장하는 권리)은 서로 긴밀한 연관을 맺고 있다. 여기에 글을 읽고 이해하는 능력인 '문해력'을 더한 네 가지는 인간의 창조 활동, 지적 활동의 주춧돌이자 기둥이며, 작가와 출판인의 활동을 뒷받침하는 가장 중요한 요소이다. 이 중에서 문해력에 관해 고개를 갸우뚱할 사람들이 있을 것이다. 하지만 저개발 빈국은 아직 높은 문맹률로 고통받고 있으며, 한글 자모는 읽을 줄 알아도 1년에 교양서적 한 권 읽지 않는 시민이 많은 한국의 낮은 문해력은 국제적인 지표로도 입증되었다. 이 네 주춧돌이 너나없이 중요하지만, 군이 중심 가치를 고르라면 표현의 자유다.[4] 언론인의 관점에서 볼 때 표현의 자유는 '언론의 자유'로, 학자에게는 '학문의 자유'로 구체화한다.

여기서 2016~2017년의 촛불 항쟁을 잠시 뒤돌아보자. 누구나 알고 있듯이, 2016년 10월부터 4개월이 넘는 기간 동안 매주 토요일마다 전국 방방곡곡에서 연인원 1,700만 명이 넘는 촛불 시민이 대통령 탄핵과 대한민국의 헌법과 법률을 지키는 정권 수립을 요구하면서 거리를 누볐다. 이 촛불 항쟁이 외국 언론의 눈에 경이로웠던 까닭은 첫째, 대규모 대중운동임에도 불구하고 폭력 사태나 범죄, 그에 따른 사상자가 없었고, 둘째, 정권을 타도하고 최고 권력자를 자리에서 끌어내리는 살벌한 투쟁이었지만 전 국민이 즐기는 축제 분위기가 지배했기 때문이다. 촛불을 든 수많은 사람이 지적 호기심에 찬 양식 있는 시민, 평소 책을 사랑하는 독자가 아니고서야 그렇게 창의적이고 유쾌한 정치적 행동을 조직할 수 없었을 것이며, 다치는 사람 하나 없는 놀라운 자제력과 질서의식을 보여주기 어려웠을 것이다. 덧붙이자면, '촛불정부'를 자임한 지난 정부를 맹목적으로 지지하며 정당한 사회적 비판과 요구를 외면한 이들은 책을 읽지 않는 사람들임에 틀림없다.

표현의 자유 없이는 민주주의가 있을 수 없고, 표현의 자유가 실질적으로 구현되려면 수준 높은 문해력을 지닌 교양 독자가 많아야 하며, 그런 교양 독자의 지적 요구를 만족시키려면 좋은 저자와 출판사가 활발하게 창조적으로 활동해야 한다. 저작권은 바로 창조적 활동을 보장하는 장치이며, 우리 헌법 제22조 1항이 '저작자·발명가·과학기술자와 예술가의 권리는 법률로써 보호한다'라고 규정하는 배경이기도 하다. 세계 각국의 위정자와 정책 당국은 너무 자주 망각하지만, 저자에게 정당한 보상이 주어지지 않으면 창조 활동은 위축되고 그의 능력은 봉쇄되거나 파괴된다. 저자의 지적 생산물을 구체적인 물적 형태로 고정해 유통하는 역할을 맡은 출판사 역시 정당한 대가를 받지 못하면 기업으로서 시장에서 존립할 수 없으며, 저자를 발굴하고 도움으로써 더 나은 삶을 위한 지식과 정보, 지혜를 독자에게 제공하는 기능을 상실한다.

표현의 자유, 민주주의, 저작권, 문해력은 서로 떼어놓을 수 없이 연결된 네 가지 축이다. 따라서 저작권 및 그와 연결된 출판자의 권리에 대한 관심과 주장이 단지 재산권이나 소유권의 차원이 아니라 인간을 인간답게 만드는 문화의 발전, 민주주의와 표현의 자유를 수호하는 차원의 것임을 항상 기억해야 한다. 그러나 실제로 국내외에서 저작권 보호는 여러 가지 위협에 직면해 있다.

'저작권의 예외와 제한' 확대를 둘러싼 국제적 논의

저작권과 지식의 공공성, 오픈 액세스의 관계를 깊이 이해하기 위해서는 '저작권의 예외와 제한'에 관해 살펴볼 필요가 있다. 어느 나라나 저작권법상에 '저작권의 예외와 제한' 조항을 둔다. 대표적인 것이 학교 교과서다. 좋은 교재를 만드는 데 일일이 저작권자와 출판사의 동의를 얻어야 한다면 사실상 교과서를 제대로 만들 수 없다. 따라서 여기에 예외와 제한을 인정해 별도의 법적 장치와 집중 관리 기구를 두고 저자와 출판사가 일정한 보상금을 받도록 하는 제도가 일반적이다.[5]

그런데 가난한 나라일수록 정치권력은 교과서를 값싸게 공급함으로써 유권자의 지지를 받을 정치적 필요를 강하게 느낀다. 따라서 저작권이 있는 콘텐츠라도 교과서에 사용되면 저작권 행사의 예외와 제한을 폭넓게 인정해 교과서 가격을 낮추는 경향이 있다. 그러나 이런 일이 계속되면 저자와 출판사는 좋은 콘텐츠를 생산할 동기와 경제적 여력을 상실해 악순환의 고리에 빠진다. 결국 피해는 다수의 국민에게 돌아가며, 해당 사회의 교육 수준과 문화 수준은 퇴보한다.

이와 관련한 최근의 국제적 논의는 시사하는 바가 크다. 2017년 11월 26~30일에 스위스 제네바에서 유엔 산하 기구인 세계지식재산권기구(WIPO, World Intellectual Property Organization)의 저작권및저작인접권상설위원회(SCCR, Standing Committee on Copyright and Related Rights) 제37차 회의가 열렸다. 나는 대한출판문화협회의 출판독서정책 연구소장으로서 국제출판협회 대표단의 일원으로 '저작권의 예외와 제한'의 확대 여부를 논의하는 회의 일정에 옵서버 자격으로 참석했다.

회의 참석의 계기는 국제출판협회(IPA)의 요청이었다. 같은 해 10월 초 프랑크푸르트도서전이 열리기 전부터 국제출판협회는 그해 봄에 열린 저작권및저작인접권상설위원회(이하 저작권상설위) 제36차 회의 내용을 설명하면서 곧 열릴 제37차 회의에 한국 출협 대표의 참석을 요청했다. 국제출판협회는 제36차 회의가 채택한 관련 논의의 '실행 계획'에 따라 도서관, 미술관/박물관, 문서고와 교육 출판 분야에서 지식 접근성의 공공적 성격을 고려해 저작권에 대해 예외와 제한을 확대하는 쪽으로 회원국들의 합의가 이루어질 가능성을 우려하고 있었다. 지식 정보 기술의 급속한 발달에 따라 지식 유통과 활용의 매체 및 방식에 엄청난 변화가 불어 닥치는 가운데 이미 오래전부터 세계지식재산권기구(이하 WIPO)가 이 논의를 진행해왔다.

저작권상설위 제37차 회의에 참석하는 과정에서 나는 몇 가지 사실에 내심 놀라지 않을 수 없었다. 첫째, 저작권의 예외와 제한이 확대되면 가장 큰 영향을 받을 출판계가 국제적인 논의에 어두웠으며, 국제출판협회의 요청이 있고서야 관심을 가졌다는 사실이다. 출판계만이 아니라 저작자들과 관련 학계도 관심을 가져야 마땅한 쟁점이지만, 국내의 관심과 준비는 지금도 너무나 부족하다. 한국작가회의, 한국문인협회 등도 이런 국제적 움직임에 별로 관심을 기울이지 않고 있는 것이 현실이다. 둘째, WIPO 주요 회원국으로서 우리 정부가 저작권상설위에 상시 대표단을 파견해왔지만, 관련 논의를 국내의 이해관계자들에게 알리고 의견을 수렴하는 과정이 부족했다는 사실이다. 결국 민간과 정부가 국제 무대에서 제대로 협력해 국내 문화 산업의 이익을 보호하고 발전을 도모하는 활동 모델이 부재한 현실이다. 정부와 시민사회, 관련 학계가 머리를 맞대고 더 나은 활동 방식을 함께 고민할 필요가 절박하다. 실제 제네바의 WIPO에는 특허청과 문화체육관광부에서 과장급 공무원을 상시 파견하지만, 적어도 학술·문화예술과 관련한 사안에 대해 국제적 논의와 국내 논의를 이어주는 역할을 거의 하지 못하고 있다. 셋째, WIPO에서 저작권의 예외와 제한을 확대하는 새로운 국제협약을 추진하는 배후에는 구글 같은 디지털 공룡 기업의 이해관계가 도사리고 있다는 사실이다.

앞서도 말했듯이, 2017년 가을 WIPO의 논의 과정에서 빈국의 대표단일수록 저작권의 예외와 제한 확대에 큰 유혹을 느낄 수밖에 없다는 점은 제37차 회의에서도 역력했다. 그리고 구글과 구글을 대변하는 참가자들은 연대 세력을 만들어 저작권의 예외와 제한 확대를 다수의 의견으로 관철하려 했다. 다행히 이들이 통과시키려고 노력했던 국제협약은 일단 저지되었다. 그렇다고 불씨가 꺼진 것은 결코 아니다.[6] 덧붙이자면, 법 개정으로 저작권의 위축을 초래하는 일은 가난한 나라에서만 일어나지 않는다. 캐나다는 2012년 저작권법 개정을 통해 교육 출판에서 예외와 제한을 폭넓게 확대했고, 그 결과 캐나다 상위 5대 교육 출판사 중 현재는 2개만이 살아남았다고 한다.

더구나 지금은 코로나19의 세계적 대유행 탓에 어느 나라에서나 각급 학교들이 비대면 수업을 많이 한다. 당연히 수업과 교육에 필요한 숱한 콘텐츠들이 과거보다 훨씬 더 심하게 저작권을 무시하며 유통·활용되고 있다. 이것은 비상 상황에서 불가피한 면이 있다. 실제 해외의 큰 대학 출판부는 능동적으로 자신의 전자책을 한시적으로 무료 공개함으로써 고등교육과 학문 연구가 타격받지 않도록 돕겠다는 의지를 실천하기도 했다. 그러나 (실제 대한민국에서 일어나고 있듯이) 이런 일이 저작권 경시로 이어진다면 장기적으로 저자와 그들의 기반인 출판사의 피해는 가늠하기 어렵다. 해외의 유명한 대학 출판부가 전자책 무료 공개를 능동적으로 하는 배경에는 탄탄한 저작권 보호 제도와 문화가 있음을 기억해야 한다.

구글이나 구글이 소유한 유튜브는 소위 '사용자생성콘텐츠(UGC, User-Generated Content)'를 저작권 적용에서 면제하는 것에 강력한 기업적 이해관계를 가진다. 저작권의 예외와 제한 확대 시도는 이와 깊이 연관된 것이 분명하다. 해외에서는 이처럼 숱한 논란이 벌어지고 있지만, 내가 아는 한 이에 관한 심도 있고 전문적인 비판적 분석과 논의는 국내에서 눈에 띄지 않는다.

좀 다른 맥락에서 해외 언론과 미디어는 구글이나 페이스북의 성장으로 심각한 고통을 받고 있다. 기업 광고의 점점 큰 몫이 전통적 언론 매체를 외면하고 구글과 페이스북에 몰린다. 그러나 이들 디지털 공룡 기업들은 전통적인 언론 매체가 애써 생산한 콘텐츠를 별로 힘들이지 않고 활용해 소비자(사용자)를 끌어들인다. 한마디로 콘텐츠를 생산한 주체가 자신의 콘텐츠 때문에 적자를 보며 몰락해가는 아이러니한 형국이다. 우리 출판계도 새로운 책 구독 서비스 등장, 잘못된 전자책 유통 체제 등으로 유사한 피해를 보고 있다. 이 문제는 거시적인 원칙과 미래

비전, 그리고 미시적이고 구체적인 법과 제도, 정책의 양면에서 깊이 고민되고 하루빨리 해법이 마련되어야 한다. 국내외에서 디지털 환경 적응에 난관을 겪고 있는 전통적인 언론 매체의 발전을 위해 시민들에게 미디어 바우처를 지급하는 제도까지 거론되고 있음은 잘 알려진 사실이다.[7]

저작권의 중요성을 강조하는 나의 논조를 두고 디지털정보혁명의 현실에 맞지 않는 낡은 시각이라고 평가할지도 모른다. 그러나 방금 미디어 바우처에 대해 언급했듯이, 나는 시공간의 제약에서 자유로운 무한 복제의 시대에 저작권 보호 방식은 과거와 크게 달라져야 한다고 믿는다. 즉, 일일이 저작권 이용을 허락받든 저작권의 예외와 제한을 법으로 인정받든 전통적 방식이 점점 더 어렵고 무의미해지는 현실에서 저작권 보상 체계를 과거와 전혀 다르게 혁신할 필요가 크다. 더불어 새롭고 적절한 보상 체계에 관한 심도 있는 사회적 논의와 제도적·법적 개혁이 필요하다.

요컨대 저작권의 예외와 제한은 과거부터 존재해온 꼭 필요한 제도이지만, 그것이 오픈 액세스나 오픈 사이언스의 대의와 아무런 모순이나 충돌 없이 양립한다고 본다면 큰 착오이다. 지금까지 살펴봤듯이, WIPO라는 논의의 장에서 저작권의 예외와 제한을 확대하려는 움직임은 오히려 글로벌 디지털 플랫폼 기업의 사적 이익 추구와 깊이 연루되어 있으며, 창조 활동을 보장하는 저작권 보호를 내팽개침으로써 문화의 다양성과 활력을 고사시킬 위험이 명백하다. 한마디로 오픈 액세스의 대의와는 정면으로 대립한다고 봐도 좋다. 우리는 지식의 공공성과 저작권의 관계에 대해 결코 일면적인 인식에 빠져서는 곤란하며 구체적 현실에 뿌리내린 입체적 비전을 가져야 한다.

국내 도서관법과 국회도서관법의 연구자 저작권 침해

국내 학술 정보 업체들이 국내 학회들과 전자저널 서비스 계약을 맺으면서 불공정한 조항을 넣는 문제는 잘 알려져 있다. 그만큼 연구자들의 저작권 보호가 미흡한 형편이며, 연구자와 학회도 저작권에 관한 인식이 부족하다. 그런데 도서관법과 국회도서관법에도 연구자의 학문 생산물의 저작권에 관한 우리의 사회적 인식 결여가 잘 드러난다. 연구자라면 누구나 자신의 석·박사학위 논문 인쇄본을 소속 대학의 도서관에 제출하면서 국립중앙도서관과 국회도서관 납본용의 인쇄본을 제출해 본 경험이 있다. 그런데 2016년에 도서관법과 국회도서관법이 개정되어 학위 논문의 전자 파일 납본도 의무화되어 있음을 아는 연구자는 드물다. 서울대는 학위 논문의 전자 파일은 저작자인 학위 소지자의 동의 여부를 묻고 동의한 경우에만 국립중앙도서관과 국회도서관에 보낸다. 그 이유는 인쇄본과 달리 무한 복제가 가능한 전자 파일은 저작권을 침해할 위험성이 커서 저작권자의 동의 없이는 타 기관에 보낼 수 없다고 판단하기 때문이다. 그러나 도서관법과 국회도서관법의 관련 조항은 사실상 저작권법과 상충한다. 더구나 이처럼 중대한 문제가 사회적 공론화나 공청회도 없이 하루아침에 법 개정으로 강제되었다는 것이 우리의 빈약한 저작권 보호의 실태를 고스란히 드러낸다.[8]

우리의 관련 법 체계는 지식의 공공성과 연구자의 저작권이라는 관점에서 볼 때 아직 기본적인 정비가 필요할 뿐더러 디지털 시대의 현실에 어울리는 고민을 더 담아내야 한다. 이와 관련해 2021년 4월 국회를 통과한 '국가지식정보 연계 및 활용 촉진에 관한 법률'(소위 '디지털집현전법'), 2021년부터 시행되고 있지만 인문사회 분야에 맞지 않는 조항들로 말미암아 갖가지 갈등을 일으키고 있는 '국가연구개발혁신법' 등도 꼼꼼한 검토와 개정 작업이 필요하다. 또한 현재 국회에 상정된 '저작권법 전부개정안'에 대한 이해 당사자들의 충분한 사회적 논의도 절실하다.

오픈 액세스 운동의 당면 과제

연구자의 권익을 보호하는 동시에 지식의 공공성을 지키고 실현하기 위한 운동이 오픈 액세스 운동이다. 이를 국내에서 실천하기 위한 당면 과제는 무엇일까?[9]

오픈 액세스 선언과 오픈 액세스 정책 명문화

무엇보다도 각 대학이 오픈 액세스 운동 동참을 선언하고 가능한 선에서 오픈 액세스 정책을 명문화하며, 한국연구재단 등 연구 지원 기관(funders)도 보조를 같이해야 한다. 아직 사회적 인식은 물론이고 학문 사회 내의 폭넓은 공감대도 부족한 상황에서 당장 강제력을 가지는 오픈 액세스 정책을 명문화하기는 어렵다. 기본 원칙과 함께 향후 일정을 제시하는 수준이 현실적이라고 본다. 그러나 오픈 액세스의 방향으로 갈 것임을 선언하는 일은 조속히 진전을 이뤄야 할 과제이며, 이를 위해 코로나19 대유행이라는 어려운 조건에서도 다양한 형태의 의사소통과 논의가 학문사회 안에서 이뤄져야 한다.

오픈 액세스 관련 정부 예산 증액: 국내 학술지 출판비 지원을 중심으로

이미 국내 학술지를 대상으로 오픈 액세스를 하기 위한 시뮬레이션 연구도 나와 있는 상황에서 2021년 8월 중순 정부 예산안 확정까지 노력해 국내 학술지 출판비 지원을 통한 오픈 액세스 지원 예산을 확보해야 한다. 2021년 6월 17일의 '국가 오픈 액세스 정책 포럼 2021'에서도 공감대가 이루어졌듯이, 일단 연 100~200억 원 이상의 예산 확보를 통해 이미 오픈 액세스 선언을 통해 준비가 이루어진 학술지부터 단계적으로 국내 학술지의 변화를 추구해야 한다.

RISS 등 공공 플랫폼의 개선

해외에서도 오픈 액세스의 플랫폼에 대해 민간 상업출판사의 플랫폼과 공공 플랫폼 중에서 어느 쪽을 택하는 것이 효율적이냐에 대해 논의가 계속되고 있다. 그러나 민간 학술 정보 업체가 오픈 액세스를 받아들일 유인이 거의 없는 국내의 현황에서는 RISS, KOAR 등의 공공 시스템을 연구자나 학회가 사용하기에 편리하고 효율적으로 개선하는 것이 급선무이다. 공공 플랫폼이 학문의 자유와 자율성에 부정적 영향을 끼칠 가능성에 관한 염려가 없는 것은 아니지만, 국내의 현실에 비춰 오픈 액세스 초기 단계에서 공공 플랫폼의 역할은 결정적일 것이다. 더불어 JAMS의 전면 개선, 새로운 논문 투고 관리 및 출판 시스템(전주기출판시스템)이 공공의 투자를 통해 제공되어야 한다.

해외 전자저널 구독 협상 개선

현재 대학도서관들은 두 가지 컨소시엄을 구성해 해외 전자저널 출판사들과 협상하고 있다. 하나는 대교협(KCUE)을 통한 KCUE 컨소시엄이며, 또 하나는 교육부의 대학 라이선스 사업을 위한 컨소시엄이다. 그중에서 전자의 컨소시엄이 2022년 하반기에 본격화될 구독 협상에서 해외 전자저널 구독료의 동결을 요구하는 것이 필요하다. 그 주된 이유는 무엇보다도 (해외에서 나온 분석에 따를 때) 해외 거대 출판사들의 수익률은 40~45%에 이를 정도라서 '부당한 이득'을 취하고 있다고 봐야 하기 때문이다.[10] 동시에 오픈 액세스 전환계약을 위한 준비를 시작해야 한다. 이런 전략을 택하는 이유는 기존의 높은 구독료를 그대로 두고 오픈 액세스 전환계약을 하는 것은 기존의 구독 계약과 다를 바가 없어 공정한 계약이 되기 어렵기 때문이다.

교육부의 외국학술지지원사업, 대학라이선스사업 재검토

국내 대학도서관과 유관 기관이 오픈 액세스 정책을 채택하면, 현재 고가의 구독료를 해결하는 보완책으로 도입된 이 두 가지 사업에 대한 재검토는 불가피하다. 전자의 외국학술지지원사업(연 30여억 원)은 인쇄본 해외 학술지를 분야별(가령 고려대: 인문학, 서울대: 자연과학 등)로 나눠 10개 대학에 평균 3억 원을 지원해 구독하게 하고 이를 상호대차를 통해 타 대학과 대학 밖의 연구자들에게 제공하는 것이다. 후자의 대학라이선스사업(2021년 175억 원)은 주요 해외 전자저널에 협상을 통해 지원금을 주고 각 대학도서관에 해당 저널을 무료나 할인된 구독료로 공급하게 하는 것이다. 이 대학라이선스사업의 협상 조건에는 매일 오후 5시부터 다음 날 아침 9시까지 해당 저널을 오픈 액세스로 공개함으로써 소규모 대학이나 연구소, 개인 연구자에게 혜택을 주게 되어 있었다. 그러나 엘스비어의 SCOPUS 등이 2019년부터 이런 협상 조건을 거부하며 협상 테이블에 앉기를 거절함으로써 사업의 취지가 흔들렸다. 엘스비어는 2021년에 다시 협상에 임해 2022년도 계약이 타결되었지만 불씨는 여전하다.

우리 학문 사회의 연구자들 대다수가 바라는 학술지의 오픈 액세스 실현은 단지 국내 문제가 아니라 세계적인 문제로서 최근 북미와 유럽에서는 20여 년 이상의 노력 끝에 의미 있는 결실을 낳고 있다. 우리도 국제적인 흐름에 뒤처지지 않도록 학문 사회 내의 공론화와 사회적 지지 확보를 서둘러야 마땅하다.

지식 공유와
한국의 학술 및 교수·연구자 운동

박배균

새로운 변화

최근 들어 지식 공유가 한국뿐 아니라 전 세계 연구자의 중요한 관심사로 등장하고 있다. 이는 지식의 상품화가 급진전해 일반 시민뿐 아니라 지식의 직접 생산자인 연구자마저도 자신이 생산한 지식의 이용을 제한받는 모순적 상황에 기인한다. 한국은 디비피아로 대표되는 상용 DB 업체들이 학술지 DB의 구독료를 급격히 인상하면서, 이를 구독해 대학 구성원에게 제공하던 대학도서관들이 재정적 부담 증가로 인해 일부 상용 DB의 구독을 원활히 진행하지 못해 학술지 접근이 제약당하는 사례가 있었다. 그러면서 지식의 직접 생산자인 연구자가 상용 DB 업체들의 횡포에 분노하면서 지식 공유의 필요성을 절감하기 시작했다. 학술지 논문을 생산한 연구자가 그 학술지의 유통을 담당하고 있을 뿐인 상용 DB 업체들의 이윤 추구 횡포에 의해 자신이 생산한 논문으로부터 소외되는 현실이 과연 정당한가라는 문제 제기가 표출되기 시작한 것이다. 지난 2019년 8월 학술지의 오픈 액세스를 주장하면서 지식공유연대가 발족한 것도 이러한 상황과 관련된다.

　지식공유운동은 학자와 연구자가 주도하는 새로운 방식의 사회운동혹은 학술 운동으로서 많은 관심을 받고 있다. 그런데 지식공유운동이 한국 사회에서 과연 학술 운동 혹은 교수·연구자 운동의 새로운 장을 열 수 있을까? 민주평등사회를위한전국교수연구자협의회(이하 민교협)나 학술단체협의회(이하 학단협) 같은 교수·연구자 중심의 사회·학술 운동 단체가 존재할 정도로 한국은 다른 나라에 비해 교수·연구자의 사회운동 참여 정도가 높은 편이다. 특히 1980년대 민주화운동과 1990년대 시민운동의 발전에서 교수·연구자가 중심이 되어 전개한 지식인 운동과 학술 운동의 역할과 기여는 지대했다. 하지만 2000년대 이후 한국 사회에서 전통적 의미의 학술 운동 혹은 교수·연구자 운동의 위상과 영향력은 급격히 약화했고, 다양한 새로운 변화를 위한 시도들이 이루어지고 있다. 최근 등장한 지식공유운동은 이러한 맥락을 가진 한국 사회의 학술 운동 혹은 교수·연구자 운동과 어떻게 연결되고 어떻게 다른가? 이러한 문제의식을 바탕으로 이 글은 최근 등장한 지식공유운동을 한국 사회의 교수·연구자 운동의 역사적 발전과 변천의 맥락 속에서 위치 지워보려는 시도이다. 지식공유운동이 단순한 학술지 논문의 개방된 접근권을 요구하는 운동을 넘어, 한국 사회의 긍정적 발전에 기여하는 학술·연구자 운동으로 자리 잡기 위해 어떠한 노력이 필요한지 살펴볼 것이다.

학술·연구자 운동의 성장과 침체, 그리고 새로운 가능성의 모색

한국의 학술·연구자 운동은 1980년대 사회 전반의 민주화운동과 민중운동의 분위기 속에서 등장했다. 그래서 초창기 학술 운동은 변혁운동으로서의 학술 운동이라는 특성을 보인다.[1] 이 당시 한국의 사회운동은 한국 사회의 근본적 모순 구조를 혁파하고자 하는 변혁운동의 특성을 보이고 있었다. 그에 영향받아 학술 운동은 "과학의 운동화"[2]를 지향하며, 사회 변혁을 위한 논리적·이론적 체계를 수립하는 데 긍정적으로 기여하는 것을 목표로 했다.[3] 이런 분위기 속에서 1980년대 중반 이후 역사문제연구소(1986), 한국사회경제학회(1987), 한국정치연구회(1987), 여성사연구회(1987), 한국공간환경연구회(1988), 한국역사연구회(1988), 한국철학사상연구회(1989) 등과 같은 다양한 진보적 성향의 학술 단체가 설립되었다. 그리고 이들 학술 단체의 연합으로 학술단체협의회(학단협)가 1988년에 설립되었다. 또한 민주화를위한전국교수협의회(민교협)와 같은 한국 사회의 민주적 변화를 지향하는 교수 조직도 1988년에 출범했다. 이 단체들은 초창기에 변혁운동에 복무하는 학술 단체 혹은 교수 조직의 성격을 강하게 띠고 있었다.[4] 이 단체에 참가한 교수·연구자 혹은 지식인은 고통받는 민중의 현실을 변혁하기 위한 활동에 복무한다는 '참여의식'을 지니고 있었다.

1990년대 초 사회주의권이 몰락하고 소위 '91년 5월 투쟁'의 패배 등과 같은 상황 속에서 변혁운동 지향의 초창기 학술 운동은 급격히 약화했다.[5] 그와 함께 기존 변혁운동의 논리를 넘어서는 새로움에 대한 다양한 고민과 모색이 시도되었다. 동시에 제도적 민주주의의 확장에 기반한 한국 시민사회의 성장이란 배경에서 한국의 학술·연구자 운동은 새로운 방향으로 전환했다.[6] 특히 사회주의의 몰락과 국내 변혁운동의 퇴조 경향 속에서 비판적 학술 연구자들은 마르크스주의나 저항적 민족주의 같은 기존 변혁운동의 이론적 논의를 벗어나 프랑스 현대철학, 탈식민주의, 유럽 페미니즘 이론, 생태주의 등과 같은 다양한 포스트주의적 급진주의 이론으로 연구를 확장했다. 사회운동 측면에서도 신사회운동, 문화정치, 소수자 운동 등으로 관심이 옮겨갔다.[7] 이와 더불어 많은 학술 연구자가 추상화된 이론에 기반해 전체 사회의 총체성을 보편적으로 설명하려는 경향과 거리를 두고, 시민사회의 다양하고 구체적인 요구의 정치에 부응해 구체적인 정책 생산에 더 큰 비중을 두기 시작했다.[8]

1990년대의 이러한 변화와 새로운 모색에도 불구하고, 2000년대 초반까지 한국의 학술·연구자 운동 세력은 여전히 학술 운동을 국가와 사회의 긍정적 변화와 발전에 이론적 혹은 학문적으로 기여하기 위한 지식인 운동으로 바라보는 경향이 강했다. 하지만 2000년대 중반 이후 이러한 방식의 학술·연구자 운동은 점차 한계에 직면하면서 전통적 연구자 조직들이 급격히 쇠퇴하기 시작했다. 1998년 학술진흥재단(이하 학진)의 학술지 평가 사업, 1999년 두뇌한국(BK)21 사업이 시작되면서 소위 '학진 체제'가 자리 잡았다. 그리고 그 영향으로 진보적 학술연합체인 학술단체협의회 소속의 학술 단체들은 급격히 주류화되면서 진보적 실천성을 상실하기 시작했다. 또한 대학이 변화하고 위기에 빠지면서 지식인의 사회 참여가 급격히 위축되었다. 특히 민주화 이후 교수들의 사회 참여 동기와 의식이 약화했다. 그뿐만 아니라 대학 구조 개혁, 법인화 등과 같은 신자유주의적 대학 정책으로 인해 교수·연구자들의 연구 실적 경쟁이 치열해지면서, 교수들이 지식인 운동에 참여를 꺼리는 분위기가 더욱 확산되었다.[9] 그러면서 민교협, 학단협 등과 같은 초창기에 설립된 교수·연구자 조직들의 활동력은 급격히 약화할 수밖에 없었다.

교수·연구자 운동은 다양한 방향으로 진화해 나갔다. 특히 2000년대 이후 한국 사회에서 신자유주의적 변화가 보편화되고, 그 영향으로 대학의 기업화, 학문 지식의 상업화가 강화된 상황에 대응하기 위한 교수·연구자의 다양한 시도들이 이루어졌다. 일부는 교수노조, 강사노조와 같은 당사자 조직을 결성해 사회 전체의 노동자 운동 발전에 일익을 담당할 뿐만 아니라, 연구자 자신의 노동 조건 개선에 주력하는 운동을 조직했다. 이와 더불어 대학 제도를 거부하는 독립적·자율적인 연구 공동체나 대중 강좌 공간 중심의 학술 운동이 전개되었다.[10]

이는 학문 및 교육 기관으로서의 근대성을 제대로 확립하지 못했던 한국의 부실한 대학들이 2000년대 이후 신자유주의적 변화에 더욱 황폐해지면서 더 이상 대학이 학문의 장이 될 수 없게 된 상황에서 연구자들의 자조적인 반응이자 적극적 생존 전략이었다. 한쪽에서는 노동조합을 조직해 대학 내 교수·연구자의 생존권을 지키려고 노력했고, 다른 한쪽에서는 대학의 신자유주의화에 따른 지식 상품화로 대학 내에서 생계를 꾸리기 힘들 것이란 우려 속에 대학 밖에서 자율적 학문 공동체를 만들려고 시도했다. 즉, 이제 비판적 연구자들은 더 이상 고통받는 민중을 '위해' 혹은 그들과 '연대'하는 실천적 지식인이 아니라, 스스로 노동자 혹은 민중이라 인식하면서 자신의 생존과 생활을 위한 물적 기반을 만들기 위한 노력을 시작한 것이다.[11] 이처럼 교수·연구자가 자신의 생존권과 학문적 기반을 스스로 지키고 구축하려는 활동이 2000년대 이후 교수·연구자 운동의 새로운 특징이었다.[12]

최근 들어 이러한 2000년대 학술 운동과 비슷한 듯하면서도 다른, 새로운 학술·연구자 운동이 출현하고 있다. 지식공유운동을 표방하며 학술지의 오픈 액세스를 구체적으로 요구하는 지식공유연대가 2019년에 출범했고, 신자유주의적 지식 생산 체제를 넘어서는 대안적 지식 커먼즈와 연구자들의 안정적 연구 활동을 가능케 하는 연구 안전망 구축과 연구자 권리 향상을 지향하는 '연구자의집'이 2020년 조직되었다. 이러한 분위기는 전통적 교수·연구자 조직이었던 민교협에도 영향을 주었다. 2019년 민교협은 민주화를위한전국교수협의회에서 민주평등사회를위한전국교수연구자협의회로 명칭을 바꾸면서 정규직 교수만을 회원으로 받던 관행을 벗어나 비정규직 연구자도 회원으로 받도록 규정을 바꾸었다.[13] 2020년에는 '민교협 2.0' 선언을 통해 전통적 교수·연구자 운동의 틀을 벗어나 최근 변화하는 대학과 학문 생태계의 현실을 반영하는 새로운 교수·연구자 운동으로 거듭나겠다고 천명했다.

이렇게 새롭게 등장하는 학술·연구자 운동은 한국 사회의 긍정적 변화와 발전에 어떻게 기여할 수 있을까? 사실 2000년대 이후 등장한 새로운 학술·연구자 운동이 자칫 연구자들의 자구적 생존과 연구 활동의 재생산을 위한 실천에 매몰되어 학술·연구자 운동이 지녀야 할 사회적 공공성이 약화할 가능성이 있다는 우려가 제기되기도 했다. 물론 대학의 위기로 인해 학문 생태계 자체가 무너져 연구자의 생존권이 위협받는 상황에서 교수·연구자가 자신의 활동 기반을 만들려는 행위는 자율적 학술 공동체의 지속가능성과 재생산을 위해 매우 중요하고 의미 있는 활동이다. 하지만 그러한 연구자의 자구적 노력이 더욱 큰 사회적 공공성의 가치로 연결되지 않으면, 학술·연구자 운동에 대한 사회적 인정과 지지를 충분히 얻지 못해 지속가능성에서 한계에 직면할 가능성이 크다. 이런 측면에서 새롭게 등장하고 있는 최근의 학술·연구자 운동은 어떠한 공공적 가치를 지향하는지, 어떻게 사회 전체의 긍정적 발전에 기여하는지 이해하는 것은 매우 중요하다. 다음 장에서 지식공유운동을 사례로 이에 대해 좀 더 자세히 알아보려 한다.

학술·연구자 운동으로서 지식공유운동의 의의와 가능성

지식공유운동에 관한 사회적 관심이 증가하고 있지만, 과연 이 운동이 민교협, 학단협 등으로 대변되는 한국 사회의 전통적 학술·연구자 운동의 한계를 극복하고 새로이 연구자 대중의 지지를 얻으며, 한국 사회의 대안적 학술·연구자 운동으로서 지적·이데올로기적 리더십을 획득할 수 있을까? 이와 관련해 다음의 질문에 답하는 것이 중요하다. 지식공유운동은 학술·연구자 운동으로서 어떠한 가능성과 한계를 지니는가? 나아가 지식공유운동이 한국 사회에서 유의미한 학술·연구자 운동으로 자리 잡기 위해서는 어떠한 공적 가치를 지향해야 하는가?

지식 공유 활동의 공적 가치에 관해서는 박서현의 논의가 순거섬이

된다.[14] 박서현은 지식 공유 활동의 공적 가치를 학술 지식이 지니는 두 가지 공적 성격을 기반으로 설명한다. 첫째는 학술 지식이 연구자의 공동 노력으로 만들어지는 공동자원이므로 학술 지식을 공유하려는 활동은 공적 가치를 지닌다는 것이다. 박서현에 따르면, 학술 지식은 연구자의 사회적 협동의 산물이다.[15] 즉 학술 지식은 연구자 공동체 내부에서 이루어진 기존의 논의를 소화하고, 그것에 덧붙여 한 발자국 더 나아간 논의를 제시하는 등 연구자 공동체에 기여하는 부분이 있어야만 학문적 가치를 인정받는다. 따라서 학술 지식은 일종의 커먼즈로서의 공동자원이다. 학술 지식은 일종의 공동자원이라 할 수 있는 기존의 지식에 기반한 새로운 연구를 통해 이 공통의 부에 새로운 무언가를 추가해 만들어진 것이기 때문이다. 이러한 학술 지식의 공동 생산의 성격, 그리고 그로부터 발생하는 학술 지식의 커먼즈적 성격이 학술 지식을 공유하려는 활동을 공적인 것으로 만드는 일차적 이유다.

박서현이 주목하는 학술 지식의 두 번째 공적 성격은, 그것이 열린 공공성을 가진 공공재라는 점이다.[16] 박서현에 따르면 학술 지식은 확장·심화하는 공통의 부로서 학술 지식의 기본적 가치는 기존의 공통부에 무언가를 추가해 그것을 확장하고 심화하는 역할을 한다는 점에 있다.[17] 여기서 학술 지식이 추가하는 내용이 무엇인가가 중요하다. 이와 관련해 박서현은 학술 지식의 성찰적 성격을 문제시하면서 "학술 지식의 가치는 그것이 우리 사회의 건강한 성장을 위해 인간과 사회, 자연과 예술 등에 대한 기존의 관념을 문제시하고 이를 통해 연구자 자신과 다른 연구자들이 상기의 영역들의 제반 지식을 다르게 보게 하고, 다르게 생각하게 한다"[18]라는 점을 지적한다. 즉, 학술 지식은 우리가 익숙하게 받아들여 온 기존의 관념에 대한 비판과 성찰을 가능하게 하는 "열린 공공성을 지닌 공공재"라는 것이다.

학술 지식의 이러한 두 가지 공적 가치는 서로 연결되어 있다. 박서현에 따르면, 학술 지식의 두 번째 공공성은 첫 번째의 학술 지식이 지닌 공동체적 성격에 기인한다.[19] 사회적 협력의 산물이라는 학술 지식의 공동체적 성격은 그 공동체성의 결과로서 만들어진 학술 지식이 개인의 사적 관심을 넘어 궁극적으로 우리 사회 전체의 건강한 성장과 발전에 기여하고자 하므로 공적인 성격을 지니기도 한다. 즉, 학술 지식의 공공성은 공(公)-사(私)의 이분법적 관계에서만 이해되어서는 안 되고, 공(公)-사(私)-공(共)의 삼각 변증법적 관계에서 형성되는 것으로 이해되어야 한다. 이런 측면에서 학술 지식의 공공성을 강화하기 위해 특히 중요한 것은 연구자들의 비판적 의견이 자유롭고 활발하게 소통되는 학술적 공론장의 존재라 할 수 있다.[20] 따라서 연구자들의 공론장을 강화하는 것은 곧 연구자들의 사회적 협동을 활성화하는 것이며, 이를 통해 학술 지식의 공공성을 강화할 수 있다. 이러한 논거를 바탕으로 박서현은 지식공유운동의 하나로 추진되고 있는 오픈 액세스 실천 운동을 연구자 공론장의 활성화를 위해 실질적 토대를 놓는 방법으로 설정한다.[21] 오픈 액세스를 통해 연구자들의 사회적 협력이 강화되어 궁극적으로 동료 연구자와 시민이 다른 봄과 다른 생각을 하게 하는 학술 지식의 사회적 공공성을 강화할 수 있다고 강조한다.[22] 또한 박서현은 현시기 학술 운동의 중요 과제는 연구자들의 공론장을 활성화하기 위해 연구자들을 아우르는 공동체를 만드는 것이라고 말한다. 이러한 연구자 내부의 변화를 통해 사회 전체의 변화를 추동하는 내부에서 외부로 향하는 운동의 전략이 필요하다고 주장한다.[23] 그러면서 박서현은 지식공유운동이 학술·연구자 운동으로 자리 잡기 위해 무엇이 필요한지 매우 명확하게 지적한다.[24] 그에 따르면, 지식공유운동은 단지 학술지의 오픈 액세스를 통해 학술지 논문의 직접 생산자인 연구자가 상용 DB 업체들에 의해 빼앗긴 논문에 대한 권리를 되찾아오자는 차원의 운동에 그쳐서는 안 된다. 한발 더 나아가 연구자들의 공론장을 활성화해 학술 지식 생산의 공동체성을 강화하고, 이를 바탕으로 사회 전체의 긍정적 발전과 변화를 추동하는 공공성을 지닌 학술 지식 생산의 토대가 될 수 있을 인문사회 분야 학술 생태계를 만드는 데 기여하는 학술·연구자 운동이 되어야 한다.[25] 이는 지식공유운동을 사회운동의 관점에서 바라보는 데 매우 중요한 이론적 준거점이며, 향후 지식공유운동의 방향성을 설정하는 데 핵심적 판단의 근거가 될 것이다.

지식공유운동이 사회 전체의 긍정적 발전에 기여하는 학술·연구자 운동으로 자리 잡기 위해서는 이러한 박서현의 논의에 덧붙여 한 가지를 더 추가할 필요가 있다. 그것은 학술 지식이라는 공동자원의 지속적인 생산을 위해 필요한 토대를 구축하는 일이다. 특히 학술 지식은 아무리 연구자들이 사회적 협력으로 공동 생산한다고 하더라도, 궁극적으론 개별 연구자의 노동으로 생산될 수밖에 없다. 이러한 연구 노동, 그리고 그를 담당하는 연구자들을 어떻게 지속적으로 재생산해 학술 지식의 커먼즈적 성격을 유지·확산하는 데 도움을 줄 것인지에 관한 고민이 필요하다. 그와 관련해 박서현도 공공성을 지닌 학술 지식 생산의 토대가 되는 학문 생태계를 만들기 위해서는 학문후속세대의 지속적 재생산을 가능하게 해주는 연구 안전망의 구축이 필수라고 지적한다.[26] 하지만 연구자들의 지속가능한 재생산은 연구 안전망의 구축만으로 이루어지지 않는다. 연구 노동에 대한 정당한 보상 체계가 만들어져야 비로소 완성된다.

학술 연구자의 지적 노동에 대한 정당한 보상은 학술 지식의 안정적 재생산을 위한 기본 조건이다. 김명환은 창작자와 "저자에게 정당한 보상이 주어지지 않으면 그의 창조 활동은 위축되고 그의 능력은 봉쇄되거나 파괴"[27] 될 것이라면서, 창작 활동과 지식 노동에 주어지는 저작권을 창조적 활동을 보장하는 장치로 바라본다. 따라서 사회적 공공성을 지닌 학술 지식의 지속적 생산은 연구자들의 공동체적 협력을 지원하는 공론장을 구성하는 것으로 촉진되겠지만, 연구 노동에 대한 정당한 보상 체계를 구축하는 것이 필수적이다. 하지만 이 보상 방법이 어떻게 되는가에 따라 지식 공유에 도움이 될 수도 있고 지식 공유를 저해할 수도 있다. 이러한 논의를 심화시키기 위해 한 가지 예를 들어보자. 소설가, 시인, 작곡가 등 예술가들은 자신의 예술 노동을 통해 작품을 생산한다. 이 예술 작품들도 학술 지식과 마찬가지로 사회적 협력의 산물인 경우가 많다. 그런데 노동에 대한 보상을 받는 방식에 있어서 연구자와 예술가 사이에 차이가 있다. 예술가들은 노동의 결과물인 예술 작품에 대해 저작권과 같은 방식으로 즉각적인 금전적 보상을 받는 것이 통상적이다. 하지만 연구자들은 논문을 학술지에 투고했다고 해서 저작권료와 같은 즉각적인 금전적 보상을 기대하지 않는다.

왜 이런 차이가 존재할까? 이는 예술가보다 학술 연구자가 대학이란 사회화된 시스템에 더욱 깊숙이 결합해 있기 때문이다. 즉, 연구자는 예술가와 달리 자신의 연구 노동에 대해 저작권료와 같은 즉각적인 보상이 없다 하더라도 학술지에 논문을 게재함으로써 연구자 공동체에서 학자로서 자질과 능력을 인정받는다. 곧 대학과 같은 제도화된 기관에서 일자리를 잡는 데 도움을 주는 장기적이고 사회화된 보상 체계 속에 존재하고 있으므로 즉각적인 보상을 요구할 필요가 없는 것이다. 만약 학술 지식 생산에 대해서도 예술 작품에서와 같이 즉각적인 보상 요구가 일반화된 형태로 존재한다면 학술지 논문의 오픈 액세스는 힘들 가능성이 크다. 결국 학술 지식이라는 공동자원의 개방적 공유를 확산함으로써 연구자 공동체의 지속적 유지·발전에 기여하고 연구 활동의 사회적 공공성을 높이기 위해서는 연구 노동에 관한 더욱 사회화되고 공적인 보상 체계를 구축할 필요가 있는 것이다.

따라서 지식공유운동이 우리 사회의 긍정적 발전에 기여하는 학술·연구자 운동으로 자리 잡기 위해서는 박서현이 제안하는 지식의 개방적 공유를 가능하게 해서 연구자들의 공론장을 활성화해야 한다. 이를 기반으로 성찰적 학술 지식의 생산을 활성화해 사회 전체의 긍정적 발전과 변화를 추동하도록 하는 것에만 머무르지 말고, 한 걸음 더 나아가 연구 노동의 보상 체계가 더욱 사회화되고 공공성이 강화된 방식으로 구성·유지되도록 만드는 일에 나서야 한다. 이를 위해서는 대학과 학술 생태계의 제대로 된 작동이 중요하다. 하지만 사회 전체적인 신자유주의화에 따른 대학의 기업화와 학문의 상품화로 대학과 학술 생태계가 급격히 왜곡되고 무너지면서 대학을 중심으로 형성되었던 연구 노동에 대한 사회화된 보상 체계 자체도 점차 흔들리고 있다. 특히 인문사회과학 계열의 많은 연구자가 열심히 연구해서 새로운 학술 지식을 만들고 학술지에 논문을 싣지만, 대학에서 안정적인 정규직 교수로 자리 잡는 사례는 극소수에 불과하다. 이제 즉각적인 경제적 보상이 없더라도 학술지에 논문을 출판함으로써 장기적으로 보상받을 수 있다고 기대하는 연구자가 점차 줄어들고 있다. 궁극적으로 학술 지식 생산의 공동체적 기반 자체를 붕괴시키는 결과를 초래할 가능성이 큰 것이다. 따라서 지식공유운동은 학술 논문의 오픈 액세스와 지식의 개방적 공유라는 이슈에만 제한적으로 매달려선 안 된다. 연구 노동에 대한 보상 체계를 더욱 공적인 방식으로 사회화할 수 있도록 신자유주의화한 대학의 개혁과 왜곡된 학문 생태계를 되살리는 일에도 나서야 한다.

　그런데 여러 상황을 객관적으로 보았을 때, 대학 개혁 운동이 당장 구체적인 결과를 내서 연구 노동에 대한 공공적 보상 체계가 대학을 중심으로 제대로 작동할 것이라 기대하기 힘들다. 그렇다면 대학에 의존하지 않고 학술 지식을 공유자원화하는 데 필요한 사회화된 공공적 보상 체계를 만들어 낼 수는 없을까? 이와 관련해 장훈교, 조희연이 제안한 '공통자원 기반 연대 생산(commons-based peer production)' 개념에 기반을 둔 연구자 학술협동조합 모델이 중요한 영감을 제공한다.[28] 장훈교와 조희연은 지식의 상품화에 대항하기 위해서는 지식의 공통화가 필요하며, 이를 위해서 대학의 역할이 일차적으로 중요하다고 본다.[29] 왜냐하면 학문을 매개로 연구와 교육, 일상을 접합한 대학은 공통자원으로서의 지식 순환을 만들어내는 메커니즘을 근본으로 하기 때문이다. 하지만 신자유주의화에 따라 심화한 대학의 상품화는 공통자원으로서의 지식 순환을 파괴하면서 지식을 위계의 생산과 자본 증식을 위한 도구로 전환한다.[30] 이러한 상황에서 대학을 통해 지식의 공통화를 이루기는 현실적으로 어렵다.

이런 한계 속에서 장훈교와 조희연은 대안으로 공통자원 기반 P2P 생산 방식을 바탕으로 한 학술협동조합 운동을 제안한다.[31] 일반 지식 기반 사회적 기업이 지식의 공급자와 사용자를 분리하는 방식에 기반을 두고 있다면, P2P 생산 방식의 학술협동조합은 지식의 생산자와 이용자 연합에 기반해 집합적 지식을 공동 생산하고 공동 이용하는 것을 지향한다. 즉, 이 운동은 학술 지식이 필요한 모든 이의 참여와 민주적인 협상, 조정을 통해 생산하고 관리하는 지식 커먼즈를 지향한다. 이를 통해 상품화에 대항하는 지식의 공통화를 이룰 수 있다는 것이다. 이 학술협동조합 시스템에서는 지식의 생산자와 이용자의 연대와 연합을 바탕으로 지식이라는 공동자원의 순환 과정에 참여하는 이용자들로부터 일종의 연대를 위한 지대를 징수해 지식의 공통화 과정에 필요한 비용을 충당한다.[32] 이 모델을 통해 우리는 지식이란 공동자원의 생산에 필요한 연구 노동에 대한 공적이고 사회적인 보상 체계가 지식 생산자와 이용자가 연대해 구성하는 협동적 경제 체제를 바탕으로 구축될 수 있음을 알 수 있다.

결국 지식공유운동이 사회 전체의 발전에 기여하는 학술·연구자 운동으로 자리 잡기 위해서는 연구자들의 열려있는 공론장을 활성화해 지식 생산의 공동체성을 강화하고, 연구 노동에 대한 공공적이고 사회화된 보상 체계를 구축해 학술 지식 생산이 지속할 수 있는 토대를 구축해야 한다. 이를 바탕으로 궁극적으로 새롭게 세상을 보는 비판적이고 성찰적인 지식을 생산해 사회 전체의 긍정적 발전에 기여하는 공공적 역할을 해야 한다. 이를 위해서는 학술지의 오픈 액세스뿐 아니라 지식이 생산·유통·이용되는 시스템 자체의 근본적 개혁이 필요하다. 지식

공유운동은 그러한 변화를 지향하고 추구하는 활동을 수행해야 한다.

혁신적 전환을 위해

현재 대학과 학문은 심각한 위기에 직면해 있다. 신자유주의로 인한 사회적 위기가 심화하고 있음에도 불구하고 그 위기를 근본적으로 성찰하고 사회의 나아갈 바를 제시해야 할 교수·연구자가 제 역할을 못 하고 있다. 신자유주의화한 대학에서 대부분 교수·연구자들은 엘리트주의, 학벌주의, 권위주의, 그리고 분과 학문적 폐쇄성에 빠진 기존의 지식 생산 체계의 울타리를 넘지 못한 채 탈정치화·탈가치화된 기능적 지식만을 생산하고 있다. 이러한 상황을 극복하기 위한 교수·연구자들의 노력이 어느 때보다 절실하며, 지식공유연대에 대한 사회적 관심은 이러한 사회적 필요와 관련된다. 따라서 지식공유운동이 한국 사회의 새로운 학술·연구자 운동으로 자리 잡기 위해서는 단지 학술지의 오픈 액세스를 요구하는 운동으로만 국한되어서는 안 되며, 지식 생산 체계 자체의 근본적 개혁을 지향하는 운동이 되어야 한다.

대학은 원래 지식 생산 체계의 핵심적 위치를 점하고 있다. 하지만 한국의 대학은 봉건적이고 폐쇄적인 사학 재단 및 학문 권력에 사유화돼 더 이상 사회적 공기로서 역할을 하지 못하고 있다. 특히 신자유주의의 영향으로 대학은 기업화되고 지식은 상품화되어 학문 생태계와 지식 생산 체계 자체가 심하게 왜곡되어 학술 지식의 건강한 재생산이 심각한 위기 상황에 직면해 있다. 지식 생산 체계의 핵심적 요소라 할 수 있는 대학이 이러한 상황에 빠져 있다 보니, 지식은 점차 사유화·상품화되고, 성찰적 지식 생산은 더욱더 위축되고 위협받는다. 이러한 상황을 타개하기 위해서는 지식의 생산과 유통, 소비 과정에서 지식이 더욱더 사회화·공유화될 수 있도록 지식 생산 체계를 새롭게 재편해야 한다.

지식공유연대가 중점을 두고 있는 학술지의 오픈 액세스는 이러한 지식 생산 체제 재편의 첫걸음이다. 연구자들의 개방적 공론장을 만들기 위해서는 오픈 액세스뿐 아니라, 지식 공유를 위한 연구자들의 네트워킹과 플랫폼을 온·오프라인에서 구축하는 것이 필요하다. 그리고 연구 노동에 대한 사회화된 보상 체계를 제대로 구축하기 위해서는 지식 공유운동도 대학의 민주화와 공공성 강화를 위한 대학 개혁 운동에 많은 관심을 기울여야 한다. 하지만 대학 개혁만으로 기존 지식 생산 체계의 혁파를 기대할 수는 없다. 대학은 복잡한 지식 생태계의 한 부분을 담당하는 제도화된 기관일 뿐이다. 지식 생산 체계의 변화를 위해서는 연구자들의 지식 생산과 유통에 관련한 훨씬 더 다양하고 복잡한 시스템과 네트워크의 작동 방식을 근본적으로 바꿔야 한다. 이런 차원에서 최근 중요성이 높아지고 있는 지식 커먼즈 운동에 주목할 필요가 있다. 다양한 연구자들의 사회화된 관계를 통해 생산되는 지식은 본질적으로 공유재의 성격을 지닌다. 하지만 이 지식이 신자유주의화의 물결 속에서 점차로 사유화·상품화되어 특정 연구자 개인이나 집단의 사유물로 규정되면서, 지식이란 공유재를 생산하는 생태계의 공공성이 급격히 약화되고 궁극적으로 지식 생태계가 붕괴 위험에 처했다. 공유재로서 지식의 본래 성격을 되찾고, 지식 생산과 유통 과정을 공유화할 수 있는 혁신적 전환을 모색하는 운동적 실천이 절실히 요구된다.

3부

지식공유운동의 현재와 과제

공공 영역의
오픈 액세스 출판 지원 정책

이재윤

대학이 오픈 액세스 출판을 선도하는 국가

학술 출판의 오픈 액세스가 가장 진전된 국가는 어디일까 하는 궁금증에는 하나의 정답이 없다. 오픈 액세스 비율은 분석에 활용되는 데이터베이스의 포괄 범위에 따라서 결과가 크게 달라지며, 같은 논문이라도 측정 시점에 따라서 오픈 액세스 여부가 바뀌기도 한다. 골드나 브론즈, 하이브리드 등 오픈 액세스 유형을 어디까지 포함하느냐에 따라서도 다른 결과가 산출된다. 국가별 발행 학술지의 오픈 액세스 여부를 측정할 때와 국가별 발표 논문의 오픈 액세스 여부를 측정할 때도 순위가 다를 수 있다. 그런데 일부 통계에 따르면, 놀랍게도 오픈 액세스 학술지와 오픈 액세스 논문의 두 가지 기준에서 모두 세계 1위를 차지한 국가가 있다. 바로 인도네시아다.

2019년 5월 저명 학술지『네이처』는 인도네시아가 오픈 액세스 학술 논문 비율 기준으로 세계 1위 국가라는 기사를 냈다.[1] 이 기사는 DOI가 등록된 논문에 관한 정보가 공개되는 CrossRef 데이터를 기준으로 했을 때 2017년에 인도네시아 연구자가 발표한 논문의 81%가 2019년 현재 온라인상에서 원문에 접근할 수 있는 것으로 확인되었고, OA 라이선스가 적용돼 누구든지 재배포가 가능한 논문의 비중도 74%로서 가장 높았다고 보도했다. 인도네시아 다음으로 골드 OA 학술지에 게재한 논문 비율이 높은 것으로 보도된 국가는 브라질이었다.

다른 시각에서 논문이 아닌 학술지를 기준으로 했을 때, 대표적인 오픈 액세스 학술지 사이트인 DOAJ(Directory of Open Access Journals) 목록을 분석해보면 2021년 10월 현재 가장 많은 학술지를 등록한 국가도 인도네시아다(〈표 1〉 참조).

〈표 1〉을 보면 인도네시아에 소재한 출판사가 발행하는 오픈 액세스 학술지가 1,884종으로 가장 많으며, 그다음으로 영국과 브라질이 최상위권을 형성하고 있다. 우리나라의 경우 DOAJ에 등록된 오픈 액세스 학술지는 146종으로 25위에 불과해 최상위권 국가의 10분의 1에도 미치지 못한다. 물론 국내 오픈 액세스 학술지 중에서 DOAJ에 등록하지 않은 일도 있겠지만, 이는 오픈 액세스에 관한 우리나라의 관심도와 역량이 매우 부족하다는 것을 잘 드러내는 수치이다.

인도네시아가 높은 오픈 액세스 수준을 달성하게 된 원동력은 학술

순위	출판사 소속 국가	종수	순위	출판사 소속 국가	종수
1	인도네시아	1,884	16	아르헨티나	324
2	영국	1,865	17	인도	322
3	브라질	1,630	18	독일	310
4	미국	955	19	프랑스	258
5	스페인	873	20	세르비아	199
6	폴란드	764	21	캐나다	193
7	이란	637	22	멕시코	186
8	러시아	496	23	중국	154
9	스위스	488	24	포르투갈	147
10	이탈리아	459	25	한국	146
11	터키	438	26	칠레	141
12	콜롬비아	407	27	크로아티아	137
13	우크라이나	378	28	체코	136
14	루마니아	358	29	오스트레일리아	120
15	네덜란드	332	30	노르웨이	117

〈표 1〉 국가별 DOAJ 등록 오픈 액세스 학술지 종수(2021년 11월 6일 현재)

지 대부분이 상업출판사가 아닌 대학에서 발행되는 것에서 찾을 수 있다. DOAJ에 등록된 인도네시아 학술지의 출판사를 확인해보면 10종 이상을 발행하는 곳이 23개인데 모두가 대학이다. 그중에서도 〈표 2〉와 같이 상위 10위 이내 출판사 중 6위를 제외한 9개가 국공립대학이다. 인도네시아의 학술지는 주로 대학에서 발행될 뿐만 아니라 저자로부터 논문출판 비용을 받거나 구독료를 받지 않는 경우가 대부분이다.[2]

인도네시아 학술지가 주로 오픈 액세스로 발행되고 있는 원동력이 대학이 발행해서가 아니라 발행되는 학술지의 특성 때문이라고 생각할 수도 있다. 이를테면 우리나라에서도 의학 분야는 오픈 액세스 학술지의 비중이 높고, 국책연구소나 국가기관이 발행하는 기관지는 동료심사를 거치지 않는 글이 게재되면서 무료로 볼 수 있는 경우도 많다. 또

순위	출판사명	OA 학술지 수
1	인도네시아 공립대학(Universitas Negeri Semarang)	79
2	가자 마다 대학(Universitas Gadjah Mada)	43
3	우다야나 대학(Universitas Udayana)	39
4	브라위자야 대학(University of Brawijaya)	36
5	말랑 주립대학(Universitas Negeri Malang)	28
6	무하마디야 대학(Muhammadiyah University Press)	25
7	욕야카르타 주립대학(Universitas Negeri Yogyakarta)	23
8	에어랑가 대학(Universitas Airlangga)	22
9	인도네시아 대학(Universitas Indonesia)	22
10	디포네고로 대학(Diponegoro University)	19

〈표 2〉 DOAJ 등록 인도네시아 학술지 출판 종수 상위 출판사(2021년 11월 6일 현재)

한 논문의 본문 언어가 영어인 영문 학술지는 국내 학술지라도 무료로 공개되는 경우가 적지 않다. 그런데 DOAJ에 등록된 인도네시아 오픈 액세스 학술지 1,884종의 학문 분야별 구성을 집계해보면 〈그림 1〉과 같이 교육학을 비롯한 인문사회 분야 학술지의 비중이 높으며 의학 분야의 비중은 8.2%에 불과했다. 우리나라 KCI 등재(후보) 학술지는 2021년 말 현재 인문사회 분야 학술지가 70%를 넘으며 학문 분야 중에서 교육학 분야의 비중이 가장 높고 의약학 분야의 비중이 12.5%여서 인도네시아의 경우와 거의 유사하다.[3] 또한 인도네시아 오픈 액세스 학술지 1,884종 모두 동료심사를 거친 논문을 게재하는 것으로 등록되어 있다. 게재 논문의 본문 언어도 〈표 3〉에서 보듯이 영어 논문만을 게재하는 경우가 19.4%에 그쳐서 80% 정도의 학술지가 자국어 논문을 게재하는 것으로 되어 있다. 이처럼 인도네시아 학술지의 학문 분야 구성, 게재 언어, 심사 제도 등이 우리나라 학술지와 매우 유사한데도 오픈 액세스가 매우 활성화된 까닭은, 학술지 발행에서 국공립대학을 비롯한 대학의 역할

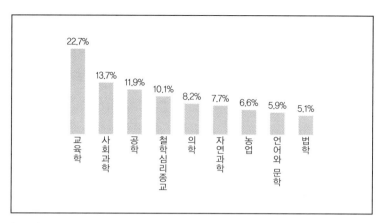

〈그림 1〉 인도네시아 OA 학술지의 학문 분야 구성

게재논문 언어	종수	비율
인도네시아어	714	37.9%
영어, 인도네시아어	697	37.0%
영어	365	19.4%
아라비아어, 영어, 인도네시아어	68	3.6%
기타	40	2.1%
합계	1,884	100.0%

〈표 3〉 인도네시아 OA 학술지의 본문 언어

이 주도적이기 때문으로 짐작된다. 앞에서 언급한『네이처』기사에서도 오픈 액세스 학술지가 세계에서 가장 많은 인도네시아는 대부분 대학에서 학술지가 발행된다고 언급하고 있다.

우리나라에서도 대학이 학술지를 발행하는 전통이 없는 것은 아니다. 많은 대학이 인문논총, 사회과학논총 등 소위 논총류 학술지를 발행해왔으며, 대학 부설 연구소도 분야별 논문집을 발행해왔다. 2020년 말 현재 한국학술지인용색인에서 파악되는 국내 학술지는 총 5,887종인데, 그중 대학(부설 연구소)에서 발행되는 학술지가 44.1%인 2,599종에 달한다. KCI 등재후보지 이상으로 한정할 때는 전체 2,714종 가운데 17.4%인 473종이 대학 발행 학술지다.[4] 이와 같은 대학 발행 학술지는 별도로 판매되기보다는 전통적으로 인쇄본의 기증교환을 통해서 유통되어왔으며 각 대학도서관에 장서로 수집되어 이용되었다. 그런데 온라인 출판이 확산하면서 국내 대학 발행 학술지도 상용 DB를 통해 유통되기 시작했고, 대학 재정이 점차 열악해지면서 대학의 발행비 지원이 감소함에 따라 인쇄본의 배포도 점차 중단되는 추세다. 결국 현재는 각 대학이 비용을 투입하고 대학 소속 인력의 노동으로 출판한 학술지를 다시 대학이 구독비를 지출하면서 구독하는 어처구니없는 상황이 되었다.

국내 대학이 발행 학술지에 대한 시민과 학생들의 자유로운 접근과 이용을 허용하는 공공성을 확보하지는 못할망정, 자신들마저 상당한 유통 비용 지출을 겪으면서 학술지 출판 예산 부족과 도서관 자료 구입 예산 부족에 허덕이고 있는 것은 근시안적인 학술 출판 사업 행태에 기인한 바 크다. 각 대학이 직접 발행하는 학술지를 오픈 액세스로 전면 전환하면 국내 학술 DB 구독비를 일정 부분 절감할 수 있으며, 절감되는 구독 예산의 일부를 대학 학술지의 오픈 액세스 출판비로 지원한다면 대학 학술 출판의 활성화가 가능하다. 또한 시민과 학생들에게 대학 발행 학술지 게재논문에 대한 자유로운 접근을 허용함으로써 대학의 공공성과 사회적 영향력을 크게 향상하는 효과를 얻게 될 것이다.

출판 플랫폼으로 오픈 액세스를 선도한 국가

앞서 인도네시아를 오픈 액세스 세계 1위 국가로 판단하게 된 데이터는 CrossRef나 DOAJ의 등록 데이터이다. 이는 자국 내 학술지도 상당수 포함하는 데이터이다. Scopus나 Web of Science와 같은 국제 유명 인용 데이터베이스를 기준으로 국가별 오픈 액세스 수준을 측정해보면 결과는 다소 다르게 나타난다. 인문사회 분야는 국내 학술 커뮤니케이션의 비중이 높고 과학기술 분야는 국제 학술 커뮤니케이션의 비중이 상대적으로 더 높다는 점을 생각하면, 국제 유명 인용 데이터베이스를 근거로 하는 평가는 과학기술 분야의 오픈 액세스 수준을 더 많이 반영하게 된다. 또한 한 학술지에 게재되는 논문 수는 과학기술 분야 학술지가 인문사회 분야 학술지보다 상당히 많으므로, 학술지 종수가 아닌 논문 수를 기준으로 오픈 액세스 수준을 평가할 때도 과학기술 분야의 반영도가 높아진다.

엘스비어가 공급하는 국제 학술지 인용 데이터베이스인 Scopus 등록 학술지에 게재된 논문의 오픈 액세스 여부를 UnPaywall 데이터를 기반으로 분석한 연구[5]에 따르면, 논문 발표량 상위 25개 국가 중에서 골드 오픈 액세스 학술지에 게재된 논문 비율 1위 국가는 브라질 (73.85%)로서 유일하게 70% 수준을 보인다. 중국(53.40%)이 2위이지만 브라질과 상당한 격차를 보이며 이란, 대만, 인도네시아가 5위권에 포함되는 것으로 나타난다.

흥미로운 것은 브라질의 높은 오픈 액세스 수준이 최근에 달성된 것이 아니라는 점이다. 앞의 자료와 유사한 UnPaywall 데이터를 분석한 다른 보고서에 따르면, 골드나 브론즈와 같은 유형을 따지지 않고 발표 논문의 오픈 액세스 비율을 분석했을 때, 오픈 액세스의 초창기인 2000년대 초반에 발표된 논문부터 지속해서 세계 1위를 유지해온 국가가 바로 브라질이다.[6] 〈그림 2〉를 보면 2010년대 초반에 발표된 논문까지는 브라질의 오픈 액세스 논문 비중이 타 국가보다 현저하게 높게 나타난다. UCL Press와 같은 오픈 액세스를 전문으로 하는 대학 출판사를 설립하는 등 독자적인 OA 모델을 성공적으로 개발한 영국은 2016년 발표 논문에 이르러서야 오픈 액세스 비율에서 브라질을 따라잡았다.

브라질이 이처럼 오픈 액세스의 초창기인 2000년대 초반 논문에서부터 10년이 넘도록 현저한 차이로 오픈 액세스 세계 1위를 유지할 수 있었던 원동력은 국가 주도의 오픈 액세스 플랫폼인 SciELO(Scientific Electronic Library Online)이다.[7] SciELO는 브라질에서 1997년 개발이 시작되어 1998년부터 운영된 전자도서관 및 전자출판 플랫폼이다. 초기부터 SGML+HTML 등 마크업 방식의 전자출판을 시도했으며 2013년부터는 국제표준 전자출판 마크업 형식인 JATS XML을 채택했고, 2015년부터 정식으로 CC-BY 라이선스 채택을 권고하는 등 기술적으로도 높은 수준의 플랫폼이다. 원래는 브라질의 국내 학술지만을 대상으로 시작되었으나 주변국의 참여가 늘면서 현재는 남미 국가와 남아프리카공화국, 스페인, 포르투갈 등 16개 국이 참여하는 SciELO network를 이루고 있다.

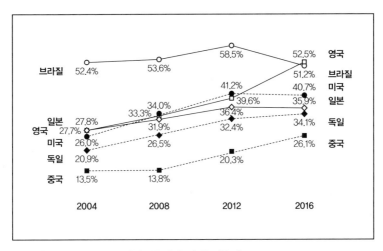

〈그림 2〉 발행 연도별 주요 국가의 오픈 액세스 논문 비중 비교

　　1998년부터 운영된 SciELO의 시작은 두 가지 측면에서 혁신을 선도 했다.[8] 첫째는 국제색인 DB에서 배제되는 국내 학술지를 대상으로 웹 상에서 본문에 대한 공개 접근이 가능한 골드 오픈 액세스 방식을 시도 한 것이다. 둘째는 학술지의 가시성과 품질을 높이려는 공통 목표를 중 심으로 독립 출판사, 편집자 및 국가 연구 기관이 협력하는 지속가능한 사업 모델을 추구했다는 것이다.

　　SciELO 사업의 첫 번째 혁신인 웹 표준 방식의 본문 접근이 가능한 오픈 액세스 플랫폼 구축은, 국제적인 오픈 액세스 운동의 시발점인 부 다페스트 선언이 있기 4년 전에 사업이 시작되었다는 점에서 시대를 앞 서는 탁월한 혜안이었다고 인정하지 않을 수 없다. 우리나라의 경우 한 국학술지인용색인 DB 사업이 2004년에 시작되어 2007년부터 시범서 비스가 시작되었고, 아직도 일부 논문만 PDF 형식의 원문이 공개된다 는 점을 생각해 보면 너무나도 큰 격차를 보이는 사례이다.

SciELO 사업의 두 번째 혁신인 이해관계자 사이의 지속가능한 협력 사업 모델은 우리에게 더 큰 시사점을 준다. 브라질은 우리나라와 마찬가지로 시장을 주도하는 상업적 학술 출판사가 존재하지 않았다. 국내의 상용 학술 논문 DB를 공급하는 사업자는 학술지를 출판하는 출판사가 아니라, 출판된 학술지의 온라인 배포권을 양도받아서 사업하는 데이터베이스 구축 업체일 뿐이다. 학회와 같은 독립적인 학술 단체가 학술지 출판을 주도하는 상황에서 브라질이 선택한 전략은 학술지 편집인, 학회를 비롯한 독립 출판사, 국가 연구 기관이 협력해 지속할 수 있는 오픈 액세스 출판 플랫폼을 운영하는 것이었다. 물론 이런 협력은 오픈 액세스 실현이 국가 연구 성과와 학술 정보의 가용성을 높인다는 점을 믿고 학술 정책 당국이 오픈 액세스 실현에 대한 확고한 추진을 약속했기 때문에 가능했다.[9]

이 같은 브라질 SciELO의 사례는 이해당사자 간 경쟁보다는 협력을 우선해 정책을 추진한 것이 결정적인 성공 요인이라고 할 수 있다. 반면 국내의 경우 한국연구재단의 한국학술지인용색인(KCI) 이전에 과학기술 분야의 KSCI(Korea Science Citation Index)와 의학 분야의 KoMCI(Korea Medical Citation Index)가 독자적으로 먼저 개발되어 서비스되고 있었는데도 이들과 협력하지 않은 교육부의 독자적 사업으로 KCI가 별도 구축되어 운영되고 있다. 또한 KCI 사업도 온라인 출판 플랫폼이 필요한 학회 출판사들과 충분한 협의 없이 시작되고 운영되면서 아직도 제대로 된 학술지 출판 플랫폼의 형태를 갖추지 못하고 있다. 뒤늦게 개발되고 있는 온라인 학술지 출판 플랫폼 사업마저도 정부 부처 라인에 따라서 독자적으로 진행되고 있어서 학술 단체의 어려움을 더욱 가중시키고 있다.

브라질의 SciELO는 포르투갈어와 스페인어 사용국 위주로 16개 국에 확산할 정도로 성공적인 오픈 액세스 학술지 출판 플랫폼 사례로 인정받고 있다. 유럽 여러 나라도 브라질 사례와 같이 자국 학술지의 오픈 액세스 출판을 위한 플랫폼을 앞다투어 개발하고 있다. 네덜란드의 openjournals.nl[10], 프랑스의 Episciences[11], 핀란드의 Journal.fi[12], 덴마크의 Tidsskrift.dk[13], 세르비아의 SCINDEKS[14], 크로아티아의 Hrčak[15] 등이다.

네덜란드 openjournals.nl은 네덜란드 왕립예술과학아카데미(KNAW)와 국가연구위원회(NWO)가 후원해 2020년부터 운영을 시작한 오픈 액세스 학술지 출판 플랫폼이다. 네덜란드와 벨기에의 인문사회과학 학술지를 주로 대상으로 하며, 저자에게 논문 출판비를 요구하지 않는 오픈 액세스 학술지를 대상으로 오픈 액세스 출판을 위한 포괄적인 인프라와 서비스를 제공하고 있다. 구체적으로는 논문 투고 심사 및 유통을 위한 자체 콘텐츠 관리 시스템을 유지하며, DOI 등록, DOAJ 등 색인 DB 등록 지원과 자체 기술팀의 기술 지원 서비스를 제공하고, 제휴된 외부 조판 편집 사업자를 투명하게 연결해준다.

프랑스 Episciences는 오랜 파일럿 기간을 거쳐 2013년부터 정식으로 개시된 오픈 액세스 출판 플랫폼이다. 프랑스 국립과학연구센터(CNRS, Centre National de la Recherche Scientifique) 산하 기관인 CCSD(Centre for Direct Scientific Communication)에서 개발했다. 오픈 액세스 아카이브와 오픈 액세스 학술지 플랫폼이 결합한 형태를 취하고 있다. 플랫폼 운영을 위해 자체 개발한 소프트웨어를 깃허브를 통해 공개 소프트웨어로 제공한다.

핀란드 Journal.fi(Finnish Scholarly Journals Online)는 핀란드 학술단체협의회(Federation of Finnish Learned Societies)가 2017년부터 오픈 액세스 전환 학술지의 통합 플랫폼으로 운영을 시작한 사이트이다. 첫 해에는 35종으로 시작한 후 지속해서 참여 학술지가 증가해 2020년 10월 현재 90여 종이 포함되어 있다. 참여 학술지의 연간 발행 횟수는 대부분 4~6회이며 한 호당 게재논문 수는 4~20편 정도로 우리나라의 국내 학술지와 유사한 수준이다.

핀란드 Journal.fi 플랫폼 이용자를 대상으로 온라인 설문조사를 실시한 결과를 다룬 한 연구는 자국 오픈 액세스 학술지 플랫폼의 공공적 가치를 잘 보여주고 있다.[16] 2020년 봄에 실시된 이 조사에 Journal.fi 플랫폼에서 서비스되는 48개 저널의 이용자 668명이 참가했다. 참가자 중 가장 큰 두 그룹은 학생(40%)과 연구자(36%)였고 일반 시민(8%), 전문직 종사자(7%), 교사(5%)가 뒤를 이었으며 언론인, 공무원, 기업가나 정치인 등 다양한 직종의 사람들이 참여했다. 전체적으로 논문 이용은 주로 최신 발행분에 집중되었지만, 학생들은 상대적으로 오래된 논문도 많이 이용하는 것으로 나타났다. 연구자들은 영어 논문 이용의 46%를 차지했지만, 자국어 논문 이용 중에는 25%만 차지했다. 반면에 학생들은 다른 이용자들에 비해서 자국어 논문을 이용하는 비중이 훨씬 높았다. 영어를 비롯한 외국어 논문의 이용 중 63%를 외국 이용자가 차지했지만, 자국어 논문의 이용은 97%가 국내 이용자의 몫이었다. 이 설문조사 결과는 국가 차원의 오픈 액세스 플랫폼이 가지는 공적인 가치가 학술 연구 분야에만 있는 것이 아니라, 국내 학생들과 시민들에게 자국어 논문이 게재되는 국내 학술지에 자유롭게 접근할 수 있게 해주는 사회적 영향력 측면에서도 매우 높다는 것을 보여준다. 우리나라에서도 국가 차원의 오픈 액세스 플랫폼을 통한 국내 학술지의 오픈 액세스 전환이 활성화된다면 연구자들만 아니라 학생과 시민들에게도 큰 도움이 될 것이다.

해외의 오픈 액세스 학술지 출판 지원 사업

국제 도서관 컨소시엄 Open Library of Humanities

Open Library of Humanities(이하 OLH로 표기)는 20여 개 나라의 대학도서관과 국가도서관이 참여하고 있는 국제적 컨소시엄으로서, 인문사회 분야 비영리 오픈 액세스 출판사 기능과 동시에 기존 학술지를 오픈 액세스로 전환하는 사업을 추진하고 있다. 참여 기관이 꾸준히 증가하고 있는 OLH는 영국 런던대학 버크벡칼리지에 본부를 두고 오픈 액세스 전문가인 M. P. 이브(M. P. Eve)가 상근 책임직을 맡고 있다. 앤드류 W. 멜론 재단의 지원으로 Janeway[17]라는 자체 오픈 액세스 출판 플랫폼을 개발해 2015년부터 운영을 시작했고 2020년 말 현재 27종의 오픈 액세스 학술지를 운영하고 있다. 플랫폼을 사용하고 싶어 하는 학술지 측의 문의가 계속되고 있으나 품질 유지를 위해서 참여를 엄격하게 제한한다.[18]

인문학 분야는 연구비를 지원받아 출판되는 논문이 드물어서 OLH는 저자가 출판비를 내는 APC 방식 대신에 참여 도서관들이 학술지 구독 예산에서 매년 분담하는 기금을 지원 대상 학술지에 분배하는 방식을 채택하고 있다. 출판비를 지원할 대상 학술지는 참여 도서관들의 추천으로 결정하므로 결과적으로 참여 도서관들이 분담한 예산으로 출판되는 오픈 액세스 학술지의 구독비를 절감하게 된다.[19] 이런 방식을 도서관 파트너십 보조금(Library Partnership Subsidy)이라고 부른다(OLH 홈페이지).

OLH 참여 도서관은 최소 500유로에서 최대 1,500유로 사이의 연회비를 내며, 회원 도서관이 추천해 선정한 학술지의 논문 출판비 지원 예산으로 사용함으로써 참여 도서관의 구독 예산을 절감하는 효과를 얻는다(Edwards, 2016).

OLH에는 2021년 11월 현재 〈그림 3〉과 같이 20개국 317개 기관이

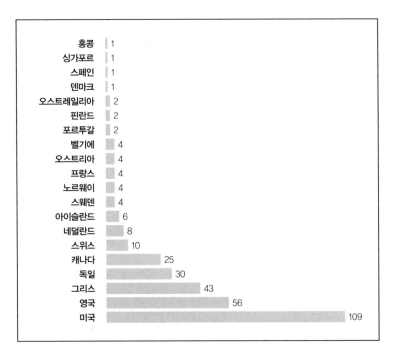

〈그림 3〉 국가별 OLH 참여 기관 수

참여하고 있으며 이 중 정규 후원 기관이 306개이고, 연회비를 2배 이상으로 내는 고등 후원 기관은 11개이다. 미국과 영국의 대학도서관이 가장 큰 비중을 차지하며 그리스, 독일, 캐나다의 대학도서관이 그다음 순위를 차지하고 있다. 국립도서관 중에서는 네덜란드, 스웨덴, 그리스 국립도서관이 참여하고 있다. 특히 그리스는 2020년에 국립도서관을 비롯한 40여 개 기관이 한꺼번에 가입해 미국과 영국에 이어 3번째로 많은 기관이 가입한 국가가 되었다.[20]

국가도서관 컨소시엄 HumSam

여러 국가의 도서관들이 참여한 OLH와 달리 한 국가의 도서관들이 구성하는 오픈 액세스 출판 지원 컨소시엄도 있다. 대표적인 사례인 HumSam 컨소시엄은 노르웨이연구위원회(The Norwegian Research Council)가 기존의 인문사회 분야 학술지 발행 지원 사업을 2017년부터 OA 학술지만을 대상으로 하는 것으로 변경하고 노르웨이 국내 주요 대학도서관들의 컨소시엄 결성을 후원하면서 시작되었다.[21] 1단계 시범 사업이 2018년부터 2020년까지 3년 동안 실시되었으며, 현재는 2021년부터 시작된 2단계 사업이 진행되고 있다.

HumSam 컨소시엄에는 노르웨이연구위원회가 연차별 운영 기금을 지원하고 노르웨이교육연구부(Ministry of Education and Research)가 OA 전환계약을 위한 재정을 제공하되 베르겐 대학 등 컨소시엄 참여 기관에 해당 학술지의 이전 구독 비용에 따르는 예산 지출에 동의하도록 요청했다. 1단계 사업의 연간 지출은 910만 크로네(약 12억 6,400만 원)였으며, 이 중에서 노르웨이 연구위원회가 절반이 조금 넘는 500만 크로네(약 6억 9,500만 원)를 지출했고, 교육연구부가 360만 크로네(약 5억 원)를 지출했으며, 참여 대학들은 약 5.5%에 불과한 50만 크로네(약 6,900만 원)만 매년 분담했다.

HumSam 컨소시엄의 지원 대상이 될 수 있는 학술지는 동료심사를 거치는 분야별 핵심 학술지로서 저자의 2/3 이상이 노르웨이에 소재한 기관 소속이고 발행처가 노르웨이 학술 기관인 학술지여야 한다. 1단계 사업에서는 인문학 분야 대표 3인과 사회과학 분야 대표 3인으로 구성된 출판위원회가 심의 후 25종을 선정해 3년 동안 출판 예산을 지원했다. 2021년부터 시작된 2단계 사업에서는 심의를 거쳐 28종을 선정해 출판 예산을 지원하고 있다.

노르웨이 HumSam 컨소시엄 사례는 자국어로 출판되는 국내 학술지의 오픈 액세스 출판 비용을 대학도서관 컨소시엄을 통해 국가가 지원하는 형태로써 우리나라에도 시사하는 바가 크다. 특히 오픈 액세스 출판 지원을 시작하기 전에 자국 인문사회 학술 출판 생태계에 대한 엄밀한 조사를 선행했다는 점, 엄정한 심사를 거쳐 1년 단위가 아닌 3년 단위의 예산 지원을 시행했다는 점, 그리고 대학도서관의 구독 예산 일부를 활용하되 그것의 20배 정도 되는 국가 예산을 전폭적으로 지원해 오픈 액세스 출판을 지원했다는 점에 주목할 만하다.

캐나다 인문사회과학연구위원회의 OA 지원 기금 사업

우리나라의 한국연구재단이 시행하는 학술지발간지원사업처럼 연구 기금 기관에 의한 학술지 발행 지원 사업을 시행하는 대표적인 국가가 캐나다이다. 자국 학술지 발행 지원 사업을 여러 해 동안 시행해오던 캐나다인문사회과학연구위원회(Canada Social Sciences and Humanities Research Council, SSHRC)는 2018년부터 지원 대상을 오픈 액세스 학술지만으로 제한했다. 변경된 학술지 지원 사업은 오픈 액세스로 이미 전환했거나 2년 이내 전환할 예정인 학술지만을 대상으로 하며, 저자 부담이 있는 학술지는 논문당 850달러, 저자 부담이 없는 학술지는 논문당 1,050달러를 지원한다. 이와는 별도로 오픈 액세스 출판 플랫폼 사용을 위한 비용으로 5,000달러를 추가 지원하고 있다. 다만 지원에 포함될 수 있는 오픈 액세스 플랫폼은 캐나다에 소재한 비영리 기관이 운영하는 것으로서 출판 및 유통과 관련한 통합 기술 지원이 가능해야 하며 20종 이상의 학술지를 서비스하는 플랫폼이어야 한다.[22]

5개 분야별 6~8명씩의 위원으로 구성된 대상 학술지 선정위원회가 세 가지 영역별로 학술지를 평가해 지원 대상을 선정하되, 한 영역이라도 만점의 절반에 못 미치는 과락이 있으면 선정하지 않는다.[23] 2018년 지원 사업에는 129종의 학술지에 평균 26,498달러가 지원되었으며, 지원받은 학술지는 회계 투명성을 지켜야 한다. 이를 위해서 출판비 명세 항목으로 편집위원이 아닌 지원 인력의 인건비, 내용편집비, 조판편집비, 마케팅비, 출판유통사업비, 인쇄발송비, 기술지원비, 직원훈련비 등을 세부적으로 규정해 인정하고 있다.

캐나다의 오픈 액세스 학술지 발행 지원 사업은 지원 예산의 구성 항목과 운영 방식에서 우리에게 시사하는 바가 크다. 논문 편수에 비례해 충분한 발행비를 지원하되 인건비를 비롯해 출판에 필요한 실제 항목별 비용을 세세하게 인정하고 출판 플랫폼을 위한 비용을 별도로 책정함으로써 오픈 액세스 학술지 발행에 실질적인 도움이 되도록 사업 내용을 설계했다. 또한 지원 대상 학술지 선정위원회 구성 및 사업 선정 결과와 학술지별 사업비 지출 명세까지 투명하게 공개함으로써 오픈 액세스의 공공성을 극대화하려는 노력이 돋보인다. 무엇보다도 캐나다 인문사회과학연구위원회가 학술지 발행 지원 대상을 오픈 액세스 학술지만으로 제한한 것은, 상용 DB를 통해 유료로 유통되는 학술지에 많은 출판비가 지원되고 있는 우리나라 한국연구재단의 학술지발간지원사업에서도 적극적으로 고려해야 할 정책이다.

국내 오픈 액세스 학술지 정책의 개선 방향

국내 학술지의 출판 과정을 고려한 오픈 액세스 지원 사업 추진

국내 학술지는 해외 학술지와 출판 과정 자체가 다르다. 가장 종수가 많은 인문사회 분야의 중소형 학회에서 발행하는 학술지의 전형적인 출판 과정을 해외 학술지의 출판 과정과 비교해보면 〈그림 4〉와 같이 큰 차이가 있다.[24]

해외 학술지는 투고부터 심사, 편집, 출판, 유통에 이르는 다섯 단계 중에서 투고와 심사 단계까지만 학회와 같은 학술 연구자가 진행하며, 일단 게재가 결정된 원고의 편집부터 출판사가 개입해 출판과 온라인 유통까지 영리를 추구하는 기업에서 진행한다. 그런데 국내의 중소 학회 학술지는 투고에서 출판까지 대부분 학술 연구자가 진행한다. 이 과정에서 영리 기업은 조판 편집의 일부분만 담당하는 정도만 개입한다. 그런데도 온라인 유통은 학술 데이터베이스 업체와 같은 영리 기업이 맡아서 독점적으로 사업을 운영하며 구독비의 상당 부분을 가져간다.

한국과학기술정보연구원이나 한국연구재단과 같은 공공기관은 학술 논문 유통 시장에서 극히 일부분만 차지하고 있다. 그 결과 상용 DB를 통한 온라인 유통 때문에 도서관과 회원의 회비 납부가 저하된 학회는 상용 DB 업체의 저작권료 인상과 인센티브 제공에 의존하게 되고, 상용 DB 업체는 이를 빌미로 구독 기관에 구독료 인상을 요구하고, 도서관 구독 예산 증액에 어려움을 겪는 대학 등 구독 기관은 구독을 중단하거나 학술 연구자에 대한 지원을 축소하는 악순환이 전개되고 있다.

이처럼 악순환을 겪는 국내 중소 학회 학술지의 출판 유통 과정을 선순환으로 되돌리기 위해서는 오픈 액세스로의 전환이 필수적이다. 학술지의 오픈 액세스 전환을 유도하기 위해서는 정부와 공공기관의 학술지 지원 정책 개선과 학술 단체의 상호 협력이 필요하다. 우선 〈그림 4〉의 다섯 단계 중에서 마지막 유통 단계에 대해서 공공기관의 적극적인 지원이 선행되어야 한다. 지금도 한국과학기술정보연구원의

해외	단계	투고 →	심사 →	편집 →	출판 →	유통
	주체	편집위	편집위	출판사/위탁 업체	출판사	출판사
	플랫폼	출판사 투고/심사 시스템	출판사 투고/심사 시스템	출판사 내부 시스템	학술지 Homepage	학술지 DB

국내	단계	투고 →	심사 →	편집 →	출판 →	유통
	주체	편집위	편집위	편집위 / 위탁 업체	출판사	유통 업체 (KISTI 등)
	플랫폼	JAMS	JAMS	E-mail 등	KCI 등록, 인쇄	DBPIA 등 (NDSL 등)

▨ 학술 ▪ 공공 ▪ 영리 ▢ 학술/공공

〈그림 4〉 인문사회 분야 해외 학술지와 국내 학술지의 전형적인 출판 과정 비교

AccessOn이나 한국교육학술정보원의 RISS와 같은 학술 논문 이용 플랫폼이 존재하긴 하지만 중소 규모 학회가 더욱 편리하게 사용할 수 있도록 관련 기능의 개선과 기관 간 연계 협력이 필요하다. 지금은 KCI에 원문을 등록하는 것 이외에도 학술 논문 유통 플랫폼에 각 학회가 직접 개입해야 하는 절차가 복잡해 오픈 액세스로 전환한 학회에 상당한 부담이 되고 있다. 단순히 오픈 액세스 플랫폼을 구축하는 것에 그칠 것이 아니라, 네덜란드 openjournals.nl과 같이 오픈 액세스 출판을 위한 포괄적인 인프라와 서비스를 제공해야 한다. 즉 학회의 플랫폼 활용을 지원하는 서비스가 필요하며, 결국 네 번째와 세 번째 단계인 출판 단계 및 편집 단계에 대한 지원 체제가 도입되어야 오픈 액세스 유통에 대한 진입장벽이 해소될 수 있다.

편집출판 단계에 대한 지원 체계 도입은 국내 학술 출판 비즈니스를 정상화하는 방법이 될 수도 있다. 일부에서는 국내 학술지를 오픈 액세스로 전환하는 것을 공공이 지원하면 민간의 학술 출판 사업을 방해하게 된다고 반대하기도 한다. 그러나 제대로 된 오픈 액세스 출판으로의 전환은 편집출판 영역의 사업자를 성장시켜서 유통에만 집중된 기형적인 우리나라의 학술 출판 시장을 정상화하고 학술지의 출판 품질을 높이는 효과를 낳을 수 있다. 네덜란드의 openjournals.nl 사례처럼 오픈 액세스 플랫폼을 제공하면서 제휴한 외부 조판 편집 사업자의 서비스를 제공해준다면 조판 편집 단계의 비즈니스를 활성화하는 방법이 될수 있다. 국내에서도 오픈 액세스로의 전환이 먼저 이루어진 의학 분야에서는 유통 DB 영역이 아닌 편집출판 영역의 민간 사업자가 활성화되어 있다.

오픈 액세스 전환을 위해 편집출판 단계를 개선하는 또 다른 방안은, 학술 단체가 협력해 편집 출판 컨소시엄이나 조합과 같은 공동의 사업 모델을 개발하는 것이다. 이와 관련해 오스트리아과학재단(Austrian Science Fund, FWF)는 「오픈 액세스 학술지 지원사업 결과 보고서」[25]에서 개별 학회나 개별 공공기관이 오픈 액세스 출판에 필요한 인프라를 독자적으로 갖추는 것은 적절하지 않으며, 출판 기술 및 관리 인프라를 공동으로 활용할 수 있는 컨소시엄을 구성해 규모의 경제를 달성해야 한다는 교훈을 얻었다고 토로했다. 국내의 경우 여러 학회가 연합한다면 학술지 편집출판 과정에서 간헐적으로 업무를 담당하게 되는 대학원생과 같은 지원 인력을 정규 인력으로 상시 채용해 정상적인 보수를 지급할 수 있다. 이런 과정을 한국연구재단과 같은 공공기관이 후원하고, 때에 따라서 네덜란드처럼 공공기관이 사업자와의 연계 서비스를 제공한다면 편집출판 비즈니스를 공공기관이 육성하는 효과를 거둘 수도 있다.

한국연구재단이 시행하고 있는 기존의 학술지발간지원사업은 오픈 액세스 학술지만을 대상으로 하는 것으로 전환되어야 한다. 한국연구재단이 학술지발간지원사업의 목표를 '국제 수준의 우수학술지 육성'에 두고 운영하면서 한때 소수의 학술지 국제화에 집중적으로 지원한다고 발표해 논란이 되기도 했다.[26] 실제로 일부 학술지가 집중 지원받아서 국제 학술지로 성장하기도 했으나, 이들이 해외 학술 DB 업체를 통해 출판하게 됨에 따라서 국내 연구자들은 오히려 비싼 DB 사용료를 지불하고 구독해야 하는 결과를 낳기도 했다. 또한 상용 DB 사업자로부터 저작권료를 받는 학술지에까지 공공 자금으로 발행을 지원하는 것은, 상용 DB의 저작권료가 결국 학술 기관의 구독료로부터 나온다는 점에서 이중 지원인 셈이다. 이 때문에 앞에서 살펴보았던 캐나다인문사회과학연구위원회, 노르웨이연구위원회 등은 기존의 학술지 지원 사업을 중단하고 오픈 액세스 학술지만을 대상으로 하는 지원 사업을 시작하게 되었다.

대학과 도서관의 오픈 액세스 출판 지원 강화

2021년 11월 현재 학문 분야별 KCI 등재(후보)지의 발행 기관을 구분해보면 〈그림 5〉와 같다.[27] 주로 인문학과 사회과학 분야에서 대학 부설 연구소 발행 학술지가 많음을 알 수 있다. 이를 다시 인문사회 분야와 과학기술 분야로 양분해 유형별 비중을 구해보면, 〈표 6〉과 같이 인문사회 분야 KCI 등재(후보)지의 23%가 대학(부설 연구소) 발행 학술지로 확인된다.[28] 과학기술 분야는 대학 발행 학술지의 4%에 불과하다.

앞서 살펴보았던 오픈 액세스 세계 1위 국가인 인도네시아는 대학이 학술지 출판의 공공성을 지탱하고 있었다. 인문사회 분야의 경우 1/4에 가까운 KCI 등재(후보) 학술지가 대학에서 출판되고 있는 국내 현실에서, 각 대학이 자체 발행한 학술지를 상용 DB에 넘기는 것은 학술 출판 시장에서 서로의 재정을 갉아먹는 어리석은 행태이다. 각 대학이 직접 발행하는 학술지를 오픈 액세스로 전면 전환하면 국내 학술 DB 구독비 절감과 함께 대학 학술 출판의 활성화가 가능할 것이다. 또한 시민과 학생들에게 대학 발행 학술지 게재논문에 대한 자유로운 접근을 허용함으로써 대학의 공공성과 사회적 영향력을 크게 향상하는 효과를 얻게 될 것이다.

대학 발행 학술지의 오픈 액세스 전환을 위해서는 전문적인 오픈 액세스 학술지 출판 조직의 역할이 필요하다. 앞서 언급했듯이 학술지 출판과 관련한 인력과 인프라를 유지하는 데에는 여러 학술지가 협력해 규모의 경제를 키우는 전략이 효과적이다. 한 대학에서도 여러 부설 연구소가 학술지를 각자 발행하고 있으므로, 이의 편집출판 작업을 집중적으로 지원하는 역할을 대학 출판부나 도서관의 출판 지원 담당 부서

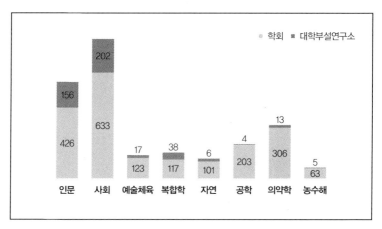

〈그림 5〉 학문 분야별 KCI 등재(후보)지 발행 기관 구분

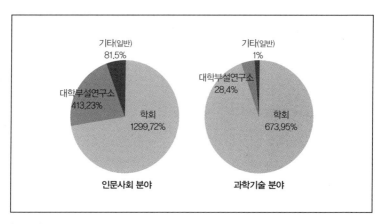

〈그림 6〉 KCI 등재(후보)지 발행 기관 유형별 비율

가 맡도록 해야 한다. 재정 문제로 한 대학에서 출판 담당 부서를 제대로 운영하기가 어려울 때, 영국의 UCL Press와 같은 오픈 액세스를 전문으로 하는 대학 출판사를 공공 자금 지원으로 육성하는 것도 고려할 수 있다. 한국연구재단에서도 단행본 출판을 활성화하기 위해서 대학 출판 조직을 직접 지원해야 한다는 이슈리포트를 발표한 바 있다.[29] 이런 형태의 직접 지원은 대학 학술지 발행을 오픈 액세스로 전환할 때 더욱 큰 효과를 발휘할 수 있을 것이다. 오픈 액세스 학술지와 단행본 발행을 늘려가면서 오픈 액세스 출판에서 큰 구실을 하는 미국 매사추세츠 공대의 출판부 MIT Press도 외부의 공공 기금과 민간 기금을 받아서 상당한 재정을 충당하고 있다. 현재 교육부와 한국교육학술정보원은 외국 학술 정보를 국가가 전략적으로 공동 활용하는 인프라를 조성하자는 취지에서 외국학술지지원센터 사업을 수행하고 있다.[30] 이 사업에는 10개 대학이 선정되어 분야별로 외국 학술지 구독료의 50%를 국가로부터 지원받아 운영하고 있다. 이와 유사하게 국내 학술 정보를 전략적으로 공개 출판하는 인프라를 조성하자는 취지에서 오픈 액세스 학술지 출판지원센터(가칭)를 선정해 운영하는 것도 생각해볼 수 있다. 지원센터는 지역별 혹은 분야별로 선정해 전문적인 편집출판 서비스를 대학 부설 연구소에 제공하는 역할을 맡을 수 있을 것이다. 분야별 출판지원센터가 활성화된다면, 이들이 대학 발행 학술지 지원에 그치지 않고 영국 UCL Press나 미국 MIT Press의 사례처럼 국내 학회 학술지 출판을 지원하는 역할도 수행할 수 있을 것이다.

대학 발행 학술지보다 훨씬 비중이 높은 학회 발행 학술지의 오픈 액세스 전환을 위해서는 도서관의 역할이 가장 중요하다. 특히 과학기술 분야보다 연구비 지원이 절대적으로 적은 인문사회 분야 학술지 발행에서는 연구비 지원 기관보다 구독 기관의 재정이 차지하는 비중이 훨씬 높다. 실제로 해외 인문사회과학 학술지의 완전한 오픈 액세스 전환 사례에서는 OLH나 HumSam 컨소시엄처럼 도서관이 참여하는 모델이 성공적으로 운영되고 있다. 이런 사례에서 도서관은 학술지가 오픈 액세스로 전환되기를 앉아서 기다리지 않고 기존 구독 비용의 일부를 이용해 출판 비용 지원을 수행하거나 전환 대상 학술지의 선정이나 플랫폼 운영 지원 등에서 임무를 수행하고 있다.

도서관이 국내 학술지의 오픈 액세스 전환을 유도하기 위해서는 개별 도서관보다는 도서관 컨소시엄을 구성하는 것이 현실적이다. 이미 기존의 상용 학술DB 구독에서도 국내 도서관들이 컨소시엄 형태의 조직을 운영하고 있기도 하다. 컨소시엄 구성은 노르웨이와 같이 국가의 직접 지원을 끌어내기에도 유리하다.

결국 국내 학술지를 오픈 액세스로 전환하는 과정에는 학술 커뮤니케이션의 전 주체가 참여해야 한다. 학술 연구자, 연구비 지원 기관, 대학, 도서관 등 모든 주체가 협력하면서 각자의 영역에서 기여해야 지속 가능한 오픈 액세스 전환이 가능하다. 특히 재정적인 측면에서는 이미 학술 연구 진흥과 학술지 구독을 위해 재정을 지출하고 있는 기금 기관과 도서관, 그리고 연구자가 주로 소속된 대학이 오픈 액세스 정책과 지원사업을 통해서 적절히 역할을 배분해야 한다.

그럼에도, '학술원'에 드리는 보고
포스트 코로나19 대응 한국연구재단 정책 과제를 마치며

박숙자

포스트 코로나19와 학술 정책

2021년 7월 15일 코로나 확진자가 1,600명을 넘어섰다. 현재 수도권은 4단계 방역으로 저녁 6시 이후에는 2명까지만 모일 수 있다. 코로나19가 신종 전염병으로 발견된 지 어느덧 19개월째. 책상 앞에 앉아서 이렇게 꼬박꼬박 글을 쓰노라면 가끔은 방공호 속의 '안네'가 된 것 같다. 그럴 때마다 햇볕과 바람이 깃들어 있는 거리 풍경이 홀로그램 속의 세상처럼 아늑해질 때도 있다. 매일 매시간 스마트폰으로 전달되는 '경보' 안내 문자에 흠칫 놀라며 1년여 시간을 살아내는 동안 코로나19는 한낱 바이러스의 이름이 아니라 인류학적 '전환'의 기점이 되었다.

한국연구재단에서 2020년 12월 '포스트 코로나19 대응 학술 단체 지원 사업 개선 방안 연구'라는 과제를 공모한 것 역시 이런 사정과 무관하지 않다. '코로나19'와 '학술 단체 지원 사업 개선 방안'이 연결되는 것은 '페스트'와 '산업혁명'의 관계와 유비적이지 않겠는가. 둘 사이의 관계가 이토록 자연스러운 자체가 참담하지만, 코로나19가 우리 삶의 질서와 무관하지 않다는 사실 또한 점점 분명해지고 있다. 코로나19의 자화상은 생각보다 더 참혹하게 우리 삶의 구석구석을 가시화시키고 있다. 코로나19와 국가 방역이 숨바꼭질하는 사이 콜센터의 열악한 사무실 환경은 1970~1980년대 벌집촌으로 전시되었고, 방역의 최후 보루라고 얘기되는 가정은 아동 학대의 현장으로 발각되었으며, 주 78시간의 택배/배달 노동자의 노동은 플라스틱 쓰레기 더미로 팬데믹의 알리바이를 매 순간 기록하고 있다.

'포스트 코로나19 대응 학술 단체 지원 사업 개선 방안 연구'(이하 정책 과제)를 끝낸 소감 역시 이와 다르지 않다. 처음에는 정책 과제를 연구자들의 생각을 전달하는 일 정도로 생각했다. '포스트 코로나19'라는 전제가 아니었다면 '학술 단체 지원 정책'에 관해 묻는 일이 가능했을까 싶기도 해서 어찌 되었든 연구자들의 생각을 모아보자고 했다. 연구 방법 역시 고민하지 않았다. 각 분야 연구자들이 모여서 이야기하다 보면 정책 과제의 말들이 저절로 만들어지지 않겠는가. 적어도 서로의 의견을 듣고 나누는 자리만으로도 충분하지 않을까 생각했다. 이런 마음은 FGI(Focus Group interviews)에 참가하는 다른 연구자들도 비슷했다. 하향식의 학술 정책 시스템에서 벗어나 학술 정책의 당사자로서 목소리를 집합시켜 내는 방식에 공감했다. 이번 기회에 여러 연구자의 마음을 전달할 수 있으리라 기대하며 여러 궁리 끝에 일정과 절차를 꼼꼼히 준비하며 여러 분야의 연구자들을 만났다. 인문과학 연구자, 사회과학 연구자, 학회 간사와 대학원생들, 대학 연구소 소속의 연구원 등 학회 활동했던 연구자 31명을 공동연구원 7명과 함께 만났고 이 내용을 지식공유연대 등의 회의를 통해 정리했다. 그렇게 매회 면담을 거듭해나가는 동안 원탁회의일 줄 알았던 FGI 형식의 심층 면담은 '판도라의 상자'처럼 변해갔다. 정책 과제에 담지 못한 몇 가지 느낌을 조금 더 써봐야겠다고 생각한 것도 바로 이 때문이다. 그러므로 이 글은 정책 과제를 통해 경험된 '우/리' 안의 동상이몽을 다시 한번 돌아보는 일일지도 모르겠다.

'우/리' 안의 판도라 상자

우선, 이 정책 과제의 목적은 크게 세 가지다. ①포스트 코로나19로 촉발된 학술 단체의 운영 변화 조사, ②학술지 오픈 액세스(OA)에 대한 학계 지원 요구 분석, ③학술 단체의 지원 사업 개선 방안 설계 등이다. 요약하자면 코로나19를 경유하며 학술 단체 운영을 어떻게 했는지, 그리고 앞으로 어떤 방식으로 운영할 것인지 묻는 것이다. 이를 위해 2020년 코로나19 아래에서 학술대회와 학술지 발행을 어떻게 운영/발행했는지 묻고, 학술 지식 생산/유통에 적절한 방식을 분석한 뒤 OA에 관한 생각을 정리하는 것이다. 심층 면담은 다양한 학회 관계자 4~5명 정도가 모여서 이야기를 나누는 FGI 방식으로 진행했다. FGI에 참여하는 연구자들은 모두 학술지 발간이나 학술 단체 운영 경험이 있는 이들로 섭외했다.

일단 코로나19의 여파에도 2020년 학술 단체 운영은 크게 차질을 빚지 않은 것으로 나타났다. 또 코로나19 사태가 장기화하면서 비대면 학술대회가 익숙하게 활용되었으며 그에 비례해서 학술대회 개방성도 높아진 것으로 확인되었다. 또 시공간적 제약이 완화되면서 외국 연구자들의 섭외 여건도 나아진 것으로 나타났다. 2020년 온라인 학술대회는 공간적 한계를 뛰어넘어 다양한 방식의 학술대회가 시도되고 있었다. 실제로 상당수의 학회가 온라인 비대면 형식을 선택했으며 온-오프라인 방식의 하이브리드 형식의 변화도 일부 나타났다. 향후 '학술대회 개최 지원'은 지원 항목의 유연성을 높여서 포괄적인 방식으로 지원해야 할 것이다. 코로나19를 경유하며 학술 지식 생산의 여건이 달라지고 있는 만큼 학술 단체의 실험과 도전을 독려하는 정책이 필요하다.[2]

그렇다면 코로나19 시기 연구자들의 온라인 학술대회의 경험은 어땠을까? 일단 '시공간적 제약 완화'(93.9%)가 가장 높게 나타났다.[3] 이를테면 FGI에 참여했던 지방 대학 소속의 연구자는 온라인 학술회의의 긍정성을 분명하게 언급했다. 학술대회에 참가하기 위해 기차표를 끊고 걷고 기다리며 이동했던 기억, 이동 시간 등이 엄두가 나지 않아 포기했던 경험을 떠올리며 온라인 학술대회의 긍정성을 말했다. 지방 대학 소속 연구자로 살면서 지역적 차이가 학술장의 장벽이라는 생각이 들 만큼 소외감이 있었는데 온라인 학술대회를 접하면서 심리적 격차도 줄어들었다고 했다. 학술대회뿐만 아니라 편집회의나 각종 소모임도 마찬가지였다.[4] 학술대회→학술지로 이어지는 학술 담론 생산 과정의 지역 편차 완화가 학술장의 긍정적 변화를 추동하는 청신호로 읽히고 있었다.

학술장의 패러다임 전환은 이미 도래하고 있었다. 그러나 '학술장!' 이라는 말은 '학술장?'이라는 말로 판도라 상자 속에서 그 얼굴을 빼꼼히 드러냈다. 학술장이 상식처럼 얘기될 때 누군가는 '학술장?'을 낯설게 물어왔다. 어쩌면 당연할지도 모르겠다. 학술대회가 경험되고 기록되는 과정을 보자. 연구이사가 학술 주제를 기획하고 발표자와 토론자를 섭외해서 학술대회를 준비한다. 행사 당일에는 인사말과 기획의 변, 사회자의 코멘트에 이어 종합 토론까지 오가면서 학술 담론을 생산한다. 학술 지식의 공통성이 만들어지는 과정이다. 그러나 이 풍경은 학술 지식 유통 플랫폼인 KCI나 상용 DB 어디에도 기록되지 않는다. 공공기관이나 상용 DB에서 학술 정보가 저장되는 방식은 오직 한 개인의 저작과 책임으로 '제품' 처리되어 유통된다. 학술대회 전체 기획은 언론 보도 자료나 개인 블로그에서만 탐색된다. 학술 지식 생산/유통의 구조는 학술장을 가시화하지 않는다. '학술 지식의 공통성'은 낡은 관념처럼 부유할 뿐이다. 토론과 동료 평가 등의 논의는 지워진 채 오직 한 개인의 성과로 유통되기 때문에 '학술장?'의 물음이 낯설지 않다.

온라인 학술대회에서 나타난 리터러시의 변동은 이런 변화를 더 추동할 것으로 보인다. 한 학회는 코로나 이전으로 돌아갈 날을 기다리며 학술대회 자체를 계속 유예했다. 리터러시의 변동이 주요한 원인이다. 대면 학술대회가 사회적 관계에 기반한 리터러시가 주요하다면 온라인 학술회의는 디지털 리터러시가 중요하다. 이를테면 화면 안에 발표문을 공유하면 청중은 선택적으로만 보여지거나 지워진다. 또 학술장에 공명하는 정동들은 후경화된다. 발표자와 토론자가 발표자의 눈을 마주치며 동의나 양해를 구하기도 하고, 청자를 향해 목소리의 톤과 태도를 정리하기도 하는 등의 사회적 관계에 기반한 리터러시 역량이 덜 중요해지는 것이다. 오히려 청중들의 소음을 원천 차단하기도 하고 발표 화면을 유튜브에 연동시키거나 발표 자료를 디지털 자료로 만드는 역량이 필요하다. 개인의 프라이버시를 적절하게 방어하며 공론장에 단속(斷續)적으로 참여할 수 있는 능력이 중요하다. 채팅 창에 질문과 소감을 올리고 발표자의 농담에 이모티콘으로 반응하는 것 또한 마찬가지다. 학술 담론을 소통하는 방식 자체가 달라진 것이다. 발표자가 청중의 반응을 요구할 때 거리 감각의 변화에 당황해하며 '나가기'를 선택하는 일도 허다하다. 온라인 학술회의장에서 소통의 변화는 학술장의 변화로 수용되기도 하고 위기로 읽히기도 한다. 분명한 것은 이 변화가 모두에게 같거나 균질하지 않다는 사실이다. 어떤 학회는 온라인 공론장을 반기며 공론장의 확대로 대처하기도 하지만 또 다른 학회는 공론장의 변화를 위기로 해석하는 경향도 있었다.

실제로 온라인 학술회의 방식에서도 다양한 기술 실험이 시도되고 있었다. ①학회는 학술 논문을 아카이빙하는 여러 방식을 시도해보고 있었다. 위키 페이지를 만들어 발표 논문을 올리거나 구글 문서로 질의 응답을 받거나 하는 식으로 다양한 채널을 실험하며 온라인 학술장을 업그레이드했다.[5] ②학회는 학술대회를 유튜브로 동시 송출하고 있었는데 사전에 발표자와 토론자에게 초상권과 관련한 '사전 동의서'를 받았다. ③학회는 학술대회 영상 송출 과정에서 수화를 활용했고, ④학회는 유튜브 송출과 줌 연결을 동시에 시도하면서 비용 대비 학술회의 효과를 손익분기점처럼 계산했다. ⑤학회는 동영상 촬영과 송출 작업을 지역 방송사와 협력해서 해결하며 학술대회 접속의 변화를 꾀했고, ⑥학회는 공공기관과 공동으로 학술대회를 주최하며 유튜브 활용과 송출에 따른 비용을 해결했다. 각 학회는 기존의 네트워크와 기존의 내공을 총동원하면서 온라인 학술장의 변화를 주체적으로 실험했다.[6] 이 과정에서 주목할 것은 온라인 학술대회장을 어떻게 활용할까이다. 많은 학회가 온라인 화상회의 시스템(zoom)을 활용해서 저비용 고효율로 '겨우' 학술대회를 개최했지만, 대규모 학술대회나 하이브리드한 운영 방식은 자금과 운영 능력 등의 이유로 선뜻 선택하지 못했다. 그러나 앞선 사례처럼 지역 방송국과 연결하거나 공공기관과 공동 주최하는 등의 연결은 시사하는 바가 크다. 학회가 공공기관의 지원을 받아 행정 비용까지 학회 자체 인력으로 해결하는 방식이 아니라 공공기관의 플랫폼을 공유하거나 대여하는 방식으로 문제 해결의 가능성을 찾는 것은 향후 학술대회를 기획할 때 좋은 대안이 될 수 있다. 학술 정보만 더 개방적인 방식으로 공유된다면 학술 지식의 공공성은 조금 더 개방적인 방식으로 확장될 것이다. 단, 학술회의 정보가 공유된다는 전제하에서 그렇다. 지금처럼 학술대회 정보가 회원 중심으로 메일링하는 관행은 개선되어야 할 것이다. 학술 정보가 집합되는 연구자 중심의 플랫폼이 필요하다.

아울러 학회 내부의 소통 역량 강화로 디지털 리터러시를 대체·보완하는 예도 있었다. 몇몇 학회들은 코로나19에도 학회의 잠재성과 확장성을 꾀했다. 이를테면 A 학회는 코로나 시기에 학술대회를 더 자주 기획했다. 학술대회 '비용' 변수가 사라지자 다양한 기획이 손쉽게 가능해졌다. 학술 지식 어젠더 생산을 둘러싼 학회 내부의 수평적 소통 체계가 영향을 미친 결과이다. B 학회는 평소 소규모 학술 행사를 줄곧 기획하면서 학술 담론을 지속해서 생산하고 있었는데 코로나19 시기에도 학술장의 활력을 유지하고 있었다. C 학회는 평소 논문 투고 편수가 많은 학회였는데 온라인 학술대회에서도 여전히 종합 토론을 활발하게 했다. 이 학회는 온라인과 오프라인을 연결하며 학술장 자체가 활발한 편이었다. 그러나 D 학회는 '대면' 학술대회를 기다리며 학술대회를 미루고 있었다. 학술대회의 원칙을 고수하는 연구자가 많다고 할 수도 있겠지만 이는 학술장 자체의 회복 탄력성이 덜한 경우로 보였다. E 단체는 대형 학술대회를 조직하는 연구소인데, 학술 행사에서 '규모'를 산출해야 한다는 부담 때문에 학술 행사를 미루고 있었다. 결과적으로 학회 내부의 수평적 소통과 상시적인 학술 어젠더 생산의 구조 등이 학술장의 회복탄력성에 영향을 미치는 변수로 작용하고 있었다. 학회 내에 사회적 관계를 촉발하는 논의 구조가 있는지, 그 관계가 수평적이고 민주적인지 더 중요해진 것이다. 이런 관계들이 학술장의 지속가능성을 만들어낼 수 있는 근간일 것이다.

이와 관련해서 판도라의 상자 속 두 번째 키워드로 '그림자 노동'에 대해 생각해 보았다. FGI 대학원생팀의 논의를 중심으로 살펴보려고 한다.[7] 사실 이 팀의 논의에서 묵은 감정들이 툭툭 불거져 나왔는데 그만큼 더 참고할 만한 언급이 많았다. 학술장 논의만 하더라도 그렇다. 이를테면 "학회 준비할 때 떡도 항상 맞춰서 들고 가고, 추운데 데스크에 온종일 앉아 있고, 그런 식의 노동은 이제 없어졌어요"라거나, "(학술대회) 복도…, 거기서 제가 느꼈던 감정은 소외에 가까웠던 것 같아요"라고 말하거나, "여기는 누가 모여 있지, 어떻게 서로 다 알고 있지, 나는 저기 끼기 어렵겠군. 이런 느낌"을 떠올렸다. 학술대회가 열리는 복도에서 짧게라도 나누던 '인사'를 두고서도 입장이 엇갈렸다. 누군가는 친밀감을 나누는 자리로 만남의 순간을 기억하기도 했지만, 또 누군가는 '얼굴도장'을 찍어야 하는 감정 노동의 장소로 떠올렸다. 오프라인 학술대회의 단점으로 감정 노동에 관한 언급이 부분적으로 나타났는데 이런 말들이 대학원생팀에서 이러저러하게 흘러나왔다.

간사를 큰 사명감을 가지고 하는 것이 아니라면 이 일은 굉장히 부담이 많이 되는 일이고, 실수할 때, 물론 검수해주시기는 하지만, 실수하거나 하는 꿈을 여러 번 꿨어요. 당시에. 왜냐하면 굉장히 스트레스 지수가 높아지는 일이라서. 간사가 그 책임을 많은 부분을 떠맡아야 하고…. (대학원생5)

'학회에 투고되는 논문을 보면서 공부도 할 수 있고'라는 부분에 물음표를 쳤어요. 학회에 따라서 편집간사도 다양한 일을 하지만, 저는 심사위원 섭외 이후의 일을 제가 다 한다고 보면 되는데, 거기에는 에디팅이라고 했을 때 떠올리는 것들, 교정 교열을 보고, 검수하고 그것을 제가 다 했어요. 그것을 2년 동안 한 것이고, 이 일을 학회에서 가장 잘할 수 있는 사람을 고르자면 그것은 '나다' 그렇게 생각하거든요. 그런데 어떤 경험을 했냐면, 시간 강사 제의가 들어와서 이력서를 써야 하는데, 이게 어떤 경력도 될 수 없는 거예요. 간사라는 것은, 2년 동안 이 학회가 저의 전문성을 보장해주고 그것과 맞닿아 있고, 그런 분야와 맞닿아 있고, 제 주변의 많은 선생님이 능력을 인정해줌에도 전혀 서류화가 될 수 없는, 2년 동안 용돈벌이 이상의 의미를 공적으로 찾을 수가 없는 거예요. 그런 게 문제인 것 같고, 학회 선생님들도 편집간사 일이 힘든 것을 알고 있고, 좋은 기회가 있으면 소개도 해주시고 하지만, 정작 필요할 때 이 일이 어떤 것이었는지를 설명할 수 없다. 그런 것을 생각하면 간사의 일이라는 것이, 학문후속세대로서 간사 일을 한다는 게 전혀 학문 후속과 연결될 수 없는 그런 노동이라고 생각이 들고, 연구자로서의 정체성 같은 게 흔들리는 경험이기도 한 것 같아요. 다른 사람들이 투고하는 것을 보면 나도 투고해야 하는데 남의 글을 읽고 있는 거예요. 논문을 보고 공부한다고 하셨지만, 논문을 여러 번 보면서 교정, 교열을 보는 것이 공부라고 할 수 있을까? (대학원생 2)

대학원에 와서 간사까지 하는 저희는 앞으로 학자가 되겠다는 거거든요. … 제 자신을 학자라고 부르기에는 너무 부족하지만, 그렇게 인정해주기를 바라는 이유는, 저희가 쓰는 시간의 많은 부분은 실질적으로 공부하고 글을 쓰는 데 시간을 써야 하는 상황이고, 간사 일은 부수적인 업무라는 말이죠. 그러다 보니까 실수할 수도 있죠. 특히 돈을 다루는 일이나, 지원 사업을 놓치거나 그런 일이 생기는데, 그만큼 공부하는 학생이고, 본분은 공부를 많이 하는 것이라는 것을 깔고 대해주실 때 제일 편해요. 시간을 빼서 일하고 있구나, 이렇게 생각해주실 때 맞는 말이라고 느껴져요. (대학원생 4)

학회는 점점 늘어나거든요. 왜 늘어나는가 하는 것은, 교수급 연구자들의 생각에는 일단 학회를 만들어 놓고, 유지하는 비용은 저임금 또는 무임금의 대학원생으로 채우면 된다는 사고방식이 있는 것 같아요. 이런 사고방식 자체를 바꾸고, 그래서 간사 임금 하한제 같은 것이 있으면 좋겠어요. 한 달에 얼마 이상은 무조건 줘야 하고, 못 주는 학회는 등재지에서 잘라버리는 거죠. (대학원생 1)

이 말들 속에 '돌아가고 싶은' 학술대회 장면은 포착되지 않았다. 그 이유는 학회 내 간사 위치가 '학술'도 '노동'도 아닌 '이력'에 한 줄 넣을 수 없는 '그림자 노동'이기 때문이다. 그런데 이들이 느끼는 실제 간사의 학회 내 역할은 '간사'가 아니라 '책임'에 가까운 것이 많다고 느낄 만큼 상당수의 일을 책임자처럼 해내고 있었다. 대학원생2는 "심사위원 섭외 이후의 일을 제가 다 한다"라고 했고, 그 일이란 "교정, 교열, 검수" 등의 학술지 편집에 해당하는 모든 일이었다. 내가 했고, 내가 한 것을 모든 사람이 알고 있지만, 내(네)가 했다는 사실을 말할 수 없는 일이다. '간사'라는 이름으로 감내하고 있지만 일의 의미는 느낄 수 없다고 했다. 대학원생5 역시 본인이 맡은 일에 실수를 걱정하며 악몽을 꾼다고 했다. '간사 이상'의 일을 떠맡았기 때문이다. 대학원생4는 '학문후속세대'라는 명명이 반갑지 않다고 하면서 학문후속세대라는 말이 마치 '학자가 아니다'라는 말처럼 들린다고 했다.

이 느낌은 학문후속세대의 위치에서 분명하게 드러난다. 대학원생4는 대학원생 학술대회 세션이 축소된다는 얘기를 가게 사정이 안 좋아지니 알바부터 해고하는 시장 질서처럼 받아들이고 있었다. 이런 생각을 더 노골적으로 꺼내 놓는 대학원생5는 "대책 없이 학회를 만들고", "저임금의 간사 노동"으로 학회를 운영하는 교수를 비판했다. "간사 없이 운영되는 학회"를 만들든지 아니면 "한 달에 얼마 이상 지급할 능력이 안 되면 등재지에서 잘라버리는 거죠"라고 했다. 덧붙여 그는 학술대회장에서 간사 일하다가 사고가 나면 누가 책임질 것인지 물었다. 그러면서 얼마 전 뉴스에서 외주 업체 직원이 플래카드 걸다가 사고 난 사건에 빗대어 얘기했다. 학술대회장은 근로계약서 없는 알바 노동이 무수히 일어나는 곳이 아닌가. 누군가는 학술대회장에 걸린 플래카드를 보면서 억울한 노동을 떠올릴지도 모를 일이다. 간사 노동을 상수로 놓고 대책 없이 학회(단체)를 만드는 교수들을 보면서 어떤 이미지를 떠올렸을지 묻지 않아도 짐작할 수 있다. 학술장을 상상하면서 학문후속세대와 독립연구자 등의 몫을 새롭게 배치하려는 노력이 필요하고 무엇보다 대학의 서열 구조를 고스란히 투영시켜 학회를 운영하는 연구자들의 성찰이 시급하다.

사실 대학원생팀뿐만 아니라 FGI에 참여한 다른 연구자들 역시 간사 인건비 문제의 해결을 얘기했다. FGI에 참여했던 많은 연구자의 생각이 대개 비슷했다. 한국연구재단에서 학술대회 개최 지원이나 학술지 발간 지원을 받아도 인건비를 지급할 수 없으므로, 이러저러한 셈법으로 학회 재정을 만들어 알뜰/인색한 인건비를 만드는 사정은 학회 이사를 1~2번만 해보면 대개는 짐작할 수 있다. 간사 인건비 지원은 꼭 현실화해야 한다. 간사 인건비를 책정해야만 학술장의 변화를 기대할 수 있다. 또 적극적인 패러다임 전환을 위해서 질 높은 학술 정보 플랫폼, 논문 투고 시스템 등을 시급히 도입해야 할 것이다. 이는 공적 기금 투입으로 해결해야 할 문제이다. 지금처럼 연구자의 봉사와 헌신으로 학술지를 발간하는 구조로는 포스트 코로나19 학술장을 상상하기 어렵다. 현재의 학술 지식 생산과 공유 방식은 학술장을 비가시화하고 각종 출판 노동을 지워낸 결과이기 때문이다.

판도라의 상자 속에서 꺼낸 마지막 키워드는 '이익 집단'이다. 매회 거듭되는 FGI 자리에서 얼핏 설핏 드러난 말이기도 한데 학회에 대한 약간의 불신을 표현한다. 여기에서 '약간'이라는 수사를 덧붙인 것은 순전히 주관적이다. 약간이기를 바라는 마음 때문이 아니라 이 말을 꺼낸 연구자의 복합적인 문맥을 전달하기 위해서다. 한 연구자는 학회가 점점 '이익 집단'이 되고 가고 있다고 말했고,[8] 이를 듣고 있던 또 다른 연구자 역시 (그 말이) 뼈아프다고 하면서 연구자의 '기득권'을 반복 재생산하고 있다고 했다. 이 대화를 들으며 이러저러하게 주워들었던 몇몇 정보들이 머릿속을 스쳐 지나갔다. 학술지에 논문 투고를 많이 한 연구자에게 시상하자는 학회,[9] 학회 주관의 공로상이 교수 업적 평가에 도움이 되니 추진해보자는 학회, 학술대회 개최가 학회 운영에 재정적으로 도움이 안 되니 횟수를 줄이자는 학회, 학회 운영진과 편집위원회가 구분되지 않은 채로 논문의 심사 과정에 개입하는 학회 등이다. 학회가 교수 집단의 '이익'을 위해 운영되고 있다는 사례가 차고 넘친다.

'학회가 이익 집단'일 수 있다는 말은 독립연구자가 한 얘기이다. 그는 학회에서 '우리'라고 느끼지 못하는 불편한 느낌의 본질이 바로 '대학 소속' 여부에 있다고 에둘러 표현했다. 독립연구자가 느끼기에 학회는 대학에 소속된 자들의 모임 정도로 읽히고 있었다. 인문사회 분야 학술지가 무엇을 놓치고 있었는지 보여주는 단면이다. '본인들끼리 투고하고 본인들이 심사'하는 '논문 공장'은 이익 집단의 최후 모습일 수 있다.[10] 만약 한 개인의 '논문'을 생산하고 유포하는 출판물 정도로 인식된다면, 그리고 그 목적에 부합하기 위한 '논문' 발행만을 목적으로 한다면, 또 이 과정에서 자의 반 타의 반으로 폐쇄적으로 운영한다면, 이익 집단은 어찌 보면 당연한 절차이자 결과일 것이다. 학술 생태계가 대학 중심, 연구재단 중심으로 재편된 것 역시 무관하지 않다.

여기에서 한가지 짚고 넘어갈 것은 학회의 영세성과 학회의 폐쇄성을 구별해야 한다는 것이다. FGI 자리에서도 반복적으로 드러난 바 소규모 학회를 '학회 난립'과 구별하는 것이 필요하다. 학문 분야별로 전문적이고 다양한 학술 담론 생산이 가능한 구조를 만들어야 하고 그런 전문적 학회의 다양한 학술 담론 생산을 지원해야 한다. 포스트 코로나19를 기획하며 필요한 것은 학문 생태계의 활력과 생기이다. 학술장 자체를 가능하게 하는 학술 담론 생산에 참여하지 않고 오직 학술지 생산만으로 자족하는 것, 그렇게 학술 생태계를 공동화시키는 것이 문제이다. 향후 필요한 것은 학회의 개방성을 높이는 것이다. 소규모 학회의 연결성을 높일 수 있는 학회 네트워크 방안이다. 의학학술지편집인협의회(의편협), 과학학술지편집인협의회(과편협)와 같은 형태의 편집위원회 연합을 통해 학술장의 활력을 높이는 방안이 필요하다.[11]

포스트 코로나19 학술장은 어떤 식으로든 전환될 것이다. 우리는 이미 그 변화 안에 있다. '코로나19 이전'은 모두의 이상이 아니다. 학술장이 지워진 논문 유통 플랫폼, 다양한 연구 노동을 그림자 노동으로 만드는 학술지 발간, 그리고 학회 운영과 학술 생태계를 대학의 서열 구조로 관리하며 이익 집단이 된 학회는 우리 안의 '판도라의 상자'이다. 학술장을 지워낸 논문 유통 시스템, 그림자 노동으로 생산하는 학술지 편집, 이익 집단이 된 비윤리적·폐쇄적 학회 운영은 패러다임 변화를 어떻게 이끌어야 하는지 보여주는 반면교사이다. 학술 생태계의 활력과 생기를 만들기 위해 학회 내부의 수동적 소통 과정을 만들어내고, 학술대회 기획을 고민하고 공유할 수 있는 학술 정보 플랫폼을 연구자 중심으로 기획하는 동시에, 학술장에서 필요한 인건비 지급을 정당하게 명시할 수 있을 뿐만 아니라 출판 인력의 전문성을 높여 지속할 수 있는 학술지 편집 체제를 만들어야 한다. 공통성이 부재한 학술장, 그림자 노동, 이익 집단 등은 모두 학술 생태계를 공동화시킬 것이다.

그럼에도, '학술원'에 드리는 보고

정책 과제를 마무리하면서 카프카의 「어느 학술원에 드리는 보고」가 떠올랐다. 이 작품에서 원숭이 페터는 관리 기관인 학술원에 성과 보고를 해야 하는 상황에서 이렇게 얘기한다. "존경하는 학술원 여러분! 여러분께서는 제가 원숭이로 살던 시절에 관해 학술원에 보고해달라는 과제를 주셨습니다. 그런데 저는 여러분의 기대만큼 이 과제에 부응할 자신이 없습니다."[12] 정책 과제 보고서를 마무리하는 시점에 아이러니하게도 페터의 상황이 오버랩되었다. '한국연구재단 여러분! 선생님들께서 저한테 포스트 코로나19 학술 단체 운영과 관련해서 정책 과제의 성과를 요구하셨지만 (지금과 같은 지원/평가 제도로) 코로나19 이후 학술장이 더 좋아질 거라고 말씀드릴 자신이 없습니다'라고 말이다.

연구자가 원숭이 페터의 상황에 감정 이입하는 게 적절하지 않다고 생각할 수도 있다. 하지만 인문사회과학 연구자에게 한국연구재단은 짐작보다 더 영향력 있는 관리 기관일지도 모르겠다는 게 지금의 짐작이다. 이를테면 "지금의 연구자들이나 새로운 연구를 시작하는 박사과정생들도 한국연구재단을 상수로 전제한 다음에 연구를 시작"[13]한다고 말한다. 그만큼 인문사회과학 연구자들에게 한국연구재단의 지원이 강력하게 영향을 미치고 있는 듯하다. 사실 정확히 말해 '영향'이 아니라 '의존도'라고 했으며, 연구자가 자기 연구를 지속하기 위해 연구재단의 '방향'과 '지표'에 신경 쓰지 않을 수 없다고 말했다. 한국연구재단의 지원이 결과적으로 연구의 방향에까지 상당한 수준에서 영향을 미친다고 볼 수 있다. 학술대회 개최와 학술지 발행 지원의 경우 사정은 더하다. 영세한 재원으로 학술지를 발간하는 구조이기 때문에 공공기관의 지원이 필요하다. 그러나 논문 생산과 공유의 과정을 다시 한번 생각해보면, 학술 논문 발간 이후 한국연구재단은 논문 업로드를 강제하지만 정작 학술지 발간 지원에서는 학회들을 줄 세운다. 학술지 발간 지원 기준의 공공성을 높이고 그 기준으로 출판비를 지원하면서 논문 업로드를 요구해야 할 것이다. 상용 DB의 행태를 비판하며 "논문은 학자가 썼는데, 왜 돈은 업체가 버나"[14]라고 말하지만, 결과적으로 공공기관이나 상용 DB나 연구자들이 다 차려 놓은 밥상에 숟가락 없는 태도는 학술 지식 데이터 댐의 관리자/사업자로 나서는 것과 엇비슷해 보인다.

어쨌든 포스트 코로나19 학술장의 패러다임은 변화될 것이다. 가치가 양립할 것이고 기존의 관행과 규범이 정답인 양 차용될 것이며 책임과 권리의 주체조차 달라질지 모른다. 이번 FGI만 보더라도 여러 견해가 길항했다. 이 논의를 정리하는 세 가지 지표로 공공성, 자율성, 지속가능성을 꼽아보았다. 첫 번째 지표는 '공공성'이다. 학술 담론을 생산하고 유통하는 원리로 공공성이 필요하다. 대개 학술지와 학술대회로 학술장이 밖으로 드러나는데 이를 지원하는 원리로 공공성이 중요하다. 공공성은 학술 지식을 둘러싼 자본주의와 국가주의의 틈바구니에서 우리 안에 지워진 학술장의 공통성을 회복시켜낼 가치이다. 그 방안으로 학술 정보를 공유하고, 온라인 학술장에 접근할 권리를 공유하는 방안이 필요하다. 지금까지 '학술지 발행 지원'과 '학술대회 개최 지원'의 지원 기준은 '수월성'이었다. 학술지 발행 지원에서 '우수'학술지의 경우 가산점은 선정 결과에 직접적인 이유가 되었다. 인문사회과학 분야 학술지의 약 10퍼센트 정도만 지원 대상이 되는 현실을 생각할 때 학술지 발행 지원에서 우수학술지 가산점은 이중 수혜일 뿐이다. 우수학술지로 지원과 혜택을 받고 있는데 거기에 더해서 학술지 발행 지원으로 또다시 지원하는 것은 학술지 발행 지원의 의의를 외면한 처사이다. FGI에 참여한 31명 중 28명이 학술지 지원 사업의 선정 기준으로 '학술지 공공성'에 답한 것은 이런 상황을 반영한다. 정책 과제를 마감하면서 'OA 학술지 지원 트랙 신설'을 정책 대안으로 제시한 것 역시 이런 생각을 요약한 것이다.[15] OA 학술지는 학술 지식의 공유를 위한 방책이기도 하지만 학술 지식의 민주적 접근을 위한 방안이기도 하다. OA 학술지 지원 트랙은 공공 재원의 투입 목적을 분명히 드러내는 정책 방안이 될 것이다.

1) 공공성 지표: 학술장의 상생과 공존

- 공유의 원리:
  - 학술정보 플랫폼(학술 정보 격차 해소)
  - OA 학술지 지원(지식 정보의 소통과 균형)
  - 온라인 학술회의 접근권(공유와 대여)

- 공개의 원리:
  - 학술 단체 지원 내용, 상시 공개

- 학술지 운영 내용, 상시 공개(학술지 평가 대체)
- 저작권 계약 내용(CCL) 강화, 공개

두 번째는 지속가능성이다. FGI에 참가한 모든 연구자에게 사전 설문조사를 했을 때 100퍼센트가 나온 문항이 있는데 바로 '출판 인력 지원'이다. 향후 국내 학술지의 지속가능성은 '출판의 전문화'가 관건이 될 것이다. 그런데도 국내 학술지 발간에서 출판에 대한 지원은 거의 공백 상태라고 해도 과언이 아니다. 현재 학회마다 교정 교열은 간사가 감당하거나 아니면 저자 책임 정도로 돌리고 있다. 이렇게 되면 학술지의 전문성은 만들어지지 못한다. 학회 간사나 이사가 1~2년 정도의 주기로 바뀌는 것을 감안하면 상황은 더욱 암울하다. 학술지 출판에서 핵심 영역이자 전문 영역인 출판의 자리는 온전히 지워지고 그 결과만을 상용 DB가 전유하고 있는 셈이다. 단언컨대 학술지의 지속가능성을 가늠하는 관건은 출판이다. 이를 위해 '출판 인력' 전문화에 나서야 할 것으로 보인다. 앞서 일별한 것처럼 간사와 이사들의 그림자 노동으로 이루어지는 학술지 발간은 윤리적이지도 않고 지속 가능하지도 않다. 이를 보완하는 시스템으로 학문 분야별 편집위원회 연합도 생각해볼 필요가 있다. 현재 인문사회 분야 편집위원회만 없는 상태이다. 과편협, 의편협과 같은 지원 조직이 있다면 학술 지식 생산 방식을 좀 더 안정적으로 도모할 수 있을 것이다.

2) 지속성 지표: 지속 가능한 학술 생태계 구축

- 학술지(단체)의 전문성:
  - OA 학술지 출판 지원('OA 학술지 지원' 트랙 신설)
  - 편집위 연합 지원
  - 논문 중심의 학술지 평가 재고(서평, 리뷰 등 장려)

- 윤리의식 강화:
  - 인건비 현실화 – 간사 노동(인건비) 명시
  - 연구 윤리 지침 개발(온라인 학술회의)
  - 'OA 브나로드'(학술 지식의 사회적 역할 강조)

세 번째는 자율성이다. 포스트 코로나19 학술장에서 회복탄력성은 학회의 자율성에서 나올 것이다. 한국연구재단의 학술지 지원/평가가 당근과 채찍으로 작용한 것도 분명하지만, 지금 필요한 것은 공공기관과 연구자 커뮤니티가 '신뢰' 관계를 만들어내는 일이다. 학술 지식의 공공성과 거버넌스는 피할 수 없는 당면 과제이다.[16] 전임 인력 없는 학술단체가 학술지 지원과 학술지 평가를 감당하기 위해서는 그림자 노동으로 현상 유지하거나 공공기관의 지원 기준에 따라 학회의 구조와 회칙을 바꾸면서 '프로크루스테스의 침대'를 자처했다. 학술 단체 운영자라면 절감하겠지만 학술지 평가와 지원을 받기 위해 젬스로 신청하고, 학술지 발간 횟수를 조정하는 등 학술지 변화의 중심에는 외적 동력이 강력하게 작동하고 있다. 학술지가 학술 생태계의 활력과 생기 속에서 밖으로 드러날 때 학술장의 자정과 성찰이 강화될 수 있다. FGI에 참여했던 한 연구자는 FGI 회의가 끝나는 마지막 순간까지 "서평을 살려야합니다"라고 간곡하게 말하기도 했다. 학술지 내용을 리서치 논문과 학술 논문, 서평 등으로 다양하게 구성해야만 학술 담론의 다양한 목소리가 살아날 수 있다는 주장일 것이다.

3) 자율성 지표: 학술장의 확장성과 회복성

- 학술지의 자율성과 다양성
  - 학술 단체 지원의 포괄적 접근(비목 유연화, 인건비 명시)
  - 연구자 중심의 학술 커뮤니티(소규모 모임) 지원
  - 기술 정보비의 포괄적 접근(다양한 접근과 실험)

- 환경 변화 대응-확장성과 회복성
  - OA 전환 지원(학회-공공기관 통합 연계)
  - 연구자 커뮤니티 중심의 학술 정보 플랫폼
  - 연구자 커뮤니티 중심의 거버넌스 구성

포스트 코로나19 정책 과제를 마무리하며 우리 안의 판도라의 상자속에서 학술장?, 그림자 노동, 이익 집단 등을 꺼냈다. 학술장의 공동 기획과 집단 지성은 기록·유통되지 않고 있으며, 학술 지식 생산은 간사들의 그림자 노동으로 대체되고 있다. 학술장이 점점 공동화(空洞化)되고 있지만 학술 지식의 자본주의적 전유는 쉽게 나아질 것 같지 않다. 연구자들은 개인의 연구 성과로 치열한 경쟁을 하는 데 익숙해지고 있으며, 그러는 사이 학술 생태계는 각자도생의 정글로 변해가고 있다. 대학원생, 독립연구자, 소규모 학회의 말을 다시 돌아본 이유이다. 그런데도 학술장의 패러다임 전환은 학술 생태계 내부에서 시작될 수 있다고 믿는다. 포스트 코로나19 학술장의 활력은 이미 오래된 미래처럼 연구자 내부에 도래하고 있지 않은가. 이 글의 마지막을 '그럼에도, '학술원'에 드리는 보고'로 쓴 것은 '오래된 미래'이지만 어쩌면 그 공통성의 근간이 잊히지 않고 있다는 믿음 때문이다. 즉, '학술장! 학술장?'의 현실에도 어쩌면 학술 지식의 공통성을 지속해서 생산할 수 있는 '학술원'이 이미 '우/리' 안에 있을지도 모를 일이다. 보고서를 마무리하며 꼭 해야 할 말이 있다면 나의 공부가 너의 배움이 되는 데 필요한 것은 나와 '너'가 동시에 발 디딜 수 있는 공유지라는 오래된 기억. 그것만이 유일한 희망이라는 사실이다.

학술지 오픈 액세스 출판 전환을 둘러싼 두 거인의 협상 이야기

이수상

협상의 전개

거인-1: 캘리포니아대학(UC)

UC는 캘리포니아의 주립대학이며, 1868년에 오픈한 버클리(Berkeley) 캠퍼스부터 최근 2005년에 오픈한 머세드(Merced) 캠퍼스까지 전체 10개의 캠퍼스[1]로 구성되어 있으며, UC 시스템(UC System)이라고 부르기도 한다.

UC의 연구 인프라 관련 현황을 요약하면 다음과 같다. ㉠UC 저자(UC authors)는 매년 5만 건의 학술 논문을 생산하며, 이는 미국 전역의 논문

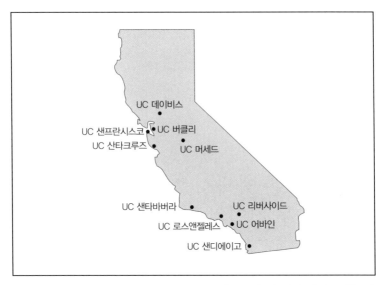

캘리포니아대학 : 각 캠퍼스는 캘리포니아주 전 지역에 흩어져 있으며, 대부분이 미국 대학교 순위뿐만 아니라 세계 대학교 순위에서 앞서 있는 명문대학들이다. 2021년 1월 현재, UC 대학은 160개 전공(학과), 800개 학위 프로그램, 280,000명 이상의 학생, 227,000명 이상의 교수진 및 직원, 64명의 노벨상 수상자, 그리고 200만 명 규모의 동문 등으로 구성되어 있다.[2]
출처: www.goldenwestcollege.edu

출판량 기준 10% 수준에 해당한다.[3] ⓛUC 저자 논문의 약 18%(약 9,000건)는 엘스비어 학술지에서 출판하고 있다. 그리고 UC 논문의 81%는 23개 출판사에서 출판하며, 그중에서 5개 출판사의 비중이 50%를 차지한다.[4] 구체적으로 엘스비어(18%), 스프링거 네이처(Springer Nature)(10%), 와일리(Wiley)(9%), IEEE(9%), ACS(5%) 등으로 나타난다. ⓒ2019년 기준, UC의 연간 학술 DB 구독료는 4,000만 달러(약 440억 원)이며, 그중 엘스비어의 학술지 구독료로 1,100만 달러(약 121억 원) 수준의 비용을 지불하고 있다.[5] ②UC 저자는 논문의 OA 출판을 위한 비용으로 1,000만 달러(약 110억 원)를 지불하고 있다.

UC 측의 협상은 대학을 대표해 UC 도서관(UC Libraries)이 담당했으며, 10개의 캠퍼스 도서관(UC Campus Libraries)과 CDL(California Digital Library)로 구성되어 있다.[6] 물론 각 캠퍼스 도서관은 여러 개의 분관으로 구성되어 있다. 예를 들어, 버클리 캠퍼스의 도서관인 'UC Berkeley Library'는 캠퍼스 내에 30개 이상의 분관들로 구성되어 있다. 그리고 이번 협상의 본부 역할은 CDL이 담당했다. 1997년에 개설한 CDL은 캠퍼스 도서관들, 학술 정보 파트너들과 협력해 구축한 디지털 연구 도서관이며, UC 연구자들에게 다양한 유형의 디지털 학술 정보에 대한 접근과 활용이 가능하도록 서비스를 제공하고 있다.[7]

거인-2: 엘스비어

엘스비어는 1880년 네덜란드 로테르담에서 작은 규모의 출판사로 시작했으며, 현재 세계 최대 규모의 학술 출판사로 성장했다. 그리고 엘스비어는 1993년에 리드 인터내셔널(Reed International)이라는 회사와 합병한 이후, 현재는 릴렉스(RELX)의 자회사로 활동하고 있다. 이 자회사는 2001년에 공식적으로 엘스비어(Elsevier)라는 이름으로 변경한다. 엘스비어의 핵심 비즈니스는 학술 출판사와 학술 DB 유통사로 역할이 구분된다.

학술지 출판사로서 엘스비어

학술지 출판사로서 엘스비어는 엘스비어 학술지(Elsevier Journals)를 발간하는 사업을 담당한다. 2020년 초에 발간한 『2019년 연감』[8]에 나타난 데이터 기준으로 엘스비어 학술지는 약 2,500종 규모이다. 여기에는 약 2만 2,000명의 편집위원이 활동하고 있다. 그리고 2019년에 6개의 구독학술지와 100개의 완전 OA 학술지를 창간했다고 하니, 매년 신규 학술지들이 추가되고 있는 셈이다. 2019년 기준 엘스비어 학술지는 총 49만 6,000건의 학술지 논문을 출판했다고 한다. 즉, 엘스비어는 연간 약 50만 건 수준의 학술 논문을 출판하는 대규모 학술지 출판사이다.

엘스비어는 엘스비어 임프린트(Elsevier Imprints)라는 브랜드 명칭을 사용하는 출판사들을 보유하고 있다. 임프린트는 출판(제작과 보급)을 책임지는 법인으로써, 출판사가 아니라 출판된 저작물 제품명(trade name)의 의미로 사용되고 있다.[9] 대부분은 페르가몬 프레스(Pergamon Press), 아카데믹 프레스(Academic Press), 셀 프레스(Cell Press), 모스비(Mosby) 등과 같이 이전에 독자적으로 운영되던 출판사들이다. 엘스비어에 인수된 이후 이들은 독자적인 출판은 하지만 법적인 책임(소유권 유지)은 엘스비어가 담당하는 형태로 운영된다. 결국 엘스비어라는 거대 출판 그룹을 형성하는 자회사들이다. 2021년 현재 엘스비어 임프린트는 10여 개의 출판사 라인업으로 구성되어 있으며, 단행본과 학술지를 출판하고 있다.[10]

학술 DB 유통사로서 엘스비어

학술 DB 유통사로서 엘스비어는 다양한 유형의 학술 콘텐츠DB 사이트를 제공하고 있다. 가장 대표적인 것이 ScienceDirect라는 학술 DB이다. UC뿐만 아니라 전 세계 연구 기관과 대학의 도서관들은 엘스비어와 계약을 통해 ScienceDirect를 구독하고 있다. 1997년 약 50여 개 온라인 학술지들을 묶어 ScienceDirect라는 이름으로 유통되기 시작한 이래 2021년 1월 27일 현재 4,366종의 학술지와 3만 667권의 전자책으로 구성되어 있다.[11] 약 3,000종의 학술지는 엘스비어 출판사의 학술지 (2021년 2월 기준 2,178종),[12] 학회 파트너들(Elsevier Society Partners)[13]에서 출판하는 학술지(약 600종)와 학회 발표 논문집, 그리고 엘스비어 임프린트의 학술지(약 300종 추정) 등을 포함한다. 이 중에서 현재의 학술지 상태가 '출판 가능한(accepts submissions)' 경우는 약 2,500종이다. 그리고 현재 전체 논문 건수는 약 1,600만 건[14]이며, 이 중에서 140만 건(약 9%)은 OA 논문이라고 한다.[15] 물론 최근 논문들에서 OA 논문 비율은 더 높을 수 있다.

ScienceDirect 학술지들은 다양한 유형의 장서들(Journal Collections)로 구분된다. 특히 29종으로 구성된 『Cell Press』, 59종의 『Clinics Review Articles』, 의학 분야의 전문 학술지 『The Lancet』 등과 같은 특수한 영역의 학술지들이 포함되어 있다. 이러한 학술지들은 크게 물리학 및 공학(Physical Sciences and Engineering), 생명과학(Life Sciences), 건강과학(Health Sciences), 그리고 사회과학과 인문학(Social Sciences and Humanities)의 주제 범주로 구분된다. ScienceDirect는 이들 학술지에 수록된 논문들의 검색과 원문 접근을 제공하기에, 각 도서관과 계약을 통해 원문 접근 라이선스를 확보한다. 연구 역할이 강조되는 대학도서관들은 ScienceDirect의 전체 장서, 특히 학술지 패키지를 대상으로 하는 구독 계약, 소위 말하는 빅딜(big deal)을 통해 연구자들에게 학술지 논문의 원문에 접근할 수 있도록 한다.

협상 중단 사건의 발생 2019년 2월 28일, UC는 엘스비어와 학술 DB 구독 갱신 협상을 중단한다고 발표한다.[16] UC의 목표는 엘스비어 학술지들을 포함하는 주력 학술 DB인 ScienceDirect를 기존의 구독 계약 방식에서 UC가 제안하는 OA 출판 계약 방식으로 전환하려는 것이었다. OA 전환계약(OA transformative agreement)은 도서관(또는 도서관 컨소시엄)이 출판사와 맺어왔던 기존의 구독 계약을 OA 출판을 위한 계약으로 전환하는 계약을 말한다. 기존 계약 방식의 전환이라는 행위를 강조하기 위해 OA 전환계약 또는 전환계약, OA를 강조하기 위해 OA 계약 등으로 표현하고 있다. 이 원고에서는 가능한 'OA 전환계약'이라는 표현을 사용할 것이다.

이 계약은 엘스비어 학술지들의 열람(구독)뿐만 아니라 이 학술지들에 UC 저자들의 OA 논문 출판에 대한 요구가 포함되어 있다. ScienceDirect를 통한 엘스비어 학술지 논문들의 구독료와 UC 저자 논문들의 OA 출판 비용을 결합한 계약 방식이다. 물론 UC가 부담하는 전체 비용을 절감해야 한다는 의도가 포함되어 있지만, 이것은 표면으로 크게 드러나지 않았고, OA 전환계약이 두드러진다. 아무튼 엘스비어는 UC가 요구한 OA 전환계약을 수용하지 않았고, UC는 'ScienceDirect 구독 중단'이라는 비장한 카드를 사용하게 된 것이다. 양측 모두 엄청난 위험부담을 안은 채 '벼랑 끝 전술'을 선택해 대치하게 되었다.

협상 중단 이후 많은 시간이 흘렀고, 2020년 7월 재협상을 진행한다는 소식이 전해졌다. 그러나 이 글을 작성하기 시작한 2021년 1월 현재까지 재협상의 내용을 알리는 소식들이 거의 없다. 드디어 3월 16일에 협상이 완료되었다는 소식이 전해졌다. 2년 이상 벼랑 끝 대치 상황에서 벌어진 일, 협상 결과의 내용을 파악해볼 필요가 충분하다. UC가 선택한 전술이 어떻게 준비되고 전개되었는지, UC의 주장이 구체적으로 무엇인지, 그리고 엘스비어의 대응은 어떠했는지, 관련 문헌들을 수집해 쟁점과 행위들을 파악해 전체적인 협상 이야기를 엮어보려고 한다.

협상의 주요 타임라인   2018년 11월, UC가 엘스비어 측에 6가지 요구를 제안하면서 협상의 실질적인 서막이 열린다. 이전의 ScienceDirect 구독 계약이 2018년 12월 31일에 종료되는 상황이었으며, 관련된 계약은 2018년에 마무리되어야 했다. 아마도 11월 이전에 UC와 엘스비어는 계약을 위해 여러 번 접촉했을 것이다. 그러나 11월에 6가지 제안을 제기한 것은 UC가 더 이상 기존의 구독 계약은 하지 않겠다는 태도를 밝힌 것으로 보인다. 물론 엘스비어는 UC의 제안을 수용하지 않고, 결국 3개월 후에 UC는 협상 중단을 선택하게 된다.

UC와 엘스비어 간의 협상 중단은 전 세계 도서관계에 커다란 파장과 관심을 촉발한 사건이다. 엄청난 수의 소속 연구자들은 ScienceDirect 학술 DB에 접근 못 하는 불편한 상황이 만들어진 것에 놀랐지만, 협상 중단 이후 어떻게 전개될지가 궁금했다. 협상 중단이라는 엄청난 결정에는 다양하고 복잡한 개념들과 관련된 사건들이 엮여있다. 우선 전체의 윤곽을 파악하기 위해 협상 중단 선언 전후의 주요한 사건들을 선정해 〈표 1〉과 같이 타임라인으로 정리했다.

일련의 행위들을 보아 UC와 엘스비어 협상 중단의 핵심에는 '학술지 OA 전환'이라는 개념이 있으며, 이것을 연구 기관과 학술지 출판사 간 OA 전환계약을 통해 실현하려는 의도가 있다. UC 연구진들에게 새로운 방식의 학술지 접근 보장을 실현하려는 시도였다. 그래서 사람들이 2년간의 협상을 '벼랑 끝 전술'로 평가한 것이다. UC는 OA 전환계약이

캘리포니아대학(UC)		엘스비어(Elsevier)
2016년		
• 「Pay It Forward」 최종 보고서 발행	7월	
2017년		
• OA 2020 의향서(EoI) 서명(4대 대학)	3월, 9월	
2018년		
• 「Pathways to OA」 로드맵 작성	2월	
• OA 2020 의향서(EoI) 서명(2대 대학)	3월	
• UC 학술원, 학술 유통 혁신을 위한 성명서 발표	4월	
• UC 프로보스트 자문위, 학술지 계약을 위한 '콜투액션' 발표 • UC 도서관, 협상 전략 발표	6월	
• 엘스비어와 협상 시작	7월	• UC와 협상 시작
• 엘스비어에 6가지 제안	11월	
2019년		
• OA 2020 의향서(EoI) 서명(2대 대학)	1월	• UC의 ScienceDirect 접속 차단 • CEO 사직 • 엘스비어의 제안
• 엘스비어에 제안의 수정 용의 통보 • 협상 중단 선언(2월 28일) • UC 학술원, UC 입장 지지 성명서 발표 • 플로리다주립대학(FSU), 엘스비어와 기존 계약 취소(계약 대상 축소)	2월	• 바야지트, 새 CEO 취임
• 협상 중단 이유에 대한 공개 설명서 발표 • 엘스비어 학술지의 편집위원으로 활동 중인 UC의 교수진, 엘스비어에 공개서한 발송 • OA 2020 의향서(EoI) 서명 추가(1대 대학)	3월	• 협상 중단에 대한 엘스비어의 태도 표명
• 협상 중단 이유 공개 설명서 개정 • 40명의 편집위원 명단이 포함된 공개서한 공개 • UC–Elsevier 협상 청사진 발표[17] • 뉴욕주립대학(SUNY), ScienceDirect의 계약 갱신 취소 • 케임브리지대학 출판사와 OA 전환계약	4월	• 노르웨이 컨소시엄과 OA 전환계약
• OA 2020 의향서(EoI) 서명 추가(1대 대학) • 노스캐롤라이나대학(UNC), ScienceDirect의 선별 구독 방침 표명	5월	
• 매사추세츠공과대학(MIT), 엘스비어와 계약 해지	6월	• 폴란드 고등교육 컨소시엄과 OA 전환계약
	7월	• UC의 학술지 접근 중단, 6개월 경과되었다고 환기시킴

캘리포니아대학(UC)			엘스비어(Elsevier)
	10월		• 헝가리 EISZ 컨소시엄과 OA 전환계약
	11월		• 스웨덴 Bibsam 컨소시엄과 OA 전환계약 • 카네기멜론대학(CMU)과 OA 전환계약
	12월		• 프랑스 대학 및 연구기관 컨소시엄인 Couperin과 OA 전환계약
2020년			
• CDL OA2020 EOI 서명 • ACM, JMIR, PLOS와 OA 전환계약	1월~2월		
	3월		• 캘리포니아주립대학(CSU)과 OA 전환계약 • 뉴욕주립대학(SUNY)과 OA 전환계약
	5월		• 네덜란드, 5개 조직과 OA 전환계약
• 스프링거 네이처와 OA 전환계약	6월		• 워싱턴대학(WashU)과 OA 전환계약
• 엘스비어와 재협상 발표	7월		• 플로리다대학(UF)과 OA 전환계약
	12월		• 한국 NST와 OA 전환계약
2021년			
• 엘스비어와 협상 타결 발표	3월		

〈표 1〉 UC-엘스비어 협상의 주요 타임라인

라는 진검(전술)으로 벼랑 끝에서 엘스비어와 힘겨운 전투를 벌였다. 엘스비어는 1,100만 달러 규모의 매출 감소를 받아들였고, 자사에 유리한 OA 전환계약 방안을 제시하면서 협상을 지속했다. 이 과정에서 엘스비어는 ScienceDirect DB의 접근 제한이라는 강력한 카드를 사용해 UC 연구자들을 불편하게 했고, UC는 ScienceDirect의 대체 접근 방법을 통해 그 불편을 버텨왔다.

협상 중단 선언 이전의 상황, 협상 중단 선언의 이유, 협상의 핵심인 OA 전환계약의 구체적인 내용, 협상 중단 선언 이후 각자의 행위들에 대해 정리하면서 전체의 상황을 이해하고자 한다. 그리고 최근에 타결된 협상 결과의 주요 내용 확인을 통해 각자의 주장이 어떻게 반영되었는지 파악한다.

UC와 엘스비어, 벼랑 끝 대치

UC의 사전 준비

「Pay It Forward」라는 보고서(2016) 앞의 타임라인에서 보면, 2019년 2월 협상 중단 선언까지 UC는 다양한 사전 준비 작업을 한 것으로 보인다. 3년 전인 2016년도에 「Pay It Forward」라는 보고서를 통해 UC의 OA 논문 출판의 가능성을 타진했다. 이 보고서는 학술지 논문의 저자(연구자)에게 OA 논문 출판을 선택하는 선행을 통해 다른 저자(연구자)에게 혜택을 제공하는, 학술지(논문) 유통의 선순환 구조를 만들 수 있는지를 타진해본 것으로 볼 수 있다.

이 보고서를 통해 학술지 OA 전환을 위한 계약의 설계에서 UC의 접근 방식을 결정하는 2가지 연구 결과를 도출한다. ㉠보조금의 역할이며, OA 전환계약 전환을 위해서는 기존의 도서관 구독 예산만으로 충분하지 않으며 추가적인 보조금이 필요하다. 보조금은 저자의 연구비에서 충당하는 것으로 했다. 지금도 저자의 연구비는 OA 논문 출판 비용(APC: Article Processing Charge) 지급에 사용되고 있으므로, 이 관행의 연장으로 생각하면 된다고 보았다. ㉡저자의 역할이며, 저자도 논문 출판의 비용 지불 과정에 참여하도록 했다. 저자가 논문 출판 비용의 일부를 충당하기에, 저자는 자신의 가치를 반영할 수 있는 학술지를 선택해 논문을 출판할 것으로 판단했다. 이처럼 도서관의 학술지 구독 예산, 저자의 연구비, 그리고 자체 OA 기금 등을 결합하는 지속가능한 자금 모형을 구상했다. 이 연구 프로젝트의 결과에 따라 UC의 OA 전환계약의 접근 방식을 결정하고, 이를 토대로 엘스비어와 계약을 진행하기로 했다.[18]

「OA 2020 의향서(EoI)」서명(2017~2020)   2017년, UC의 4개 대학은 「OA 2020 의향서(EoI)」에 서명한다. 3월에 3개 대학(UC 버클리, UC 데이비스, UC 샌프란시스코)이 서명하고, 9월에 1개 대학(UC 머세드)이 서명한다.[19] 「OA 2020 의향서」는 2015년 베를린에서 개최한 OA 컨퍼런스에서 논의된 이후 2016년에 조직된 OA 2020 기구(OA2020.org)가 제시한 'OA 2020 계획(Initiative)'의 이행에 참여를 요청하는 것이다. OA 2020 계획의 핵심은, OA의 이론은 강력하지만 실천이 부족한 현실(2015년 기준 약 14% 수준 달성)을 나타내는 'OA 딜레마'를 타개하는 새로운 실천 전략으로 등장했다. 2020년까지 90% OA 전환이라는 대규모의 OA 목표를 설정했으며, 대학(연구 기관)들이 거대 출판사들과 기존의 구독 계약을 OA 전환계약으로 전환하자는 전략을 제시했다.[20] 2017년 UC가 「OA 2020 의향서」에 서명했다는 것은, 기존의 구독 계약을 OA 전환계약으로 전환하자는 국제적인 이행에 UC가 동참한다는 의지를 표시한 것이다. 이후 UC의 다른 대학들은 순차적으로 서명하며, 2020년 1월 CDL까지 서명해 전체 11개의 의향서 서명을 완료한다. 2021년 2월 기준으로 미국 서명 기관 16개 중 11개에 해당하므로, UC가 OA 2020 계획에 적극적으로 동참하는 것으로 해석된다.

협상 전략의 모색   2018년에도 몇 가지 사건들이 등장한다. 2월에 「Pathways to OA」[21]라는 로드맵이 작성된다. 4월에는 UC 학술원에서 「학술 유통 혁신을 위한 성명서」를 발표한다. 그리고 6월에 UC 프로보스트자문위원회(Provost advisory)는 학술지 계약을 위한 구성원들의 관심을 촉구하는 '콜투액션(CTA: Call to Action)'을 발표한다. 여기서 강조한 것은 대학은 학술지 구독 비용을 삭감해야 하고, 학술 연구 성과는 공개적으로 접근할 수 있도록 해야 한다는 내용이다. UC 도서관 차원에서는 6월에 '협상 전략(Championing Change in Journal Negotiations)' 을 발표한다.

UC 협상단의 구성　마침내 7월에 엘스비어와 협상을 시작한다. 협상단은 전체 6명이며, 2명의 공동의장 체제로 UC 협상단(UC-Elsevier Negotiating Team)을 구성했다. CDL에서 3명, UC 버클리, UC 샌프란시스코, UC 데이비스에서 각 1명씩 참여했다. 전체 구성 명단은 〈표 2〉와 같다.

이름	역할	소속	직책
Ivy Anderson	Co-Chair	California Digital Library	• Associate Executive Director
Jeffrey MacKie-Mason	Co-Chair	UC Berkeley	• University Librarian • Professor, School of Information and Professor of Economics
Gunter Waibel		California Digital Library	• Associate Vice Provost and Executive Director
Richard A. Schneider		UC San Francisco	• Associate Professor, Orthopaedic Surgery • Chair, Academic Senate University Committee on Library and Scholarly Communication
Dennis J. Ventry, Jr.		UC Davis	• Professor of Law • Vice Chair, Academic Senate University Committee on Library and Scholarly Communication
Mihoko Hosoi		California Digital Library	• Assistant Director for Systemwide Licensing

〈표 2〉 UC 협상단 명단(UC-Elsevier Negotiating Team)

공동의장인 앤더슨(Ivy Anderson)은 CDL의 부관장이며, 맥키-메이슨(Jeffrey MacKie-Mason)은 UC 버클리의 사서이자 교수이다. 교수진을 대표해 학술원의 도서관/학술유통위원회 소속 교수 2명이 참여했다. 그리고 UC 총장실 내 교무업무부서(Division of Academic Affairs)의 한 소속인 CDL에서 3명이나 참여했고 공동의장까지 맡은 것으로 보아, UC 총장실이 협상의 중추적인 역할을 담당했다고 볼 수 있다. 총장실이 주도하고, 도서관이 실행하고, 학술원이 지원하는 체제이다.

공개적인 협상 진행

UC 협상단은 11월에 엘스비어에 다음과 같은 6가지의 요구를 공개적으로 제안[22]하면서 협상에 나선다.

㉠ 엘스비어 학술지에 출판하려는 모든 UC 교신저자에게 OA를 기본 옵션으로 제공하라. 그리고 저자가 OA 논문 출판을 옵트아웃(opt out)으로 선택할 수 있어야 한다.

㉡ 엘스비어에 대한 총지급액은 기존의 UC 총지급액보다 10% 삭감해야 한다.

㉢ UC의 총지급액은 열람료(reading fee)와 APC 지급액(APC payments)으로 구성되어야 하며, 열람료는 총지급액의 약 10% 수준이어야 한다.

㉣ 특정 연도에 출판된 UC 논문 수에 따라 UC의 총지급액은 ±2%까지 상향 또는 하향될 수 있다. 이처럼 실제의 UC 출판 활동에 대응하는 점진적인 조정을 통해 UC와 엘스비어 양측의 안정성과 위험 보호를 제공한다.

㉤ 총지급액의 한도를 수용하기 위해 엘스비어가 청구하는 전체 APC

는 할인된 금액이어야 한다.

ⓑ 도서관들은 각 UC 논문들에 대해 할인된 APC에서 기본금액(도서관 보조금)으로 1,000달러(또는 할인된 APC가 더 작은 경우는 더 적은 비용)를 지급한다. 그런 다음 저자는 자신의 연구비를 사용해 잔액을 지급하거나, 사용할 수 있는 연구비가 충분하지 않은 때는 도서관에서 APC 전액을 지급한다.

양측의 충돌

엘스비어, ScienceDirect의 접근 제한 선택　　UC와 체결된 이전의 구독 계약은 2018년 12월 31일 이후 만료된다. 결국 이 시기까지 새로운 계약이 이루어지지 못했기에, 2019년 1월 1일부터 엘스비어는 ScienceDirect에 대해 2019년 이후 출판된 논문(및 일부 이전 논문 기사 포함)에 대한 UC의 접근을 중단하는 조처를 한다. 2019년 2월 말 공식적인 협상 중단 선언 전에 취해진 조치이다. 엘스비어는 UC 측에 단호한 태도를 전달한 셈이다.

UC 도서관 사서들, 대체 접근 방법 제시　　UC 도서관들의 사서들은 ScienceDirect의 2019년도 이후 출판된 신규 논문들에 대한 접근 불가 상황이 미치는 영향을 주의 깊게 평가하고, UC 공동체의 구성원들에게 엘스비어 논문들의 대체 접근 방법(alternative access to Elsevier articles)을 다음과 같이 제시한다.[23]

㉠ 브라우저 플러그인 설치: OA Button(Open Access Button), Unpaywall 등과 같은 브라우저 확장(또는 플러그인) S/W를 설치해

원하는 논문의 OA 버전을 검색하고 접근한다.

ⓛ OA 복사본 검색: Google Scholar, PubMed Central, 온라인 리포지토리(UC의 eScholarship, OSF Preprints, arXiv 등)에서 OA 복사본(OA copies)을 검색한다.

ⓒ 도서관에서 확보: 상호대차(UC-eLinks)를 이용하거나 사서에게 문의해 해결한다.

ⓔ 개인 네트워크 활용: 논문의 저자에게 직접 접촉해 PDF나 프리프린터를 요청하거나 ResearchGate 사이트를 사용한다.

엘스비어, CEO의 교체   UC와 협상 결렬은 1만 1,000달러에 해당하는 계약을 놓치게 되는 상황이기 때문에 엘스비어에 큰 부담일 수 있다. 2019년 들어 UC와 협상 결렬이 예상되었기에 2019년 1월, 7년 동안 CEO였던 모베드(Ron Mobed)가 사직한다. 그리고 협상 중단 선언 10일 전인 2019년 2월 18일에 여성 CEO인 바야지트(Kumsal Bayazit)가 취임한다.[24]

엘스비어 제안과 UC의 즉각적인 거절   엘스비어는 2019년 1월 31일에 다음과 같은 내용을 제안한다.

ⓐ 100% OA를 위한 비용은 UC가 요구한 것보다 80% 더 증가하는 금액(3년 동안 3억 달러 증가)이다.

ⓑ 『Cell』, 『The Lancet』을 포함해 400종 이상의 학회 출판 학술지들에 대해서는 OA 출판이 불가하다.

ⓒ 많은 학술지에 대해 영구적인 접근이 금지된다.

ㄹ 연구비가 없는 저자들을 위해 출판사가 도서관에 비용을 청구하는 워크플로우(자동 청구 시스템)의 지원은 불가하다.

UC, 협상 중단 선언   UC 측은 이 4가지 요구 중 전체 비용에 대한 견해 차가 너무 크다고 판단한다. 그리고 나머지 3가지 요구에 대해서도 견해차가 있기에, 엘스비어에 제안의 수정을 요청한다. 사실상 엘스비어의 제안을 거절한 것이다. UC의 제안은 공적 기금이 투입된 연구 성과의 공개 접근(OA)과 재정적 책임성에 대한 확고한 입장이 표현된 OA 전환계약의 체결과 엘스비어에 지급되는 전체 비용을 삭감하자는 요구로 집약된다. 그리고 엘스비어가 이 제안을 수용하지 않았다고 판단해 2019년 2월 말에 UC는 협상 중단을 선언한다. 곧바로 「협상 중단 이유에 대한 공개 설명서」[25]를 발표(3월 발표, 4월 내용 개정)하는데, 여기에 엘스비어 제안에 대해 UC가 협상 중단을 결정한 4가지 이유를 밝혔다.

ㄱ 더 큰 비용: 엘스비어는 대학이 요구한 것보다 더 많은 전체 비용을 제안했다. UC는 UC 저자 논문 전체(100%)[26]를 OA로 출판하는 계약을 요청했는데, 엘스비어의 제안에서는 훨씬 적은 수의 OA 논문 출판을 예측했고 UC가 지급해야 하는 전체 비용도 증가했다.

ㄴ 권한 축소: 엘스비어의 제안은 상당수의 엘스비어 학술지들에 대한 영구적인 접근을 포기하도록 요구하고 있다. 학술지 콘텐츠에 대한 영구 접근은 UC가 요구한 통합된 OA 전환계약의 일부가 될 것으로 기대했다.

ㄷ 저자에 대한 UC의 재정 지원 제한: UC는 OA 출판을 원하는 모든 저자들을 지원하고자 했는데, 엘스비어의 제안은 연구비 지원이 없는

저자에게 UC가 출판 비용의 전체를 지원할 수 없도록 했다.

㉣ 제외된 학술지: 엘스비어는 일부의 학회 출판 학술지들과 『Cell』 및 『The Lancet』과 같은 유명한 엘스비어 학술지 일부에 대한 OA 출판을 배제했다. 물론 UC는 모든 저자의 모든 연구 업적을 모든 학술지에 자유롭게 출판할 수 있도록 요구했었다.

이 설명서를 통해 협상단은 "우리가 실질적인 진전의 기회라고 인식될 때 협상 테이블로 돌아갈 준비가 되어 있다"라고 향후의 계획에 대해서도 짤막하게 언급한다.

UC 최종 제안의 핵심   맥키-제이슨과 그의 동료는 2019년 4월 8일, CNI(Coalition for Networked information)에 협상의 청사진[27]을 발표한다. 발표 자료에서 UC의 공적인 목적은 다음의 3가지라고 언급한다. 첫째, 비용을 절감한다. 둘째, UC 저자의 모든 논문은 OA 출판을 기본옵션(default OA)으로 한다. 셋째, 상쇄(offsetting) 방식을 이용해 출판(publishing)과 열람(reading)을 통합하는 계약을 한다.

이를 위해 UC는 다음과 같이 엘스비어에 최종 제안한다. 첫째, 각 APC의 할인을 통해 비용 중립을 유지한다. UC의 총지급액은 1,200만 달러(약 132억 원)를 유지한다. 둘째, 100% OA를 기본옵션으로 한다. 100% OA는 모든 엘스비어 학술지들에 OA 출판 옵션을 제공하라는 의미이다. 그리고 셋째, 다중지불자(Multi-payer) 형태를 유지한다. 여기서 다중지불자 형태의 구체적인 내용은 다음의 3가지이다.

㉠ 도서관은 할인된 APC의 기본 보조금으로 1,000달러를 지급하고, 저자는 연구비에서 잔액을 지급한다.

ⓛ 저자의 연구비가 없는 경우 도서관이 APC 전액을 지급한다.

ⓒ 저자가 옵트아웃으로 OA 출판을 선택하도록 한다. 그리고 UC는 2018년 7월부터 2019년 2월(7개월)까지 협상 기간으로 설정한다.

협상 중단에 대한 양측의 견해

협상 중단에 대한 UC 협상단의 입장　협상단의 목소리는 공동의장인 맥키-메이슨이 주도했다. 그는 UC 버클리의 사서이자 교수(정보대학원, 경제학과)이며, 다양한 매체를 통해 의견을 개진한다. 협상단의 대변인 격인 그의 발언 중 가장 강력한 메시지는 다음과 같다.

"실수하지 말라. 지금 학술지들의 가격이 너무 높아서 캘리포니아대학, 하버드대학 등 미국의 개별 대학은 누구도 모든 학술지를 구독할 수 없다." 그리고 "페이월 뒤에서 우리의 학술 성과를 출판하는 것은 공적 기금을 지원받는 연구에 대한 사람들의 접근과 혜택을 박탈하는 것이다. 그것은 사회에 끔찍한 일이다."[28]

그는 여러 매체와 인터뷰를 통해 UC의 협상 중단에 대한 당위성을 설명했다. 협상 중단을 선언한 당일 『버클리 뉴스(Berkeley News)』와 인터뷰에서 협상 중단의 이유를 다음과 같이 소개하고 있다.[29] UC의 주요 목표는 "UC 연구 결과의 보편적인 OA 출판을 통해, 전 세계 누구나 무료로 볼 수 있도록 하고 영리 목적의 학술지들과 관련된 비용 상승을 억제하는 것이다"라고 했다. UC와 엘스비어의 협상은 지난 7월부터 협상을 시작했고, 2018년 12월 31일 자로 기존 계약이 만료된 이후 대화가 뜨거워졌다고 한다. 엘스비어는 1월 말에 자신의 제안을 했고, 협상단은 UC의 요구 조건과 차이가 아주 크다고 답신했다. 그리고 협상단은 엘스비어가 UC의 요구 조건을 수용할 수 없기에, 더 이상의 협상이 필요 없다고 판단했다. 엘스비어는 우리를 계속 만나고 싶어 했고, 엘스비어의 편집위원으로 참여하는 UC 교수진들과 접촉하면서 자신의 주장만 계속하기에 협상 중단을 선언했다고 한다.

협상 중단에 대한 엘스비어의 견해　협상 중단 직후 엘스비어는 2019년 3월 1일, 트윗의 게시글(Elsevier's response to the University of California's announcement today)을 통해 자사의 견해를 밝힌다.[30] 짧은 게시글이지만 엘스비어의 입장이 잘 드러나 있으므로 내용을 정리하면 다음과 같다.

㉠ 그동안 UC 연구자들의 85% 이상이 무료 출판(publish for free)을 선택했으며, 유료 출판(publish for a fee)하려는 경우 엘스비어는 다양한 옵션을 제공한다.[31]

㉡ UC[32]가 엘스비어의 입장을 잘못 이해했다고 판단한다. 학술 출판과 접근을 포함하는 계약을 협상하는 중에 UC가 다중지불자 OA 요청을 지원하는 고유 모델을 제시했다. 엘스비어가 제안한 고유 모델은 모든 연구자가 무료 또는 공개 접근이 가능한 출판을 선택할 수 있는 명확한 경로를 제공하며, 각 캠퍼스 도서관의 비용을 절감할 수 있는 경로도 제공한다.

㉢ 이 제안은 또한 매월 거의 100만 번씩 논문을 다운로드를 하는 UC 학생과 연구자에게 엘스비어가 출판한 모든 학술지 논문들에 대한 접근을 제공한다. 그리고는 UC가 일방적으로 협상을 중단한 것은

아쉽지만 조만간 이러한 격차가 해소되기를 기대한다.

협상 중단 이후 벌어진 일

UC 동맹의 지지

UC의 협상 중단 선언에는 UC동맹(UC coalition)[33]의 역할이 아주 크다. 여기에는 학술원, 총장, 대학 사서위원회, 협상단 등이 포함된다. 이들은 협상의 사전 준비 과정에서는 학술 유통 전략을 함께 수립하며, 협상 중단 선언 이후에는 협상단을 지지하는 태도를 표명한다. UC 동맹은 UC의 전체 구성원(교수진, 행정 부서, 도서관 사서 등)뿐만 아니라 외부의 기관이나 단체, 개인들을 포함한다. 특히 UC 동맹은 UC 교수진을 단지 학술지의 독자가 아니라 파트너로 참여하도록 하는 계기가 되었다.

UC 학술원(Academic Senate)의 의장인 메이(Robert May)는 "지식은 비용을 지급할 수 있는 사람만 접근하도록 해서는 안 된다"라면서, 2019년 2월 28일 학술원은 UC의 입장을 지지하는 성명을 발표한다.[34] 전체 30명이 서명한 성명서의 핵심적인 내용은 UC의 학술적 성과들을 가능한 한 자유롭고 널리 이용할 수 있도록 해야 한다는 것이다. 이를 위해 학술원은 교수진, 연구원, 학생들이 엘스비어 학술지의 접근 중단으로 발생하는 부정적인 영향들을 개선하기 위한 UC 도서관들의 통합 전략을 지원하며, 대체 접근 방법이 연구와 강의에 미치는 영향들을 면밀하게 모니터링하려는 도서관들의 노력에 박수를 보낸다고 했다.

또한 당시 UC 총장이었던 나폴리타노(Janet Napolitano)도 UC의 협상 중단에 대해 적극적인 지지 태도를 밝힌다. 총장실 직속의 CDL에서 협상을 주도한 것이기에 당연한 태도 표명이라 할 수 있다. 아무튼 그는 "저는 획기적인 연구 성과의 공유를 방해하는 페이월(paywalls: 유료 접근)을 무너뜨리고자 하는 우리의 교수진, 직원과 학생들을 전적으로 지원한다"라고 했다. 그리고 "이 문제는 UC뿐만 아니라 전 세계의 수많은 학자, 연구원과 과학자들에게도 영향을 미친다. 완전하고 자유로운 접근을 추진하기 위해 우리는 그들과 함께하겠다"라고 했다.[35]

2019년 3월 19일 15종의 엘스비어 학술지 편집위원으로 참여하는 UC의 교수진은 「엘스비어에 보내는 공개서한(An Open Letter to Elsevier and the Editorial Boards of Elsevier Journals)」[36]에서 UC의 OA 전환 노력을 지지하며, 엘스비어가 UC의 제안을 재고할 것을 촉구한다. 이 공개서한은 UC 시스템 전체 회람을 거친 후 셀 프레스의 28개 학술지 편집위원회 활동을 중단한다고 엘스비어에 통보했다.[37] 이들은 UC 소속의 셀 프레스 편집위원회의 1/3에 해당한다. 이후 4월 10일에 40명의 편집위원 명단이 포함된 공개서한이 공개된다.

협상 중단 선언 이후 곳곳에서 지지와 축하의 메시지들이 발표된다. UC의 학술유통부서는 ARL, 빅 텐 아카데믹 얼라이언스(Big Ten Academic Alliance), CSU, 듀크대학(Duke University), 아이오와주립대학(Iowa State University), 캐나다 대학도서관협의회(CARL) 등과 같은 북미 도서관계와 개인들의 지지 선언, 동영상 메시지 등의 일부를 모아서 소개하고 있다.[38]

미국 타 대학들의 호응

UC가 엘스비어와 협상 중단을 선언한 2019년 2월 20일 바로 그날에 플로리다주립대학(FSU)도 엘스비어와 기존 계약을 취소하고, 계약 대상을 150종으로 축소한다고 발표한다.[39] 3월 22일부터는 변경된 계약이 적용되며, 2019년 미구독분 학술지들에 대한 접근이 제한된다는 내용이었다. 2019년 4월, 뉴욕주립대학(SUNY)은 엘스비어가 제시한 구독료가 터무니없이 높다며 ScienceDirect 패키지 계약을 갱신하지 않기로 한다.[40] 노스캐롤라이나대학(UNC)은 엘스비어가 현실적으로 수용할 수 있는 출판 모델을 제시하지 못하고 있다면서 2019년 5월 1일부터 2,000종의 학술지 구독을 중단하고 극히 소수만 선별적으로 구독할 방침이라고 밝혔다.[41] 그리고 2019년 6월, 매사추세츠공과대학(MIT)도 엘스비어의 사업 형태가 MIT의 출판 계약 프레임워크에 맞지 않는다는 이유로 계약을 해지한다고 발표한다.[42] [43]

UC의 OA 전환계약 모델

등장 배경

UC 측의 자료들에서 밝힌 내용을 토대로 UC의 OA 전환계약 모델의 내용을 정리해보자. 일단 UC 도서관은 2019년 협약 중단 전 기준, 각 학술 DB의 구독 계약으로 연간 구독료 4,000만 달러(약 440억 원), UC 저자들의 OA 출판 비용(APC) 1,000만 달러(약 110억 원)를 지급하고 있었다. 대부분 연구비에서 지원했다. UC로서는 이중 지급(double dipping) 상태이며, 전체 5,000만 달러(약 550억 원) 수준의 엄청난 비용이다. 문제는 저자들로서는 OA 출판 비용 지급의 지속가능성이 불가능한 상태라는 점이다. 그리고 도서관과 별도로 저자가 출판사에 지급하는 독립적인 비용이기 때문에 도서관이 OA 출판 비용에 대해 출판사를 제어할 수 없다는 것도 문제이다.

그리고 구독 계약 모델에서 발생하는 이러한 문제들을 해결하는 대안으로 UC가 선택한 것은 '전환적 OA 계약(transformative OA agreement)'이다. 이것은 UC 시스템 전체가 참여 의향에 서명한 'OA 2020 계획'과 부응하는 것이다. 이 OA 전환계약은 UC에게 다음과 같은 두 가지 의미가 있다. 첫째, 상쇄(offsetting) 계약이며, OA 출판 비용이 증가하면 구독료를 감소하도록 한다. 그리고 저자와 출판사 간에 이루어지는 APC 지출의 문제를 해결한다. 둘째, 다중지불자(multi-payer) 모델이며, 도서관, 저자(연구비 지원기관) 등이 협력해 비용을 지급하도록 한다. 도서관의 구독료와 연구자의 연구비를 통해 APC를 지원하도록 해 OA 출판 비용의 지속가능성을 보장한다. 도서관은 분기별로 총괄해 전체 비용을 지급하며, 저자는 도서관과 협력해 APC 재원을 마련하고, 도서관이 전면에 나서서 출판사와 지급 거래를 한다는 것이다.

APC 비용을 출판사가 결정하고 저자는 출판사와 직접 접촉해 비용을 지급하는 구조에서 저자가 도서관과 연합하고 도서관은 직접 출판사와 상대하는 OA 전환계약 모델로 변경될 경우, 저자에게는 다양한 혜택이 제공된다. ㉠도서관이 출판사와 협상해 APC를 할인하고 도서관이 OA 출판 비용의 일부를 보조하므로, 저자가 부담하는 전체 비용이 절감된다. ㉡일부 학술지들에서는 저자의 APC만으로 비용 해결이 가능하다. ㉢옵트아웃 방식의 OA 출판이기에 저자가 사용하기 쉽다. ㉣OA 출판을 원하지만 연구비가 없을 때 도서관이 비용을 해결해준다.

구성 요소	내용
열람료(Reading Fee)	• 계약 시점에서 고정
출판비(Publishing Fees)	• 저자들의 다양한 선택에 따른 가변적인 금액의 합계
	• 도서관 보조금(모든 OA 논문에 적용, 약 1,000달러 수준) • 잔액 – 저자 연구비 지급(연구비에서 지급 가능할 때) • 잔액 – 도서관 지급(저자의 연구비가 없을 때)
총계약 비용(Total Contract Cost)	• 계약 시점에서 기본금액(Base)을 설정 • 변동(variance)은 특정한 비율(+/– ×%)로 조정

〈표 3〉 UC 제안 OA 전환계약 모델의 구성 요소

구성 요소

정리하면 UC가 제안하는 OA 전환계약 모델은 3년 동안 실행해보는 과도기적 모델이며, 〈표 3〉과 같은 구성 요소를 가진다. ㉠총계약 비용은 열람료와 출판비로 합산한다. ㉡열람료는 연간 총지급액의 약 10% 수준으로 계약 시점에 고정한다. ㉢출판비는 도서관 보조금과 잔액(전체 출판비에서 도서관 지원비를 제외한 차액)으로 구분한다. 논문마다 출판비는 가변적이며(학술지마다 가변적이므로), 출판사와 협상으로 결정한다.

비용 지불 시나리오

이렇게 UC가 3년 단위의 OA 전환계약을 위해 제시한 비용 지불의 시나리오는 〈표 4〉와 같다.

시나리오에는 다양한 유형의 데이터 값을 다음과 같이 설정한다.

첫째, 기초 데이터의 설정은 다음과 같다. ㉠UC 저자의 출판 예상 OA 논문 수는 연간 4,500건으로 추정한다. ㉡논문 1건당 협상한 APC 할인 금액은 2,000달러로 한다. ㉢1차 연도는 4,500건의 논문 출판이 예상되고, 2차 연도는 이전 연도보다 3% 증가한 4,635건, 3차 연도는

구분		1차 연도	2차 연도	3차 연도
OA 논문 수	A	4,500건(추정)	4,635건(3% 증가)	4,403건(5% 감소)
총계약 비용(Total Contract Cost) • 2차 연도부터는 전년도 실제 지급액으로 설정	B	1,000만 달러	1,000만 달러	1,020만 달러
총비용 범위(Total cost range)	C	± 2%	± 2%	± 2%
열람료(Reading Fee) • 매년 고정 비용으로 설정	D	100만 달러	100만 달러	100만 달러
출판비(Publishing Fees) • OA 논문 수(A) 2,000달러(할인 된 APC)	E	900만 달러	927만 달러	880만 6,000달러
이론적 비용(Theoretical cost) • D+E	F	1,000만 달러	1,027만 달러	980만 6,000달러
실제 지급액(Actual payment) • 전년 대비 +/− 2% 적용		1,000만 달러	1,020만 달러 (전년 대비 2% 증가)	999만 6,000달러 (전년 대비 2% 감소)

〈표 4〉 3년간 비용 지불 시나리오

이전 연도보다 5% 감소한 4,403건으로 추정한다.

둘째, 열람료는 연간 총지급액의 10% 수준인 100만 달러로 고정한다.

셋째, 총비용 범위는 총 OA 출판비를 통제하기 위한 조정 범위를 말하며, ±2% 수준으로 조정한다. 즉 1차 연도 OA 출판비는 900만 달러(4,500건, 2,000달러), 2차 연도는 927만 달러(4,635건, 2,000달러), 그리고 3차 연도는 880만 6,000달러(4,403건, 2,000달러)가 된다.

넷째, 실제 지급액은 1차 연도 1,000만 달러이다. 이것은 기존에 UC가 엘스비어에 구독료로 지급하던 1,100만 달러보다 10% 삭감한 금액이다. 그리고 2차 연도 출판량은 전년 대비 증가(3%)했지만, 최대 조정비용(+2%)을 적용해, 실제 지급액은 1차 연도 대비 2%(20만 달러) 증가한 1,020만 달러이다. 3차 연도 출판량은 전년 대비 감소(5%)했지만 최소 조정 비용(-2%)을 적용해, 실제 지급액은 2차 연도 대비 2%(20만

4,000달러) 감소한 999만 6,000달러이다.

UC가 제안하는 OA 전환계약 모델의 특징을 정리하면 다음과 같다. 첫째, 다양한 유형의 계약 항목들이 존재한다. ㉠연간 출판 예상 OA 논문 수, APC 할인 금액(APC 할인 비율 포함), 연간 총지급액, 열람료(연간 총지급액의 비율 포함), 총비용의 조정 범위 등이다. ㉡저자의 연구비 참여가 많으면 이 시스템으로 유입되는 비용이 증가하고, 도서관이 보조금으로 지급하는 비용을 줄일 수 있다. 그리고 OA 출판을 위해 도서관이 출판사에게 투자하는 비용이 많아진다. ㉢단일의 OA 전환계약으로 구독(열람) 및 APC 지급이 함께 처리되는 통합 모델이다. ㉣대학(도서관)이 전체 비용을 통제한다. ㉤가장 중요한 특징이며, 결국에 OA 지원 중심으로 자금이 재할당되어 구독 지급이 거의 사라지는 기본적인 OA 세계가 형성된다.

다중지급자 모델

UC의 OA 전환 모델인 다중지급자 모델은 저자, 연구 기금 기관, 도서관, 대학 등이 협력해 비용을 지급하는 형태이다. 이를 위해 두 가지 핵심 개념이 적용된다. 첫째, 상쇄 계약이며, OA 출판비가 증가하면 구독 비용이 감소하도록 한다. 도서관과 출판사가 전체 비용을 통제하게 된다. 둘째, 다중지급자이며, 도서관(기존의 구독 예산 지급)과 저자(연구비에 의한 APC 지급)가 지급 과정에 참여하므로 비용의 지속가능성 문제를 해결하게 된다.

도서관은 각 OA 논문에 대해 기본 보조금(baseline subvention)을 지불하고, 저자들은 연구비로 OA 논문 출판 비용의 나머지 잔액을 지급한다. 논문 1건당 1,000달러의 기본 보조금을 지급하도록 한다. 맥키-제이슨에 의하면, 모든 출판사의 APC 평균 비용은 2,200달러이며[44] 이 중에서 절반 수준은 도서관이 보조한다는 것이다. 물론 엘스비어에 APC를 일정 수준 할인하라고 요구한다. 만일 저자가 잔액을 지급할 수 없을 때 도서관이 전액을 지급한다. 그리고 도서관과 저자 연구비 재정의 위험 관리를 위해 출판사에 제공되는 전체의 지급 비용은 제한한다.

　다중지급자 모델이 잘 작동되기 위해서는 4가지 주요 행위자들은 협력적인 역할과 시스템의 지원이 요구된다. 일단 도서관과 출판사는 라이선스 및 OA 접근 방식을 통합하고, 재무 위험을 관리하며, 진정한 파트너십을 형성해야 한다. 연구기금재단은 저자가 연구 출판에 APC를 지원하도록 정책을 수립하며, 저자는 연구비에서 APC를 지급해야 한다. 그리고 도서관, 저자, 출판사, 학회 등에서 공동으로 사용할 수 있는 새로운 지급 시스템이 필요하다. 이처럼 기존의 도서관만이 구독 비용을 지급하는 형태에서 다양한 행위자들이 학술지 출판 비용의 지급에 참여하는 형태이다.

양측, OA 전환계약 추진

UC의 OA 전환계약 추진

엘스비어와 OA 전환계약이 성사되지 않은 상황에서 UC는 다른 출판사들과 OA 전환계약을 추진한다. 현재까지 계약된 전체 내용은 데이비스대학(UC Davis) 도서관에 잘 정리되어 있다.[45] 이 중에서 많이 알려진 사례는 케임브리지대학 출판사와 계약, 학회 ACM과 계약, JMIR, PLOS

의 OA 학술지들과 출판 계약, 스프링거 네이처와 계약 등이다.

이 중에서 2020년 6월에 스프링거 네이처와 체결한 4년 계약(2020~2023)의 RAP(Read and Publish) 계약[46]의 주요 내용은 다음과 같다.

㉠ UC 연구의 약 12%를 차지[47]하는 스프링거 네이처와 계약으로 기존의 계약보다 1,000종 이상이나 많은 스프링거 네이처 학술지들에 대한 열람이 가능하다.

㉡ 이들 학술지 유료 논문들의 열람료는 연간 75만 달러(약 8억 원)를 지급하기로 한다.[48] 이 열람료는 매년 조정(최소 5% 인하)되며, APC에 지급하는 전체 비용이 증가함에 따라 사라질 수 있다.

㉢ UC 저자들은 스프링거 네이처의 약 2,700종(OA 500종과 하이브리드 2,200종)의 학술지에 APC로 OA 논문을 투고할 수 있다. APC는 논문마다 다양하지만, 하이브리드 학술지의 경우 2019년에 UC가 지급한 가격(논문 1건당 평균 3,200달러)으로 설정한다. 그리고 완전(골드) OA 학술지의 경우 2020년(6월 이전)에 지급한 가격보다 15% 낮게 설정될 것이라고 한다. 2019년 APC는 논문당 약 2,000달러라고 한다.

㉣ 다른 계약처럼 도서관은 논문 1건당 1,000달러의 APC 보조금을 지급하고, 나머지는 저자와 협의해 처리한다.

㉤ 이번 계약에는 네이처의 유명 브랜드인 『네이처』 자매지들은 포함되어 있지 않지만, 2021년에는 시범 운영을 해보고 2022년까지 포함하기로 한다.

엘스비어의 OA 전환계약 추진

엘스비어, OA에 대한 공식 태도 표명　　새로운 CEO로 취임한 바야지트는

2019년 11월 OA 관련 도서관 컨퍼런스의 기조연설[49]에서 OA와 관련한 엘스비어의 입장을 공개적으로 밝힌다. 사서들이 참여한 자리에서 언급한 것이기에, 엘스비어는 홈페이지에 관련 발언의 전체 내용[50]을 소개하고 있다. 그리고 도서관계에서도 발언 내용의 필사본[51]을 만들어 공유했다. 관련된 주요 내용은 다음과 같다.

"OA는 우리 모두에게 매우 중요한 주제이며, 엘스비어는 OA를 전적으로 지원한다."

"나는 매우 명확해지고 싶다. 동료심사(피어리뷰)에 의해 출판된 논문과 다른 학술적 성과를 자유롭게 접근할 수 있고 즉시 사용할 수 있도록 하는 아름다움과 비전에 대해 누구도 이의를 제기할 수 없다."

"나는 여러분뿐만 아니라 다른 글로벌 연구 커뮤니티와 함께 더욱 완전한 OA의 미래를 위해 최선을 다하고 있다."

그리고 그녀는 CEO 취임 이후 9개월 동안의 경험을 토대로 3가지 OA 방해 요인을 언급하면서 OA에 대한 비판적 입장을 드러냈다. 첫 번째 장애물은 연구자(저자)들 간의 견해차다. 일부 연구자들은 OA에 전념하고 있으며 도덕적 의무로까지 간주하고 있지만, OA가 최우선 순위가 아니라는 연구자들도 있다. 그러기에 연구자들에게는 자신이 선택한 학술지에 논문을 출판할 수 있는 자유가 중요하다. 이를 위해 연구자들에게 논문 투고 워크플로우를 제공하는 것이 필요하다. 두 번째 장애물은 자금 흐름(funding flows)에 대한 것이다. 골드 OA와 관련된 것으로, 연구 집약적인 기관이 더 많이 지급하고 있는 현실에서 다른 기관과의 자금 재분배 문제 해결이 필요하다. 세 번째 장애물은 약탈적 출판 (predatory publishing)의 문제이다. 골드 OA 학술지들에서 종종 발생하는 문제라고 하면서, 엘스비어는 엄격한 동료심사 프로세스를 가지고 있고 엘스비어 학술지는 매년 180만 건의 논문 투고에서 25%(45만 건)만 출판한다고 강조한다.

다양한 국가 컨소시엄들과 계약　　UC와 협상 중단 선언 이후 엘스비어 측은 새로운 CEO 체제에서 전 세계 다양한 기관들과 OA 전환계약을 추진한다. 주요한 사례들을 살펴보면 다음과 같다.

2019년 4월, 노르웨이 컨소시엄과 첫 번째 계약을 체결한다.[52] 전체 비용은 기존의 구독 비용보다 3% 증가한 약 1,010만 달러(약 110억 원)로 합의한다. 컨소시엄 구성원에게 엘스비어 학술지에 출판하는 논문들의 90%까지 OA 출판하는 비용을 포함한 것이다. 물론 학회 소유의 약 400종 학술지와 『셀 프레스』, 『란셋』은 제외되었다. 2019년 6월에는 폴란드 고등교육 컨소시엄과 3년의 국가 라이선스(National license) 계약,[53] 그리고 10월 헝가리 EISZ 컨소시엄과 3년 협정 합의,[54] 11월 스웨덴 Bibsam 컨소시엄과 3년간 RAP 계약 체결,[55] 그리고 12월에 프랑스 대학과 연구기관 컨소시엄인 쿠페랑(Couperin)과 4년간 국가 라이선스 계약[56]을 체결한다.

2020년대 들어 엘스비어는 OA 전환계약 건수를 늘려나간다. 5월에 네덜란드 주요 연구 기관인 네덜란드대학협회(VSNU), 네덜란드 대학도서관 및 왕립도서관 컨소시엄(UKB), 네덜란드학술연구조직(NWO) 및 네덜란드의과대학연방(NFU)과 OA 전환계약을 체결한다. 12월에는 한국 NST와 OA 전환계약을 추진했다. OA 등록기 기준으로 현재 엘스비어는 전체 13건의 계약을 추진했다. 그리고 최근 엘스비어 사이트에서 확인할 수 있는 전체 OA 전환계약 건수는 60건 이상에 이른다.[57]

미국 대학들과 계약 　한편, 엘스비어는 UC와 협상 중단 이후 미국 대학들과는 OA 전환계약을 체결한다. 2019년 11월, 카네기멜론대학(CMU: Carnegie Mellon University)과 첫 번째의 RAP 모델의 4년간(2020~2023) OA 전환계약을 시작으로 현재 5건 정도가 확인된다. 나머지 4개 대학은 CSU(California State University), SUNY(State University of New York), WashU(Washington University in St. Louis), UF(University of Florida)이다. 모두 2020년도에 계약을 체결했다.

2020년 3월에 발표된 CSU와 엘스비어의 계약은 CSU 연구진의 OA 출판과 ScienceDirect를 통한 엘스비어 학술지의 구독을 통합한 것으로 2년간 유효하다. 23개 캠퍼스 전체(CSU 시스템)에 적용되는 계약의 주요 내용은 다음과 같다.[58]

㉠ 2020년과 2021년 모두 계약 갱신은 1.5% 인상한다.

㉡ 구독 접근 콘텐츠는 확대한다. 추가 비용 없이 「Complete Collection」, 「Cell Press Collection」 등의 접근을 보장한다.

㉢ OA 출판을 원하는 CSU 저자에 대한 모든 APC가 면제된다. 이 옵션은 무제한이다.

협상 타결

UC는 그동안 엘스비어 측과 지속해서 대화를 유지했으며,[59] 2020년 7월 엘스비어와 재협상할 예정[60]이라고 했다. 엘스비어가 다른 국가들이나 미국의 다른 대학들과 OA 전환계약을 추진하고 있었기에, UC 측이 재협상의 여지가 있다고 판단한 것이다. 그동안 UC와 엘스비어 간의 좁혀지지 않는 주요한 이견은 ㉠계약 모델의 구성 요소, ㉡전체 비용 규모의 설정, ㉢UC 저자의 OA 출판 방식으로 간추려진다.

2021년 2월, 협상 중단 선언 이후 2년이 지났고 재협상을 추진하기로 한 지도 벌써 6개월이 흘러갔지만, 어떤 의미 있는 소식이 전해지지 않

주요 쟁점	합의 사항(4년)	초기 요구(3년)
전체 비용	• 1년 차 최대 1,070만 달러 지급	1,000만 달러 요청 (▼70만 달러)
총비용 범위	• 매년 2.6% 증가 예정	연간 +/− 2% 증감
OA 출판 옵션	• 엘스비어의 하이브리드/OA 학술지 포트폴리오에 출판되는 UC 주저자 논문은 OA를 기본옵션(옵트아웃 방식)으로 선택 가능 • 「셀 프레스」 및 「란셋」 계열 학술지에 OA 출판을 포함(전 세계 최초의 일) • 학회 출판 일부 학술지는 제외	100% OA 출판
APC 할인	엘스비어 학술지: 15% 할인 • 「셀 프레스」 및 「란셋」 계열 학술지: 10% 할인 • 「셀 프레스」 계열 학술지의 APC 원가: 5,200달러 • 논문당 APC 범위: 150~9,900달러(평균 2,000~3,000달러)	평균 2,000달러
OA 논문 수	• 2021년 예약 4,400건, 2023년 이후부터 약 4,700건 • 「셀 프레스」 및 「란셋」 계열 논문 적용	4,500건 연간 +/− 2% 증가
도서관 보조금 지급	• 1,000달러 지급 • 「셀 프레스」 및 「란셋」은 1년간 보조금 미지급	1,000달러 지급
추가	• OA로 출판된 논문의 저작권은 엘스비어로 양도	

〈표 5〉 주요 쟁점과 처리 결과

고 있었다. 드디어 2021년 3월 16일에 협상이 타결되었다는 소식이 전해진다. 이것은 지난 2년 동안 UC가 체결한 9번째, 그리고 엘스비어의 15번째의 OA 전환계약에 해당한다. 전체 4년 계약이며, 4월 1일부터 적용된다고 한다. 관련 보도 기사, UC와 엘스비어 사이트 등에 나타난 정보를 바탕으로 그동안 협상에서 제기되었던 주요 쟁점별 합의 내용을 요약하면 〈표 5〉와 같다.

시사점

현재까지의 진행 과정에서 나타난 몇 가지 특성과 한국적 대응 방안에 대해 정리해보기로 한다.

첫째, UC는 협상 중단을 선언하기까지 치밀하게 준비한 것 같다. 그리고 엘스비어 ScienceDirect DB의 협상은 UC 도서관만의 일이 아니라, UC 공동체가 협력해서 공동으로 대응해야 하는 대학의 현안으로 인식했다. UC 공동체는 사전의 다양한 학습과 연구를 통해 이번 계약부터는 기존과 같은 출판사 주도의 구독 방식 계약이 아니라, UC가 주도권을 행사할 수 있는 OA 전환 방식의 계약을 추진한다는 목표를 설정한다. 특히 OA 2020 계획을 적극적으로 지지하면서 UC 차원에서 그 계획을 이행하고자 한 것이다. 그리고 OA 전환계약이라는 UC의 목표가 UC 구성원들에게 '학술적 정의(Academic justice)'로 인식된 것 같다. 이 학술적 정의를 실현하기 위해 대학 내 다양한 연구 공동체가 동맹을 맺고, 오랫동안 ScienceDirect DB의 접근 제한이라는 불편까지 기꺼이 감수할 수 있었던 것 같다.

둘째, 기존의 구독 기간 만료로 엘스비어가 ScienceDirect DB의 접근 제한을 시도했을 때, UC 도서관은 연구자들의 접근이 불가능한 엘스비어 학술지 논문들에 대한 대체 접근 방안을 적극적으로 제시했다. 연구자들의 불편을 최소화하려는 조치였다. 도서관과 구성원들 간에 UC의 목표를 충분히 공유했고, 도서관에서도 최선의 노력을 제공하면서 어려운 상황을 버텨낸 것이다. 물론 엘스비어는 협상 중단으로 UC 구성원들이 엘스비어 학술지 접근이 불가해 UC 연구 공동체에 부정적인 영향을 미친다고 강조하면서 재협상을 통한 타결을 촉구했다.

셋째, 양측의 합의를 계기로 대학도서관 컨소시엄과 출판사 간에 OA 전환계약은 하나의 트렌드로 자리를 잡을 것으로 보인다. OA 전환계약의 사례가 축적되고 기존의 많은 학술지가 OA로 전환된다면, 머지않아 OA 2020에서 제시된 90% 수준의 OA 논문 출판에 대한 목표 달성이 가능할 것이다. 그러나 학술 출판사들은 기본적으로 영리를 추구하는 집단이고 매우 다양한 비즈니스 전략을 구사하기에, 목표 달성 과정이 순탄하지만은 않을 것이다. 여기에는 학술지 논문에 대한 이해관계자들의 인식 차이도 한몫한다. 대학이나 도서관은 학술지와 논문을 기본적으로 공공재로 인식하고 있으며, 출판과 유통의 적정 비용은 지급할 의사가 있다고 한다. 저자는 학술지 논문의 출판에만 집중하고 있다. 그리고 출판사는 학술지를 독과점 상업재로 인식하고 고부가가치를 추구하고 있다. 이처럼 학술지 논문을 둘러싼 각 이해관계자는 동상이몽에 빠져 있다.

넷째, 한국의 상황에서 보면, 우리도 치밀한 준비를 하고 엘스비어뿐만 아니라 다른 대형 출판사들과 OA 전환계약을 시도해야 할 것이다.

2021년 현재 한국의 연구 기관과 대학에서는 엘스비어에 연간 400억 규모의 구독료를 지급하고 있으며, 연간 1만 4,000건 규모의 논문을 엘스비어의 하이브리드 학술지들에 출판한다고 추산된다. UC처럼 대학 내에서는 대학의 총장, 대학 교수회, 대학도서관 등이 동맹을 맺고 대학 간에 연대해 접근한다면, 협상 파워는 더욱 강력해질 것이다. 일단은 프랑스나 폴란드 등의 사례들처럼 국가 단위의 대학과 연구 기관들을 총망라하는 컨소시엄으로 접근해야 한다. 그리고 국가 수준(교육부, 과학기술정보통신부 등)의 적극적인 정책적 지원이 필요하다. 국가 컨소시엄으로 엘스비어와 국가 라이선스의 OA 전환계약을 추진하자는 것이다. 이를 위해 사전 연구를 통해 목표를 설정하고, 한국적 상황의 OA 2020 이행을 위한 로드맵을 작성해야 한다. UC처럼 컨소시엄에 참여하는 대학과 연구 기관의 도서관들은 OA 2020 의향서에 서명하는 작업부터 시작하기를 제안한다. 이를 통해 전 세계의 대학과 연구 기관들과 자연스러운 연대가 가능하기 때문이다. 그리고 외국의 다양한 OA 2020 이행 사례들을 철저하게 분석, 다양한 옵션들을 포함하는 협상 전략을 수립, 소요 예산의 추정과 참여 기관별 재정 분담과 조정, 협상단을 통한 출판사들과 협상 등의 활동이 포함되어야 한다.

다섯째, 외국의 다양한 사례들을 참조해 국내 학술지들의 OA 전환을 위한 계약 모델도 개발해야 할 것이다. 국내 학술지의 출판과 유통 환경은 외국과 다른 부분이 많다. 기본적으로 학술지의 출판은 학회가 담당하고 있으며, 유통은 별도의 유통사들이 담당하고 있다. 외국의 경우처럼 상업적 출판사에 의해 학술지를 출판하는 일도 거의 없다. 그리고 학술지 출판과 유통 모두 하나의 막강한 기업(출판사, 유통사)이 담당하지도 않는다. 이러한 국내의 환경에서 100% 학술지의 OA 전환이 가능한 혁신 모델을 개발하고 실천하는 것이 중요하다. 여기에는 국가와 대학(연구기관)은 학술 논문의 OA 출판을 위한 정책적 기반을 조성하고, 도서관 컨소시엄은 OA 2020의 맥락에서 국내 학술지의 OA 전환(K-OA 2020)을 위한 의향서를 개발하고 도서관과 학회의 서명을 추진하는 일부터 시작한다. 그리고 각 대학(연구기관)의 도서관과 논문 저자는 OA 출판 비용 분담 모델을 개발하고, 유통사는 지속 가능한 OA 전환계약 모델에서의 새로운 역할을 모색하는 등의 작업이 포함되어야 한다. 이러한 활동들을 통해 국내 학술지의 출판과 유통을 위한 새로운 학술 공유 생태계가 만들어질 것이다.

4부

대담

OA라는 형식이
학회에 제기한 질문[1]

박숙자, 이혜령, 장문석

일시 : 2020. 10. 19.(월) 14~17시

장소 : 살롱411

OA라는 낯선 편지: 불편한 계약서와 유사한 문제의식

장문석 안녕하십니까. 오늘은 2020년 상반기에 학술지 오픈 액서스(OA) 발간을 결정하고 진행한 대중서사학회, 한국여성문학학회, 상허학회 3개 학회가 모였습니다. 작년부터 한국어로 학술 활동하는 학회들이 모여서 OA를 논의했고, 지식공유연대가 만들어졌습니다. 올 상반기에는

3개 학회가 OA를 진행했습니다. 오늘 대담에서는 OA의 과정이 드러낸 학회의 여러 모습과 그 맥락을 정리하고자 합니다. 대중서사학회 회장 박숙자 선생님, 한국여성문학학회 회장 이혜령 선생님이 오셨습니다. 두 분 선생님은 상허학회 회원이기도 하십니다. 저는 상허학회 총무이사 장문석이고, 오늘 사회를 맡았습니다. 먼저 OA를 추진하기 직전의 각 학회의 상황과 조건에 대해서 말씀을 청해 듣고자 합니다.

박숙자 최근 몇 년간 대중서사학회에서 고민한 문제는 크게 두 가지였습니다. 첫 번째는 학회 안의 민주주의입니다. 짐작하시겠지만 학회 운영의 상당 부분은 대학원생이나 한두 명의 이사에게 의존하는데, 때로 대학 내부의 위계가 학회에 그대로 이입되기도 합니다. 이는 누군가에게는 익숙할 수도 있지만 또 다른 누군가에게는 불합리한 구조입니다. 이사 사이의 역할 배분에서도 비슷한 불만이 나옵니다. 학회에서 이러저러한 봉사를 하지만 정작 학술 담론 생산에서 소외된다고 느낄 때 특히 그러합니다. 학회 안에서 공동의 학술 담론을 생산하는 시스템이 무엇일지 고민하게 되는 부분입니다. 맥락은 조금 다르지만, 논문의 발행 유통 과정에서도 학술 지식의 공공성은 문제가 됩니다. 학술대회를 진행하고 그 발표문을 학술지에 특집으로 편성한다고 해도, 결국 상용 DB 플랫폼에서 확인할 수 있는 것은 공동의 학술장이 지워진 개별 논문뿐이니까요. 학회 안의 민주주의 미달과 공동의 담론을 생산하는 학회의 역할에 대해 고민하면서 대중서사학회는 우선 연구부를 확대한 형태의 스터디를 꾸려보았습니다. 각각의 스터디팀이 학술대회 기획까지 맡기로 하고 참여자를 모았는데, 팀당 12~14명이 들어왔습니다. 약 1년 반

정도 스터디를 진행하면서 4차례의 학술대회를 진행했습니다. 이러저러하게 학회 내부 안의 활기를 만들어간다고 느끼고 있을 바로 그 무렵, 상용 DB 업체로부터 저작권 신규 계약에 관해 통보받았습니다. 통지문을 받고 그전에는 인식하지 못했던 논문의 유통에 대해 생각하게 되었습니다.

당시 대중서사학회는 상용 DB 업체와 2012년 계약서를 매년 연장하는 방식으로 계약했습니다. 인문학 연구자로서 계약서의 법률 용어를 꼼꼼히 뒤져 읽는 것도 부담스러운 일이었고, 또 기존의 계약과 무엇이 그리 다를까 하는 생각도 했습니다. 그런데 2019년에는 상용 DB 업체에서 먼저 '연장 불가'를 통지한 후 '신규 계약'을 요청했습니다. 학회에서는 우선 1년의 말미, 즉 기존 계약의 1년 연장을 요청하고 다음 해인 2020년에 답을 주기로 했습니다. 그리고 이사회를 개최했습니다. 20명 정도의 이사가 모인 것으로 기억하는데요, 이사들도 계약서를 보면서 2019년 계약서에 추가된 각종 조항에 의문을 제기하며 다른 학회들의 상황을 알아보기로 했어요. 그리고 다른 학회도 이런 상황은 비슷할 테니 공동으로 문제를 해결해보자고 했지요. 이후 천정환 선생님, 김준현 선생님, 박상민 선생님 등 여러 학회에 관여하시는 선생님들께 문의했고, 천정환 선생님 주선으로 몇몇 학회들이 모이게 되었습니다.

2019년 6월 상허랑 옆 이곳 살롱411에서 국어학, 고전문학, 현대문학 국어국문학 전공 학회들이 모였고요, 이후 7월, 8월 모이는 학회가 계속 늘어나서 사회과학, 문헌정보학 전공 학회까지 함께하게 되었습니다. 8월 27일에 성균관대학교에서 40여 개 학회와 독립연구자가 모여서 「새로운 학문 생산 체제와 '지식 공유'를 위한 학술 단체 및 연구자

연대 선언」을 발표했습니다.[2] 약 3개월 만의 일입니다. 어떻게 그 일이 가능했을까 놀랍기도 하지만, 연구자의 삶이 그만큼 위태로워진 것으로 생각했습니다. 이후 11월에는 한성대 정경희 선생님 소개로 국회 '국내 학술지 오픈 액세스 전환 정책 토론회'에 참여하게 되었습니다. 이 자리에는 교육부, 국립중앙도서관, 한국연구재단 등의 공공기관도 참여했는데요, 여러 기관이 학술 지식의 공공성 약화에 동의하면서 OA에 관심을 표했습니다. 2020년 초 지식공유연대의 이름으로 한국연구재단과 한국교육학술정보원을 방문했고, 그 이후 OA 학술지 출판을 추진하게 되었습니다.

이혜령 저는 제가 속한 학회들을 보아하건대, 학회의 재생산이 가능한가를 고민해왔습니다. 한국여성문학학회의 1990년대와 상허학회의 2000년대에 이사와 간사 사이의 거리가 지금보다는 가까웠던 느낌이 있고요. 역으로 지금은 당시보다 덜 동등한 형태, 예컨대 교수↔제자의 관계가 임원↔간사의 관계로 옮겨지기도 합니다. 학회의 그림자 노동은 더욱 강화된 모습입니다. 이번에 OA를 진행한 대중서사학회, 상허학회, 한국여성문학학회는 1990년대와 2000년대에 기존 국어국문학학회와 다른 형식과 내용의 학회를 지향하면서 발족한 학회들인데, 이들 학회의 재생산 역시 그다지 낙관적이라고 생각되지는 않습니다. 그런데도 각 학회가 유지되고 있는 것은 역설적으로 학회지, 실상 연구재단이 개입하는 등재지라는 제도 때문이라고 생각합니다. 이 상황에서 학회를 어떻게 유지할 수 있을까 고민하게 됩니다.

그런데 당시 한국여성문학학회는 연구재단 등재지 재평가의 조건인 온라인 논문 투고 시스템과 홈페이지를 운영해야 했습니다. 상용학술 업체에서 온라인 투고 시스템을 제공하는 대신 운영 및 관리비를 학회에 청구했는데, 당시 학술지 논문 저작권료와 그 운영 관리 비용이 거의 비슷한 상황이었어요. 그런 상황에서 한국여성문학학회도 재계약 시점을 맞게 됩니다.

장문석 학회의 비민주적 운영과 그림자 노동, 학회 공동의 담론 발신 저하 및 재생산의 위기는 많은 학회에서 공동으로 경험하는 문제라는 생각이 듭니다. 거기에 연구재단 등재지 평가를 위해 온라인 투고 시스템 등의 갖가지 조건을 갖추어야 하는데, JAMS는 무료이지만 학회가 그나마 노력해온 민주적 업무 분업을 몇 년은 퇴보시키는 후진적이고 나태한 시스템입니다. 학회가 그것의 도입을 망설이는 공백에 상용학술정보 업체의 투고 시스템 제공이 개입하고요. 말씀해주신 것처럼, 연구자들이 적극적으로 상용학술정보 업체와의 계약서를 검토하지 않으면서 관례로 계약을 갱신한 상황 역시 현재 상황을 초래한 원인이라는 점 역시 분명합니다. 세 학회 모두 올봄부터 여름까지 상용학술정보 업체와의 재계약 시기를 맞아서 계약을 종료하고 OA를 진행했는데요, OA를 결정하기까지 학회 내부에서 어떤 논의가 있었는지 궁금합니다.

박숙자 2019년 신규 계약서를 꼼꼼히 살펴보면서 눈에 띄는 문제점 몇 가지를 발견했습니다. 우선 제목부터 '저작권 이용허락·양도 계약서'가 아니라 '콘텐츠 개발 및 저작권 계약서'로 되어 있습니다. 물론 이전 2012년 계약서도 같은 제목이었지만 '콘텐츠 개발'로 볼 만한 항목이 크게 눈에 띄지 않았다면 2019년 계약서는 분명히 달랐습니다. 이를테면 2019년 신규 계약서에는 "관리 정보라 함은 서지 정보와 콘텐츠 접근 관리를 위한 정보 등 콘텐츠를 효율적으로 운영·관리할 수 있도록 제작한 정보를 말하나, 그에 한정하지 않는다" 등의 조항이 새롭게 들어와 있습니다. 이 말인즉슨 업체가 연구자가 작성한 '서지 정보' 외에 다른 정보를 추가할 수 있으며, 업체는 자신이 '구축'한 '관리 정보'를 활용해 '콘텐츠'를 만들 수 있다는 내용입니다. 또 "제품 판매 및 서비스로 발생한 B2B 매출액의 20%, B2BC, B2C 매출액의 20%를 학회에 저작권료로 지급한다"라는 조항도 있습니다. 올해 여름 상용 DB 업체가 해피캠퍼스 등의 신뢰할 수 없는 사이트와 계약하고 학회의 논문을 팔고 있다는 사실이 밝혀져서 집단 서명까지 이어진 사실이 있습니다.[3] 학술 논문을 B2B 형식으로 판매한 것이죠. 기업 vs 기업(Business-to-Business)의 거래를 한 것입니다. 연구자들은 해피캠퍼스에 웬만한 논문이 다 올라가 있다는 사실에 놀랐지만 정작 문제의 발단은 학회가 서명한 계약서에 있습니다.

더 문제는 이 계약서가 학회와 학술지 홈페이지 이외에는 논문을 게시할 수 없도록 공공기관(KCI)의 논문 업로드나 저자 본인의 블로그 등에 올리는 것도 막아놓았다는 사실입니다. 현실적으로는 연구재단에서는 연구비를 받은 사사(Acknowledgement) 표기 논문은 KCI 사이트에서 원문을 공개하고 있지만, 사실 계약서를 엄격히 적용한다면 학회가 업체에 허락과 동의를 구해야 하는 것이지요. 이미 이와 같은 내용으로 계약한 학회가 상당수이고, 제 짐작으로는 업체가 매년 조금씩 업체에 유리한 방향으로 새로운 문항을 추가해온 것으로 보입니다. 그리고 업체가 자신의 입장에서 작성하고 연구자들이 관례적으로 승인해온 계약서는 차후 원저작자↔학회↔상용 DB 업체 간의 다툼으로 비화할 여지가 있습니다. 학회가 저작권 계약에 확고한 인식을 둬야 하는 이유입니다.

예전에 이곳 살롱411에 모였던 학회 중 한 곳에서 상용 DB 업체로부터 받는 연간 100만 원의 금액이 학회 운영에 절실하다는 말씀을 해주셨던 것이 기억이 납니다. 한국연구재단은 '평가'라는 이름으로 감시하려 할 뿐 정작 필요한 지원을 해주지는 않습니다. 충분히 공감할 수 있는 말씀이라고 생각합니다. 인문학 학회의 영세함이야 짐작할 수 있는 일이죠. 하지만 상용 DB 업체는 매년 저작권료와 함께 정산서를 보내주지만, 사실 그 비용이 합당한지를 검증할 수단이 우리 연구자들에게는 없습니다. 그리고 업체는 때때로 우수 논문을 지정해 순위를 발표하기도 하고, 때로는 그에 근거해서 어떤 논문은 무료로 공개하기도 합니다. 하지만 그 근거를 공개한 적은 없습니다. 최근 어떤 업체는 대학도서관과 함께 공식적으로 그 업체의 논문을 이용해서 리포트를 쓰면 A⁺ 학점을 받을 수 있다는 온라인 교육도 진행합니다. 모두 신뢰할 수 없는 상업적 이벤트이고, 학술장의 질서를 교란할 수 있는 행위입니다.

이혜령 2019년 초반 모 상용학술정보 업체가 리뉴얼한 후 논문 순위를 매기고 이용자 수를 밝히는 것에 대해서 그것에 반대한다는 메일을 보낸 적이 있어요. 물론 답장받지는 못했지만요. (웃음) 한국여성문학학회에서는 전체적으로 OA의 타당성에 동의해주셨습니다. 상용학술정보 업체로부터 논문 저작권료를 받기는 하지만 거의 비슷한 금액으로 홈페이지와 온라인 투고 시스템 운영 및 관리 비용이 지출되어서 그 이익이 없는 것과 마찬가지라면, 더욱 의미 있는 일을 해보자는 것이었습니다. 우선 편집위원장 김은하 선생님께 말씀드렸더니 동의해주셨고, 2019년 10월 26일 이사회의 승인과 총회에서 회원들의 동의를 거쳐 OA를 추진하게 되었습니다. 그리고 OA라는 문제는 연구자들이 자신의 정체성을 논문과 관련해 어떻게 이해할 것인가라는 문제를 제기해주는 것 아닌가 생각해 보게 되었습니다.

박숙자 그 문제는 대중서사학회에서도 중요하게 다룬 바 있습니다. 일전에 국회 OA 정책 토론회에서 '연구자 잔혹사'에 대해 발표하면서 논문 열람 권한을 얘기했는데요.[4] 연구자에게 논문 열람은 최소한의 기본권입니다. 넓게 보면 헌법에 보장된 학문의 자유이기도 하고요. 이 권리가 대학 내부에 있을 때는 감각되지 않다가 신분이 달라지거나 소속이 불안전해지면 그제야 권리가 박탈될 수 있다는 것을 알게 됩니다. 특히 박사과정 수료 상태나 박사학위 취득 직후의 신분이 불안정한 연구자, 그리고 독립연구자에게는 더욱 그러합니다. 제가 이런 얘기를 했더니 어떤 분은 국회도서관에 가서 논문을 열람하면 되지 않느냐고 하시던데요. 매번 자료를 찾기 위해 도서관에 가는 것도 쉽지 않지만 정작 국회도서관에 가서 논문을 검색하더라도 다운로드가 안 되기 때문에 일일이 인쇄 비용을 지출해야 합니다. 결과적으로 지출해야 하는 비용은 상용 DB 업체에서 논문을 내려받으면서 지급하는 비용과 그리 다르지 않습니다.

논문을 어떻게 볼까? 이것은 그동안 우리가 묻지 않았던 질문입니다.

대부분은 대학에 발을 걸치며 학술 지식을 생산해왔기 때문이죠. 그런데 소속이 불안정해지면 제일 먼저 걱정하는 것이 논문 열람 권리입니다. 최소한의 권리도 불완전한 상태에서 우리는 1년에 논문 몇 편 이상 써야 하는 각자도생의 레이스를 질주합니다. 2018년 12월 강사법 개정안이 확정된 후 연구자들은 다들 대학 안에서 내가 누구인가에 대해 문제의식을 느끼고 있었다고 생각합니다. 주변의 연구자들도 논문 검색 권리를 고민하고 있어요. 그때 상용 DB 업체가 학회에 발송한 계약서는 논문 유통과 공유 권리를 크게 제한하고 있었습니다. 여러 학회가 나의 권리, 그리고 동료의 권리를 빼앗길 수 없다는 것을 느꼈으리라 생각합니다. 그간 우리 연구자들이 보지 않고 묻지 않던 문제인 논문을 유통하고 자유롭게 읽을 권리가 오픈 액세스할 권리라는 형태로 수면 위로 떠오른 것 아닌가 합니다.

장문석 올해 상허학회는 상용학술정보 업체와의 계약 갱신 기간이 다가오는 상황이었고요, 대중서사학회와 한국여성문학학회와 비슷한 논의가 있었습니다. 이사회와 확대이사회에서 OA 추진을 안건으로 논의했고, 이후 원래는 총회를 계획했습니다만 코로나로 총회를 진행하지 못하고 전체 회원께 안건을 공람하고 의견을 수렴한 후 그 바탕에서 확대이사회에서 OA를 결정했습니다. 의견 수렴의 과정에서는 조금 전에 말씀이 나왔던 것처럼 기존의 상용 업체 중심의 논문 유통 구조에서는 논문 열람에서 소외된 학술 주체가 있다는 의견이 제시되었고요. 또한 "재정 부분에서 일정한 불이익이 예상된다 해도, 방향성이 옳은 그 이상의 가치가 있을 줄 압니다. 빠를수록 좋다고 생각합니다"라는 강한 찬성의 의견을 주신 회원들이 계셔서 OA 추진에 힘을 받을 수 있었습니다. 물론 염려도 있었습니다. 상허학회 논의 과정에서 나왔던 염려는 첫째는 안정적인 논문 제공 플랫폼을 새로 마련할 수 있는가, 둘째는 저작권 수입 손실분을 어떻게 보완할 수 있는가였습니다. 이 두 가지는 기존에 상용학술정보 업체가 담당해서 학회에 제공한 서비스였다는 점에서 상허학회만의 염려는 아니었을 듯합니다.

박숙자 먼저 여러 학회가 유사한 문제의식을 느꼈다는 것이 중요합니다. 대중서사학회가 OA를 결정할 수 있었던 것은 이웃한 학회들이 공동으로 같이 대처할 수 있었기 때문입니다. 한국여성문학학회와 상허학회, 나아가 수많은 학회가 논문 열람과 학술 공공성에 관심을 가지고 더 나은 학회 운영을 고민한다는 사실에 힘을 얻었습니다. 물론 상용 DB 업체와 계약 종료를 선언한 직후 일시적으로 논문 검색이 축소되는 것은 걱정이었지만, 국립중앙도서관, 한국교육학술정보원(KERIS) 등이 취지에 공감하며 지원하겠다고 약속한 것 역시 OA 결정에 도움이 되었습니다. 다만 처음에는 한국연구재단, 한국교육학술정보원, 국립중앙도서관 등이 OA에 관심을 보여서 재정적으로 어느 정도 안정적인 지원을 받은 장밋빛 꿈이 쉽게 도래하는가 했지만, 지금 돌이켜보니 쉬운 일이 없습니다. (웃음) 최근에는 플랫폼이 축소되는 것을 해결하기 위해 한국과학기술정보연구원(KiSTi)에서 제공하는 KOAR 플랫폼도 신청했습니다. OA 학술지를 위한 플랫폼인데요, JAMS와 비슷한데 학회 홈페이지의 기능을 하면서 네이버와 구글 등과 연동되기 때문에 논문 노출 빈도를 높이게 됩니다.

이혜령 OA, 특히 저작권료와 관련해 한국여성문학학회는 조금 다른 맥락과 위치에 있기도 했습니다. 한국여성문학학회는 여성 연구자가 중심인 학회였다가, 페미니즘 리부트 이후 상용학술정보 업체로부터 저작권료가 조금씩 증가하는 상황이었습니다. 여성의 지식 생산이 사회적으로 무시되어온 짧지 않은 역사가 있었기 때문에 많은 사람이 상용학술 업체의 플랫폼을 통해서 『여성문학연구』 논문을 열람하고 그것이 저작권료의 형태로 확인할 수 있는 상황에서 OA를 선언해 저작권료를 포기하는 것은 여러 점에서 고민이 되기도 했습니다. 결과적으로 잘한 일일까 고민하게 될 것 같기도 합니다. 그리고 플랫폼 문제는 복잡합니다. 국가기관의 각 사이트는 우리 연구자의 생각처럼 논문의 유통을 위해 존재하는 사이트는 아니라는 생각도 가지게 되었습니다. 이런 일이 있었습니다. 이번에 OA를 준비하면서 연구재단의 KCI 사이트에 『여성문학연구』 논문 전체 원문 공개를 요청하고 모든 논문을 RISS 사이트로 연결해달라고 요청했는데요, 연구재단 KCI 측은 처음에 정규 논문은 가능하지만, 서평 및 자료 소개 등의 비정규 논문은 연결해줄 수 있는 규정이 없다는 답변을 해주었습니다. 연구재단은 말 그대로 심사를 거쳐 등재된 논문만을 적격한 학술 지식으로 취급하고 있었다는 사실을 새삼 깨달은 일이었습니다. 등재지 시스템에 의존해온 학회들은 우리 동료들이 쓴 서평과 자료 발굴이 그동안 연구재단의 시스템 안에서 무시되어온 사실을 인지하지도 못한 채 방치해왔음을 뼈저리게 깨달았습니다. 다행히도 그 문제점은 공문을 통해 설명하고 요청하자 시정되었습니다.

박숙자 KOAR 플랫폼을 신청하면서도 비슷한 생각을 했습니다. 플랫폼을 지원하는 공공기관 역시, 기관에서 자신들이 원하는 빅데이터를 집적하는 중이고 KOAR 플랫폼의 제공 역시 그 맥락 안에 있다고 느꼈습니다. 우리 연구자들은 학술 지식의 공공성을 지향하면서 OA를 추진하는데, 공공기관이 그렇게 개방한 지식을 다시금 자신들의 프레임으로 수렴하고 있다는 인상을 받기도 합니다. 학술 지식이라는 거대한 빅데이터를 인클로저한다고 할까요. 상용 DB 업체와 공공기관 등은 그 목적과 의미는 다르겠지만 '데이터' 집적과 개발의 필요성을 인지하고 있는 것이지요. 이런 의미에서 연구자와 학회가 아래로부터 연대한 지식 공유연대 활동은 학술 주체성에 대한 최소한의 방어라고 생각합니다.[5] 연구자들 스스로 학술 지식을 관리하고 공유하는 주체가 되지 못한다면, 차후에는 본인의 논문조차 돈을 내고 보는 신세가 될지도 모른다는 위기를 느꼈습니다.

이혜령 다른 한편, OA 학술지로 전환하고 보니 플랫폼이 중요하다는 사실을 알게 되었습니다. 연구재단이 운영하는 사이트에서 제공되는 학술지는 등재지 제도에 등록되고 또 오픈 액세스를 한 학술지에만 국한되기 때문에 제한적이며, 최근에야 인문사회과학 학술지에 리포지터리를 제공하기 시작한 KiSTi의 KOAR는 인접 학문 학술지가 거의 없으므로 충분한 플랫폼이라 할 수는 없을 듯합니다. 국립중앙도서관이나 KiSTi의 리포지터리를 사용하면 네이버와 구글에서 검색된다고 하더라도, 연구자들은 대개 포털에서 논문을 검색하지는 않습니다. 따라서 OA를 선언한 인문사회 학회들이 어떻게 더 유용하고 대안적인 플랫폼을 제안하고 만들 것인가를 고민해야 할 것 같습니다.

박숙자 네 그렇습니다. 상용 DB 업체와 같은 백화점식 플랫폼도 필요하지만, 학회 연합 플랫폼과 같은 신뢰의 네트워크도 필요합니다. 동시에 연구자 개인이 자신의 논문을 셀프 아카이빙할 수 있는 플랫폼도 필요합니다. 셀프 아카이빙은 원저작자가 공유 플랫폼에 참여하는 방법이니까요.

OA가 드러낸 것: 학술 지식 '생산' 이후의 '관리'와 '유통', 혹은 책임 회피 30년

장문석 지금까지는 OA라는 낯선 편지가 학회에 도달하기까지의 과정, 그리고 각 학회가 OA를 결정하는 과정, 그 과정에서 제시된 논의와 염려들을 살펴보았습니다. 이번에는 다음 단계로 넘어가도록 하겠습니다. 실제 OA를 진행하는 과정에서 만나게 된 문제, 그리고 OA 진행 과정이 드러낸 문제입니다. OA를 진행하기 전에는 학회의 총의를 모아서 OA를 의결하기까지가 힘든 과정이고 이후의 과정은 기계적이고 단순한 작업일 것이라고 짐작하고 있었습니다. 그런데 그게 아니었던 것 같습니다. 실제 OA를 진행하는 과정 역시 만만치 않았습니다.

이혜령 OA를 결정하기 전 논의 단계에서도 OA를 진행하면 간사들의 실무가 느는 것이 아닌가 막연한 걱정이 있었는데요, OA를 진행해보니 실제 걱정이 되어버렸죠.

장문석 상허학회는 약 30년간 59권의 학술지를 간행한 상태에서 OA를 진행했는데요, 총무이사와 총무간사 그리고 자료 정리를 도와주는 OA 간사까지 3명이 석 달 정도 작업을 했습니다. 간사들에게는 학회에서 적지만 수고비를 지급했고요. OA의 실무는 상용학술정보 업체에서 30년간 해온 일, 즉 학회가 생산한 학술 지식과 학술 정보를 이제 학회가 자기 손으로 직접 관리하겠다는 의미입니다. 따라서 OA를 진행하기 위해서는 학술지 논문 원문 전자파일과 논문에 대한 메타정보를 갖추어야 하고, 그것을 올릴 플랫폼이 있어야 합니다. 처음 작업에 착수하기 전에는 마치 코끼리를 냉장고에 넣는 것처럼, '냉장고를 연다 → 코끼리를 넣는다 → 문을 닫는다' 이렇게만 생각했는데요, 냉장고를 열고 코끼리를 넣고 문을 닫는 모든 과정이 쉽지 않았습니다. 돌이켜서 생각해보면, 두 가지 문제가 있었던 것 같습니다. 첫째 그동안 우리 연구자들이 자신들이 생산한 학술 지식인 논문의 생산에만 관심을 가졌을 뿐, 그것의 관리와 유통에 대해서 철저히 무관심했다는 점을 다시 한번 뼈아프게 느꼈고요, 둘째 여러 국가기관이 도와주었지만, 그 과정에서 무언가 미묘한 어긋남과 중복, 혹은 추가 노동의 발생을 경험하기도 했습니다. 첫 번째 문제부터 먼저 논의하면 좋겠습니다.

박숙자 OA를 결정하는 과정에서 느꼈던 것은 생각보다 많은 연구자가 논문의 유통과 공유 과정에 관심이 없다는 사실이었습니다. 논문 제출 과정에서 저작권양도서를 쓰라고 하면 대개 씁니다. 이미 학회 규칙에 정해진 논문 게재 조건이니까요. 물론 그 바탕에는 학회에 대한 신뢰가 있기도 합니다. 연구자의 권리를 배반하지 않을 것이라는 학회에 대한 최소한의 기대입니다. 하지만 연구자는 각 학회가 상용 DB 업체와 어떤 계약을 맺고 있는지 알아야 합니다. 최근 상용 DB 업체에서는 계약 내용을 누설하면 안 된다는 조항을 계약서에 넣고 있는데요, 논문을 제출한 원저작자인 연구자는 본인 논문이 어떻게 유통되는지 알아야 하지 않을까요? 내 논문이 한국연구재단에서 관리하는 최소한의 공적인 사이트인 KCI 사이트에서 원문 공개가 되는지 안 되는지, 또한 상용 DB 업체에서 검색이 되는지 안 되는지, 그리고 학회가 저작권료를 얼마를 받고 어떻게 쓰는지 등등. 이런 것을 알아야 합니다. 즉 논문 투고 시 저작권양도계약서를 요구한다면, 학회는 그에 합당한 안내를 해야 할 것이고 연구자 또한 그 계약의 내용을 상세히 알 필요가 있습니다.

장문석 연구자의 무관심 못지않게 학회의 무관심도 문제가 있습니다. 학회 역시 학회의 이름으로 생산한 학술 지식, 즉 학술지 논문에 대해서 최소한의 관리를 하지 않았습니다. 학회가 그동안 논문의 유통을 상용 학술정보 업체에 일임했다는 말씀을 나누었는데요, 그 결과 학회는 자신의 논문에 대해서 무지한 일이 발생해버렸습니다. 당장 OA를 준비해야 하는데 학회에 논문 메타정보는커녕 학술지 목록도 없었습니다. 물론 등재 이후의 논문 메타정보는 연구재단 KCI 사이트에 올려주긴 했지만 부정확한 것이 많아서 결국 새로 만들어야 했습니다. 다행히 상허학회보다 OA를 먼저 진행했던 한국여성문학학회에서 계약 종료 직전에 준비해야 할 가장 중요한 것은 논문 메타정보라는 말씀을 거듭 강조해주셔서 (웃음) 겨우 준비할 수 있었습니다.

이혜령 예전에 종이로 학술지를 인쇄해서 낼 때는 조판하고, 편집위원이 출판사에서 교정을 보는 과정을 거쳤습니다. 그런데 논문이 디지털화되고 이런 과정이 하나둘 사라지면서 편리해지는 한편, 연구자들은 논문이 어떻게 출판되고 등록되고 유통되는지 점점 더 잘 모르게 되었습니다. 특히 연구재단에서 출판사가 학술지 편집을 완료하는 것과 별개로 연구재단 KCI 사이트에 논문 원문 파일과 메타정보를 등록해야 논문 출판 프로세스가 완료됩니다. 그런데 그 대부분의 마무리 업무는 학회 편집간사가 담당하고 있고요, 그 점에서 그 일은 사각지대에 놓여 있고 학회 임원들, 심지어 편집위원들도 그 업무에는 무지합니다. 이번 OA를 진행하는 과정은 존재했지만, 학회가 지금까지 보지 않던 것을 떠오르도록 하고 가시화해서 학회와 연구자들이 인식하게 했다는 데 또 다른 의미가 있다고 생각합니다. 학술지 논문의 메타정보는 그동안 간사의 마무리 업무로만 생각하고 한번 등록한 후에 아무도 돌보지 않던 것이었지만, 사실은 무척 중요한 학술 정보이자 지속적인 관리 대상이었던 것이지요.

게다가 논문 원문은 주로 상용 업체 플랫폼으로 유통되는데, 업체에서는 아까 콘텐츠 개발의 하나로 그들은 자신이 메타정보를 만들고 그 정보를 RISS로 연결합니다. 이 과정에서 학회 편집간사가 공들여 만든 메타정보는 사장되는 구조입니다. 연구재단 KCI는 등재 관리 시스템이기 때문에 메타정보를 등재 관리용으로 사용할 뿐 그것의 활용에는 관심이 없습니다.

장문석 상용 업체의 메타정보와 KCI의 메타정보를 동시에 받은 RISS 사이트 역시, 학회에서 별도로 연락하지 않는 이상 두 개의 메타정보를 별도로 방치하는 경우가 많았던 것 같습니다. 이건 좀 부끄러운 이야기인데요, 이번에 확인해보니 『상허학보』의 경우 최근 것에는 문제가 없었지만, 등재 이후 상당 기간 KCI에 올린 메타정보와 학술지 원문에 오류가 너무 많았습니다. 많은 오류가 있는 채로 10년 정도 방치되어 있었습니다. 일차적으로는 학회의 책임이지만, 연구재단도 최소한의 관리를 안 하고 있다는 생각이 들었습니다. 간사가 열심히 노동했지만, 그 노동은 방치된 채 노동의 가치가 다시 학회의 공동 부(富)로 의미화되지 못했습니다. 이 점에서 상허학회의 OA 진행 과정은 30년간 학회가 관리하지 않던 학술지 논문의 메타정보를 학회가 다시 생성하고 검증하는 과정이었습니다. 앞으로는 매호 학술지 편집을 완료한 후 KCI 사이트에 논문 전자파일과 함께 생산하는 논문의 메타정보를 학회 차원에서 확인하고 관리해야 한다는 결론에 도달했습니다. 논문 메타정보 등 학술 지식의 생산 및 관리를 편집간사의 잡무로 이해하는 것이 아니라, 학회가 생산한 학술 지식을 구성하는 중요한 요소로 인식해야 합니다. DOI 정보도 마찬가지이고요.

박숙자 각 학회에 편집이사나 편집위원이 있는데요 학술지편집인협의회 등을 공동으로 구성해서 학술지 투고 형식이나 출판 윤리 규정 등을 공동으로 토론하고 규정하는 일도 필요합니다. 나아가 각 학회에 정보이사가 있지만 실상 역할이 애매한데요, 학회별 정보이사 모임 등을 통해 정말 학회의 학술 정보를 관리하고 나아가 공동의 학술 플랫폼을 기획하고 준비하는 일이 필요합니다.

장문석 두 번째로는 OA와 국가기관의 관계에 대해 말씀하면 좋겠습니다. 물론 도움도 많이 받았습니다. 상허학회는 학술지가 많다 보니 메타 정보 못지않게 논문 원문의 전자파일 확보도 생각보다 어려웠습니다. 등재 이후의 원문을 학회가 확보한 줄 알았는데요, KCI 사이트에 올린 초기 원문은 편집 전 한글 파일이 올라가 있는 등 바로 서비스할 수 없는 것도 있어서 실제로는 59권 중 절반 정도 30권 분량의 학술지의 원문을 만들어야 했습니다. 국립중앙도서관에서 도와주셔서 많은 힘이 되었습니다. 다만 이 과정에서 곤란했던 것이 두 가지가 있었는데요, 하나는 연구자들 생각에는 미리 논문을 전자화하고 준비했다가 상용 업체와 계약이 끝나는 날 바로 국립중앙도서관에서 전자화한 새로운 파일을 플랫폼에 올려서 서비스의 공백이 없었으면 하는 바람인데, 법규상 그건 어렵다고 합니다. 대신 국립중앙도서관에서 배려해주셔서 계약 종료 직후 바로 보름 안에 논문을 전자파일로 만들어주셨습니다. 다만 파일이 만들어진다고 그 순간 플랫폼에서 서비스가 가능한 것은 아닙니다. 연구재단 KCI 사이트에 업로드 후 공개되는데 2~3일, 그것이 RISS로 연결되는데 다시 보름이 걸립니다. 모든 상황이 문제가 없다는 전제 아래에서도 상용 업체와 계약 종료 후에 한 달 정도의 논문 서비스 공백이 발생할 수밖에 없습니다. 논문 제공과 열람에 한 달의 공백이 생긴다는 것은, 아주 크지는 않지만, 상당히 부담스러운 일입니다. 두 번째는 이게 좀 아직도 이해가 안 되는데요, 분명히 가장 좋은 학술지 원본은 국립중앙도서관에서 납본받아서 가지고 있을 텐데, 학회가 학술지 원본을 제출하라는 요청을 받았습니다. 상허학회는 역사가 30년밖에 안 된 학회이기 때문에 박헌호 선생님, 이선미 선생님께서 소장하시던

초기 학술지 원본을 제공해주셨고 누락 호수는 사서 필요 학술지를 갖출 수 있었습니다만, 그 과정에서 우편 비용, 구매 비용이 발생했습니다. 이해하기 어려운 일입니다.

이혜령 한국연구재단과 한국교육학술정보원 등은 이미 연구자와 유관한 기관이고 플랫폼이기 때문에, OA를 진행하는 초기에는 관련될 수밖에 없습니다. OA를 실무로 진행하다 보면, 원문은 국립중앙도서관, 그리고 원문 서비스 플랫폼은 연구재단, 한국교육학술정보원, 한국과학기술정보연구원 등과 논의하게 됩니다. 그런데 그 기관들과 논의하고 요청하고 진행하는 과정 하나하나에서 사실 업무가 발생합니다. 전화나 메일로 요청해서 되는 것도 있고, 어떤 것은 학회장 명의의 공문을 보내야 하기도 합니다. 간사 등 실무자가 처리할 수 있는 문제도 있지만, 편집위원장이나 총무, 회장이 처리해야 하는 문제도 있습니다. 각각 업무는 그때그때 처리해야 하는데, 업무들이 쌓이면 이 역시 상당히 지치게 하는 번거로운 업무들입니다. 내용은 비슷한데 양식만 다른 공문을 여럿 쓰기도 합니다. 이 점에서 국가기관들과 협의해서 '원스톱 OA 진행 시스템'을 구축할 필요도 있습니다.

박숙자 대중서사학회 역시 같은 경험이 있습니다. 국립중앙도서관의 디지털화지원사업을 신청했는데요. 역시 실물 학술지를 제출해야 했습니다. 생각해보면 국립중앙도서관은 납본한 학술지를 가지고 있어서 그것을 쓰면 됩니다. 그런데 국립중앙도서관에서는 '소장용'이기 때문에 안 된다고 합니다. 또한 『대중서사연구』 논문 일부는 이미 국회도서관에서 공개되고 있어서 그 PDF 파일을 공유하면 어떨까 문의했는데 그 것 역시 힘들다고 합니다. 오직 가능한 것은 학회의 연구자들이 발품을 팔아 실물 학술지를 구하고 도서관에 그것을 택배로 보내고, 사업 종료 후 회수하는 과정입니다. 서류 제출 과정 역시 무척 경직되어 있었습니 다. 디지털 전환 서비스가 OA 학술지를 위한 것이기 때문에 학회의 저 작권양도동의서가 필수라는 안내를 받았습니다. 학회에서 '양도'와 '이 용허락' 사이의 미묘한 차이에 대해 검토 중이라고 답변했지만, 선택의 여지가 없었습니다. 다행스러운 것은 지금은 선택하는 것으로 바뀌었 다고 들었습니다.

장문석 대중서사학회와 상허학회는 비교적 역사가 길지 않기 때문에 어 떻게든 실물 학술지를 구할 수 있지만, 역사와 전통이 있는 학회에서 50 여 년 전 학술지 실물을 구하고 국립중앙도서관에 발송하는 일이 가능 할까, 의문이었습니다. 정해진 서류를 제출하지 않으면 업무가 진행될 수 없던 상황은 상허학회도 경험했습니다. 연구재단에 KCI 사이트 논 문 원문 공개를 요청할 때였는데요. 역시 부끄러운 일이지만 그때까지 상허학회에는 저작권 양도에 관한 규정이 없었습니다. 관례로 학회에 서 저작권을 대리해왔습니다. 연구재단은 학회가 저작권을 양도받는다 는 명문화된 규정이 없다면 원문 공개가 불가하다고 회신했습니다. 물 론 저작권의 소재를 분명히 하기 위해서 그렇게 요청할 수 있겠다는 생 각이 들면서도, 그것이 정말 저작권을 보호하기 위해서인가 하는 의문 이 들었습니다. 오히려 상용 업체 중심으로 구조화된 현행 저작권 운영 의 구조를 그대로 승인하면서, 법적 분쟁의 소지를 피하려는 방편이 아닌가 하는 느낌이 강하게 들었습니다. 1주일 후에 학회 총회가 있어서 그때 저작권 규정을 신설하는 것을 전제로 공개를 진행할 수 있었는데요, 대신 학회장 명의로 1주일 사이 법적 문제 발생 시에는 학회에서 책임을 진다는 공문을 발송했습니다. 공문을 발송하면서도 이게 법적 문제가 발생하면 학회에서 정말 책임질 수 있을까 하는 의문이 들었습니다. 씁쓸한 경험입니다.

국가기관의 지원에 감사하면서도 이런 생각이 들었습니다. 기존에 상용 업체 등 민간 기업이 구조화된 저작권 등 권리와 이해 구조 안에서 최대한 법적 분쟁의 소지를 피한다, 각 기관의 업무 방향과 기준에 맞추어 정해둔 조건과 규정을 경직되게 요구한다, 각 부서의 역량과 한도 안에서 지원을 베풀 수는 있지만 관료적 시스템 안에서 다른 부서나 기관과의 횡적 연계나 공동의 논의는 되도록 피한다 등등의 느낌입니다. 이러한 특징이 여러 국가기관과 공공기관이 OA에 관심을 보이지만 중복 지원을 가져오고 학회는 번거로운 공문 작업이나 의미 없는 작업을 요청받고, 그러면서도 결국 긴요한 지원을 받지 못하는 결과를 낳게 됩니다.

상허학회는 총회에서 투고 시 저작권을 양도하지만, 학회원 본인이 그것을 이용할 수 있다는 단서를 붙인 규정을 신설했습니다.[6] 다만 현행 한국 학술장의 구조를 염두에 두고 우선 양도 조항을 신설하지만, 저작권 양도가 정말 타당한지 다른 학회와 함께 계속 공론화하고 논의하기로 했습니다. 앞서 선생님들께서 말씀하셨듯, 한 학회만의 문제가 아니라 공동으로 논의해야 하는 문제라는 생각이 듭니다.

박숙자 대중서사학회에서도 저작권양도계약서는 아직 확정하지 못했습니다. 원저작자의 권리를 살리고, 학회의 공공적 역할을 살리는 좋은 계약이 무엇일까 고민 중입니다. 현재 대중서사학회는 "게재가 결정된 논문은 OA로 출판되며, 온라인 출판에 한해 저작권은 학회에 양도된다"라는 간략한 문구만을 넣은 상태입니다. '양도'의 범위를 '온라인 출판'으로 한정하고, 여기에 더해 복제·전송·배포의 권한만을 학회에 양도하는 것인데요. 이럴 때는 양도와 이용허락 간의 큰 차이가 없게 됩니다. 더 구체적인 내용은 지식공유연대에 참가하는 문헌정보학 선생님들과도 논의하면서 확정하려고 합니다.

장문석 학회와 국가기관의 어긋남에서 말씀이 시작되었지만, 학술장의 구조를 거쳐서 다시금 학회와 연구자가 최근 30여 년간 어떤 지점과 맥락을 보지 않고 방치했는가, 라는 문제로 돌아오게 되었습니다. OA는 기존 국어국문학 전공 학회들이 보지 않으려고 했던 지점을 분명히 보게 한 점이 있다고 생각합니다. 기존 학회의 편집위원회 업무에서 간사의 마무리 업무, 혹은 사각지대의 노동으로 방치했던 학술지 논문의 메타정보의 중요성을 환기했고요, 그동안 학회가 학술대회와 학술지를 중심으로 운영되었다는 점을 염두에 둘 때, 학회가 그 존재의 근거라 할 수 있는 학술 지식을 관리하는 것에 최소한의 책임 있는 태도를 보이지 못했다는 사실을 드러냈습니다.

이혜령 OA는 적어도 2000년 이후 인터넷에서 전자파일 형태로 논문을 열람하고 연구재단 등재지 제도가 도입된 이후 20년간, 큰 그림이나 기획 없이 어쩌다 보니 형성된 지금의 학술장이 그간 비가시화한 것을 드러내기도 하고, 혹은 그 안에서 학회가 무엇을 하고 있었는가 학회원들, 편집위원회와 간사들이 무엇을 하고 있었나를 드러냈다고 생각합니다. 그리고 현재 구조화된 형태를 망치로 쳐서 다시금 펼쳐내는 과정으로 볼 수 있을 것 같습니다.

OA라는 형식이 제기한 질문: 학회란 무엇인가, 학술 지식이란 무엇인가?

장문석 오늘 대담은 OA를 진행한 세 학회가 모였고 실무와 경험의 차원에서 OA에 대한 말씀을 부탁드렸습니다. 그러다 보니 오히려 말씀의 폭이 좁아지기도 했는데요. 이제부터는 OA를 매개로 닿게 된 다른 질문과 한국 학술장이라는 더욱 넓은 맥락에 대해서 말씀을 청하고 싶습니다.

이혜령 오픈 액세스인 만큼, OA를 통해서 『여성문학연구』와 거기에 실린 논문이 기존 상용 업체의 플랫폼에서 서비스할 때보다 얼마나 많은 독자에게 닿으면서 활용될 수 있을까 고민하게 됩니다. 대학의 연구자 외에 독립연구자, 대학 이외의 주체들, 잠재적인 독자를 상성하고 그 독자에게 다가가는 일도 생각해봐야 할 것 같습니다. 이 점은 한국여성문학학회에 조금 더 가능성이 있는 것 같은데요, 아시듯 한국여성문학학회에는 구름 같은 청중들이 모이는데요, (웃음) 학회지와 논문을 통해서 학회가 알려지고 학회에 관심을 가지는 사람이 생겨나 학술지 논문이 조금 다른 관계를 만들어낼 수 있다면 좋겠습니다.

박숙자 네, 동의합니다. 학술 지식의 배치를 바꾸는 것, 그러한 전환이 연구자 ─ 학술 지식이 만나는 과정까지 바꿔내면 좋겠습니다. OA를 진행하면서 '커먼즈로서의 학술 지식'에 대해 생각해보았습니다. 한 연구자가 저에게 이런 얘기를 해주었어요. 박사 논문 이후 시간강사를 하면서 가장 아쉬운 일이 스터디라고요. 같이 공부하는 동료가 '연구'의 동력인데 이곳저곳을 떠도는 시간이 오래되니 점점 그 끈을 찾기가 어렵다고요. 저 역시 마찬가지였습니다. 함께하는 집합적 실천으로서의 공부는 공중에 휘발되고, 내 삶과 내 성과로만 근근이 살아가는 삶에 대해 늘 부족함을 느꼈죠.

이혜령 다만 이번에 OA를 진행하면서 한 가지 조금 생각하게 된 점이 있습니다. 그전까지는 분과학문의 경계를 넘어서 국문학 전공자들과 학제 간 연구를 같이하곤 했던 학문 영역이 역사학계와 사회사학계인데, 이번에 OA에 대해서는 호응이 거의 없었습니다. 이번 기회에 우리가 한국학이라고 부르는, 혹은 한국어로 학술을 한다고 생각하는 학술장을 구성하는 분과학문과 학회의 특징 및 그 토대를 살펴보게 되었습니다. 국문학계는 큰 학계이면서 동시에 가난한 학계라는 생각을 했습니다. 그리고 이번에 OA를 진행한 세 학회가 모두 1990년대부터 2000년대에 만들어진 학회라는 점, 그전까지 있던 국어국문학학회와 다른 학회 혹은 학술 풍토를 만들고자 학술 운동의 막바지에 만들어진 학회로 30여 년의 역사를 가진 학회라는 점, 등재지 제도 도입 직전에 만들어진 학회라는 점은 생각해 볼 점이라 판단됩니다.

박숙자 네, 동의합니다. 저는 이번 일을 통해 상허학회나 한국여성문학학회의 힘을 다시 한번 느꼈습니다. 물론 OA 전환을 선언한 다른 학회 역시 마찬가지입니다. 이런 결정을 할 수 있는 것은 변화를 감당할 수 있는 내부의 힘이 있다는 얘기이고, 더 중요하게는 학술 지식의 새로운 배치를 만들어 갈 운동성이 있다는 것이니까요. OA 전환은 회장 1인이 결정할 수 있는 문제가 아니거든요. 같이 논의할 수 있는 사람들이 학회 내부에 있어야 하고, 이를 바깥에서 지지하는 동료가 있었기 때문에 가능했다고 생각합니다.

이혜령 저는 개인적으로 학회는 시민적 조직이고, 따라서 상호부조의 조직이며, 회비로 운영되어야 한다는 생각을 하고 있습니다. 그럴 때 학회가 독립성과 자립성을 갖출 수 있다고 생각합니다. 학회를 상호 참여, 협동의 형식으로 재구성해야 하고, 학회의 학술지 출판 역시 상호부조적인 의미에서 그 프로세스를 다듬을 필요가 있습니다. 나아가 OA 역시 몇몇 임원, 편집위원 몇몇 그리고 간사에게 맡겨둘 것이 아니라, OA가 무엇이고 그 프로세스를 아는 연구자들이 학회 안에서 점점 늘어나야 할 것입니다.

　그런데 이번에 OA라는 작업을 진행하면서 학회가 무엇인지 논문이란 어떤 과정을 거쳐서 간행되는 것인지에 대해 다시 생각하게 되었습니다. 대개 우리 연구자들은 학술대회에 참가하는 방식으로, 그게 아니라면 논문을 써서 투고하는 방식으로 학회에 참가하게 됩니다. 그렇다면 우리는 어떻게 지식 생산에 참여하며, 그것을 어떻게 고양할 수 있을 것인가 고민해야 합니다. 등재지와 대학이 그 시스템을 떠받치고 있지만, 다른 한편 그것은 때로 한순간 위태롭기도 하고 공허합니다. 우리는 학술지를 자비를 내면서, 그리고 동료와의 협조 속에서 간행하고 있었고, 그 학술지에 논문을 싣는 방식으로 학술 활동하고 있었습니다. 따라서 학술지를 간행하고 그것에 논문을 싣는 것, 그리고 논문을 실음으로써 학회에 참가한다는 것의 의미를 찾거나 회복할 수 있을 때 OA 역시 의미가 있을 수 있다고 생각합니다. 애초에 학회 참여의 의미를 찾을 수 없다면 OA의 의미는 아무 곳에서도 찾기 어렵다고 생각합니다.

박숙자 말씀대로 OA 자체가 목표가 될 수는 없다고 생각합니다. OA는 밖으로 드러난(外化) 형식이라고 생각합니다. 그 근본에는 커먼즈로서의 학술 지식이라는 공동의 문제의식이 있어야 하고요.

이혜령 학회가 논문 하나를 싣는 조직을 넘어서서 연구자 자신에게 의미있는 조직, 권위와 신뢰하는 조직이 되고, 호혜적인 관계가 되고 납세의 의무를 지면서, 공동의 무엇을 발신하기 위한 더욱 구체적인 장치들을 생각해 볼 필요가 있어요. 재정의 자립도 중요하지만, 동시에 차등적 연회비 제도를 통해서 이것이 함께 운영된다는 신뢰를 쌓는 것도 중요합니다.

박숙자 거기에 덧붙여서 앞에서는 장밋빛 꿈이라고 얘기했지만, 학회에서 생산하는 지식, 즉 학술지와 논문이 오픈 액세스로 무료 공개된다면, 그것을 무료로 이용하는 국가와 도서관은 그 출판 비용의 일부를 부담해야 한다고 생각합니다. 현재 한국의 학술 제도에서는 학술지 출판 비용 전부를 온전히 연구자와 학회가 자비로 부담하고 있습니다. 적어도 국가, 공공도서관, 대학은 상용 DB 업체로부터 저작권료를 받지 않고 OA 출판을 선택하는 학회의 학술지에 대해서는 저작권료에 상응하는 출판 비용을 보전해주어야 합니다. 학회 운영도, 학술지 출판도 모두 연구자에게 전가한 후 등재지 평가의 조건으로 논문 업로드를 강제하는 국가의 OA는 '빛 좋은 공공성(Public)'일 뿐입니다. OA 학술지로 전환하면서 학회가 상용 DB 업체로부터 받을 수 없게 된 저작권료, 그리고 학회가 온전히 떠안은 출판 비용의 일부는 국가와 대학 및 공립도서관에서 부담해야 합니다.

이혜령 OA로 인해 촉발된 다음 과제들이 많고 따라서 지속적인 교육이 필요하다는 생각입니다. 그래서 더욱 많은 사람이 OA에 대해서 알고 참여했으면 합니다. 다음에는 OA를 통해서 알게 된 지금 한국 학술장의 모습을 학술장의 여성주의적 시각에서 살펴보고 재구성할 수 있을까 고민해보고 싶습니다.

2020년 지금은 학회의 운영과 존재 방식에 대해서 근본적인 변화가 필요한 시점이라고 생각합니다. 그 시점에 그리고 그 변화에 대한 외화한 실천의 하나로 OA가 있다고 생각합니다.

장문석 지금 말씀으로 오늘 대담은 갈무리할 수 있을 듯합니다. 두 분 선생님께 감사드립니다.

지식공유운동의
현재와 미래

박배균, 박숙자, 정경희, 천정환, 박서현

일시 : 2021. 5. 14(금) 14~16시

장소 : 줌 온라인

지식공유연대의 성립과 오픈 액세스, 커먼즈,
비판적 지식 운동으로서의 지식공유운동

박서현 본 대담은 2019년 창립 이후 지식공유연대(지공연)가 주도해온 지식공유운동의 현재를 성찰하고 미래를 조망하기 위해 기획됐습니다. 지식공유운동이 학술 운동사에서 차지하는 위치, 지식공유운동의 현재

화두, 지공연의 향후 활동 등에 대해 선생님들마다 조금씩 다르게 생각하시지 않을까 합니다. 지식공유운동의 현재와 미래에 대한 고민이 담길 본 대담은 현재 활발히 진행되고 있는 학술 운동에 대한 기록이라는 의미도 가질 수 있겠다는 생각이 드는데요, 먼저 지공연의 성립 배경부터 얘기하면 되지 않을까 합니다. 지공연은 2019년 8월 29일 「새로운 학문 생산체제와 지식 공유를 위한 학술 단체 및 연구자 연대 선언문」을 발표했습니다. 선언문 발표 이전에 국어국문학계 선생님들께서 현재의 학술 지식 생산·유통의 문제를 논의하는 모임의 시간을 가졌던 것으로 알고 있는데요, 미소를 짓고 계시는 천정환 선생님께서 먼저 말씀해주시기를 부탁드립니다.

천정환 다른 인터뷰 자리에서도 여러 번 얘기해서 좀 쑥스러운데요, (웃음) 사실 디비피아(DBpia)에서 메갈리아 사태에 관한 제 글이 많이 읽히기도 했고 다운로드도 많이 되는 일이 최초의 계기였습니다. 당시에는 다운로드가 많이 되는 글과 저자의 권리가 어떠해야 하는가 하는 정도의 생각만 했습니다. 그즈음 대중서사학회장이신 박숙자 선생님이 학회의 디비피아 재계약 문제에 대한 다른 학회의 상황을 문의하는 메일을 제게 보냈습니다. 이후 이 문제를 이슈화하는 것이 필요하다고 생각했습니다. 물론 디비피아식의 계약 관계보다는 학술 지식에 대한 인문사회 분야 연구자들의 권리에 대해 문제를 제기하고, 나아가 연구자들의 자기 주체화라는 관점에서 이 문제를 다루어야 한다고 생각했습니다. 그러다 어느 날 상허학회 회장이신 성균관대 이봉범 선생님, 국제한국문학문화학 회장이신 조선대 차승기 선생님과 이 문제에 관한 얘기를 나누었는데 학회장으로서 저보다 더 깊이 이 문제를 느끼고 계셨습니다. 그러면서 이 문제를 박숙자 선생님과 다시 얘기하게 됐고 국어국문학계를 중심으로 연결이 되어 활동을 시작했습니다.

박숙자 새로운 얘기가 아닐 것 같아 약간 고민이 되긴 하는데요. 제가 학회 회장을 하면서 느낀 것은 덜 민주적이고 덜 공공적이며 덜 자율적인, 그러면서도 어떤 권위와 관행으로 움직이는 학회 내부의 질서에 대한 것이었습니다. 대중서사학회에서 저작권 계약 문제에 대해 질문했지만 실은 학술장이나 학술 생태계 안에서 느껴지는 위계적이고 권위적 관계 그리고 학술 생태계에서 답습되는 불편한 관행들과 관례들이 누적되었다가 저작권 문제로 터졌다고 생각합니다. 「학술 지식은 커먼즈다」(『문화/과학』, 2020)에서 다룬 얘기이기도 한데요, 학술 공동체의 여러 관행, 예를 들어 지식 생산 체제를 둘러싸고 누적된 문제들이 저작권 계약 문제로 터졌다고 생각합니다.

정경희 저도 여러 인터뷰에서 얘기했다시피, 어느 날 연구실로 낯선 전화가 왔습니다. 천정환 선생님의 전화였는데요, 국어국문학계를 중심으로 학술 논문의 저작권과 오픈 액세스에 관심을 두고 논의를 진행한다고 말씀하셨고, 문헌정보학 분야에서 참여하면 좋겠다는 제안을 하셨습니다. 저는 천정환 선생님 말씀을 듣고 무척 반가웠습니다. 문헌정보학 분야 학회들이 출판하는 국내 학술지 7종을 OA로 전환하자고 2018년 선언한 다음 딱 1년 후의 일이었습니다. 문헌정보학 분야 OA 선언의 목표 중 하나가 이 선언을 계기로 다른 학문 분야로 OA를 전파하는 것이었습니다. 하지만 이를 어떻게 적극적으로 할 것인가, 누구에게 알리고 누구와 같이하자고 할 것인가에 대해 고민하던 중 국어국문학계에서 OA에 관심을 가지고 모임을 진행하고 있다는 전화를 받은 것은 너무도 흥분된 일이었습니다. 그래서 흔쾌히 모임에 함께하고 싶다고 말씀드렸고 모임을 통해 더 다양한 연구자 단체들에 이 운동의 취지가 공유되면 좋겠다는 마음으로 참여했습니다. 앞으로는 사회과학 분야로 확장될 수 있으면 좋겠는데요, 어떻게 이것이 가능할 수 있을지 더 고민해야겠다는 생각이 듭니다.

박배균 이제 제가 말씀드릴 차례인가요? 쑥스러운데요, 다 아는 사람끼리 다시금 같은 얘기를 해야 하니까요. (웃음) 저는 연구자의집(연집)을 하면서 공유 문제를 고민하기 시작했습니다. 연집에서 경의선공유지운동에 결합해 활동했는데, 경의선공유지운동이 한국 커먼즈 운동의 본거지 같은 곳이었고, 커먼즈에 대한 고민을 앞서서 했습니다. 그래서 자연스레 공유의 문제를 고민하면서 연집에서 경의선공유지에 들일 예정이었던 컨테이너 공간의 공유 문제를 고민하다가 자연스럽게 지식 공유라는 문제도 고민하게 되었습니다. 이런 점에서 저는 학술 생태계 문제에서 출발했다기보다는 커먼즈 운동의 일환이라는 관점에서 지식 공유 문제를 생각했던 것 같습니다. 연구자들이 만들어내는 지식이나 자원 등을 어떻게 공유할 수 있을까, 이러한 공유가 학술 운동의 하나가 될 수는 없을까를 고민하면서 지식 공유 플랫폼을 만들 생각을 연집 차원에서 했었습니다. 그러다가 OA에 대한 논의를 접하고 또 천정환 선생님이 연락을 주셔서 결합하게 됐습니다. 이처럼 저는 OA를 구체적

이슈로 접했습니다. 저에게는 저작권 문제는 덜 중요한 이슈였는데 공부하다 보니 중요하다는 것을 새삼 알게 되었습니다. 결론적으로 저에게는 지식공유운동을 학술 운동의 하나로 자리매김하는 것이 중요합니다. 그리고 OA는 지식공유운동의 출발점과 같은 것이며 거기서 더 진전돼야 할 필요가 있지 않을까 합니다. 이와 관련해 지식 공유 플랫폼을 어떻게 만들 수 있는가가 저에게는 중요한 이슈이고 저는 이것이 지금의 학술 운동의 화두가 아닐까, 라고 생각하고 있습니다.

박숙자 제가 한마디만 더 하겠습니다. 제가 지공연의 특성과 관련해 세 분 선생님의 연결이 중요하다고 얘기한 적이 있습니다. 박배균 선생님의 커먼즈 관련 활동, 정경희 선생님의 OA 관련 활동 그리고 천정환 선생님의 제도권 안과 밖에서의 비판적 지식 활동이라는 세 계기가 연결되는 것이 중요하다고 생각합니다. 커먼즈 운동, OA 운동, 비판적 지식 운동이 만나게 되는 과정이 의미 있는 게 아닐까 생각합니다. 그래서 세 분의 활동에 좀 더 주목해야 한다고 생각합니다.

박배균 세 사람의 활동에 주목해야 한다기보다는, 세 사람의 활동이 연결되면서 생겨나는 어떤 창발성이 중요한 것이겠지요. (웃음)

정경희 인물이 중요하다기보다는 세 영역이 서로 만났다는 점이 새로운 어떤 무엇을 도모할 수 있는 발판이 됐다는 생각이 듭니다. 각자 몰랐었고, 연결될 것이라는 생각 없이 했던 것들이 어떤 계기를 통해서 모일 수 있었다는 것이 중요하다는 생각이 드는데요, 지공연에서 그 계기가 무엇인지를 더 본질적으로 생각하고 고민해야 할 필요가 있지 않을까 합니다.

박서현 천정환 선생님께서는 연구자의 권리와 주체화의 문제를 제기하셨고, 박숙자 선생님께서는 권위와 비민주성 같은 학술장의 문제가 디비피아, 저작권의 문제와 연결되어있다는 점을 지적해주셨습니다. 정경희 선생님께서는 문헌정보학 분야에서 시작한 지식공유운동이 더 확산할 필요를 제기하셨고, 박배균 선생님께서는 지식 커먼즈 운동의 연장선상에서 OA 문제를 접하게 되었다고 말씀해주셨습니다. 저는 본 대담이 지공연 안에 존재하는 관점의 차이, 시각의 차이와 같은 여러 차이들이 서로 공명하면서 지식공유운동을 만들어가고 있다는 점이 잘 드러나는 시간이 되면 좋겠습니다.

박숙자 선생님께서 학술장 안에서의 문제들이 저작권 문제와 연결되어 터져 나오게 됐다는 점을 지적해주셨지요. 저는 선생님께서 진단하셨던 문제가 무엇이었는지, 그리고 그것들이 어떤 식으로 풀어져 나가고 있는지를 좀 더 듣고 싶습니다. 그리고 정경희 선생님께서 말씀해주셨듯이 문헌정보학 분야 학회들의 OA 운동이 지공연을 통해 더 확산했다고 할 수 있을 것 같은데요, 문헌정보학 분야의 OA 운동과 지공연의 OA 운동 사이의 어떤 차이점 같은 것이 있다면 무엇일지 궁금합니다.

박숙자 제 생각을 짧게 말씀드리면, 학술지는 연구자들의 공동 노동과 지식이 결합해 있는 산물입니다. 한 호에 15개 내외의 논문이 실리는데, 동료 평가를 비롯해서 편집, 출판 등의 여러 연구자 노동이 결합한 결과입니다. 그런데 강사들의 경우 계약 기간에 따라 본인 논문도 볼 수 없는 조건에 놓입니다. 사실 대학에 소속되어 있지 않은 연구자들은 논문을 보기 굉장히 어렵습니다. 자기 논문도 돈을 내고 봐야 하는 상황입니다. 본인 논문의 인용 출처 등을 확인하기 위해서 본인이 작성한 파일이 아니라 편집되어 있는 파일을 내려받아야 할 때도 있습니다. 이러한 상황 자체가 모순적인데요, 논문의 경우 자비 출판과 다를 바 없이 논문 제출한 뒤 게재비 내고, 논문 수정과 편집까지 본인이 합니다. 그리고 저작권 양도동의서까지 씁니다. 그런데도 대학에 소속되지 않으면 자기 논문조차 볼 수 없습니다. 학술 지식에 대한 연구자의 권리가 전혀 보장되지 않고 있습니다. 그래서 올해 대중서사학회는 '저작권 양도' 대신 '저작권 이용허락'으로 바꾸었습니다. 연구자의 권리를 보장하기 위한 첫 번째 시도입니다. 학술 지식을 제대로 공유하기 위해 연구자의 저작권 인식이 제고될 필요가 있습니다. 사실 우리가 생산한 논문을 공유하고 유통하는 방식에 대해 연구자들이 과연 알고 있을까 하는 생각이 듭니다.

정경희 저한테 하신 질문은 문헌정보학 분야에서 이루어졌던 OA 논의와 지공연에서 이루어졌던 논의가 어떻게 다른가에 대한 것인데요, 사실 OA는 도서관에서부터 촉발되었습니다. 문헌정보학자들이 아니라 사서들이 학술지 가격 문제를 해결하기 위해 연구자들과 손을 잡고 시작한 것이 OA입니다. OA는 결국 학술 지식 접근 문제를 해결해주기 위한 것이라는 점에서 도서관 실무자로서의 사서와 문헌정보학 연구자인 제 개인의 인식은 크게 다르지 않았던 것 같습니다. 공공도서관이 아니더라도 사립대학 도서관이든 국립대학 도서관이든 도서관은 본질적으로 지식 공유를 위한 공간이자 제도입니다. 이런 공간에서마저도 지식을 공유할 수 없다는 것은 대단히 큰 문제이기 때문에 이를 해결하는 방법으로서 OA를 얘기했던 것이고, 문헌정보학 분야의 OA에서도 결국 지식에 대한 접근 문제를 해결해서 지식이 좀 더 원활하게 유통되고 이용되며 그로 인해 또 다른 지식이 생산될 수 있도록 하는 것, 그리고 이러한 지식 생산에 이바지하는 도서관을 통한 지식 공유의 중요성을 강조했던 것입니다.

그런데 앞서 박숙자 선생님이 말씀하신 것처럼 지공연에서 만난 여러 선생님은 제가 생각했던 것과는 결이 다소 다른 접근을 하고 있다는 생각이 들었습니다. 문헌정보학 분야에서 접근 문제에 더욱 더 주목했다면, 지공연에서는 연구자 주체성이라는 문제를 더 강조했습니다. 문헌정보학 분야에서는 저작권에 대해서도 그것이 접근에 대한 제한을 강화하는 어떤 기제로써 사용되는 문제를 제기했다면, 주로 인문학자인 지공연 선생님들은 저작권 주체로서 저자의 권리 문제에 훨씬 더 관심이 많다는 생각을 했습니다. 그리고 학술 지식 또는 학술 논문이 가지는 어떤 본질적 성질, 공유자원으로서의 어떤 본래 성격을 규명하고 그로부터 지식이 공유돼야 한다는 논의를 제기한다는 점에서 문헌정보학자나 도서관 사서와는 접근법이 다소 다르다는 점을 확인했고, 저로서도 이를 계기로 좀 더 본질적 문제들을 다시 한번 되돌아볼 수 있었습니다. 몰랐던 것이 아니라 너무 당연하다고 생각하고 넘어갔던 문제들을 되돌아보는 계기가 되었다는 생각이 드는데요, 사실 유럽에서의 움직임들을 보면 학술 지식, 학술 논문의 커먼즈적 성격을 주목하면서 오픈 액세스 논의를 좀 다르게 전개하는 집단들이 등장하고 있습니다. 이 집단들의 중심에는 인문학자들이 있는데요, 그래서 인문학자들이 OA에 대한 인식이나 논의를 좀 더 깊이 있게 확장하는 역할을 국내외에서 하는 것이 아닌가, 라는 생각이 듭니다.

박배균 저는 정경희 선생님과는 경로가 다소 다른 것 같습니다. 정경희 선생님이 OA에서 출발하셔서 좀 더 근본적 문제로 나아갔다면, 저는 커먼즈라는 추상적 개념에서 지식 공유로, 그다음 OA라는 더 구체적 개념으로 내려오는 과정을 밟았던 것 같습니다. 저는 OA 운동을 접하고 또 정경희 선생님과 문헌정보학을 연구하시는 선생님들과 만나면서 도서관이나 대학과 같은 학술 교육 인프라를 공유화하는 것이 중요하다고 생각했습니다. 정경희 선생님이 말씀하셨듯이 도서관은 지식 공유를 위해 만들어 놓은 인프라이지 않습니까. 그런데 여러 법적·제도적·행정적·관료적 장벽들로 인해서 지식 공유를 제대로 실천하지 못하고 있지 않나 합니다. 아울러 도서관의 공유화를 고민하다 보니 대학 개혁의 중요한 방향도 지식 공유와 연결할 수 있지 않을까 하고 고민하게 되었습니다. 사실 커먼즈 운동에서는 자원을 공유하는 것이 중요합니다. 특히 공공자원 혹은 사회적 인프라를 공유하는 것이 커먼즈 운동의 중요한 대상이자 목적이 돼야 합니다. 이런 점에서 저는 도서관, 대학 등의 학술 교육 인프라 자체를 공유하는 것이 지식공유운동의 하나가 될 수 있다고 생각하고 있습니다.

정경희 자료가 디지털로 만들어지면서 물리적 학술지가 없어지고 도서관에도 디지털 자료가 들어오게 되었습니다. 그런데 오히려 이전에는 도서관에서 자유롭게 볼 수 있던 자료들을 이제는 허락받고 이용해야 하는 상태로 바뀌었습니다. 지식 공유라는 도서관의 기본적 역할·기능이 축소돼 버린 상황이 2000년 초에 생겨난 것입니다. 이런 상황에서 저는 학술 지식 특히 학술 논문은 그 생산 과정이 다른 일반 저작물과 매우 달라서 누군가가 독점하는 것이 아니라 도서관을 통해 저자의 허락이나 비용 지출 없이 자유롭게 이용하는 것이 바람직하다고, 저작권법 개정 등을 통해 이를 실현해야겠다고 생각했습니다. 하지만 해외 사례를 연구하면서 학술 논문 공유를 저작권법 개정을 통해 실현하는 것은 가능하지 않다고 생각하게 됐습니다. 이 와중에 접한 것이 OA였습니다. 2000년대 초반 해외에서 OA가 진행되는 것을 보면서 저작권법 개정이 아닌 OA를 통해 도서관에서 학술 논문을 자유롭게 이용할 수 있도록 하는 것이 더 빠른 길이겠다고 생각했고 당시 퍼블릭 라이브러리 오브 사이언스(Public Library of Science, PLoS)라는, 과학공공도서관의 온라인 실현을 모토로 해 시작된 조직을 알게 됐습니다. 이처럼 지식 공유운동이나 학술 논문 공유에 대한 논의들, 활동들의 핵심에는 지식 공유의 장인 도서관의 정신을 회복하려는 어떤 것이 있음을 말씀드리고 싶습니다.

OA 운동과 연구자 주체성

박서현 정경희 선생님께서 말씀해주셨듯이 문헌정보학 분야의 OA의 경우 학술 지식의 공공성에 근거해서 학술 지식에 대한 더 자유로운 접근 문제를 중점적으로 제기했다면, 지공연의 OA는 예컨대 저작권의 주체로서의 논문 저자의 문제와 같은 주체 문제, 연구자의 권리문제를 제기한 측면이 있지 않은가 하는데요. OA와 관련해 접근의 문제와 주체의 문제가 상호 연결되어있음에도 동시에 구분되는 지점이 있지 않을까 합니다. 주체의 문제, 연구자의 권리 문제를 말씀해주셨던 천정환 선생님께서는 이 논점에 대해 어떻게 생각하시는지요.

천정환 저는 OA, 학술 지식의 자유로운 공유가 중요한 문제이고 또한 OA가 제가 생각하는 운동의 중요한 매개가 될 수 있겠다고 생각했습니다. 그런데 그전에 학술 지식을 생산하는 세포 단위인 학회가 도구적 합리성에 의해 자기 이해에 따라 각자도생만을 위해 이용되는 문제를 생각해 볼 필요가 있습니다. 한국 사회 전체의 문제라고도 할 수 있을, 각자도생할 수밖에 없는 현실이 사람들을 파편화되게 만드는 메커니즘이 학회를 통해 관철됩니다. 심지어 연구부정도 거기서 저질러지고요 학계를 바꾸고 대학도 바꾸어야 하는데 87년 체제가 만들었던 학술 운동과 교수 단체는 모두 파편화되고 일부만이 남아있습니다. 학계와 대학을 바꾸기 위해서는 큰 노력이 필요하지만, 연구자들은 이제 제도의 지원을 받는 일이 아니면 할 수도 없고 하지도 않는, 또 돈도 없고 시간도 없고 지위도 불안정하고 연대 의식도 없는 상황에 놓여 있습니다.

그런데도 무엇이 필요한가를 고민해 인문학협동조합 등의 활동을 시작했습니다. 노력했지만 문제가 복잡해서 잘 안 된 면이 많았어요. 그래서 더 구체적이고 미시적인 활동이 필요하고 제도를 조금씩이라도 바꿔나가는 것이 필요한데 그것이 무엇일지 고민했습니다. 이와 관련해 학회가 연구자들이 살아가기 위한 자기 이해가 걸려 있고 또 욕망의 문제도 걸려 있어서 여기서 출발하는 것이 의미가 있겠다고 생각했습니다. 초기에 지공연이 일정 정도까지는 순식간에 학회들을 규합하고 문제의식을 설득할 수 있었던 것도 위 문제와 접속했기 때문이지 않을까 합니다. OA가 연구자들이 학회 활동하면서 느끼는 문제들을 바꿔나갈 수 있는 것으로서 호응이 높다는 사실을 이후에 더 깨달을 수 있었습니다. 하지만 예컨대 지공연 소속으로서 OA로 전환한 국어국문학 분야 학술지 실무자들이 이러한 전환을 위해 들인 시간과 노력을 생각해 볼 필요가 있습니다. 결국 연구자들이 돈도 시간도 없는 상황에서 어떤 문제에서도 아주 소극적일 수밖에 없는 현실을 타개해야 하는데 어떻게 이것이 가능할 수 있을지를 주체의 문제와 결부시켜 지공연의 향후 과제를 중심으로 얘기해야 하지 않을까 합니다.

정경희 저는 지식이나 정보의 활용 등을 주로 다루는 문헌정보학 분야에서 접근의 문제를 중심에 둔 OA에 관한 관심과 인문학자들이 좀 더 관심을 가지는 주체의 문제가 분리된 것이 아니라는 생각이 듭니다. 학술 지식을 생산하는 주체도 연구자이지만 학술 지식을 어떻게 공유하고 유통할지를 결정하는 주체도 결국 연구자입니다. 물론 연구자에게 권한은 있지만 그 권한이 실제로 구현되는 것은 혼자서 결정할 수 있는 것이 아닙니다. 그것은 학회의 학술지 저작권 정책에서 시작해 학회의 저작권 정책에 영향을 미치는 학술지 시장, 또 학술지 시장에 영향을 미치는 평가 기관과 기금 지원 기관으로부터 연구자의 결정이 자유로울 수 없기 때문입니다. 하지만 접근의 문제를 해결하는 중심에는 본질적으로 연구자가 있으며, 이 문제를 결정하는 주체도 연구자라고 생각합니다. 그런데 이 문제를 우리가 간과하고 있던 것이 아닌가 하는 생각이 듭니다. 학술 지식의 생산 과정에서의 규칙도 중요하지만, 학술 지식을 생산한 다음 그것을 어떻게 공유할 것인가라는 규칙도 중요한데요, 이 규칙을 어떻게 만들어갈 것인가를 얘기하는 것이 OA의 중요한 논점이라고 생각합니다. 결국 접근의 문제와 주체의 문제는 분리될 수 있는 것이 아닙니다. 공유·유통 문제의 중심에는 연구자가 있다는 점이 중요합니다.

박배균 사실, 학회는 그때그때 연구자들의 관심사에 따라 모인 결사체라서 필요하면 없앨 수도 있고 새로 만들어지기도 하는 것, 연구자들의 집단적 연구 활동을 위한 수단과 같은 것이지요. 학회 활동은 목적이 아닌 수단이고요. 학회가 어떤 시점에 훌륭한 선언문을, 명분을 내세우고 만들어졌더라도 학회는 그 당시 맥락에서 필요에 따라 만들어진 것이라서 연구자의 연구 활동을 보조하는 역할을 하는 것일 텐데요. 지식공유 운동과 관련해서는 원칙적으로 (학회가 아닌) 연구자가 중심이 되는 것이 맞겠지만 연구자가 중심이 되기에는 현재 제약이 많습니다. 그래서 우선 학술지의 OA 출판 전환에 얼마나 많은 학회가 참여할 것인가, 이를 위한 정책은 무엇인가에 초점을 맞추어야 하는데, 이는 현실적 조건을 고려해서 그러는 것이지요. 연구자가 OA 운동의 중심이 되는 것이 맞지만 이는 원론적 이야기이고요. 저는 지공연이 OA를 전면에 내세운 상황에서는 중요한 전술적 목표가 최대한 많은 학회가 OA에 참여하도록 만드는 것이고 이를 위해 연구재단이나 국가기관들이 학회들의 OA를 지원하도록 만드는 것으로 생각합니다. 이 경우 학회가 OA의 중요한 주체가 될 텐데요, 하지만 궁극적으로는 학회의 틀도 뛰어넘을 수 있는 다른 틀이, 예컨대 지식 공유 플랫폼 같은 것이 필요하다고 봅니다. 이 플랫폼에는 학회도 참여할 수 있지만 학회를 넘어서 여러 연구자가 자유롭게 참여하면서 흩어지고 모일 수 있으면 좋겠다고 생각합니다.

박숙자 짧게 덧붙이겠습니다. 지공연이 OA 운동을 시작하고 몇 달 후 어떤 젊은 연구자가 "정말 OA가 가능할 것 같습니까? 제가 시간강사가 아니어도 (안 되더라도) OA가 되면 제 논문을 대학 밖에서도 볼 수 있는 것입니까?"라고 조용히 물어왔습니다. 이 질문이 아주 오랫동안 기억에 남았습니다. '조용히' 물어볼 수밖에 없는 빼앗긴 연구자의 권리, 그런데도 연구자로서 살아가기 위해 절실한 질문을 하고 있다는 느낌이 들었습니다. 연구자의 목소리에서 그동안 잊고 있었던 '권리'가 제 모습을 드러내고 있다는 생각도 했습니다. OA가 어쩌면 희망이 될 수도 있겠다는 생각이 들었습니다. 그런데 지금은 별로 그런 생각이 들지 않습니다. 뭔가 잘 정리되지 않는 느낌입니다.

박서현 저는 박숙자 선생님이 『문화/과학』에 게재하신 글에서 OA의 긍정적 지점 중 하나로 제시하신, 우리 연구자가 생산한 지식을 우리 스스로 관리하는 활동에 동참함으로써 민주적 감성을 키워나가는 실마리가 될 수 있을 것이라는 진단이 인상적이었습니다. OA가 학회 차원에서 진행되고 있는 것은 지금의 현실에서 그럴 수밖에 없는 부분이 있지만, OA를 학술 생태계의 변화라는 더 큰 틀에서 생각할 때 연구자가 단순히 OA를 통해 편익을 보는 것이 아니라 이 운동에 어떤 식으로든 동참하는 것, OA를 함께 만들어가는 주체가 되지 않으면 안 된다는 것이 중요하다는 점을, 이런 점에서 연구자의 주체성이 OA 운동의 핵심적 논점이라는 점을 말씀해주신 것이 아닌가, 라고 생각합니다. 지공연 선언문은 이에 대한 명확한 인식을 바탕으로 해서 쓰였다는 생각이 드는데요, 학술 생태계의 변화가 필요한 상황에서 OA 운동과 연구자 주체성의 문제에 대한 선생님들의 고민을 듣고 싶습니다.

천정환 그러니까 OA를 계속해서 실천하고 또 OA를 국가가 지원할 수 있는 환경을 만들어주는 것이지요. 사실 OA만이 아니라 연구자 주체성과 관련해서 해야 할 일이 매우 많습니다. 연구자 관련 제반 정책에 대해 연구재단의 비판적 파트너가 되는 것, OA를 통해 지식 공유에 이바지하는 것, 학회 활동을 통해 연구자 주체성을 고양하는 것, 이렇게 세 가지를 생각해 볼 수 있는데요, 이런 활동의 수행 자체에 필요한 내부 동력은 언제나 약한 것이 사실입니다. 현재 국가기관들이 OA 정책을 이야기하고 있어서 이를 우리의 성과라고 말할 수도 있겠지만, 지공연이 잘한 것은 무엇이고 잘 안된 것은 무엇인지를 냉정하게 평가하면서 새로운 동력을 마련할 때가 아닌가 싶습니다.

박배균 주체성은 참 쉽지 않은 문제인 것 같습니다. 당연히 주체성을 발휘해야 하는데 다들 발휘하지 못하는 상황에서 연구자들이 참여하는 새로운 운동을 어떻게 만드는가가 중요한 화두일 것 같습니다. 사실 학술 생태계 변화와 관련해 저는 지식공유운동이 이루어지고 OA가 확산함으로써 궁극적으로는 연구재단이 중심이 되어 만들었던 학술지 평가 시스템, 이를 바탕으로 하는 업적 평가 시스템이 바뀌면 좋겠습니다. 물론 신자유주의적 평가 시스템의 개혁을 2000년대 초반부터 교수·연구자 단체들이 요구해왔다고 기억합니다. 학술단체협의회가 중심이 되어 이런 요구했었는데요. 그 배경에는 대학이 개악되고 있다는 판단이 있었습니다.

하지만 그렇다고 이전의 대학이 좋았다고 보기는 힘듭니다. 아시다시피 가부장적 틀 안에서 갑질이 일상화되어 있는 시스템이었지요. 물론 가족주의도 있었는데요. 가족주의 안에 있는 사람들한테는 좋은 시절일 수도 있겠으나 실은 굉장히 봉건적이었다고 할 수 있습니다. 그리고 이 봉건적 학술장을 바꾸는 데 있어 연구재단이 도입했던 각종 평가 시스템이 긍정적으로 이바지한 부분도 있습니다. 교수 평가가 객관화된 것은 사실이고요. 결국 소위 학진 시스템이 주는 명암이 있는 것 같은데요, 명은 합리화되고 객관화된 측면이 있다는 것이지만, 암이 크다는 것은 분명합니다. 저는 디비피아 문제도 학진이 뿌려 놓은 씨앗이라고 생각합니다. 이 문제에 대해 쉽사리 대처하지 못하는 측면이 있는 것도 이 때문이라고 생각하고요.

저는 OA 운동이 가지는 파괴력은 이 운동을 밀어붙여 학술 정책·업적 평가 방식·대학 평가 방식까지 변화시키는 데 있다고 봅니다. 이럴 때만이 학술 생태계가 바뀔 수 있을 것입니다. 그런데 이를 어떻게 할 수 있을지는 잘 모르겠습니다. 어떤 방식으로 여기까지 가야 할지를요. 하지만 먼저는 OA 운동에 힘이 붙어 좀 더 많은 학회가 동참하는 것이 중요하다고 생각합니다.

OA에 동참하는 데 따르는 물질적 구속력이 있습니다. 당장 우리 학회 학술지를 OA로 출판 전환한다고 생각하니까 머리가 아프기 시작하는데요. (웃음) 당장 매년 몇백만 원의 손해를 보게 되는데 이를 어떻게 보충하면서 OA를 끌고 갈까 고민스러워집니다. 그런데 OA에 열 개, 스무 개, 삼십 개, 그 이상의 학회들이 동참하는 순간 물질적 구속력 때문에 OA에 대한 요구를 계속해서 할 수밖에 없습니다. 저는 그 지점까지 도달하는 게 중요하다고 생각합니다. 바퀴가 한 바퀴 굴러서 그 지점에 도달하는 순간 새로운 폭발력이 나올 것 같다는 생각이 듭니다. 그리고 그다음부터는 이야기가 더 다양한 방식으로 뻗어나갈 수 있지 않을까 하는데요, 여기까지 끌고 가야 한다고 생각하고, 여기까지만 갈 수 있으면 학술 생태계의 변화까지도 끌어낼 수 있는 이야기들이 나올 수 있지 않을까 합니다. 주체성의 발휘도 이 지점에서 가능할 수 있지 않을까 합니다. 그런데 쉽지 않은 문제인 것은 분명한데요, 학회들이 물리적으로 자신을 구속하는 OA를 실천하게 만드는 것이니까 말이지요.

정경희 저는 지공연이 두 가지 측면에서 주체의 문제에 대해 해야 할 일이 있다고 생각합니다. 한 측면은 개별 연구자가 자신의 연구 결과를 어떻게 공유할 것인가를 스스로 고민하게 만드는 것인데요, 연구자들이 이런 고민을 진지하게 질문할 수 있을까 하는 생각도 들지만 그런데도 이런 질문을 계속해서 제기하게 만드는 것이 필요하고요. 다른 한 측면은 예컨대 학회가 학술지의 OA 출판 전환을 결정하는 데에는 평가나 기금 지원, 서비스 등의 외적 요인들도 상당히 작용하는데요, 학회가 OA를 하기로 하겠다고 고민할 수 있을 정도로 이러한 외적 요인들이 변화되어야 하는데, 저는 외적 요인의 변화를 가져올 수 있는 구심점이 지공연이라고 생각합니다. 그것은 우리가 지금 계속 상대하는 평가 기관이자 또 논문 원문을 제공하는 서비스 기관인, 과연 서비스인지는 잘 모르겠습니다만, 연구재단과 한국교육학술정보원, 한국과학기술정보연구원 같은 기관들은 OA를 완전히 접근의 문제로만 바라보고 있기 때문, 접근도 온전한 접근이 아니라 기관에서 원문을 공개하는 식으로 최소 수준에서의 접근의 문제로만 바라보고 있기 때문입니다.

기관 차원에서는 그럴 수도 있겠지만, OA를 근본적으로는 접근만이 아닌 학술 지식을 어떻게 생산하고 어떻게 전체 사회가 공유할 것인가라는 생태계의 문제로 이해할 필요가 있습니다. 또한 이 문제를 본질적으로 해결할 수 있는 주체가 다름 아닌 연구자라는 것을 기관들도 인식하고, 이런 점에서 이 문제를 접근의 문제가 아닌 생태계의 문제로 바라볼 수 있도록 자극을 주는 것이 필요합니다. 그런데 이런 일은 지공연만이 할 수 있다고, 기관들이 자체적으로 이렇게 하는 것은 굉장히 어렵다고 생각합니다. 그래서 연구자와 연구자 단체에 대해 미쳐야 할 영향과 연구자 단체와 연결되어 있는 외부의 공공기관들에 미쳐야 할 영향이 모두 중요하며, 이를 어떻게 실천하느냐에 따라 연구자와 연구자 집단 내에서 변화가 일어날 수 있다고 생각합니다. 이를 위해 지공연에서 큰 노력을 기울였기도 하고요.

새로운 형식의 학술 운동으로서의 지식공유운동과 지식공유연대의 향후 과제

박서현 OA를 실천하는 것은 학회들의 경우에는 큰 부담이 따르는 일, 물리적 구속력이 생기는 일이고, 나아가 연구자들 스스로가 연구 결과의 공유에 대해 스스로 고민하고 이런 고민의 연장선상에서 OA에 동참하는 데까지는 더 많은 시간이 필요할 수 있습니다. 하지만, 학술지의 OA 출판 전환이 한 주기 진행된 다음에는 오히려 학술 생태계의 변화와 같은 다른 논점으로도 이어질 수 있다는 말씀을 해주셨는데요, 사실 지공연이 학술 운동의 역사를 이어간다는 고민 속에서 결성된 것은 아니었습니다. 오히려 당면한 현실적 필요와 고민 속에서 지식공유운동을 해왔음에도, 지식공유운동을 통해 학술 생태계의 변화를 낳을 수 있는 고민을 지공연에서 접할 수 있지 않을까 합니다.

지식공유운동은 연구자들이 주체가 되는 학술 운동이자 현시점에서 존재할 수 있고 또 요구되기도 하는 학술 운동이라고 생각합니다. 그런데 혹시 지식공유운동이 과거 학술 운동과의 연속선상에 있는 운동은 아닌가, 지식공유운동이 과거 학술 운동을 잇는 측면이 있다면 무엇이고 변주하는 측면이 있다면 무엇일까? 나아가 학술 운동의 역사 안에 지식공유운동을 어떻게 자리매김할 수 있을까가 궁금합니다. 이 문제와 함께 현재 지식공유운동의 화두는 무엇이고 앞으로 이 운동을 어떻게 실천해나가는 것이 필요할까 하는 문제를 논의하면 좋겠습니다.

박배균 예컨대 서교인문사회연구실은 새로운 형식의 학술 운동이었습니다. 비슷하게 성공회대 대학원생이 주축이 된 데모스라는 연구 모임에서 학술 운동을 제안하기도 했습니다. 지공연이나 연집의 활동이 대략 10년 전부터 얘기됐던 새로운 형식의 학술 운동과 맞닿는 부분이 많다고 저는 생각합니다. 지공연, 연집의 활동이 젊은 연구자들한테 관심을 받는 것도 사실이고요. 거부감이 덜하지요. 참신성이 있고 운동 방식 자체가 주는 어떤 새로운 정동적 감각과 같은 것이 있다고 생각합니다. 이런 점들이 연구자 주체성을 좀 더 고양하는 데 도움을 줄 수 있겠다는 생각도 듭니다. 이와 관련해 저는 새로운 운동들이 이론적으로 좀 더 정립되면 좋겠다고 생각합니다. 학술 운동의 큰 흐름 안에서 이 운동은 어떤 것이다, 라는 자기 규정이 필요합니다. 이런 규정을 통해 젊은 연구자들을 이론적으로 설득할 수도 있을 것이며, 나아가 운동을 더 밀고 나갈 수도 있다고 생각합니다.

천정환 데모스나 서교인문사회연구실은 소규모 단체들인데요, 이런 소규모 단체들이 더 많이 생겨나야 하고, 자생적 연구자 모임이 어떤 힘을 갖고서 한 발은 제도권에 다른 한 발은 비제도권에 걸치면서 활동하는 것이 중요하다고 생각합니다. 그런데 근본적으로는 문제의식이 없거나 무엇을 해야 할지 모르기 때문이 아니라 이를 실질화할 수 있는 틀과 힘이 부족한 데 문제가 있지 않은가 합니다. 독립연구자네트워크에서 처음에는 지공연에 참여했다가 빠졌는데요, 네트워크가 운영이 쉽지 않고 전망이 불분명하다는 소식을 접했습니다. 사실 독립연구자가 점점 더 늘어나고 있고 또 소규모 자생적 단체들도 줄어들지는 않는 추세이지요. 문제의식은 팽만해 있지만 이를 더 밀고 나갈 힘이 좀 부족한 것인데, 이런 문제를 중심으로 토론하고, 공동의 실천을 고민하려 모인다는 것 자체가 의미 있는 것 같습니다. 상대적으로 좀 더 크고 회비도 좀 더 있는 단체들하고도 정기적 모임을 만들어 같이 활동하는 것이 필요하지 않을까 합니다. 이를테면 해피캠퍼스 등의 리포트 거래 사이트에서 학술 논문이 상업적으로 무분별하게 유통·매매되고 있는 문제를 제기하며 연집과 지공연이 정부종합청사 앞에서 집회를 했는데요, 이런 식의 행동이 필요할 것 같습니다.

박배균 결국 연환계(連環計)를 써야 하는데요, 그런데 연환의 방식이 옛날 과는 달라야 한다고 생각합니다. 굉장히 유연하고 우회적이기도 하고 때로는 재밌기도 해야 연환이 되거든요. 연집이 공간을 만드는 것, 연구 자권리선언을 하는 것도 연환을 위한 하나의 방식이고요. 소규모 단체 들과 좀 더 유연하고 느슨하게라도 연계되어 필요할 때 같이 모이는 방 식이 필요합니다. 이와 같은 좀 더 네트워크적 연환의 방식이 적절하지 않을까 싶습니다. 5년 후에 어떻게 하겠다는 계획을 지금 세우기보다는 이러한 방식이 필요하지 않을까 합니다.

박숙자 저는 학술 단체 지원과 관련한 정책 과제를 진행하면서 31명의 연구자를 만났는데요. 이 과정에서 감정 노동도 많이 했지만, 또 많이 배 우기도 했습니다. 학회에서 간사 활동하는 대학원생들과 집단면담을 하기 위해 만났을 때 한 대학원생이 "학문후속세대라고 부르는 것조차 기분 나쁘다. 그냥 학회에서 하는 노동의 값을 챙겨다오"라고 말했는데 요, 대학과 학회를 중심으로 학술 지식이 생산되고 있지만 이러한 지식 생산 체제에 대한 반감과 거부감이 분명하게 표현되고 있었습니다. 대 학이라는 길드 체계에 속해 지도교수 밑에서 갈고 닦아도 자기 자리가 마련되지 않는다는 아이러니를 알고 있었습니다. 또 다른 독립연구자 역시 "학회가 학술 지식을 생산하는 메인 플랫폼인 것처럼 생각하지 말 라"고 말했는데요, 대학과 교수 중심의 학술 지식 생산에 문제 제기하는 것으로 들렸습니다. 제 얘기보다는 제가 만난 연구자들의 이야기를 전하는 것이 제 역할인 것 같아서 자꾸 이들의 얘기를 하게 되네요. 아마도 연구자들이 토로하는 어떤 증상들이 있는데 이번 정책 과제를 하면서 이를 많이 느꼈기 때문이지 않은가 합니다. 그래서 이를 어떻게 잘 전달할까, 어떻게 플랫폼을 만들까, 어떻게 네트워킹의 힘을 만들까, 연구자 커뮤니티의 힘을 공적 제도의 힘을 통해 어떻게 강화할 수 있을까 하는 과제가 남았습니다.

박서현 저는 박배균 선생님께서 말씀하셨듯이 지공연 활동의 위상, 의미 등을 이론적으로 정립하는 것이 중요하다고 생각합니다. 물론 이는 지공연의 실천들을 가두기 위한 것이 아니라 오히려 더 열어가기 위해서, 이론과 실천이 병행해 발전하는 데 필요하다고 생각합니다. 그리고 결이 조금씩 다른 운동을 해왔던 선생님들께서 만나 지공연이라는 이름으로 활동하듯이 지공연이 독립연구자들, 젊은 연구자들이 만나는 장이 되는 것이 필요하다고 생각합니다. 예컨대 정기적으로 만나 학술 생태계의 문제 등에 대해 논의하면서 어떤 공통적인 것을 만들어가는 과정들이 필요한데요, 저는 이 과정이 커먼즈적 성격을 가진다고 생각합니다. 지식이 커먼즈일 뿐 아니라 이런 운동 자체가 커먼즈적 성격을 가지는 것인데요, 이렇게 공통적인 것을 만들어갈 수 있으려면 지공연의 활동이 확장성과 구체성을 가져야 할 뿐 아니라, 현재의 학술 생태계의 문제와 자신의 향후 삶·연구의 문제에 대해 고민하는 젊은 연구자들과 만나는 것이 필요하지 않을까 합니다. 서로 조금씩 다른 생각을 하는 사람들과 함께 만나기 위한 고민이 필요하고 작은 것일지라도 함께 실천하는 것이 필요하다고 생각합니다.

정경희　문헌정보학 분야에서 사용하는 학술 커뮤니케이션(scholarly communication), 나아가 학술 커뮤니케이션 생태계라는 용어가 있습니다. 학술 커뮤니케이션은 학술 지식 생산에서 시작해 생산된 학술 지식의 출판과 배포, 배포된 학술 지식을 더 잘 이용할 수 있도록 하는 도서관 등에서의 학술 지식의 수집, 그리고 이 전 과정을 촉진하는 데 기여하는 공공기관이나 펀딩 기관의 역할을 포괄하는 개념으로써, 이 전체 과정에 참여하는 주체들이 함께 만들어가는 것입니다. 전체 과정을 생태계 관점에서 이해해야 하는 것은 학술 커뮤니케이션의 어떤 고리가 끊어져서 커뮤니케이션이 잘 이루어지지 않을 때 전체 과정에 문제가 생기기 때문입니다. 물론 끊어진 대표적 고리가 현재는 학술 지식의 배포이고 이 문제로 인해 학술 커뮤니케이션의 위기가 말해지는 것인데요, 이 위기를 극복하고 생태계를 복원하기 위해 OA가 얘기되는 것이고요, 한국의 학술 운동은 학술 커뮤니케이션이라는 맥락에서 이 문제를 바라보기보다는 학술 지식 생산 주체들의 운동을 강조하는 집단과 학술 지식에 대한 접근·유통의 문제를 얘기하는 집단이 분리되어 있었다는 생각이 듭니다. 그리고 접근의 문제가 연구자 중심이 아닌 관 중심으로 이루어지면서 접근 문제를 해결하는 데 있어 다소 왜곡된 현상이 나타나는 것이 아닌가 하는 생각이 듭니다.

　지공연은 분절되어 있던 학술 지식 생산을 강조했던 주체와 학술 지식에 대한 접근·유통의 문제를 얘기했던 주체가 만나는 장이어야 합니다. 나아가 이런 만남도 다양한 각도에서 이루어져야 한다고 생각하니다. 그런데 학술 커뮤니케이션의 어떤 더 좋은 상태를 만들어내는 데 있어 포괄적으로 적용할 수 있는 모델이 있을 것 같지는 않습니다. 독립연구자들의 연구 생태계가 있는 것 같고 또 분야별로도 다른 생태계를 가지고 있다는 생각이 듭니다. 인문사회 분야와 과학 분야도 다른 생태계를 가지고 있다는 생각이 듭니다. 서로 간의 어떤 연계는 필요하겠지만 지공연의 제안이 전체 연구 집단의 학술 커뮤니케이션 문제를 단번에 해결해주는 것을 상상하면 안 되지 않을까, 라고 생각합니다. 정리하면 이론적으로는 본질적 얘기들을 해야 하지만 이론을 기반으로 해서 어떤 제안을 할 때는 그것이 모든 분야에 적용될 수 있는 일반적 해결책이 아닌 각 분야의 전통과 문화, 인식에 입각한 제안들이어야 하지 않을까 합니다. 그래야 좀 더 실현할 수 있는 대안이 되지 않을까 합니다.

예컨대 OA 운동은 '아카이브'(arxiv.org)라는 물리학 분야 프리 프린트 플랫폼에서부터 시작했다고 할 수 있습니다. 프리 프린트는 출판되기 이전의 원고인데, 이 원고를 플랫폼을 만들어서 연구자들이 자율적으로 업로드하고 공유하는 최초의 모델이 아카이브였습니다. 아카이브가 매우 성공적으로 운영되다 보니 이것을 의학이나 다른 분야에도 이식하고자 했지만, 의학 분야에서는 실패했습니다. 아카이브의 성공 배경으로 프리 프린트를 인쇄본 형태로 나눠보던 물리학 분야에서의 오랜 전통을 들 수 있습니다. 그 전통을 구현해준 것이 아카이브였던 것이지요. 결국 각 학문 분야가 가지는 고유성, 규범들과 연계된 지식공유운동이 제안돼야 하지 않을까 합니다.

박서현 저는 오늘의 대담이 현재진행형인 지공연의 운동 안에 존재하는 차이와 공통성을 확인하고 이러한 확인의 연장선상에서 지식공유운동의 미래를 어떻게 그려 나갈지를 공유하는 자리가 되면 좋겠다고 생각했는데요, 이를 확인할 수 있지 않았나 하는 생각이 듭니다. 대담에 참여해주신 네 분 선생님께 감사드립니다.

부록

문헌정보학 분야
오픈 액세스 출판 선언

모든 사람이 학술 연구 성과에 자유롭게 접근할 수 있도록 하는 것은 또 다른 연구의 촉진과 교육의 확대뿐만 아니라 지식 공유를 통한 공공선을 이루는 데 필수적이다. 거대한 정보 공유 플랫폼으로서 인터넷은 학술 연구 성과의 전 세계적 공유를 실현할 수 있는 기술로 기대되었다. 그러나 학술 데이터베이스의 지속적인 가격 상승으로 인해 오히려 학술 논문에 대한 자유로운 접근은 급격히 제한되었다. 상업출판사 학술지의 비용 장벽 문제를 해결하는 오픈 액세스 출판은 학술 연구 성과의 공유와 확산을 통해 연구와 학문, 지식의 발전에 기여할 수 있는 지속 가능한 출판 모델이다. 이에 우리 문헌정보학 분야 모든 학술 단체는 우리나라 학술지뿐만 아니라 전 세계 학술지의 오픈 액세스 출판을 희망하며 다음과 같이 선언한다.

하나, 우리는 국내 오픈 액세스 학술 출판을 선도하는 역할을 자임하고자 한다.

하나, 우리는 발행 학술지를 단계적으로 오픈 액세스 학술지로 전환하고자 한다.

하나, 우리는 국내 타 학문 분야 학술 단체에 오픈 액세스 학술지로 함께 전환할 것을 권유하며, 이를 위해 우리의 지식과 경험을 바탕으로 적극적으로 협력할 것을 약속한다.

하나, 우리는 오픈 액세스 학술지로의 전환이 연구자의 연구 성과를 신속하고 폭넓게 확산시켜 결과적으로 연구 성과의 가시성과 인용률을 제고할 것임을 확신한다.

하나, 우리는 엄격한 동료심사 과정을 거친 우수한 학술 논문을 출판해 왔으며, 오픈 액세스 학술지로의 전환을 계기로 더 높은 질적 수준을 유지하기 위해 노력할 것임을 약속한다.

하나, 우리는 국가도서관과 대학 및 연구 도서관을 비롯한 국내 도서관계에 오픈 액세스 학술지 발간 및 이용을 지원할 수 있는 체제를 갖출 것을 요구한다.

하나, 우리는 오픈 액세스 학술지 발간 및 기존 학술지의 오픈 액세스 전환을 위해 정부 및 학술 진흥 공공기관의 전폭적인 지원을 요구한다.

2018년 4월 20일

한국과학기술정보연구원, 한국기록관리학회, 한국기록학회, 한국도서관·정보학회, 한국문헌정보학회, 한국비블리아학회, 한국서지학회, 한국정보관리학회

새로운 학문 생산 체제와 '지식 공유'를 위한
학술 단체 및 연구자 연대 선언

우리 인문·사회과학 연구자들은 어려운 환경 속에서도 학술 연구 활동을 통해 삶과 사회에 이바지하기 위해 노력하고 있습니다. 오늘 우리는 학술 성과의 유통에 관한 공공기관과 민간 업체의 정책을 개선하고, 학회 및 학술지 운영에 관련된 연구자 문화를 성찰하여 스스로 바꾸기 위해 모였습니다. 우리는 학술 연구 활동을 공공적인 것으로 만들어 모든 사람의 삶에 보탬이 되고, 경쟁과 성과주의에 물든 사회를 바꾸는 데 기여하기 위해 다음과 같이 선언합니다.

첫째, 지식 생산 및 활용의 공공적 가치 증진을 위해
1) 연구자들의 논문 집필·연구 활동뿐 아니라 학술지 편집, 논문 심사, 학회 기획 등의 모든 활동에 대한 정당한 평가가 필요합니다. 현재 인문·사회과학 학회가 학술 정보 업체들과 맺고 있는 계약 관계는 재고되고 다시 구조화되어야 합니다.

2) 한국연구재단의 한국학술지인용색인(KCI) 등 공공기관의 전자 논문

서비스는 확고한 지식 공유(오픈 액세스 등) 정신에 입각해 개편되어야 하며, 지식 생산자인 연구자들이 주체가 되어 운영하고 시민들 누구나 자유롭게 이용할 수 있는 시스템으로 바뀌어야 합니다.

3) 도서관들도 오픈 액세스 학술지 출판과 이용을 지원할 수 있는 체제를 갖추어야 하며, 학회들의 오픈 액세스 학술지 출판에 대한 정부 및 학술 진흥 공공기관의 지원이 필요합니다.

둘째, 학문과 지식 생산의 공공성·합리성을 위해

1) 한국연구재단의 학회 및 학술지 평가 제도의 개혁이 필요하며, 대학 또한 논문 편수로 연구자와 대학 교육자의 모든 것을 평가하는 잘못된 제도를 이제는 버려야 합니다. 이를 위해 질적 평가 제도의 확충은 물론, 연구자의 다양한 사회적 기여에 대해서도 적절히 평가하는 제도를 만들어야 합니다.

2) 우리 인문·사회과학 연구자들도 스스로 의식과 문화를 개선·개혁해야 합니다. 논문 양산 체제에 모래알처럼 된 연구자들이 굴종하고 학회들이 그 경쟁 단위가 되고 마는 현실은 바뀌어야 합니다. 학회들의 협동과 공동의 운영이 필요합니다.

3) 학회가 더 이상 경쟁과 착취의 방식으로 운영되어서는 안 됩니다. 학술 활동을 빌미로 한 대학원생의 그림자 노동과 비정규직 교수들에 대한 차별은 사라져야 하며, 학벌·학연 등에 의한 학회 운영과 학교 이기

주의도 폐기되어야 합니다.

오늘 우리 인문·사회과학 연구자들은 더 개방적이고 엄정한 학술 평가 제도와 우수하고 공공적 학술 성과를 만들고 유통하기 위해 노력할 것임을 다짐합니다. 이를 위해 연구자들의 협동과 지식 공유를 위한 인문·사회과학 학회 및 연구자들의 모임을 결성하고, 다른 분야의 연구자들과도 연대 활동을 모색해 나갈 것을 선언합니다.

2019년 8월 29일

구결학회, 구보학회, 국공립대학도서관협의회, 국어학회, 국제한국문학문화학회, 국제한국어교육학회, 근역한문학회, 대중서사학회, 대한출판문화협회 출판정책연구소, 독립연구자네트워크, 문학과영상학회, 민족문학사학회, 민주평등사회를 위한 전국 교수연구자협의회, 상허학회, 순천향대학교 인문학연구소, 시민과 함께 하는 연구자의 집, 인문학협동조합, 제주대 공동자원과 지속가능사회 연구센터, 학술단체협의회, 한국공간환경학회, 한국고소설학회, 한국고전문학회, 한국기록관리학회, 한국기록학회, 한국도서관·정보학회, 한국문헌정보학회, 한국비블리아학회, 한국사고와표현학회, 한국서지학회, 한국시가학회, 한국시학회, 한국여성문학학회, 한국정보관리학회, 한국철학사상연구회, 한국한문학회, JISTaP 편집위원회

인문·사회과학 학술지
오픈 액세스(Open Access) 전환을 위한 선언

2019년 8월 29일 한국어문학 전공 및 문헌정보학 전공 30여 개 학회 및 학술 단체는 '새로운 학문 생산 체제와 지식 공유를 위한 학술 단체와 연구자 연대'를 선언하면서, 지식 생산 및 활용의 공공적 가치 증진, 학문과 지식 생산의 공공성·합리성이라는 지향을 분명히 했습니다.

그리고 오늘 2020년 7월 17일 지식공유연대를 정식으로 창립하면서, 인문·사회과학 학술지는 새롭게 오픈 액세스(Open Access) 전환을 선언합니다.

인문·사회과학 전공 학회(기관)는 민간 학술 정보 업체가 중심이 된 현행 학술 지식 유통의 구조 아래, 학회가 학술 지식의 유통 및 관리에 관한 책임을 소홀히 하고 자본주의 시스템에 무비판적으로 동의했음을 반성합니다. 그 결과 논문의 집필자인 연구자 자신이 논문 유통 과정에서 소외되었고, 학회는 민간 학술 정보 업체가 학술지의 논문을 신뢰할 수 없는 경로로 판매하는 상황에 개입하지 못했습니다. 또한 소속 기관이 없는 연구자와 학문후속세대는 논문의 이용에 큰 곤란을 겪었습니다.

우리 인문·사회과학 전공 학회(기관)는 왜곡된 현행 학술 유통의 구조와 현상을 성찰하면서, 오픈 액세스를 통해 다음과 같이 선언합니다.

첫째, 학술 공공성의 회복을 위해 노력하겠습니다.
1) 우리 학회(기관)는 연구자로서의 학술적 주권을 명확히 인식하고 지식 공유의 주체가 되겠습니다. 또한 소속 연구자의 저작권을 보호하고 연구자가 생산한 학술 지식을 정확하고 책임감 있게 관리하겠습니다.

2) 우리 학회(기관)는 학술지 오픈 액세스를 통해 학술 지식이 정확하고 자유로운 방식으로 더 많은 시민과 공유하고, 학술 지식의 사회적 기여를 증진하기 위해 고민하겠습니다.

둘째, 올바른 학술 문화를 위해 노력하겠습니다.
1) 우리 학회(기관)는 자기 착취와 후속세대의 그림자 노동에 근거한 학회의 관습적 운영을 반성하고, 협동에 근거한 공동의 학술 문화를 만들겠습니다. 경쟁과 성과 중심의 기존 학술 문화에 반대하며 새로운 학술 제도와 연구자 문화를 만들기 위해 노력하겠습니다.

2) 우리 학회(기관)는 교육부와 한국연구재단, 국립중앙도서관, 한국교육학술정보원, 한국과학기술정보연구원 등의 공공기관이 학술 공공성의 회복을 위한 정책의 마련과 집행에 나설 것을 촉구합니다.

2020년 상반기 학술지 『한국여성문학연구』, 『대중서사연구』, 『상허학보』, *The Review of Korean Studies, Korea Journal* 은 기존 민간 학술정보 업체와의 배타적 독점 계약을 종료하고 오픈 액세스 학술지로 첫 걸음을 옮겼습니다. 또한 많은 학회에서 기존의 계약 내용을 검토하고 학회 사정에 따라 오픈 액세스로의 전환을 준비하고 있습니다.

인문·사회과학 전공 학회(기관)는 오늘의 선언을 이행하고 현실화하기 위해, 지식공유연대를 중심으로 여러 전공의 학회 및 학술 단체와 기관, 독립연구자들과 함께 계속 연대하겠습니다.

2020년 7월 17일

구보학회, 국어국문학회, 국제한국문학문화학회(INAKOS), 근역한문학회, 대중서사학회, 만주학회, 민족문학사연구소, 상허학회, 한국고소설학회, 한국고전문학회, 한국공간환경학회, 한국문학치료학회, 한국시가학회, 한국시학회, 한국여성문학학회, 한국한문학회, 한국학중앙연구원 학술지간행실

한국기록관리학회지의
오픈 액세스 출판 전환을 위한 로드맵

1. 서문

오픈 액세스 출판은 동료심사를 거쳐 출판된 학술지 논문을 인터넷에서 누구나 무료로, 자유롭게 출판과 동시에 이용하게 함으로써 논문의 이용과 인용을 확대하고 이를 통해 학문과 교육, 사회의 발전을 도모하기 위한 것이다. 이를 위해 오픈 액세스 학술지 논문은 안정된 저장소에 지속해서 아카이빙되어야 하며, 구독 기반 학술지에서의 출판 비용 출처였던 구독료나 이용료 대신 APC(Article Processing Charge) 등 저자(또는 저자의 소속 기관이나 저자의 연구비 지원 기관 등) 측으로부터 출판 비용을 마련한다.

 2001년 9월 창간한 한국기록관리학회지는 그동안 주로 저자가 지급한 논문 게재료 및 심사료를 활용해 학술지를 출판했으며, 한국과학기술정보연구원(KISTI)의 NDSL, 한국연구재단(이하 NRF)의 KCI, 학회 홈페이지 등의 공공 플랫폼을 통해 학술지 창간호부터 최근호까지 누구든지 무료로 이용할 수 있도록 서비스해왔다. 동시에 상용 DB를 통해 개별 이용자 및 도서관에 유료 서비스도 시행해왔다. 즉, 한국기록관리학회지는 논문의 출판 비용을 저자 측에서 부담하고, 누구나 자유롭게 출판과 동시에 이용할 수 있는 채널을 제공했다는 점에서 이미 오픈 액세스 출판의 속성을 지니고 있었다.

그러나 최근 상용 DB 업체는 지금까지의 학술지 무료 서비스를 중단하고 상용 DB를 통해서만 서비스할 수 있는 독점적 저작권 양도 계약을 요구했다. 학술지가 특정 상용 DB를 통해 독점적으로 제공되면 다양한 채널을 통해 제공되는 것보다 가시성과 발견성이 현저히 떨어지게 된다. 그동안에도 상용 DB를 통한 유료 서비스가 확산하면서 무료 서비스를 인지하지 못한 개별 이용자들이 가격 장벽으로 우리 학술지 논문을 이용하지 못하는 상황이 발생했고, 지속적인 상용 DB 라이선스 비용의 상승으로 도서관의 학술지 서비스에도 상당한 문제가 발생하고 있다.

이를 해결하기 위해 한국기록관리학회는 상용 DB를 통한 유료 서비스로 얻는 저작권료가 학술지 출판을 위한 중요한 재원이 될 수 있음에도 불구하고 이를 포기하고 학술지 논문의 접근과 이용을 최대화하는 방안을 모색하고자 했다. 이에 한국기록관리학회는 2018년 4월 20일 '문헌정보학 분야 학술 단체의 오픈 액세스 출판 선언'에 공동으로 참여해 우리 학술지를 단계적으로 오픈 액세스 학술지로 전환한다고 선언한 바 있다.

우리는 한국기록관리학회지의 오픈 액세스 출판이 연구자에게는 자신의 연구 성과를 더 널리 확산시킬 수 있는 기회를 제공하고, 연구비를 지원한 연구 기관(대학 혹은 정부)에는 그 연구비를 사회에 환원할 수 있는 기회를 제공할 수 있기를 기대한다. 또한 오픈 액세스 출판을 통한 연구 성과의 확산 노력은 공적 영역과 민간 영역에서 기록의 생산과 관리, 보존과 이용을 통해 사회의 기억을 남기고 공유하려는 기록 관리의 발전에도 기여할 것으로 기대한다. 아울러 한국기록관리학회지의 오픈 액세스 출판 전환이 다른 학문 분야로도 확산하기를 바라며 이로써 가파르게 상승하고 있는 상용 DB의 가격이 합리적 수준에서 결정되는데 기여할 수 있기를 바란다. 오픈 액세스 출판은 새로운 기술적 처리와 출판의 전 과정을 지원하는 출판 플랫폼, 안정적인 출판 비용이 확보될 때 가능하다. 이것은 개별 학회의 노력만으로는 불가능하며, 공공 영역의 학술 정보 서비스 기관, 연구비 지원 기관, 학술 연구 도서관의 지원과 협력하에서만 가능하다. 한국기록관리학회는 이들 기관이 우리 학술지의 오픈 액세스 출판을 적극적으로 지원해 달라고 요청하며 그 지원이 지속적이며 안정적으로 이루어져 국내 학술지의 오픈 액세스 출판이 점차 확산할 수 있기를 기대한다.

2. 오픈 액세스 출판을 위한 새로운 결정

한국기록관리학회지의 오픈 액세스 출판을 위해 저작권 및 이용허락 정책, 이용 정책, 출판 비용, 인쇄본 출판, 출판 및 유통 플랫폼에 대해 아래와 같이 새로운 결정을 한다.

1) 저작권 및 이용허락 정책

그동안 한국기록관리학회지는 '한국기록관리학회지 편집위원회 규정'(2017년 5월 19일 개정) 제7조 6항의 "게재된 논문의 저작권은 본 학회에 있다"라는 조항에 근거해 저작권을 저자로부터 양도받았다. 저작권 관리를 명확하게 하려면 국립중앙도서관 저작권 사이트[1]의 저작권양도동의서를 사용해 논문 게재가 결정된 저자로부터 저작재산권 전부(2차 저작물작성권 제외)를 양도받는다.

학술지에 게재된 논문에 CC BY-NC-ND를 적용한다. 이는 누구든지 비영리 목적으로 한국기록관리학회지 논문을 복제, 배포, 공중송신, 공연 등의 방식으로 이용하는 것을 허용하는 라이선스다.

게재논문의 저자는 학회에 저작권을 양도했으나 본인의 저작물을 어떠한 목적으로든 복제, 배포, 공중송신, 공연 등의 방식으로 이용할 수 있다. 게재논문의 저자는 2차적저작물작성권을 학회에 양도하지 않았으므로 게재된 논문의 번역이나 수정 및 변경 등이 가능하다.

2) 이용 정책

개별 이용자는 CC BY-NC-ND의 규정에 따라 저작자를 밝히고 비영리 목적으로 논문을 무료로 자유롭게 복제, 배포, 전송, 공연 등의 방식으로 이용할 수 있다.

학술 논문을 서비스하는 공공기관(KISTI, KERIS, NRF 등)이나 도서관 등도 CC BY-NC-ND 규정에 따라 학회와의 계약 없이 비영리 목적으로 논문을 이용할 수 있다. 그러나 지속적이고 안정적인 학술 정보 서비스를 위해서는 개별 공공기관이 학회와 이용 협약을 통해 안정적이며 지속적 서비스 등에 대한 근거를 마련한다.

민간 업체는 한국기록관리학회지 논문을 CC BY-NC-ND 규정에 따라 이용하더라도 비영리가 아닌 영리 목적의 성격을 가지게 될 가능성이 크다. 따라서 우리 학회는 이들 상용 DB 업체와 비배타적 이용허락 계약을 체결해 명확히 비영리 목적으로만 이용하되 안정적이고 지속적이며 출판과 동시에 바로 학술지 서비스가 이루어질 수 있는 여건을 마련한다.

그동안 우리 학술지가 제공되지 않았던 민간 업체와도 비배타적 이용허락 계약을 체결해 오픈 액세스의 취지에 맞게 최대한 많은 이용자에게 논문이 자유롭게 제공될 수 있도록 한다. 또한 국제적인 오픈 액세스 학술지 디렉토리에 등록한다.

3) 출판 비용

그동안 한국기록관리학회지의 출판을 위한 주된 수입원은 저자로부터의 논문 투고 비용(게재료와 심사료), 사사 표기 논문의 추가 게재료, 한국연구재단의 학술지출판지원금, 상용 DB 업체로부터의 저작권료 등이었다.

상용 DB 업체가 한국기록관리학회지를 유료로 서비스할 수 있도록 했던 저작권 계약을 중단하면 그동안의 저작권료 수입이 사라진다. 또한 학술지 인쇄본 출판을 중단(또는 최소화)하더라도 인쇄비 및 발송비 이외의 편집 비용은 그대로 발생한다. 오히려 향후 XML 편집 등 논문 출판 고도화에 따른 비용은 추가될 것으로 예상된다.

이에 따른 비용 확보 방안을 다음과 같이 마련해 나간다.

첫째, 저자가 부담하는 논문 투고 비용과 사사 표기 논문의 추가 게재료는 명목을 출판비로 전환해 현행 수준대로 유지한다. 이는 출판에 필요한 최소한의 비용을 저자가 부담한다는 APC 제도의 기본 원칙이다.

둘째, 동료심사자에게 심사료는 지급하지 않는다. 동료심사 제도는 투고 논문의 심사를 같은 연구자 집단의 다른 연구자(잠정적 저자)가 수행하는 제도이다. 논문 저자가 곧 심사자이고 심사자가 곧 저자가 될 수 있는 상황에서 심사비의 납부와 지급이 학술지의 권위와 연구자의 경제적 권익을 지켜주는 실질적인 제도가 될 수 없음은 명백하다. 논문 심사자의 노고에 대한 보상은 심사비가 아니라 동료 논문을 평가해 이를 개선할 수 있도록 한다는 명예와 권위가 되어야 한다. 이러한 논리로 국외의 학술지의 경우 상업적인 출판의 경우에도 심사자에게 심사 비용을 지급하지 않는다. 국내 한 한국문헌정보학회의 경우 심사료를 연회비와 기부금으로 전환하도록 심사자들에게 요청하고 있고, 심사자 대부분이 이러한 요청을 수용하고 있는 것은 동료심사 제도의 취지에 동의했기 때문으로 보인다.

셋째, 학술지 출판 지원 기관에 인쇄출판비가 아닌 웹퍼블리싱에 대한 지원을 요청한다. 이에는 내용 편집과 체제 편집을 포괄하는 편집출판비에 대한 재정적 지원과 XML 출판 등에 대한 기술적 지원이 모두 포함된다.

4) 인쇄본 출판

인쇄본 출판은 중단한다. 단, 회비를 내는 단체회원에게는 인쇄본을 제공하고 개인회원 중 희망자에게만 자비 부담하에 인쇄본을 제작해 제공한다.

5) 출판 및 유통 플랫폼

오픈 액세스 출판 유통 플랫폼은 KISTI로부터 지원받는다.

현재 한국기록관리학회지는 NRF의 JAMS를 사용해 논문 투고와 심사를 진행하고 최종 편집본(PDF)을 한국연구재단의 KCI에 제출하고 있다. 또한 최종 편집본(PDF)을 KISTI에도 제출해 아카이빙과 서비스가 이루어질 수 있도록 하고, DOI도 부여하고 있다.

이러한 체제는 논문 투고 관리, 편집, 아카이빙, 이용 단계가 일원화되지 않아 최종 학술지 이용까지 시간 지체가 있고 관리상의 어려움도 따른다. 따라서 논문의 투고 및 심사 관리, 편집 관리, PDF 및 XML 출판 등 출판 관리, DOI 등 메타데이터 관리, 안정적인 아카이빙 관리, 접근과 검색, 배포 확산 등 활용 관리, 저작권 및 이용허락 관리 등 출판의 전 과정을 지원해주는 출판 플랫폼이 필요하다. 현재 오픈 액세스를 지원하는 기관의 출판 지원 프로그램은 이러한 기능을 부분적으로 수행할 뿐이다. 개별 학회가 이러한 프로그램을 개발하거나 상용 플랫폼을 활용하는 것은 상당한 비용을 초래할 수 있고 결국 논문 투고자가 부담해야 할 비용이 증가하게 될 것이다.

한국기록관리학회는 기존의 오픈 액세스 지원 기관인 KISTI와 NRF가 학회의 오픈 액세스 출판 및 이용 확산을 위해 학술지 전주기 출판 지원 플랫폼을 개발해 학회에 지원하도록 요청한다. 적절한 전주기 출판 플랫폼이 완비되기 전까지는 현행과 같이 투고 심사는 NRF의 JAMS를 사용하고 출판 유통은 KISTI의 새로운 오픈 액세스 플랫폼을 사용하도록 한다.

3. 진행 일정

0단계 : 2018년 4월 20일

오픈 액세스 출판 선언 참여

1단계 : 2018년 4월~8월

오픈 액세스 출판 준비 과정

민간 업체와의 저작권 계약 내용 및 기간 검토

이용허락 제도 전환 방안 검토

출판 비용 확보 방안 검토

사용 가능한 출판 및 유통 플랫폼 도입 방안 검토

2단계 : 2018년 9월~12월

1. 학회 이사회를 통한 오픈 액세스 학술지 출판 전환 결정

2. 민간 업체와 계약 종료 및 신규 계약을 통한 이용 확산 노력

- 누리미디어와 계약 종료 및 신규 계약 체결

- 기타 민간 업체와 이용허락 계약 체결

- KERIS의 RISS4U에 무료 공개 논문 링크 우선될 수 있도록 공문으로
  요청

3단계 : 2019년 1월~6월

1. 학회 제도 개선

- 저작권 규정('한국기록관리학회지 편집위원회 규정') 변경

- 이용허락 제도(CC BY-NC-ND) 도입
- 국립중앙도서관 학술지저작권안내시스템(KJCI)에 학회 저작권 및 이용허락 정책 등록
- 논문 게재료/심사료의 출판비 전환
- 인쇄본 배포 대상 변경

2. KISTI 출판 유통 플랫폼 사용 시작
- 관련 기관에 전주기 출판 지원 플랫폼 개발 요청
- 출판 비용 및 지원, APC 지원 제도 신설 등 요청

4단계 : 2019년 7월~

타 분야 학회의 오픈 액세스 출판 전환 지원

4. FAQ

1) 학회가 저작권을 양도받는 이유

영리 목적의 출판사가 저자로부터 저작권을 양도받는 것은 학술지의 상업적 이용을 위해서이다. 외국에서 오픈 액세스 출판의 경우 상업적 출판사의 영리 목적 이용을 제한하고 무료 배포를 확산하기 위해 저자가 저작권을 소유하고 모든 사람이 자유롭게 이용할 수 있도록 비배타적 이용허락을 한다. 그러나 외국과 달리 국내 학술지의 대다수는 비영리 목적의 학회에서 출판해왔고, 영리 목적보다는 이용 확산을 위해 민간 업체에 학술 논문을 제공했으며, 공공기관에도 협약을 통해 학술지 서비스에 대해 허락했다. 이를 위해 학회가 게재논문의 저자로부터 저

작권을 양도받았다. 우리 학술지를 오픈 액세스로 전환한 후에도 민간 업체와 공공기관이 안정적이고 지속해서 서비스하도록 요구하고 이를 관리하기 위해 저작권을 학회가 소유할 필요가 있다.

2) CC BY-NC-ND를 채택하는 이유

Creative Commons License(CCL)은 영리 목적의 이용 허락 여부, 번역 등의 2차적 저작물 작성에 대한 허락 여부, 새로운 저작물에 동일 조건 이상의 라이선스 요구 여부 등 3가지 요소를 조합해 CC BY(저작자만 표시하고 자유롭게 이용-), CC BY-NC(저작자표시-비영리), CC BY-ND(저작자표시-변경금지), CC BY-SA(저작자표시-동일조건변경허락), CC BY-NC-SA(저작자표시-비영리-동일조건변경허락), CC BY-NC-ND(저작자표시-비영리-변경금지)로 구분한다. 한국기록관리학회지에 CC BY-NC-ND 라이선스를 적용하는 이유는 우리 학술지가 민간 업체에 의해 영리 목적으로 사용되는 것을 제한하기 위함이다. 또한 내용의 변경이나 번역 등 2차적저작물작성권은 학회가 논문 저자로부터 양도받지 않았다. 이는 저자에게 그 권리를 남겨 필요한 경우 저자로부터 허락받아 변경이나 번역하는 것이 바람직하다고 판단했기 때문이다.

3) 2차적저작물작성권을 양도받지 않는 이유

2차적저작물작성권이란 원저작물을 번역, 편곡, 변형 등의 방법으로 작성할 수 있는 권한이다. 저작권 양도 계약에서 저작재산권을 전부 양도한다는 표현을 사용하면 2차적저작물작성권은 양도되지 않는다. 즉, 2차적저작물작성권 양도를 위해서는 이에 대해 반드시 언급해야 한다.

그 이유는 다른 저작재산권과 달리 2차적저작물작성권은 그 이용 방식이 다른 재산권에서의 이용과 매우 다르고, 향후 발생할 수 있는 재산상의 이익을 예측하기 어렵기 때문이다.

논문을 복제, 배포, 공중송신, 공연 등의 방식으로 이용하는 것은 저자가 표현한 그대로의 상태를 다양한 방법으로 이용하는 것이라면, 2차적저작물을 작성하는 것은 그 논문을 사용해 또 다른 창작을 하는 것이다. 학회가 이러한 권리까지 논문의 저자로부터 양도받는 것은 향후 있을 수 있는 저자의 2차적저작물작성을 어렵게 만들 수 있다.

4) 국립중앙도서관 학술지저작권안내시스템(KJCI)에 저작권 및 이용허락 정보를 등록해야 하는 이유

학술 논문의 저작권이 누구에게 있는지, 학회가 어떤 이용허락 정책으로 학술지를 공개하는지가 명확하지 않으면 개인 혹은 기관이 논문을 합법적으로 이용하기 어렵다. 또한 저자가 오픈 액세스 학술지에 출판하려고 할 때 어느 학술지가 오픈 액세스인지를 파악하는 것도 쉽지 않다. 국립중앙도서관 학술지저작권안내시스템은 학회가 학술지의 저작권 규정과 이용허락 규정을 등록해 학술 논문을 이용하는 개인 및 기관에게 정확한 정보를 제공하고, 저자에게는 투고할 학술지의 저작권 규정과 오픈 액세스 출판 여부를 확인할 수 있도록 만든 것이다. 우리 학술지의 저작권 규정과 이용허락 규정을 이 시스템에 등록하는 이유는 논문 투고자와 논문 이용자에게 출판 방식, 저작권 규정, 이용 방식에 대한 정확한 정보를 제공하기 위한 것이다.

5) 논문 심사비 지급을 중단하는 이유

논문 심사비를 중단하는 이유는 저자가 부담하는 게재료를 인상하지 않고 오픈 액세스 출판을 하기 위함이다. 오픈 액세스 출판으로 전환하면서 그동안 민간 업체로부터의 저작권 수입이 중단된다. 따라서 심사비 제도를 유지하면 출판 비용 확보를 위해 논문 투고비를 인상할 수밖에 없다. 이는 논문 투고자에게 상당한 부담이 되어 결국 논문 투고를 저해하는 요인이 될 것이다.

논문 심사자가 곧 논문의 저자가 될 수 있는 동료심사 제도는 그 분야 학문 발전과 학술지의 질적 수준 제고를 위해 꼭 필요한 제도로서 심사비가 심사 참여의 결정적 동인이 되지는 않을 것이다. 심사비 제도가 없는 영미권의 학술지와 사실상 심사료를 기부금으로 전환한 우리 분야 학술지의 사례가 이를 입증한다.

6) 민간 업체로부터 저작권료를 받지 않는 이유

그동안 누리미디어는 우리 학술지를 민간 업체 중에서는 독점으로 개인 및 도서관에 유료로 서비스하고 그 수입의 일부를 저작권료로 학회에 냈다. 오픈 액세스 학술지로 전환 후 우리 학술지는 논문을 모든 사람에게 무료로 공개한다는 조건으로 다수의 민간 업체에 제공된다. 이에 따라 민간 업체가 우리 학술지를 통해 얻는 수익이 사라지므로 저작권료도 학회에 내지 않게 된다.

7) 민간 업체에 무료로 논문을 제공하는 이유

민간 업체의 학술 논문 DB도 중요한 학술지 유통 채널이다. 오픈 액세스 출판을 하더라도 민간 업체가 모든 사람에게 우리 학술지를 무료로 공개한다면 이 또한 우리 학술지 이용 확산에 크게 기여할 것이다. 만일 학회가 민간 업체에 논문을 제공하고 저작권료를 요구한다면 민간 업체는 우리 학술지를 유료로 서비스하게 된다. 이는 오픈 액세스 출판을 통해 최대한 학술지 이용을 확산시키려는 목적에 어긋난다. Elsevier, Springer, Oxford University Press 등 세계 유수의 학술 출판사에서도 상용 DB에서 상당수의 OA 학술지와 OA 논문을 함께 서비스함으로써 OA 출판과 상업 출판이 상생하고 있다.

8) 새로운 출판 유통 플랫폼이 필요한 이유

현재 학회가 사용하고 있는 한국연구재단의 JAMS는 학회 단위의 논문 투고 및 심사 관리를 위한 시스템으로써 공식 학술지 홈페이지를 통한 논문 유통 및 아카이빙 기능이 없다. 오픈 액세스 출판을 위해서는 학술지 단위의 안정적인 출판 유통을 지원하는 플랫폼이 필요하다. 이를 학술지의 공식 출판 및 아카이빙 리포지토리로 정하고 민간 업체나 공공기관이 이 시스템을 통해 우리 학술지 논문의 원문 파일을 이용할 수 있도록 해야 한다. 공공기관이 이와 같은 플랫폼을 개발해 공개하면 학회는 이를 적극적으로 도입해 사용해야 한다.

또한 장기적으로는 논문 투고 및 심사 관리, 편집 관리, PDF 및 XML 출판 등 출판 관리, DOI 등 메타데이터 관리, 안정적인 아카이빙 관리, 접근과 검색, 배포 확산 등 활용 관리, 저작권 및 이용허락 관리 등 출판의 전 과정을 지원해주는 출판 플랫폼이 필요하다. 개별 학회가 이러한 프로그램을 개발하거나 상용 플랫폼을 활용하는 것은 상당한 비용을 초래할 수 있고 결국 논문 투고비 상승을 초래할 것이다. 공공 영역의 학술 정보 서비스 기관은 오픈 액세스 학술지 출판이 전 학문 분야에 확산할 수 있도록 시급히 전주기 출판 플랫폼을 개발해 보급해야 할 것이다.

지식공유연대 학술지
오픈 액세스 전환 매뉴얼 1.0

I. 요약

II. 본문

III. 오픈 액세스 출판 전환을 위한 단계별 업무

IV. FAQ

지식공유연대

2020년 7월 17일

I. 요약

0. 이 문서에 대해

- 이 문서는 '새로운 학문 생산 체제와 지식 공유를 위한 학술 단체와 연구자 연대'(약칭 지식공유연대)가 학회의 오픈 액세스 학술지 전환을 지원하기 위해 작성했음.
- 이 문서는 저작자와 출처를 밝히면 누구나 어떤 목적으로도 자유롭게 이용할 수 있는 CC BY 라이선스를 적용했음.

1. 서문

- 학술 논문과 같은 학적 지식은 인간과 사회의 건강한 유지·성장에 기여한다는 점에서 공공성을 가지며, 누군가가 이용하더라도 그 이용분이 감소하지 않는 공공재임. 학술 논문의 자유로운 공유는 새로운 지식의 생산 확대와 지식의 질을 향상하므로 상용 DB를 통한 상업적 유통보다는 누구나 온라인으로 자유롭게 이용할 수 있도록 오픈 액세스 출판을 할 필요가 있음.

2. 상용 DB를 대체할 수 있는 원문 서비스 플랫폼

- 학술지를 오픈 액세스로 출판하기 위해서는 논문에 대한 독점적 유통을 요구하는 상용 DB 업체와의 계약을 종료해야 함.
- 상용 DB 업체와의 계약 종료 후 공공 영역의 원문 서비스 플랫폼을 통해 원문을 공개하면 더 광범위하게 논문을 이용시킬

수 있음.

- 한국교육학술정보원의 학술연구정보서비스(RISS), 한국연구재단의 한국학술지인용색인(KCI), 한국과학기술정보연구원(KISTI)의 국가과학기술센터(NDSL)는 상용 DB를 대체할 수 있는 공공영역의 학술지 원문 서비스 플랫폼임.

3. 학술지 오픈 액세스 출판 전환을 위한 비용

- 상용 DB 업체와 계약 종료 시 학회의 저작권료 수입이 중단되므로 학회는 출판 비용 확보를 위한 대책을 마련해야 함. 개별 학회 차원에서 출판 비용을 줄이는 방법으로 인쇄본 발행을 줄이거나 중단하고 동료심사자에게 지급하던 심사비를 출판비로 전환해 사용할 수 있음.

- 한국연구재단의 학술지 지원 사업을 오픈 액세스 출판을 지원하는 사업으로 전환하거나 대학도서관 등이 상용 DB에 지급하던 비용을 오픈 액세스 출판에 지급하도록 만드는 것은 향후 과제임.

4. 저작권과 CCL(Creative Commons License)

- CC BY-NC-ND 라이선스를 적용해 논문이 비영리 목적으로 자유롭게 이용되도록 함.

- 학술지 출판 및 편집 관련 규정에 오픈 액세스 출판과 CC BY-NC-ND 라이선스 적용 사항을 밝히고, 논문마다 CC

BY-NC-ND 라이선스 표시할 필요가 있음.

5. 향후 과제

- 비슷한 계열의 학회들이 오픈 액세스 학술지의 안정적 출판 및 공유를 위한 플랫폼을 공동으로 운영하기 위해 공동 편집인 사무실을 운영하는 것을 고려할 필요가 있음.
- 오픈 액세스 학술지 출판 비용 확보를 위해 대학도서관의 상용 DB 구독료를 오픈 액세스 학술지 출판비로 전환하고 한국연구재단의 학술지 지원 사업이 오픈 액세스 학술지 출판 지원 사업으로 전환되도록 지식공유연대를 중심으로 지속해서 요구할 필요가 있음.

II. 본문

0. 이 문서에 대해

이 문서는 '새로운 학문 생산 체제와 지식 공유를 위한 학술 단체와 연구자 연대'(약칭 지식 공유 연대)가 2020년 7월 17일 작성해 배포한 문서입니다. 이 문서는 학회가 오픈 액세스 학술지로 전환하는 데 도움을 주기 위해 그 과정에 필요한 사항을 정리한 것입니다. 이 문서는 CC BY 라이선스를 적용합니다. 따라서 저작자를 밝히면 누구라도 어떤 목적으로도 자유롭게 이용할 수 있으며 번역, 변형 등 2차적 저작물을 작성할 수 있습니다.

1. 서문

학술 논문과 같은 학적 지식은 인간과 사회, 예술과 자연 등에 대한 연구 활동의 결과물로서 인간과 사회의 건강한 유지·성장에 기여한다는 점에서 '공공성'을 가집니다. 아울러 학술 논문은 어떤 연구자가 그것을 이용하더라도 다른 연구자에게 돌아가는 이용분이 감소하지 않는 '공공재'이기도 합니다. 학술 논문의 자유로운 공유는 새로운 지식의 생산을 확대할 뿐 아니라 생산되는 지식의 질을 향상합니다. 학술지 출판과 동시에 논문을 온라인으로 자유롭게 이용하는 것을 의미하는 학술지 오픈 액세스 출판은 공공성을 가지는 학적 지식 생산의 확대와 심화를 위해 꼭 필요합니다.

학술 논문은 교수·강사·연구원·대학원생 등의 연구자들이 생산해 각 학회의 학술지들에 게재됩니다. 그리고 누리미디어㈜ 등의 상용 DB 업체는 학회와 계약을 맺어 논문을 영리 목적으로 유통합니다. 그런데 상용 DB 업체 플랫폼을 통한 논문 유통과는 별도로, 이미 많은 학회가 각 학회 홈페이지와 한국연구재단 한국학술지인용색인(KCI)에 논문을 공개하고 있습니다. 또한 학술지 출판에 드는 비용을 저자가 직접 부담하거나 지원받은 연구비에서 부담합니다. 이러한 논문 공개는 오픈 액세스적 성격을 이미 가지고 있는 것이라고 할 수 있습니다. 이런 의미에서 학술지 오픈 액세스 출판은 각 학회가 이미 일정 부분 시행하고 있는 오픈 액세스를 보다 더 의식적으로 추구하는 것이라고 할 수 있습니다.

　2019년 초에 학술 논문 유료 서비스를 시행해온 상용 DB 업체의 과도한 구독료 인상으로 인해 국공립대학도서관협의회와 상용 DB 업체의 구독료 협상이 결렬되어 디비피아(DBpia)와 같은, 이들 업체의 플랫폼에서 유통되는 많은 논문을 연구자들이 소속 대학도서관을 통해 이용할 수 없게 되었습니다. 여기에서도 확인할 수 있듯이, 학술지 오픈 액세스 출판은 논문 유통 업체에 의해 연구자들의 지식 생산 활동에 지장이 생기는 일을 방지하기 위해서라도 필요합니다.

　물론, 학술지 오픈 액세스 출판은 몇 가지 전제 조건이 충족될 때 비로소 가능한 것일 수 있습니다. 우선, 논문을 자유롭게 이용할 뿐 아니라 논문을 더 많이 더 쉽게 이용하는 것을 가능하게 하는 친숙하고 안정적인 학술지 출판·공유 플랫폼이 필요합니다. 이 플랫폼에 학술지 논문이 지속해서 아카이빙되고 나아가 학술지 출판, 논문 편집, 플랫폼 운영 등에 드는 비용의 문제를 해결할 수 있을 때, 즉 학술지의 안정적인 출판·공유를 위한 플랫폼과 운영 비용을 확보할 수 있을 때, 오픈 액세스 출판은 비로소 성공할 수 있을 것입니다. 이하는 학술지 오픈 액세스 출판 전환을 위한 (잠정적 성격의) 매뉴얼입니다.

2. 상용 DB를 대체할 수 있는 공공 영역의 원문 서비스 플랫폼

학술지 오픈 액세스 출판을 위해서는 먼저 논문에 대한 독점적 유통을 요구하는 상용 DB 업체와 계약을 종료해야 합니다. 상용 DB 업체와의 계약 종료는 학술지 논문이 이들 업체의 플랫폼에서 더 이상 독점적·상업적으로 유통되지 않는다는 것을 의미합니다. 하지만, 상용 DB 업체의 플랫폼이 아니더라도 연구자들이 학술지 논문을 KCI, 한국교육학술정보원의 학술연구정보서비스(RISS), 한국과학기술정보연구원(KISTI)의 국가과학기술정보센터(NDSL)에서 자유롭게 이용하도록 할 수 있습니다. 2018년 4월 '문헌정보학 분야 학술 단체의 오픈 액세스 출판 선언'을 한 한국기록관리학회의 경우 오래전부터 KISTI의 NDSL에서 창간호부터 최신호에 이르는 학술지 전체 논문의 원문 서비스를 제공하고 있습니다. KCI는 현재 창간호부터 최신호에 이르는 학술지 전체 논문의 원문 서비스를 제공하지 않지만, NDSL을 통해서 학술지 전체 논문의 원문 서비스를 제공하는 것이 가능합니다.

또한 국회도서관과 국립중앙도서관에 이용허락동의서를 제출하고 원문 파일을 제공함으로써 두 도서관에서 연구자들이 학술지 논문을 자유롭게 이용하도록 할 수 있습니다. 아울러 '비배타적 이용허락 계약'을 체결한 상용 DB 업체들의 경우에는 이 업체들의 플랫폼에서 연구자들이 무료로 학술지 논문을 자유롭게 이용하도록 할 수 있습니다. 한국기록관리학회의 경우 비배타적 이용허락 계약을 체결한 교보문고의 스콜라, 학술교육원의 e-article를 통해서 창간호부터 최신호까지 무료로 학술지 전체 논문의 원문 서비스를 제공하고 있습니다. 이와 같은 식으로 최대한 많은 연구자가 학술지 논문을 자유롭게 이용하도록 할 수 있습니다.

3. 창간호부터 최신호까지의 논문 파일의 필요

학술지 오픈 액세스 출판 전환을 위해서는 창간호부터 최신호까지의 논문 PDF 파일이 있어야 합니다. KCI에 논문 PDF 파일을 제출하기 이전의 논문의 경우에는 학회에서 자체적으로 PDF 파일을 보유하기 위한 수고를 들일 필요가 있습니다. 오픈 액세스 출판 전환을 위해서 상용 DB 업체가 스캔 등의 수고를 들여 유통하고 있는 논문 PDF 파일을 사용할 경우, 법적 분쟁의 소지가 있기 때문입니다.

국립중앙도서관과 국회도서관은 학술지 납본 기관이므로 학회가 보유하고 있지 않은 과월호 학술지를 모두 소장하고 있습니다. 개별 학회가 과월호 학술지를 스캔해 논문 PDF 파일을 제작하게 되면 비용이 발생할 수 있습니다. 2020년에는 국립중앙도서관이 "2020년 오픈 액세스(OA) 전환 학술지 디지털화 지원" 사업을 시작했습니다. 이 사업에 지원하면 과월호 학술지를 무료로 PDF로 제작할 수 있습니다.

4. 학술지 오픈 액세스 출판 전환을 위한 비용 문제

개별 학회 차원에서 출판 비용을 줄이는 방법은 회비를 내는 단체 회원이나 자비 부담한 개인 회원에게 제공하는 것을 제외하고 인쇄본 출판을 중단하는 것입니다. 아울러 동료심사자에게 지급하던 심사비를 출판비로 전환해 사용하는 것을 생각해볼 수 있습니다. 논문 심사자가 곧 논문의 저자가 될 수 있는 동료심사 제도는 그 분야 학문 발전과 학술지의 질적 수준을 높이기 위해 필요한 제도로서 심사비가 심사 참여의 결정적 동인이 되지는 않을 것입니다. 해외에서는 심사자에게 심사료를 지급하지 않는 경우가 많으며, 한국기록관리학회를 포함한 문헌정보학 분야의 학회들에서는 학술지 오픈 액세스 출판 비용을 확보하기 위해 동료 심사자에게 그동안 지급하던 심사료를 출판비로 사용하는 것을 요청한 바 있고, 심사자 대부분이 이를 수용해 출판 비용을 확보할 수 있었습니다.

5. 저작권

학술지 오픈 액세스 출판 전환을 위해서는 오픈 액세스 플랫폼에서 학술 논문을 자유롭게 이용할 수 있는 저작권, 좀 더 구체적으로는 학술 논문이 비영리 목적으로 복제·배포되는 것을 가능하게 하는 저작권이 필요합니다. CC BY-NC-ND 라이선스, 즉 저작자 표시-비영리-변경 금지 라이선스를 적용함으로써 학술 논문이 오픈 액세스 플랫폼에서 자유롭게 공유되는 동시에 상용 DB 업체에 의해 영리 목적으로 사용되는 것을 막을 수 있습니다.

CC BY-NC-ND 라이선스를 적용하는 다른 이유는 논문의 내용 변경이나 번역 등의 2차 저작물 작성권은 저자의 권리로 남겨 논문의 내용을 변경하거나 논문을 번역할 때 저자의 허락을 받는 것이 필요할 수 있기 때문입니다. 아울러 저자는 이 라이선스를 통해서 본인의 저작물을 어떠한 방식으로도 복제·배포할 수 있으며 또 다른 오픈 액세스 플랫폼에 등록할 수도 있습니다. 또한 논문 이용자도 논문 저자를 밝히고 비영리 목적으로 해당 논문을 자유롭게 복제·배포할 수 있습니다.

CC BY-NC-ND 라이선스를 적용하면 공공기관이나 대학도서관 등도 비영리 목적으로 논문을 자유롭게 복제·배포할 수 있습니다. 하지만 지속적이고 안정적인 학술지 오픈 액세스 출판을 위해서는 공공기관과 대학도서관으로부터의 지원이 필요합니다. 그래서 이들 기관과는 학술지 오픈 액세스 출판에 따른 논문 이용 협약을 학회들이 공동으로 맺어서 편집·출판, 웹퍼블리싱, 플랫폼 운영 등과 관련한 오픈 액세스 출판 비용을 지원받아야 합니다. 학술지 오픈 액세스 출판 전환을 위한 학회들의 공동 대응이 필요한 것은 이 때문이기도 합니다.

학회가 학술지 오픈 액세스 출판 전환을 결정하면 먼저 오픈 액세스 출판에 맞추어 저작권과 관련된 편집위원회 규정을 변경해야 합니다. 저작권양도동의서의 경우에는 국립중앙도서관 학술지저작권안내사이트(이하 KJCI)의 저작권양도동의서를 활용하면 됩니다. JAMS를 사용할 때 JAMS에서 저작권양도동의서를 받는 학회로 설정하고 학회지 논문 전체에 CC BY-NC-ND가 적용되도록 하면 됩니다. 아울러 논문 첫 페이지에 오픈 액세스 로고와 CC 라이선스를 추가해 오픈 액세스 논문임을 확인할 수 있도록 하면 됩니다. 마지막으로 KJCI에 학술지의 저작권 및 이용허락 규정을 등록해 학회가 어떠한 이용허락 정책으로 학술지를 공개하는지를 명확히 하면 됩니다.

6. 향후 과제

학술지 오픈 액세스 출판 전환이 이루어지더라도 논문 투고 비용과 게재료, 사사 표기 논문의 추가 게재료는 현행 수준을 유지합니다. 그러나 상용 DB 업체로부터 받아왔던 저작권료 수입이 더 이상 없으므로 비용 문제만 생각하더라도 개별 학회 차원에서 오픈 액세스 출판 전환에 성공하기에는 어려운 면이 있다는 것은 분명합니다. 연구재단이나 국공립도서관, 대학도서관 등으로 이루어진 도서관협의회로부터의 학술지 오픈 액세스 출판을 위한 지원이 필요한 것은 이 때문입니다. 사실, 공공성을 가지는 학적 지식의 확대·성장을 위해 공적 성격을 가지는 연구비 지원 기관, 학술 연구 도서관이 오픈 액세스 출판 전환을 지원하는 것은 중요한 일일 뿐 아니라 필요한 일이라고 할 수 있습니다.

그러나 이러한 지원이 가능한지는 현재로서는 불투명합니다. 그래서 한편으로는 연구재단이나 대학도서관과 같은 공공 영역으로부터의 지원을 구체화하고 다른 한편으로는 자생적인 오픈 액세스 출판 전환이 가능할 방법을 모색할 필요가 있습니다. 그 방법의 하나로 예컨대 국어국문학 분야에 속한 여러 학회와 같이 비슷한 계열의 학회들, 큰 틀에서 주제를 공유하는 학회들이 학술지의 안정적인 출판·공유를 위한 플랫폼을 공동으로 운영하는 것과 공동편집인사무실 제도를 시행하는 것을 생각해볼 수 있습니다. 이 경우 학술지 출판 비용과 편집 비용, 학회 홈페이지의 유지·보수를 포함한 운영 비용 등을 줄일 수 있습니다. 사실, 상용 DB 업체에서 제공하는 저작권료의 상당액은 홈페이지 유지·보수 비용을 포함한 학술지 출판 비용, 편집 비용, 간사비 등에 사용됩니다. 학술지 출판·공유 플랫폼의 공동 운영과 공동편집인사무실 제도를 통해서 적어도 저작권료 수입에 맞먹는 비용 절감 효과를 기대할 수 있습니다. 아울러 간사비를 현실화할 수 있을지도 모릅니다.

이러한 공동 운영과 공동편집인사무실 제도는 학회들이 학술지 오픈 액세스 출판 전환을 공동으로 실천할 때만 가능합니다. 한 학회가 독자적 플랫폼을 구축하는 것은 비용상으로 거의 불가능에 가까운 일일 뿐 아니라 만약 가능하더라도 결국 논문 투고자가 부담해야 하는 비용이 많이 늘어나는 결과를 초래할 것입니다.

학술지 출판·공유 플랫폼의 한 사례로 지식공유연대에 참가하는 '시민과 함께하는 연구자의 집'(약칭 연구자의집)에서 준비 중인 통합학회 플랫폼을 생각해볼 수 있습니다. 연구자의집 플랫폼에서 논문 아카이빙과 학술지 출판, 논문 공유뿐 아니라 논문 투고·심사·편집이 이루어지도록 하는 것 그리고 플랫폼 자체를 공동편집인사무실 제도를 통해 참여 학회들이 공동으로 운영하는 것은 불가능한 일이 아닙니다.

현재 연구재단의 온라인논문투고및심사시스템(JAMS)은 논문 투고·심사를 지원하는 시스템입니다. JAMS에 투고되어 게재가 확정된 논문의 유통은 KCI와 RISS, NDSL에서 이루어집니다. 연구자의집 플랫폼은 KCI·RISS·NDSL과 논문 유통을 경쟁하는 플랫폼이 아닙니다. 학술지 오픈 액세스 출판의 취지에 따라서 학술지 논문은 이 모든 플랫폼에서, 나아가 비배타적 이용허락 계약을 체결한 상용 DB 업체의 플랫폼들에서도 공유될 수 있습니다. 아울러 구글·위키 등과 계약해 학술지 논문을 이들의 검색엔진에 드러내는 것이 필요합니다. 학적 지식의 공공성을 생각한다면 이러한 공유와 노출은 필요한 일이라고 할 수 있을 것입니다.

만약 연구자의집 플랫폼이 논문의 공유뿐 아니라 학술지 출판에 관한 제반 사항 즉 논문의 투고·심사·편집·아카이빙이 이루어지는 플랫폼이자 공동편집인사무실 제도를 통해 참여 학회들이 공동으로 관리하는 플랫폼이 될 수 있다면, 이 플랫폼은 각 학회의 출판 비용·편집 비용·운영 비용 등을 줄임으로써 학술지 오픈 액세스 출판 전환을 가능하게 하는 방법의 하나일 수 있을 것입니다.

물론, 연구자의집 플랫폼을 반드시 활용해야 하는 것은 아닙니다. 비슷한 계열의 학회들이 모여서 플랫폼을 만들고 공동으로 운영하거나 연구재단과 같은 공공기관에서 플랫폼을 개발해 공개하고 이 플랫폼을 학회에서 이용하는 것도 가능합니다. 하지만, 학회들이 자체적으로 플랫폼을 만드는 것은 비용상 거의 불가능한 일에 가깝습니다. 그리고 공공기관에서 개발·공개한, 투고·심사에서부터 시작해 아카이빙·공유 등을 모두 포괄하는 학술지 전주기 출판 지원 플랫폼은 아직 없습니다.

물론, 문헌정보학 분야 오픈 액세스 학술지들처럼 투고·심사는 JAMS를 사용하고 원문 서비스는 KCI·RISS·NDSL를 사용하고 학술지 홈페이지 및 원문 서비스 플랫폼은 KOAR라는 오픈 액세스 전용 플랫폼을 사용하는 것도 가능합니다. 그런데, JAMS는 논문 아카이빙 및 공유 기능이 없을 뿐 아니라 '학회 단위'로 논문 투고·심사를 지원하는 시스템입니다. JAMS-KCI·RISS·NDSL를 사용해 학술지 오픈 액세스 출판 전환을 할 때 이러한 전환에 드는 투고 관리·심사 관리·편집 관리·아카이빙 관리·플랫폼 관리 등의 학술지 출판 비용은 고스란히 개별 학회의 부담이 됩니다. '학회 단위'로 지원되는 JAMS만으로 학술지 오픈 액세스 출판 전환에 성공하기 어려운 것은 이 때문입니다.

학술지 오픈 액세스 출판 전환을 위해 필요한, 비슷한 계열의 학회들이 공동으로 운영하는 플랫폼과 공동편집인사무실 제도는 비용의 문제를 해결할 수 있을 뿐만 아니라 현재까지 주로 대학원생들의 그림자 노동에 의존해왔던 학술지 출판 관행을 변화시키는 계기가 될 수 있다는 점에서도 중요합니다. 이 플랫폼과 공동편집인사무실 제도의 운용에 드는 비용이, 공공성을 가지는 학술지들의 오픈 액세스 출판을 위해 필요하다는 점을 연구재단과 대학도서관 등의 공공 영역에 이해시키고 실질적 지원을 끌어내기 위해서라도, 학술지 오픈 액세스 출판 전환은 개별 학회가 아닌 학회들의 연합체의 과제가 될 때 훨씬 더 성공할 가능성이 큽니다.

III. 오픈 액세스 출판 전환을 위한 단계별 업무

1단계 : 사전 논의

- 학회 이사회에서 학술지의 상업적 유통 문제와 오픈 액세스 출판 전환 고민 함께하기(→FAQ 4번, 5번, 7번 참고)
- 유사 학문 분야와 타 분야의 오픈 액세스 출판 전환 참고하기
- 오픈 액세스 출판 선언(지식공유연대 홈페이지)에 참여하기

2단계 : 오픈 액세스 출판 전환 준비

1) 계약 사항 점검
- 상용 DB 업체와의 저작권 계약 내용 및 계약 기간 검토(→FAQ 16번 참고)

2) 원문 서비스 플랫폼 점검

- 공공 원문 서비스 플랫폼(RISS, KCI 등)에서 학술지 원문 공개 현황 파악(→FAQ 12번 참고)
- 사용 가능한 원문 서비스 플랫폼(예, KOAR) 검토(→FAQ 18번 참고)

3) 무료 출판 플랫폼 검토

- 상용 DB 업체와 계약 종료 후 무료 출판 플랫폼(논문투고관리시스템, 예) JAMS) 사용 가능 시점 검토

4) 재정 점검

- 상용 DB 업체로부터 저작권료 수입 중단에 대한 대책 마련(→FAQ 17번 참고)
- 학술지 출판 관련 수입 및 지출 현황 파악

5) 학회 이사회를 통한 오픈 액세스 학술지 출판 전환 결정

- 상용 DB 업체와 독점 계약 종료(→FAQ 16번 참고)

6) 학회 회원에게 오픈 액세스 전환 예정에 대한 홍보

- 오픈 액세스 전환의 필요성 안내

3단계 : 오픈 액세스 출판 시작

1) 오픈 액세스 출판 전환 로드맵 작성 후 이사회에 승인받기

2) 학회 규정 개정 등

- 학술지 출판 및 편집 관련 규정 개정

- 학술지 저작권 관련 규정 개정 및 CCL 적용을 명시하기(→FAQ 14, 15번 참고)

- 학술지저작권안내시스템(KJCI)에 학회 저작권 및 이용허락 정책 등록 (→FAQ 8번 참고)

- 논문 첫 페이지에 CCL 로고 및 라이선스 설명 추가하기(→FAQ 15번 참고)

- 인쇄본 간행 중단하였으면 국립중앙도서관에 eISSN 신청하기

3) 공공 플랫폼에서 원문 서비스 시작

- KCI 원문 공개 동의 신청(→FAQ 12번 참고)

- RISS에서 원문 서비스 시작(→FAQ 12번 참고)

- 과월호 논문의 PDF 및 학회지 과월호 인쇄본 보유 현황 파악

- PDF 없는 과월호는 국립중앙도서관에 디지털화 신청(→FAQ 20번 참고)

- KOAR 플랫폼 사용해 학술지 홈페이지 서비스 시작(→FAQ 18번 참고)

4) 학회 회원에게 오픈 액세스 전환에 대한 안내

- 인쇄본 중단 및 심사료 중단 시 회원 공지

- 원문을 찾아볼 수 있는 대체 플랫폼 안내(→FAQ 12번 참고)

- 기타 오픈 액세스 전환에 따라 달라지는 사항 안내

IV. FAQ

1. 지식공유연대는 어떤 단체입니까?

'새로운 학문 생산 체제와 지식 공유를 위한 학술 단체와 연구자 연대'(지식공유연대)는 학술 연구 활동을 공공적인 것으로 만들어 모든 사람의 삶에 보탬이 되고, 경쟁과 성과주의에 물든 사회를 바꾸는 데 기여하기 위해 인문학·사회과학 학술 단체와 연구자들이 중심이 되어 2019년에 결성한 후 2020년 7월 17일 창립한 단체입니다. 지식공유연대는 학술 지식 생산의 공공성을 위해 한국연구재단의 학회 및 학술지 평가 제도를 개혁하려는 활동과 학술 지식 활용의 공공적 가치 증진을 위해 학술 지식을 자유롭게 공유(오픈 액세스)하려는 활동을 실천하고 있습니다. 지식공유연대의 결성 취지와 활동 내용에 대해서는 지식공유연대 선언문에서 확인할 수 있습니다.(지식공유연대 홈페이지 https://knowledgecommoning.org/ 참조.)

2. 회원의 가입 조건, 역할, 권리, 의무는 무엇입니까?

지식공유연대의 취지에 찬성하는 학술 단체와 연구자는 지식공유연대의 회원이 될 수 있습니다. 회원은 지식공유연대의 총회·워크숍·정기회의 등의 행사에 참여해 학술 지식의 생산과 유통에 관한 공공기관의 정책 및 학회의 학술지 출판·관리와 관련된 문화를 성찰·변혁하기 위한 활동에 동참해야 합니다. 특히 지식공유연대는 참여 학회에 학술 지식의 자유로운 공유를 위해 학회 발행 학술지를 오픈 액세스 출판으로 전환할 것을 권고하고 있습니다. 아울러 참여 학회는 지식공유연대의 활동과 운영을 위해 소정의 회비를 내야 합니다.

3. 어떤 지식을 공유합니까?

지식을 우리 머릿속에서 나온 생각·정보·데이터와 같이 경험이나 연구를 통해 얻을 수 있는 모든 종류의 이해라고 한다면, 지식에는 토착적인 것도 있고 과학적·학술적인 것도 있으며 비학술적인 것도 있을 것입니다. 지식공유연대에서 자유로이 공유하고자 하는 지식은 학술 논문과 같은 학적 지식입니다. 특히 지식공유연대는 인문학자·사회과학자들이 생산한 학술 논문의 오픈 액세스를 우선적인 지식 공유의 과제로 생각하고 있습니다. 지식공유연대에 학술 지식의 공공적 가치에 동의하는 보다 더 많은 인문학·사회과학 학술 단체의 참여가 필요한 것은 이 때문입니다.

4. 왜 학술 논문은 공공재입니까?

학술 논문은 인간과 사회, 예술과 자연 등에 대한 연구 활동의 결과로서, 인간과 사회의 건강한 성장에 기여한다는 점에서 공공성을 가집니다. 아울러 학술 논문은 어떤 연구자가 그것을 이용하더라도 다른 연구자에게 돌아가는 이용분이 감소하지 않는 공공재입니다. 학술 논문의 자유로운 공유는 이용분의 감소 없이 새로운 지식 생산에 기여할 수 있을 뿐 아니라 생산되는 지식의 질을 향상할 수 있습니다.

학술 논문은 기존의 연구, 이미 생산된 지식에 기반해 공동 작업과 같은 사회적 협동을 통해 생산됩니다. 직접적인 공동 작업은 사회적 협동의 한 양태일 뿐입니다. 어떤 개인이 혼자 연구하더라도 그녀의 연구는 사회적 협동의 결과인 이미 생산된 지식이라는 공통의 부에 영향을 받아서 이 공통의 부의 성장에 기여하는 식으로 사회적 협동의 과정에 있는 것입니다. 사실 동료 평가의 본령 또한 지식 생산에 대한 학문 공동체의 기여라는 의미에서의 지식의 공동 생산이라고 할 수 있을 것입니다. 학술 논문이 사회적 협동을 통해서 공공성을 가지는 공공재로 생산된다는 점은 그것이 자유롭게 공유되어야 하는 중요한 이유입니다.

5. OA(오픈 액세스)는 무엇입니까?

OA는 학술지 출판을 전후로 논문을 공개함으로써 논문을 온라인에서 자유롭게 이용하는 것을 의미합니다. OA 학술지 출판을 위해서는 출판에 드는 비용을 구독료나 저작권료 대신 저자가 직접 부담하거나 지원받은 연구비에서 부담하면서, 학술 지식의 공공적 기여를 위해 논문을 무료로 볼 수 있도록 공개하고 논문에 CCL을 적용함으로써 논문을 자유롭게 이용할 수 있도록 해야 합니다. 현재 저자가 학회에 논문을 제출하면 한국연구재단 한국학술지인용색인(KCI)에 논문이 업로드되는데, 이때 '논문 공개'를 신청하면 논문을 무료로 볼 수 있습니다. 이러한 논문 공개는 오픈 액세스적 성격을 이미 일정 부분 가지고 있는 것이라고 할 수 있습니다.

6. OA 학술지는 어떻게 추진합니까?

먼저 상용 DB 업체와의 학술지 온라인 이용 계약을 종료해야 합니다. 보통 계약 만료 3개월 전에 상용 DB 업체에 계약 해지를 통보해야 합니다. 물론 이용 계약서마다 내용이 다를 수 있기 때문에 학회에서 상용

DB 업체와 맺은 이용 계약서를 확인할 필요가 있습니다. 상용 DB 업체와의 계약 종료는 학술지 논문이 이들 업체의 플랫폼에서 더 이상 독점적·상업적으로 유통되지 않는다는 것을 의미합니다. 하지만 상용 DB 업체의 플랫폼이 아니더라도 학술지 논문을 한국연구재단의 한국학술지인용색인(KCI), 한국교육학술정보원의 학술연구정보서비스(RISS), 한국과학기술정보연구원(KISTI)의 국가과학기술정보센터(NDSL)에서 자유롭게 공유되도록 할 수 있습니다. 예컨대 한국기록관리학회의 경우 오래전부터 KISTI의 NDSL에서 창간호부터 최신호에 이르는 학술지 전체 논문을 무료로 공개하고 있습니다.

OA 학술지 출판을 위해서는 창간호부터 최신호까지의 논문 PDF 파일이 있어야 합니다. KCI에 논문 PDF 파일을 제출하기 이전의 논문들의 경우에는 학회에서 자체적으로 PDF 파일을 보유하기 위한 수고를 들일 필요가 있습니다. 상용 DB 업체가 스캔해 유통하고 있는 논문 PDF 파일을 사용할 경우, 법적 분쟁의 소지가 있기 때문입니다. 국립중앙도서관에서는 인문사회 분야 학회와 대학 부설 연구소에서 발행하는 학술지 과월호를 대상으로 원문 디지털화를 지원하는 사업을 추진하고 있습니다. 국립중앙도서관에 과월호 대상 원문 디지털화를 신청하면 학회에서 과월호 PDF 파일을 보유할 수 있습니다. (과월호 PDF 파일 보유 관련 기타 자세한 사항은 국립중앙도서관 디지털기획과(02-590-6225)에 문의하기를 바랍니다.)

학술지를 OA로 출판하더라도 논문 투고 비용과 게재료, 사사 표기 논문의 추가 게재료는 현행 수준을 유지합니다. 그러나 상용 DB 업체로부터 받아왔던 저작권료 수입이 더 이상 없기 때문에 비용 문제를 생각할 때 OA 학술지 출판이 어렵다는 것은 분명합니다. 출판 비용을 줄이는 방법의 하나는 회비를 내는 단체 회원이나 자비 부담한 개인 회원에게 제공하는 것을 제외하고 인쇄본 출판을 중지하는 것입니다. 아울러 심사비 지급을 중단하는 것도 생각해볼 수 있습니다. 해외에서는 심사자에게 심사료를 지급하지 않는 경우가 많으며 한국기록관리학회를 포함한 문헌정보학 분야의 학회들에서는 OA 학술지 출판을 위해 심사료를 연회비와 출판비로 전환하도록 요청했고 심사자 대부분이 이 요청을 수용해 출판 비용을 확보할 수 있었습니다.

7. OA 학술지의 장단점은 무엇입니까?

OA 학술지의 장점은 공공성을 가지는 학적 지식 생산의 확대와 심화를 가져온다는 점이라고 할 수 있습니다. OA 학술지 출판을 통한 학술 논문의 자유로운 공유는 새로운 지식의 생산을 확대할 뿐 아니라 생산되는 지식의 질을 향상할 것이기 때문입니다. 특히 대학에 소속되어 있지 않은 연구자들뿐만이 아니라 인간과 사회, 예술과 자연 등 세계의 여러 영역에 관한 연구 성과에 관심이 있는 일반 시민들도 학술 논문을 자유롭게 이용함으로써 이들 영역에 대한 이해를 제고할 수 있습니다. 그리고 이는 학술 연구의 깊이와 넓이를 더 심화·확장하는 데 다시금 기여할 것입니다.

OA 학술지의 단점은 더 이상 상용 DB 업체의 플랫폼에서 학술 논문이 유통되지 않기 때문에, 상용 DB 업체의 플랫폼을 주로 사용해온 연구자들이 학술지 논문을 검색하지 못하는 결과가 초래될 수 있다는 점입니다. OA 학술지를 출판하는 학회는 RISS·NDSL·KCI 등을 이용해 학술지 전체 논문의 원문 서비스를 제공하는 동시에 연구자들에게 이를 적극적으로 홍보할 필요가 있습니다. 아울러 상용 DB 업체로부터 받아왔던 저작권료 수입이 더 이상 없으므로 OA 학술지의 안정적 출판을 위해서는 추가 출판 비용을 확보할 필요가 있습니다. 이를 위해 지식공유연대에서는 OA 학술지 출판에 드는 비용을 학술지 구독 기관이나 연구 기금 지원 기관이 지원하거나 사회적 기금의 형식으로 지원하는 방안을 모색하고 있습니다.

8. OA 학술지를 위해 학회는 어떤 준비를 해야 합니까?

학회가 OA 학술지 출판을 위해 준비해야 하는 사항은 "한국기록관리학회지 오픈 액세스 출판 전환 과정"을 통해서 확인할 수 있습니다. 이 문서를 참고해 학회별로 OA 학술지 출판을 위해 준비해야 하는 사항을 다시 정리하면 아래와 같습니다.

1) 학회지 편집/발간 및 규정 개정
- OA 출판에 맞추어 편집위원회 규정 및 논문 투고 규정 개정
- 게재되는 모든 논문의 첫 페이지에 오픈 액세스 로고와 CCL 표시

2) JAMS 수정 사항
- JAMS에서 저작권양도동의서 받는 학회로 설정하고 CCL 사용으로 설정한 후 CC BY-NC-ND 선택

3) 저작권양도동의서

- 저작권양도동의서는 국립중앙도서관 학술지저작권안내사이트(KJCI)를 참고할 수 있음
- JAMS 홈페이지에 등록해 논문 투고자가 작성 후 제출할 수 있도록 함

4) 공공 DB에서 원문 서비스 개선 요청

- KCI에서 학회지 논문이 미리보기가 아닌 전체보기가 가능해지도록 "원문 공개 동의" 신청
- RISS에 학술지 창간호부터 최근호까지 원문 서비스 요청
- NDSL에 학술지 창간호부터 최근호까지 원문 서비스 요청
- 국회도서관과 국립중앙도서관에 이용허락동의서 제출 및 원문 파일 제공

5) 상용 DB 업체와 계약 추진

- 비배타적 이용허락 계약이 가능한 상용 DB 업체와 이용허락 계약 체결

9. 오픈 액세스와 동료심사 제도는 어떤 관계입니까?

OA와 동료심사 제도의 관계는 다양합니다. 예컨대 동료심사를 거치지 않은 워킹페이퍼를 OA로 출판할 수도 있고, OA로 출판한 워킹페이퍼에 대한 논평을 들은 다음 워킹페이퍼를 수정·보완해 정식으로 동료심사를 거쳐야 하는 학술지에 투고·게재할 수 있습니다. 물론 이 학술지는 OA 학술지일 수도 있고 그렇지 않은 학술지일 수도 있습니다. 달리

말해 OA와 동료심사 제도는 다양하게 결합될 수 있습니다. 이는 OA가 최종 연구 성과의 자유로운 공유만이 아니라 연구 활동 자체에 여러 긍정적 영향을 미칠 수 있다는 것을 의미합니다. 지식공유연대에서 현재 추구하는 OA는 동료심사를 거친 최종 논문을 OA로 출판하는 것입니다. 물론 지식공유연대는 새로운 형태의 OA 플랫폼을 통해 연구 활동 자체에서의 긍정적 변화를 도모하고자 하는 기획도 가지고 있습니다. 이러한 기획의 실현은 향후 지식공유연대 활동의 확장과 심화를 통해서 가능해질 것입니다.

10. OA 학술지에서 연구자의 저작권은 어떻게 처리합니까?

OA 학술지 출판을 위해서는 OA 플랫폼에서 학술 논문을 자유롭게 이용할 수 있는 저작권, 좀 더 구체적으로는 학술 논문이 비영리 목적으로 복제·배포되는 것을 가능하게 하는 저작권이 필요합니다. 저작물을 자유롭게 배포하기 위한 라이선스인 CCL(Creative Commons License)을 적용함으로써 학술 논문이 자유롭게 공유되는 동시에 영리 목적으로 사용되는 것을 막을 수 있습니다.

CCL은 영리 목적 이용 여부·변경 가능 여부·동일 조건 부여 여부와 같은 이용허락 범위에 따라서 6가지로 구분됩니다(CCL에 대해서는 15번 문답 참조). 저자가 저작권을 소유하고 CCL 중 어느 하나를 적용하도록 하거나, 학회가 저자로부터 저작권을 양도받은 후 CCL 중 어느 하나를 적용함으로써 OA의 취지에 부합하는 학술지를 출판할 수 있습니다.

해외에서는 복제, 배포, 공중송신, 2차적 저작물 작성이 가능하며 영리/비영리 목적으로 사용 가능한 저작자 표시(CC BY) 라이선스를 적용하는 경우가 많습니다. 국내에서는 OA 학술지의 경우 저작자표시-비영리-변경금지(CC BY-NC-ND) 라이선스를 적용하는 경우가 많습니다. 국내 OA 학술지에서 CC BY-NC-ND 라이선스를 적용하는 이유는 논문의 내용 변경이나 번역 등의 2차 저작물 작성권은 저자의 권리로 남겨 논문 내용을 변경하거나 논문을 번역할 경우 저자의 허락을 받는 것이 필요할 수 있기 때문입니다. 아울러 저자는 이 라이선스를 통해서 본인의 저작물을 어떠한 방식으로도 복제·배포할 수 있으며 또 다른 OA 플랫폼에 등록할 수도 있습니다. 또한 논문 이용자도 논문 저자를 밝히고 비영리 목적으로 해당 논문을 자유롭게 복제·배포할 수 있습니다.

학회에서 CC BY-NC-ND 라이선스를 적용하기로 하면 저작권양도 동의서를 사용해 논문 게재가 결정된 저자로부터 2차저작물작성권을 제외한 저작재산권을 양도받을 필요가 있습니다. 이는 오픈 액세스로 전환한 후에도 공공기관과 민간 업체가 학술지를 안정적이고 지속해서 서비스할 수 있도록 학회가 저작권을 소유할 필요가 있기 때문입니다.

11. 셀프 아카이빙이란 무엇입니까?

셀프 아카이빙이란 저자가 자신의 논문 전자 사본을 오픈 액세스로 제공하기 위해 오픈 액세스 리포지토리 또는 오픈 아카이브(오픈 액세스 논문을 수집해 영구히 보존하고 인터넷에서 모든 사람이 이용할 수 있도록 한 데이터베이스)에 제출하는 것을 말합니다. 셀프 아카이빙은 오픈 액세스를 실현하기 위한 두 가지 방법의 하나입니다. 가장 좋은 방법은 학술지 자체를 오픈 액세스로 출판하는 것이지만 이것이 어려우면 저자가 개별적으로 자신의 논문을 공개하도록 하는 것입니다. 일반적으로 구독학술지(비OA 학술지)에 논문을 출판하기 위해서는 저자가 출판사(또는 학회)에 저작권을 양도합니다. 따라서 학회는 저자가 셀프 아카이빙을 할 수 있도록 논문의 버전(동료심사 전 원고, 동료심사 후 원고, 최종 편집본, 최종 출판본 등), 가능한 시기(출판 후 즉시, 출판 후 6개월 후, 출판 후 12개월 후 등)를 저작권 규정에 명확하게 밝힐 필요가 있습니다. 국내 학술지의 셀프 아카이빙 정책은 국립중앙도서관이 운영하는 학술지저작권정보시스템(Korea Journal Copyright Information)에서 확인할 수 있습니다. 해외 학술지의 셀프 아카이빙 정책은 SHERPA 사이트에서 확인할 수 있습니다.

12. OA 학술지의 논문 서비스는 어떻게 이루어집니까?

OA 학술지로 전환 후 그동안 이용했던 상용 DB에서 논문 서비스가 중단되면 어디에서 논문을 이용해야 하는지 난감해하는 경우가 많습니다. 그러나 다양한 공공 영역의 학술 정보 서비스 기관에서 오픈 액세스 논문 서비스를 하고 있으니 크게 염려할 일은 아닙니다. OA 학술지 논문을 검색할 수 있는 대표적인 사이트는 RISS입니다. RISS는 OA 학술지 논문만이 아니라 비OA 학술지, 학위 논문, 단행본 등 국내 전국의 대학도서관 자료와 해외의 학술지도 검색할 수 있는 매우 포괄적인 학술 정보 서비스 사이트입니다. 오히려 상용 DB보다 더 많은 학술 정보를 제공하고 있는 사이트입니다. KCI 포털과 NDSL(National Digital Science Library)에서도 OA 학술지 서비스를 할 수 있습니다. RISS와 KCI에서 OA 학술지 서비스하려면 KCI에 원문공개신청을 하면 됩니다. RISS, KCI, NDSL에서 학술지 논문이 무료로 공개되면 네이버나 구글 등 검색엔진을 통해서도 논문 검색이 이루어집니다.

13. OA 학술지에 논문을 내면 연구자의 권리가 축소되지 않습니까?

오히려 그 반대입니다. 비OA 학술지는 논문 판매를 위해 저작권을 독점할 필요가 있으므로 저자로부터 저작재산권 일체를 양도받는 경우가 많습니다. 그리고 저자에게는 저작물 이용과 관련한 어떠한 허락도 하지 않는 경우도 많습니다. OA 학술지는 논문을 판매할 필요가 없으므로 저작권을 양도받지 않거나, 양도받더라도 학회가 저작권을 독점하지 않고 CCL을 적용해 논문 저자와 그 외 모든 사람이 논문을 이용할 수 있도록 허락합니다. 또한 저자가 학술서적으로 출판하거나 번역하는 것을 허용하는 예도 많습니다. 우리나라의 OA 학술지는 저작권을 양도받은 후 CC BY-NC-ND를 적용하는 경우가 많습니다. 이 라이선스는 저작자를 밝히고 비영리 목적으로 내용을 변경하지 않는 조건이라면 누구든지 논문을 이용할 수 있다고 허락하는 것입니다.

14. 논문을 쓴 연구자가 원저작자로서 가지는 권리는 무엇입니까?

논문의 저자는 논문을 창작한 때부터 특별한 등록이나 허가의 절차 없이도 우리나라 저작권법에서 부여한 저작자의 권리를 소유하게 됩니다. 우리나라 저작권법은 저작자에게 저작인격권(공표권, 성명표시권, 동일성유지권)과 저작재산권(복제권, 공연권, 공중송신권, 전시권, 배포권, 대여권, 2차적저작물작성권)을 부여합니다. 따라서 논문의 저자는 위 10가지 권리를 원저작자로서 소유하게 됩니다.

저작인격권은 일신전속권으로 타인에게 양도할 수 없는 권리이므로 학회에 저작권을 전부 양도했더라도 저자의 권리로 남습니다. 또한 저작재산권 전체를 양도한다고 하더라도 특약이 없는 한 2차적저작물작성권은 양도되지 않은 것으로 추정합니다.

저작재산권 중 특히 논문의 저자와 관련된 권리는 복제권, 공중송신권, 배포권, 2차적저작물작성권입니다. '복제'란 인쇄, 복사, 디지털화 등의 방식으로 다시 제작하는 것이며, '공중송신'이란 공중이 수신하거나 접근할 수 있도록 인터넷 등에 저작물을 송신하는 것입니다. '배포'란 저작물 원본이나 사본을 공중에게 양도하거나 대여하는 것이며, '2차적저작물작성'이란 원저작물을 번역, 변형 등의 방식으로 다시 창작하는 것입니다.

원저작자로서 논문 저자는 자신의 논문을 누구의 허락도 받지 않고 사본을 제작하거나 인터넷의 어느 사이트에 올리거나 여러 사람에게 사본을 배포하거나 번역할 수 있습니다. 그러나 논문 출판을 위해 이들 권리를 양도했다면 학회의 허락 없이는 이러한 이용 행위를 할 수 없습니다. 단, 저자의 논문 이용이 저작권법의 저작재산권 제한 사유에 해당하거나 공정한 이용의 범위에 포함될 경우는 예외입니다. 좀 더 상세한 저작권 상담이 필요할 경우 한국저작권위원회의 상담 서비스를 이용할 수 있습니다.

15. CCL에 관해 설명해 주십시오?

CCL(Creative Commons License)은 저작물을 자유롭게 배포하기 위한 라이선스입니다. 현대의 저작권법은 저자가 저작물을 창작한 때부터 저자에게 저작권을 부여합니다. 따라서 저작권법에서 정하고 있는 예외적인 경우를 제외하면 저작권자의 허락 없이 누구도 저작물을 자유롭게 이용하기 어렵습니다. 그런데 어떤 저자는 대가를 원하지 않고 자신의 저작물을 다른 사람이 가능한 한 많이 이용하기를 원하고 다른 사람과 공유하기를 원합니다. CCL은 이러한 저자들을 위해 개발된 것입니다.

자신의 저작물에 CCL을 적용한다는 것은 라이선스에서 허용한 범위 내에서 다른 사람들이 내 저작물을 자유롭게 이용할 수 있도록 미리 허락하는 것입니다. OA 학술지는 전 세계 누구나 자유롭게 무료로 이용할 수 있는 학술지를 말합니다. 만일 OA 학술지 또는 그 학술지에 게재된 논문에 CCL과 같은 공유라이선스가 적용되지 않는다면 이는 곧 저작권이 저자 또는 그 발행 기관에 있으므로 그들로부터 허락받고 논문을 복제, 배포, 공중송신 등의 방식으로 이용해야 한다는 의미가 됩니다. 따라서 누구나 자유롭게 무료로 논문을 복제, 배포, 공중송신의 방식으로 이용할 수 있도록 하려면 학술지에 CCL을 적용해야 합니다.

CCL은 이용허락의 범위(영리 목적 이용 여부, 변경 가능 여부, 동일 조건 부여 여부)에 따라 다음 6가지 종류로 구분되며, 모든 경우에 저작자를 표시해야 합니다.

- 저작자표시(CC BY): 복제, 배포, 공중송신, 2차적저작물작성이 가능하며 영리/비영리 목적 사용 가능
- 저작자표시-비영리(CC BY-NC): 복제, 배포, 공중송신, 2차적저작물 작성이 가능하며 비영리 목적 사용 가능
- 저작자표시-변경금지(CC BY-ND): 복제, 배포, 공중송신이 가능하며 영리/비영리 목적 이용 가능
- 저작자표시-동일조건변경허락(CC BY-SA): 복제, 배포, 공중송신, 2차적저작물작성이 가능하며 영리/비영리 목적 사용 가능하되, 2차적저

작물에 원저작자가 적용한 CCL 또는 그보다 이용 허락 범위가 넓은 라이선스 적용해야 함.

- 저작자표시-비영리-동일조건변경허락(BY-NC-SA): 복제, 배포, 공중송신, 2차적저작물작성이 가능하며 비영리 목적 사용 가능하되, 2차적저작물에 원저작자가 적용한 CCL 또는 그보다 이용허락 범위가 넓은 라이선스 적용해야 함.
- 저작자표시-비영리-변경금지(CC BY-NC-ND): 복제, 배포, 공중송신이 가능하며 비영리 목적 사용 가능함.

CCL을 적용하고 있는 학술지의 예
- 한국기록관리학회지
- KoreaMed Synapse 사이트에서 제공되는 의학 분야 학술지

CCL에 대한 더 자세한 정보는 다음 사이트에서 확인할 수 있습니다.
- CODE
- Creative Commons

16. 상용 DB 회사와 저작권 계약을 종료하기 위한 절차는 무엇입니까?

우선 상용 DB 회사와 체결한 저작권 계약서에서 계약 체결 일자와 계약 기간 관련 조항을 확인해야 합니다. 계약 기간은 학회마다 다양할 것입니다. 또한 계약을 종료하기 위한 조건도 다양한데, 계약 만료일 3개월 전까지 계약 종료 의사를 문서로 상용 DB 회사에 전달해야 한다고 정하고 있는 경우가 많습니다. 또한 이러한 의사를 전달하지 않으면 자

동으로 3년 또는 5년씩 같은 조건으로 계약 기간이 연장된다고 정하고 있는 경우가 많습니다. 따라서 저작권 계약 종료를 위해서는 반드시 계약서에서 정한 기한과 방식에 따라 상용 DB 회사에 종료 의사를 전달해야합니다.

17. OA 학술지로 전환하면 학회가 상용 DB 회사로부터 저작권료를 받지 못하는데 그러면 학술지 출판을 위한 비용 확보에 문제가 크지 않을까요? 학술지 출판 비용을 학회에서 확보하는 방안은 무엇입니까?

OA 학술지는 논문 출판 비용을 다양한 방식으로 마련합니다. 저자가 논문 출판 비용(APC, Article Publishing Charge)을 부담하거나, 학술지를 구독하는 기관(예, 대학도서관)이나 연구비 지원 기관이 협력해 OA 학술지 출판비를 지원하기도 합니다.

국내의 학회에서 발간하는 많은 학술지는 논문 심사료와 투고 및 게재료를 저자가 부담합니다. 이 비용에서 투고 및 게재료가 APC에 해당하므로 OA 학술지 출판을 위한 최소한의 비용은 마련된 것이라고 볼 수 있습니다. 또한 기존의 논문 심사료를 게재료로 전환해 사용하는 예도 있습니다. 해외에서는 심사자에게 심사료를 지급하지 않는 경우가 많으며 한국기록관리학회를 포함한 문헌정보학 분야의 학회들에서는 OA 학술지 출판을 위해 심사료를 연회비와 출판비로 전환하도록 요청했고 심사자 대부분이 기꺼이 이 요청을 수용해 출판 비용을 확보할 수 있었습니다. 또한 많은 연구자가 인터넷에서 온라인 논문을 읽는데 익숙해져 있으므로 인쇄본 발간을 중단해 출판 비용을 절약하는 것도 방법입니다.

아직 국내에는 학술지 구독 기관이나 연구 기금 지원 기관이 OA 학술지 출판비를 지원하는 사례는 없습니다. 지식의 생산과 공유, 확산을 위해 노력하는 대표적인 기관이 도서관, 학술 연구비 지원 기관, 대학입니다. 학회가 OA 학술지로 전환할 수 있도록 독려하고 재정적·기술적·제도적으로 지원하는 것은 이들 기관의 의무이기도 합니다. 지식공유연대는 한국연구재단, 한국교육학술정보원, 대학도서관 등에 학회의 OA 학술지 전환을 지원할 필요가 있음을 지속해서 강조하고 있습니다.

18. 학회의 홈페이지가 상용 DB 회사가 제공한 서비스라면 홈페이지 사용은 어떻게 됩니까?

상용 DB 회사가 제공했던 홈페이지 서비스는 학술지 독점 공급에 대한 서비스이거나 별도의 비용이 드는 서비스이므로 계속 유지하기 어려울 수 있습니다. 한국과학기술정보연구원(KISTI)은 OA 학술지를 지원하기 위해 2019년 말 OA 학술지 플랫폼(KOAR)을 개발해 보급하고 있습니다. 이 플랫폼을 사용해 창간호부터 최신호까지 모든 논문을 서비스하고 게시판 기능을 활용해 학회나 학술지 출판 관련 정보를 회원들과 공유할 수 있습니다.

문헌정보학 분야의 OA 학술지인 한국기록관리학회지와 정보관리학회지는 2019년 말부터 이 플랫폼에서 학술지 홈페이지 서비스하고 있습니다.

지식공유연대는 2020년 초 RISS 서비스를 운영하는 한국교육학술정보원(KERIS)의 오픈 액세스 관련 회의에 참석해 인문학 및 사회과학 분야 OA 학술지 홈페이지 서비스를 위한 플랫폼 개발 요청을 했습니다.

19. 상용 DB 회사의 '비배타적 이용 허락' 계약은 무엇입니까?

이용허락이란 저작권자가 저작물 사용자에게 계약에서 합의한 방법과 조건에 따라 저작물을 이용하도록 허락하는 것입니다. 이용허락은 저작권 양도와는 달리 저작권 소유가 이전되지 않습니다. 이용허락은 배타적일 수도 있고 비배타적일 수도 있습니다. 비배타적일 경우 저작권자가 다른 사람에게도 유사한 이용허락을 할 수 있습니다. 학회가 상용 DB 회사와 '비배타적 이용허락' 계약을 했다는 것은 여러 곳에 유사한 이용허락 계약을 더 체결할 수 있다는 것을 의미합니다. 학술지 논문을 더 많은 곳에 공개해 더 많은 사람이 이용할 수 있도록 하려면 상용 DB 회사 또는 공공 영역의 학술 정보 서비스 기관에 비배타적 이용허락 계약을 맺는 것이 바람직합니다.

20. 학회에는 과월호 학회지도 없고 오래된 논문 파일도 없는데 학회가 자체적으로 과월호를 구해 모두 스캔해야 하나요?

국립중앙도서관의 오픈 액세스(OA) 전환 학술지 디지털화 지원 사업에 지원하면 과월호 논문을 모두 디지털화할 수 있습니다 이 사업은 국내 인문사회 분야 학회와 대학 부설 연구소 등 학술지 발행 기관을 대상으로 한 것입니다. 국립중앙도서관은 디지털화한 파일을 학회에도 제공한다고 하니 이를 활용해 홈페이지 서비스를 할 수 있습니다.

주

1장

1. 지식공유연대 창립총회(2020. 7. 17)에서 발표한 글을 수정·보완해 『상허학보』 60(2020)에 게재한 글을 다시 수정·보완했다.

2. 배성인, 「학문의 위기와 한국연구재단: 조직혁신 및 학술지원 정책 방안」, 새로운 학문 생산 체제와 '지식 공유'를 위한 학술 단체와 연구자 공동심포지엄, 2019. 8. 29.

3. 드미트리 클라이너, 권범철 옮김, 『텔레코뮤니스트 선언』, 갈무리, 2014, 99쪽.

4. 데이비드 그레이버, 서정은 옮김, 『가치 이론에 대한 인류학적 접근: 교환과 가치, 사회의 재구성』, 그린비, 2009, 109쪽 참조.

5. 맛떼오 파스퀴넬리, 서창현 옮김, 『동물혼』, 갈무리, 2013, 222쪽.

6. Harry Cleaver, *Rupturing the Dialectic: The Struggle against Work, Money, and Financialization*, Chico, California: AK Press, 2017, p. 83.

7. 해리 클리버, 권만학 옮김, 『자본론의 정치적 해석』, 풀빛, 1986, 90쪽.

8. 박서현, 「한국 학계에서 지식 커먼즈의 대안적 생산·공유의 과제」, 새로운 학문 생산 체제와 '지식 공유'를 위한 학술 단체와 연구자 공동심포지엄, 2019. 8. 29.

9. Silvia Federici, "The University: A Knowledge Common?", in *Re-enchanting the World: Feminism and the Politics of the Commons*, Oakland:PM Press, 2019 참조.

10. 이재성, 「"논문은 공유재" 21세기형 지식인 운동 닻 올린다」(천정환 인터뷰), 『한겨레』, 2020. 2. 21, http://www.hani.co.kr/(검색일: 2022. 1. 8).

11. Massimo De Angelis, *Omnia Sunt Communia: On the Commons and the Transformation to Postcapitalism*, London: Zed Books, 2017, p. 219.

12. Ibid., p. 210.

2장

1. 지식공유연대 심포지엄(2021. 7. 23)에서 발표한 글을 수정·보완했다.

2. 물론 이는 오픈 액세스를 어떻게 이해하느냐에 따라 달리 판단할 수 있다. 2002년 2월에 제창된 「부다페스트 선언문(Budapest Open Access Initiative, BOAI)」에서는 오픈 액세스를 "모든 이용자가 동료심사제 학술지에 수록된 논문이나 동료심사를 거치지 않은 프리 프린트와 같은 문헌들을 경제적·법적·기술적 제한 없이 자유롭게 읽고 내려받고 복제하며 배포하고 인쇄하고 검색하며 링크 걸고 색인 작업을 위해 활용하며 데이터로 소프트웨어에 전송하고 또 그 밖의 다른 합법적 목적으로 이용할 수 있게 하는, 인터넷상의 무료 이용"이라고 정의하면서, 이를 실현하기 위한 두 가지 보완 전략으로 셀프 아카이빙과 오픈 액세스 학술지를 권하고 있다(Budapest Open Access Initiative, 2002. 2. 14. https://www.

budapestopenaccessinitiative.org/read(검색일: 2021. 7. 18) 참조). 이런 의미에서라면 KCI에서 논문을 공
개하는 것을 오픈 액세스로 보기는 힘들다. 이 장에서는 오픈 액세스를 광의의 의미 즉 학술지 출판을
전후로 논문 등을 공개함으로써 이를 온라인에서 자유롭게 이용하는 것으로 새기고자 한다. 이런 광의
의 차원에서 KCI에 논문을 공개하는 것을 오픈 액세스적 성격으로 이해하고자 한다.

3. 교육부 학술진흥과. 「인문사회 분야 학술연구지원사업 처리 규정」, 2018. 4. 11, https://www.law.go.kr/
   LSW/admRulLsInfoP.do?admRulSeq=2100000121259(검색일: 2021. 7. 18) 참조.
4. 우지숙·김보라미·신현기·최정민·배관표·정소영, 「공공기금에 의한 연구 성과물의 공공 접근 정책
   연구」, 한국과학기술정보원, 2010, 48쪽 참조.
5. 박서현, 「한국 학계에서 지식 커먼즈의 대안적 공유에 대해: 인문사회계 분야를 중심으로」, 『한국사회』
   21(2), 2020a, 15쪽 참조.
6. 이러한 매매가 발생하는 이유로, 예컨대 학회가 상용·DB 업체와 계약을 체결하는 경우 학회는 개별 논
   문이 아닌 학술지에 대해 계약을 체결하며, 이에 따라 해당 학술지에 게재되는 논문이 세금을 지원받았
   더라도 상용 DB 업체 플랫폼에서 유료로 매매되게 된다는 점 등을 들 수 있다. 우지숙 외, 앞의 논문,
   215쪽 참조.
7. K. Vemeir, "Scientific Research: Commodities or Commons?", *Science & Education* 22(10), 2013,
   p. 2943 참조. 특히 상용·DB 업체와 관련한 저작권 관련 논점에 관해서는 홍재현, 「국내 학술지 논문의
   오픈 액세스와 아카이빙을 위한 저작권 귀속 연구: 한국학술진흥재단 등재 학술지를 중심으로」, 『한국
   도서관·정보학회지』 39(1), 2008, 439쪽; 정경희·김규환, 「국내 학술지 저작권 정책 변화 의미 분석」, 『
   정보관리학회지』 34(2), 2017, 176쪽 참조.
8. 샬럿 헤스·엘리너 오스트롬, 김민주·송희령 옮김, 『지식의 공유』, 타임북스, 2010; 박서현, 「한국 학계
   에서 지식 커먼즈의 대안적 생산에 대해: 인문사회계 분야를 중심으로」, 『사회과학연구』 59(1), 2020b,
   190쪽 참조.
9. 박서현(2020a), 앞의 논문, 6쪽 참조.
10. 최원형, 「"국가 차원에서 '오픈 액세스' 의무화해야"」, 『한겨레』, 2021. 6. 18, https://www.hani.co.kr/
    arti/culture/book/999897.html(검색일: 2021. 7. 18) 참조.
11. 한국과학기술정보원·한국기록관리학회·한국기록학회·한국도서관정보학회·한국문헌정보학회·한
    국비블리아학회·한국서지학회·한국정보관리학회, 「문헌정보학분야 학술 단체 오픈 액세스 출판 선
    언」, 2018. 4. 20, https://jksarm.accesson.kr/notice/13/?q=&locale=ko(검색일: 2021. 7. 18) 참조.
12. 새로운 학문 생산 체제와 지식 공유를 위한 학술 단체와 연구자 연대, 「새로운 학문 생산 체제와 '지식
    공유'를 위한 학술 단체와 연구자 연대 선언」, 2019. 8. 29, https://knowledgecommoning.org/(검
    색일: 2021. 7. 18) 참조.
13. 이지영, 「[연재기획]학술진흥재단을 점검한다(4): 학술지평가사업의 현황과 개선 방향」, 『교수신문』,
    2003. 6. 19, https://www.kyosu.net/(검색일: 2021. 7. 18) 참조.
14. 한국연구재단, 「2020년도 학술지 평가 계속평가/재인증 평가 신청 요강(안)」, 2020. 3. 30, https://
    www.kci.go.kr/kciportal/ss-mng/bbs/bbsNoticeView.kci(검색일: 2021. 7. 18) 42쪽 참조.
15. 김창록, 「학술지와 학술 진흥: 법학 학술지에 초점을 맞추어」, 『서울대학교 법학』 50(2), 2009 참조.
16. 박서현(2020b), 앞의 논문, 196쪽 참조.
17. 교육과학기술부, "학술지 지원 제도 개선 방안", 2011. 12. 7, https://www.korea.kr/news/
    policyNewsView.do?newsId=148723664(검색일: 2021. 7. 18) 참조.
18. 구정모, 「학술지 등재 제도 유지한다…폐지 계획 유보」, 『아시아타임즈』, 2013. 7. 18, http://news.
    unn.net/news/articleView.html?idxno=126263(검색일: 2021. 7. 18) 참조.

19. 신하영·이재, 「학술지 등재제 유지 결정은 사필귀정」, 『한국대학신문』, 2013. 7. 23, https://news. unn.net/(검색일: 2021. 7. 18) 참조.

20. 물론 이것이 연구재단이나 교육부, 국립중앙도서관 등의 국가기관이 KCI 이외에도 학술연구정보서비스(Research Information Sharing Service, RISS) 등을 오픈 액세스 플랫폼으로 활용하도록 지원하는 식으로 인문사회 분야 학술지의 오픈 액세스 출판 전환 지원 필요성을 부정하는 것은 결코 아니다.

21. 힐러리 웨인라이트, 김현우 옮김, 『국가를 되찾자』, 이매진, 2014, 16쪽; 백영경, 「커먼즈와 복지: 사회재생산 위기에 대한 통합적 접근을 위한 시론」, 『ECO』 21(1), 2017, 113쪽; 질케 헬프리히, 카오모 옮김, 「코로나바이러스는 어떻게 시장과 국가를 넘어 생각하게 하는가?」, 커먼즈번역네트워크, 2020. 7. 17, http://commonstrans.net/?p=2222(검색일: 2021. 7. 18); 피에르 다도·크리스티앙 라발, 카오모 옮김, 「정치적 시험으로서의 팬데믹: 전지구적 커먼즈를 주장하며」, 커먼즈번역네트워크, 2020. 3. 28, http://commonstrans.net/?p=2264(검색일: 2021. 7. 18) 참조.

22. 박서현, 「지식 커먼즈로서 학술 지식의 사회적 가치: 열린 공공성을 가지는 공공재」, 『상허학보』 60, 2020c, 753쪽 참조.

23. 시민과함께하는연구자의집, 「온라인 '지식 공유 플랫폼' 구축 및 '지식 공유 플랫폼 협동조합' 설립 사업(안)」, 2019.

24. 박서현(2020a), 「한국 학계에서 지식 커먼즈의 대안적 공유에 대해: 인문사회계 분야를 중심으로」, 『한국사회』, 29쪽 참조.

25. George Caffentzis·Silvia Federici, "Commons against and beyond Capitalism", *Community Development Journal* 49(S1), 2014, p. 102 참조.

26. 이 개념을 처음 제안한 톰마소 파토리(Tommaso Fattori)는 국가의 역할이 이윤을 추구하는 사기업에 대한 지원에서 커머닝을 지원하는 것으로의 변화, 이를 위해 국가가 소유하는 공적 재화를 제공하고 시민들이 사회 전체의 이익을 위해 공동으로 생산할 수 있는 환경을 만들며 인프라를 지원하는 것을 강조한다(Tommaso Fattori, "Public-Commons Partnership". P2PF Wiki. http://wiki.p2pfoundation.net/Public-Commons_Partnership(검색일: 2021. 7. 10) 참조). 키어 밀번(Keir Milburn)과 버티 러셀(Bertie T Russel)은 국가와 커먼즈의 협력을 시의회 같은 공적 영역 그리고 협동조합, 지역공동체와 같은 단체에 의한 공동 소유, 협치 모델로 이해한다(Keir Milburn & Bertie T Russel, "Public-Common Partnerships: Building New Circuits of Collective Ownership", Common Wealth, https://www.common-wealth.co.uk/reports/public-common-partnerships-building-new-circuits-of-collective-ownership(검색일: 2021. 7. 10) 참조).

27. 박숙자·정경희·박배균·천정환·장문석·고찬미·조은정, 「포스트 코로나19 대응 학술 단체 지원 사업 개선 방안 연구」, 한국연구재단, 2021. 6. 23, https://www.nrf.re.kr/cms/board/library/view?menu_no=419&nts_no=161199(검색일: 2022. 1. 9), 120, 149쪽 참조.

28. 「포스트 코로나19 대응 학술 단체 지원 사업 개선 방안 연구」 보고서에서 실제로 이루어진 조사는 학술지 지원·평가 제도에 관한 학계의 요구, 학술지 오픈 액세스 출판 전환에 관한 학계의 요구, 포스트 코로나19 학술대회 지원에 관한 학계의 요구에 대한 것이었다. KCI 개선의 필요는 이러한 조사 과정 중에서 확인되었다.

29. 공동어장·공동목장·지하수와 같은 자연 커먼즈(natural commons)를 주로 연구해온 엘리너 오스트롬 (Elinor Ostrom)은 공동관리자원(common-pool resources)의 제공자(provider)와 생산자(producer)를 구분하면서 자원은 정부가 제공할 수도 있고 기업이나 복수의 개인들이 제공할 수 있으며, 제공자와 생산자는 같을 수도 있지만 꼭 같아야 하는 것은 아니라고 말한다(엘리너 오스트롬, 윤홍근·안도경 옮김, 『공유의 비극을 넘어』, 알에이치코리아, 2010, 73쪽 참조). 물론 커먼즈를 커먼즈(오스트롬의 경우에는 비배제성과 감

소성을 특징으로 하는 공동관리자원으로서의 커먼즈)이게 하는 것은 공동체가 자원을 공동으로 생산·관리하는가의 여부였다. 달리 말해 공동체가 자원을 직접 제공할 경우에만 해당 자원이 커먼즈로 존립할 수 있는 것은 아니었다. 상황은 다르지만, 오스트롬의 논의는 국가가 제공하고 연구자들이 국가와 실질적으로 공동생산·공동운영하는 오픈 액세스 플랫폼을 커먼즈로서 이해할 수 있는 여지가 있음을 말해준다. 사실 자연 커먼즈의 경우에도 커먼즈를 직접적으로 관리하는 공동체만이 아닌 국가와의 거버넌스는 중요했다. 예컨대 어촌계가 관리하는 공동어장은 시민의 처지에서는 시민 모두의 것으로서 국가가 공적(公的)으로 관리해야 하는 공유수면이다. 공동어장의 관리에 있어서도 어촌계와 같은 공동체와 국가가 거버넌스를 구성하는 것이 중요한 까닭은 이 때문이다.

30. 사실 1990년대 중후반에 시작된 대학의 상업화, 기업식 대학 경영, 기업의 대학 지배, 기업 문화의 창궐과 같은 대학의 신자유주의적 변화(김누리, 「주식회사 유니버시티: 대학의 기업화와 학문공동체의 위기(1)」, 『영미문학연구』 27, 2010 참조)에 대한 재변혁 역시 비판적 연구자들과 국가 그리고 대학의 협력 체계가 구성되지 않는다면 가능하지 않다. 물론 대학의 신자유주의적 변화가 1990년대 중후반부터 대학들 사이의 경쟁을 강제하는 대학평가제도가 전면화되고 대학은 교수를, 교육 당국은 대학을, 국제적 평가기관들은 국가를 평가하는 것으로 이어지는 세계대학평가의 압력이 국내 대학에도 영향을 미치기 시작했다는 점(박찬길, 「인문학 평가, 어떻게 할 것인가」, 『안과밖』 37, 2014 참조)에서 대학의 신자유주의적 변화에 대한 재변혁은 훨씬 더 어려운 과제라고 할 수 있다.

31. 웨인라이트, 앞의 책, 98쪽 참조.

32. 웨인라이트, 앞의 책, 100쪽 참조.

3장

1. 이 글은 2006년 세계지적재산의날 기념 세미나에서 발표한 「저작물의 공유와 과제」, 2007년 한국정보법학회 심포지엄에서 발표한 「디지털 시대의 저작권과 CCL」을 수정·보완한 것이다.

2. Elinor Ostrom, *Governing the Commons: The Evolution of Institutions for Collective Action*, Cambridge, New York: Cambridge University Press, 1990.

3. James Boyle, The Second Enclosure Movement and the Construction of the Public Domain, *Law and Contemporary Problems* 66(1/2), 2003.

4. 극장에서 입장권을 사지 않고 몰래 숨어 들어가 영화를 보더라도 주거 침입 등 일반 불법 행위로 규율하는 것을 별론으로 하고 이를 저작권으로 규율할 수 없다. 서점에서 책을 훔치는 것은 소유권을 침해하는 절도에 해당하는 범죄 행위지 저작권 침해 행위는 아니다.

5. "Copyright Term Extension Act", One Hundred Fifth Congress of the United States of America, 1998, https://www.copyright.gov/legislation/s505.pdf(검색일: 2022. 3. 7).

6. "Digital Millennium Copyright Act", One Hundred Fifth Congress of the United States of America, 1998, https://www.copyright.gov/legislation/s505.pdf(검색일: 2022. 3. 7).

7. "Eldred v. Ashcroft, 537 U.S. 186, 193", Justia US Supreme Court, 2003, https://supreme.justia.com/cases/federal/us/537/186/(검색일: 2022. 3. 7).

8. 복제가 "인쇄·사진 촬영·복사·녹음·녹화 그 밖의 방법으로 일시적 또는 영구적으로 유형물에 고정하거나 다시 제작하는 것"(문화체육관광부(저작권정책과), 『저작권법』 제2조 제22호, 2021. 6. 9, https://www.law.go.kr(검색일: 2022. 3. 7))으로서 유형적 복제라고 한다면 이들 권리는 일종의 무형적 복제에 해당한다.

9. 이해완, 『저작권법』 전면개정판 3판, 박영사, 2015, 42쪽.

10. 「자유소프트웨어란 무엇인가?」, GNU 홈페이지, 2021. 9. 20, https://web.archive.org/

web/20040413084027/http://www.fsf.org/philosophy/free-sw.ko.html(검색일: 2022. 3. 7).

11. Open Soucre Initiative, https://opensource.org/(검색일: 2022. 3. 7).

12. BSD 라이선스나 Apache 라이선스가 여기에 해당하는데, 이를 permissive free software license 라고 부르기도 한다.

13. "Creative Commons", https://creativecommons.org/(검색일: 2022. 3. 7).

4장

1. SPARC(Scholarly Publishing and Academic Resources Coalition)은 미국의 연구도서관협의회 (Association of Research Libraries)에서 제안해 1998년에 설립된 단체다. SPARC은 학술지 가격 문제를 해결할 수 있는 새로운 출판 모델을 개발하기 위해 설립했고 2000년대 이후 전개된 오픈 액세스 운동 에서 도서관을 대표하는 단체로 활동했다.

2. SPARC, Declaring Independence: A Guide to Creating Community-controlled Science Journals, SPARC, 2001.

3. Henry Hagedorn, "A Call for Change in Academic Publishing", 2001, http://www. insectscience.org/about/change/openletter/(검색일: 2021. 1. 9).

4. James M. McPherson, "A Crisis in Scholarly Publishing", *Perspectives on History*. 41(7), 2003. 10. 1, https://www.historians.org/publications-and-directories/perspectives-on-history/ october-2003/a-crisis-in-scholarly-publishing(검색일: 2021. 1. 9).

5. Jean-Claude Guedon, "Open Access: Toward the Internet of the Mind", 2017, https://www. budapestopenaccessinitiative.org/boai15/open-access-toward-the-internet-of-the-mind/ (검색일: 2021. 1. 9).

6. Mike Taylor, "Open Access is about Sharing, Unity and Sanity, not about Money", 2013. 11. 19~20. Berlin 11 Conference, https://openaccess.mpg.de/1528644/Session-2-Taylor.pdf(검색 일: 2021. 1. 9).

7. McPherson, op. cit.

8. 1998년 11월 에디 머렐이 로젠즈와이그에게 보낸 이메일을 피터 수버(Peter Suber)가 머렐의 허락을 얻어 2001년 10월 30일 FOS Forum 사이트에 게재했다. Eddy van der Maarel, "Eddy van der Maarel statement", 2001. 10. 30, https://web.archive.org/web/20101116021937/http://lists.topica.com/ lists/fos-forum/read/message.html?mid=902159566&sort=d&start=44(검색일: 2022. 1. 9).

9. 현재 『Vegetation』은 『Plant Ecology』라는 이름으로 스프링거 네이처에서 발간되며 하이브리드 학술 지이고 APC는 3,280달러이다.

10. Michael L. Rosenzweig, *Protecting Access to Scholarship: We are the Solution*, http://www. evolutionary-ecology.com/citizen/spring00speech.pdf(검색일: 2022. 1. 9).

11. Steven Harnard, "Scholarly Skywriting and the Publication Continuum of Scientific Inquiry", *Psychological Science* 1, https://eprints.soton.ac.uk/251894/1/harnad90.skywriting. html(검색일: 2022. 1. 9).

12. Vanderlei Canhos, Leslie Chan, and Barbara Kirsop, "Bioline Publications: How its Evolution has mirrored the Growth of the Internet", *Learned Publishing* 14(1), 2001. 1, https:// onlinelibrary.wiley.com/doi/pdfdirect/10.1087/09531510125100269(검색일: 2022. 1. 9).

13. BMC는 2001년 12월부터 저자에게 출판비 500달러를 부과했다. 개발도상국 저자들, 재정이 어려운

저자들에게는 출판비를 면제해주었다. BMC 회원기관 소속 저자에게도 출판비가 면제되었다(FOS 2001. 12. 26).

14. ARL은 1995년 이 논의를 정리해 *Scholarly Journals at the Crossroads: A Subversive Proposal for Electronic Publishing: An Internet Discussion about Scientific and Scholarly Journals and Their Future*라는 제목의 책으로 출판했다(Ann S. Okerson & James J. O'Donnell (Eds.), *Scholarly Journals at the Crossroads: A Subversive Proposal for Electronic Publishing*. Washington, DC.: Association of Research Libraries, 1995. 6).

15. Paul Ginsparg. Preprint Deja Vu: an FAQ. arXiv:1706.04188., 2017.

16. 2001년 8월 발표. 여기서 사용한 오픈 액세스라는 용어가 6개월 후에 공개된 BOAI 선언에 사용되었다. PLoS 라이선스에는 오픈 액세스에 관한 명확한 정의가 제시되지 않았다.

17. Annie M. Hughes, *Publication Behaviors of the Signers of the Public Library of Science (PLoS) "Open Letter to Scientific Publishers"*, A Master's Paper for the M.S. in L.S. degree, 2008, 4.

18. "Budapest Open Access Initiative". 2002. 2. 14, https://www.budapestopenaccessinitiative. org/read/(검색일: 2022. 1. 9).

19. "Bethesda Statement on Open Access Publishing", 2003. 4. 11, https://www.jlis.it/article/ view/8628/7766(검색일: 2022. 1. 9).

20. 베를린 선언에 처음 서명한 기관들이 이 회의를 계속 주최하자고 합의했다. 이후 Berlin Conference 는 11차 회의(2013)까지는 매해 개최되었고 그 이후부터는 격년 혹은 매년 개최된다.

21. "Berlin Declaration on Open Access to Knowledge in the Science and Humanities", 2003. 10. 22, https://openaccess.mpg.de/Berlin-Declaration (검색일: 2022.1.9.)

22. FOAA, "The Fair Open Access Principles", 2017. https://www.fairopenaccess.org/the-fair-open-access-principles/(검색일: 2022. 1. 9).

23. 수수료는 한쪽당 50달러 이하, 논문 한 편당 1,000달러 이하로 제시한다.

24. Richard Poynder, "The Open Access Big Deal: Back to the Future", 2018. 3. 28, https:// poynder.blogspot.com/2018/03/the-open-access-big-deal-back-to-future.html(검색일: 2022.1.9).

25. (사)한국복사전송권관리센터. 학술저작물 권리보호를 위한 센터 업무 현황.

26. 우지숙. 「저자는 어디에 있는가?: 국내 학술논문의 저작권 논의에 대한 비판적 고찰」, 『언론과 사회』 16(3), 2008.

27. 정경희, 「학술지 유통 현황과 이슈」, 한국문헌정보학회·한국비블리아학회 2018년 춘계 공동학술대회. 2018. 4. 20.

28. 정경희, 「한국기록관리학회지의 오픈 액세스 출판 전환 과정 기록」, 『한국기록관리학회지』 20(4), 2020.

29. 윤종수·이은우·김일권·최하나, 『한국연구재단 학술 연구 발전을 위한 국내 학술 단체의 저작권 관리 실태 분석 및 저작권 관련 규정에 관한 연구』, 한국연구재단, 2019. 6. 25, https://www.nrf.re.kr/ cms/board/library/view?menu_no=419&o_menu_no=&page=10&nts_no=129868&nts_cat=REPORT_L_06&search_type=NTS_TITLE&search_keyword=&nts_cat=REPORT_L_06(검색일: 2022.1.9).

30. 황은성, 「학자들이 '논문 공짜 공개'를 환영하는 이유: [반론] 논문의 목적과 기능을 제대로 인식해야」, 『오마이뉴스』, 2015. 12. 17, http://www.ohmynews.com/NWS_Web/View/at_pg.aspx?CNTN_CD=A0002169058(검색일: 2022.1.9).

31. https://knowledgecommoning.org/(검색일: 2022.1.9).

지식을 공유하라

1. 홍성주·송위진, 『현대 한국의 과학기술정책: 추격의 성공과 탈추격 실험』, 들녘, 2017, 1~3장 참조.

2. 최무영, 『과학, 세상을 보는 눈: 통합학문의 모색』, 서울대학교출판문화원, 2020, 51~59쪽 참조. 최무영은 우리 헌법 9장 '경제'의 127조가 과학과 기술을 구별하지도 않을 뿐더러 과학기술의 사명을 경제발전의 도구로 규정하는 것을 비판한다. 헌법 127조 1항은 "국가는 과학기술의 혁신과 정보 및 인력의 개발을 통해 국민경제의 발전에 노력해야 한다"라고 되어 있다.

3. 김영철, 「등록금 동결 정책과 고등교육의 재정위기」, 『재정학연구』, 11(4)(통권 제99호), 2018, 167~212쪽 참조.

4. 1996년 헌법재판소가 영화에 대한 사전심의가 표현의 자유를 침해한다는 역사적 결정을 내린 후 모든 분야에서 한국 문화의 활력이 남달라졌으며, 그것이 오늘날 '한류'의 눈부신 성공으로 이어졌다는 사실을 잊지 말아야 한다.

5. 그러나 출판 선진국들과 달리 아직 한국에서 기이하게도 출판사는 수업목적보상금의 보상 대상에서 제외되며, 오직 저자만이 보상 대상이다. 출판계의 노력도 부족했지만, 한 나라의 문화 생태계에 관한 몰이해, 사회적 합의 부족이 조속히 극복되어야 할 것이다.

6. 실제 올 상반기의 저작권및저작인접권상설위원회 제41차 회의에서 코로나19 팬데믹을 명분으로 저작권의 예외와 제한을 확대하자는 주장이 다시 거세졌고, 이에 맞서 국제출판협회는 「출판, 저작권, 코로나 팬데믹에 관한 국제출판협회 성명(Statement by IPA regarding publishing, copyright, and the COVID pandemic)」을 6월 29일에 발표했다.

7. 관련한 최근의 국내 주장으로는 박상인, 「언론 중재법 말고 미디어 바우처」, 『경향신문』, 2021. 8. 27, https://www.khan.co.kr/opinion/column/article/202108270300065(검색일: 2022. 1. 9) 참조.

8. 2016년에 개정된 문제의 도서관법 제20조(도서관 자료의 납본) 2항은 "국가, 지방자치단체 및 그 밖에 대통령령으로 정하는 공공기관이 제1항에 따라 도서관 자료를 국립중앙도서관에 납본하는 경우에는 대통령령으로 정하는 바에 따라 디지털 파일 형태로도 납본해야 한다〈신설 2016. 2. 3.〉"라고 되어 있다. 반면에 국회도서관법 제7조(도서관 자료 등의 납본) 4항은 "「고등교육법」 제2조에 따른 학교와 다른 법률의 규정에 따라 설립된 대학교육과정 이상의 교육기관에서 석사학위 또는 박사학위를 수여 받은 사람은 그 학위논문이 간행된 날부터 30일 이내에 학위논문 2부와 디지털 파일을 도서관에 납본해야 한다"라고 규정하고 있다. 국회도서관법의 규정은 학위소지자에게 전자파일의 납본 의무를 지운다는 점에서 개정 이전의 도서관법보다는 한결 명확하다고 해야겠지만, 학위소지자의 저작권 침해 소지는 여전하다. 여하튼 이 문제에 대해 한국대학도서관연합회는 각 대학의 의견 조회를 거쳐 "학위논문 원문서비스 기본 원칙은 KERIS의 학술연구정보서비스(RISS)를 통해 일원화하는 것으로 확정"했다는 공문(대도연 2021-084)을 2021년 7월 7일 각 회원 대학도서관에 발송하기도 했다.

9. 최근 들어 오픈 액세스는 정부, 국회, 공공연구기관만이 아니라 여론의 관심사로 떠오르고 있다. 2021년 6월 17일 국회에서 '국가 오픈 액세스 정책 포럼 2021'(주관: 국회의원 이원욱, 강득구, 김영식. 주최: 한국연구재단, 한국과학기술총연합회, 한국과학기술정보연구원. 후원: 교육부, 과학기술정보통신부)이 열렸고, 8월 2일에는 『한겨레신문』에 「국외 학술지 국가 차원 구독 협상…한국형 오픈 액세스 시급」이라는 제목으로 신기남 대통령 도서관정보정책위원장, 차재혁 한양대 백남학술정보관장, 이범훈 서강대 교수(물리학), 그리고 필자가 참석한 좌담이 실린 바 있다.

10. Annemieke van Barneveld-Biesma, et. al., *Read and Publish Contracts in the Context of a Dynamic Scholarly Publishing System: a Study on Future Scenarios for the Scholarly Publishing System*, 2020. 7. 등 참조.

6장

1. 정정훈, 「비제도권 학술 운동의 궤적과 동시대 학술 운동에 관한 시론」, 『2021년 지식 공유 학술 세미나 '학술 운동은 무엇을 할 수 있는가?: 지방과 비제도권의 목소리' 자료집』, 2021. 6. 4, 11쪽.
2. 김동춘, 「학술 운동의 현황과 전망」, 『현상과 인식』 12(4), 1988.
3. 김서중·김은규, 「한국언론정보학회 20년, 비판적 학술 운동의 고민과 한계」, 『한국언론정보학보』 43, 2008, 50쪽.
4. 정정훈, 앞의 글, 12쪽.
5. 정정훈, 앞의 글. 12쪽.
6. 장훈교·조희연, 「제4세대 대항 학술 운동: 공통자원 기반 급진민주주의 프로젝트」, 『역사비평』 104, 2013, 151쪽.
7. 정정훈, 앞의 글, 13쪽.
8. 장훈교·조희연, 앞의 글, 151쪽.
9. 정태석, 「대학의 변화와 지식인 운동의 전환」, 『대학: 담론과 쟁점』 1, 2016, 59쪽; 박배균, 「한국 지식인 운동과 민교협 명칭 변경의 의미」, 『대학: 담론과 쟁점』 8, 2019.
10. 정정훈, 앞의 글, 13쪽.
11. 정정훈, 앞의 글, 18쪽.
12. 정정훈, 앞의 글, 20쪽.
13. 박배균, 앞의 글.
14. 박서현, 「지식 커먼즈로서 학술 지식의 사회적 가치: 열린 공공성을 지니는 공공재」, 지식공유연대 세미나 발표문, 2020. 10. 16; 박서현, 「공공성과 거버넌스: 한국 인문사회 분야 지식 생산의 공공성을 증진하는 커먼즈와 국가의 관계」, 2021년 지식공유연대 심포지엄, 2021. 7. 23, https://knowledgecommoning.org/documents?uid=20&mod=document&pageid=(검색일: 2022. 1. 9.)
15. 박서현(2020), 앞의 글, 1쪽.
16. 박서현(2020), 앞의 글, 2쪽.
17. 박서현(2020), 앞의 글, 2쪽.
18. 박서현(2020), 앞의 글, 3쪽.
19. 박서현(2020), 앞의 글, 5쪽.
20. 박서현(2020), 앞의 글, 5쪽.
21. 박서현(2020), 앞의 글, 6쪽.
22. 박서현(2021), 앞의 글.
23. 박서현(2020), 앞의 글, 6쪽.
24. 박서현(2020), 앞의 글.
25. 박서현(2021), 앞의 글, 7쪽.
26. 박서현(2021), 앞의 글, 11쪽.
27. 김명환, 「국내 학문 생태계의 현실과 혁신의 방향: 지식의 공공성, 저작권, 오픈 액세스」, 2021년 지식공유연대 심포지엄, 2021. 7. 23, https://knowledgecommoning.org/documents?uid=20&mod=document&pageid=(검색일: 2022. 1. 9).
28. 장훈교·조희연, 앞의 글.
29. 장훈교·조희연, 앞의 글.
30. 장훈교·조희연, 앞의 글, 147쪽.

31. 장훈교·조희연, 앞의 글, 157쪽.

32. 장훈교·조희연, 앞의 글, 159쪽.

7장

1. Richard Van Noorden, "Indonesia tops open-access publishing charts", *Nature*, 2019. 5. 15, https://doi.org/10.1038/d41586-019-01536-5(검색일: 2022. 1. 14).

2. D. E. Irawan, J. Abraham, R. A. Zein, I. A. Ridlo, and E. K. Aribowo, "Open access in Indonesia", *Development and Change* 52(3), p. 652, https://doi.org/10.1111/dech.12637(검색일: 2022. 1. 14).

3. 2021년 11월 현재 DOAJ에 등록된 우리나라 발행 학술지 148종 중에서는 의학 분야 학술지가 88종으로 60%를 차지했고 교육학 학술지는 4종에 불과했다.

4. 「학술지 기관통계」, 한국학술지인용색인, https://www.kci.go.kr/kciportal/po/statistics/poStatisticsMain.kci(검색일: 2022. 1. 14).

5. F. Moya-Anegon, V. P. Guerrero-Bote, and E. Herran-Paez, "Cross-National Comparison of Open Access Models: A Cost/Benefit Analysis". In: C. Daraio and W. Glanzel (Eds.) *Evaluative Informetrics: The Art of Metrics-Based Research Assessment*, Cham: Springer, 2020, https://doi.org/10.1007/978-3-030-47665-6_14(검색일: 2022. 1. 14).

6. D. Hook, I. Calvert, and M. Hahnel, *The Ascent of Open Access: An analysis of the Open Access landscape since the turn of the millennium*. London: Digital Science, 2019, https://www.digital-science.com/blog/news/the-ascent-of-open-access-report/(검색일: 2022. 1. 14).

7. SciELO, https://scielo.org/en/(검색일: 2022. 1. 14).

8. A. L. Packer, N. Cop, A. Luccisano, A. Ramalho, and E. Spinak, *SciELO-15 Years of Open Access: an analytic study of Open Access and scholarly communication*. Paris: UNESCO, 2014, pp. 15~16.

9. J. Schopfel, "Open Access to Scientific Information in Emerging Countries", D-Lib Magazine 23(3/4), 2017.3/4, https://doi.org/10.1045/march2017-schopfel(검색일: 2022. 1. 14).

10. https://openjournals.nl/(검색일: 2022. 1. 14).

11. https://www.episciences.org/(검색일: 2022. 1. 14).

12. https://Journal.fi/(검색일: 2022. 1. 14).

13. https://tidsskrift.dk/(검색일: 2022. 1. 14).

14. https://scindeks.ceon.rs/(검색일: 2022. 1. 14).

15. https://hrcak.srce.hr/(검색일: 2022. 1. 14).

16. J. Polonen, S. Syrjamaki, A-J. Nygard, and B. Hammarfelt, "Who are the users of national open access journals? The case of the Finnish Journal.fi platform", *Learned Publishing* 34(4), 2021, https://doi.org/10.1002/leap.1405(검색일: 2022. 1. 14).

17. https://janeway.systems/(검색일: 2022. 1. 14).

18. A. Watkinson. "APE 2018 Selected Reports". *Information Services & Use* 38(4), 2016.

19. C. Edwards, "Building a non-APC business model for humanities journal publishing", 2016, https://oaspa.org/wp-content/uploads/2016/10/Caroline-Edwards-Talk-Virginia-Sept.-2016.pdf(검색일: 2022. 1. 14).

20. 이재윤·정경희, 「해외 인문사회과학 학술지 오픈 액세스 전환 동향 연구」, 『정보관리학회지』, 37(3), 2020.

21. "Norwegian open journals in the social sciences and humanities: A consortium for Norwegian SSH OA journals", https://www.openaccess.no/english/humsam/(검색일: 2022. 1. 14).

22. "Aid to scholarly journals", Social Sciences and Humanities Research Council, 2021. 6. 25, https://www.sshrc-crsh.gc.ca/funding-financement/programs-programmes/scholarly_journals-revues_savantes-eng.aspx(검색일: 2022. 1. 14).

23. "Aid to scholarly journals selection committees: June 2018 competition". Social Sciences and Humanities Research Council, 2019. 4. 17, https://www.sshrc-crsh.gc.ca/funding-financement/merit_review-evaluation_du_merite/selection_committees-comites_selection/journals-revues_2018-eng.aspx(검색일: 2022. 1. 14).

24. 이재윤, 「학회의 OA 추진 사례와 과제」, 2019 KESLI 지식 정보 공유 포럼 발표 자료, 2019. 4. 25.

25. F. Reckling, K. Rieck, and E. Scherag, "Report on the FWF Open Access Journal Funding Initiative", 2018. Retrieved from http://doi.org/10.5281/zenodo.1433993

26. 백승찬, 「'소수에 집중 지원'으로 바뀌는 학술지 지원 사업 논란」, 『경향신문』, 2012. 10. 28. https://m.khan.co.kr/culture/culture-general/article/201210282129175(검색일: 2022. 1. 14).

27. 이재윤, 「인문사회 학술지 OA 전환 해외 동향 및 도서관의 역할」, 2021년도 한국사립대학교도서관협의회 웨비나 발표 자료, 2021. 11. 26.

28. 이재윤, 앞의 글.

29. 박대현·양정보·신선호, 『학술지원 저술 성과 확산을 위한 대학 출판 조직 지원 방안』, 한국연구재단 이슈리포트 2021-7, 2021. 4. 5.

30. 「외국학술지지원센터 소개」, 외국학술지지원센터, http://www.fric.kr/user/centerinfo/centerIntroView.do(검색일: 2022. 1. 14).

8장

1. 박숙자·정경희·박배균·천정환·고찬미·장문석·조은정, 『포스트 코로나19 대응 학술 단체 지원 사업 개선 방안 연구』, 한국연구재단, 2021. 6. 23. https://www.nrf.re.kr/cms/board/library/view?menu_no=419&nts_no=161199 (검색일: 2022.1.9). 연구 기간은 2020년 12월 24일부터 2021년 6월 23일까지였고, 위의 공동연구원 이외에 연구보조원으로 위수지 서강대 박사과정생, 그리고 연구협력관으로 이중길 한국연구재단 연구원이 함께했다.

2. 박숙자 외, 위의 글, 60~80쪽. 학술대회 지원 사업 개선 방안으로 1) 기술적 측면(온라인 공공 플랫폼, 학술 정보 플랫폼, 기술 지원 시스템)과 제도적 측면(비)대면 국내(외), 대(소)형 학술대회의 자율적 운영, 간사 인건비 항목 명시) 그리고 윤리적 측면(온라인 연구윤리, 초상권 사전 동의서 등)을 주요 정책 기준으로 제시했다.

3. 박숙자 외, 위의 글, 12쪽. (온라인 학술대회의 장점 설문조사)

4. 박숙자 외, 위의 글, 14쪽. (학술 소규모 모임 지원 관련 설문조사)

5. 「한국어문학 지식 공유 위키」 2021.12.2, http://www.klbksk.com/wiki/index.php/Korean_Language_and_Literature_Wiki(검색일: 2022. 1. 9).

6. FGI에 참가한 학회 관계자의 말은 모두 익명 처리했다. 이 글에서 인용된 사례는 모두 정책 과제 FGI의 결과이다. 여기에 제시된 자료는 정책 과제 자료에 근거한다.

7. 'FGI 대학원생팀'의 인용문 역시 정책 과제에서 사용된 자료이다. FGI에 참여한 대학원생들의 말을 수정하지 않고 그대로 실었다. 그 느낌과 생각들을 그대로 드러내는 편이 좋겠다고 판단했다.

8. 이 말을 정책 과제 최종 보고서에서는 자세하게 다루어지지 않았다.

9. '투고 논문'과 '게재된 논문'의 의미로 편수인지는 분명치 않다.

10. 홍여진, 「논문 공장의 영업 비밀」, 『뉴스타파』, 2021. 6. 23. https://www.youtube.com/watch?v=DRnjMrjDU6(검색일: 2021. 1. 9).

11. 허선, 「우리나라 과학 분야 학술지 Open Access 발행 역사와 국제 동향」, 2021년 지식공유연대 심포지엄, 2021. 7. 23, https://knowledgecommoning.org/documents?uid=20&mod=document&pageid=1(검색일: 2022. 1. 9).

12. 프란츠 카프카, 임홍배 옮김, 『어느 학술원에 드리는 보고』, 아루트어 슈니츨러 외, 『어느 사랑의 실험』, 창비, 2010, 207쪽.

13. 정책 과제 FGI 인문 2팀 채록문 일부.

14. 김지훈 기자, 「논문은 학자가 썼는데, 왜 돈은 업체가 버나」, 『한겨레』, 2019. 8. 30, https://www.hani.co.kr/arti/culture/religion/907767.html(검색일: 2022. 2. 9).

15. 김명환 (좌담), "국외 학술지 국가 차원 구독 협상, 한국형 오픈 액세스 시급", 『한겨레신문』, 2021. 8. 2.

16. 박서현, 「공공성과 거버넌스 한국 인문사회 분야 지식 생산의 공공성을 증진하는 커먼즈와 국가의 관계」, 2021년 지식공유연대 심포지엄, 2021. 7. 23. https://knowledgecommoning.org/documents?uid=20&mod=document&pageid=1(검색일: 2022. 1. 9).

9장

1. UC Berkeley, UC Davis, UC Irvine, UCLA, UC Merced, UC Riverside, UC San Diego, UC San Francisco, UC Santa Barbara, UC Santa Cruz.

2. "The only world-class public reseach university for, by and of California", University of California, https://www.universityofcalifornia.edu/uc-system(검색일: 2021. 1. 4).

3. Jeffrey Brainard. "Huge open-access journal deal inked by University of California and Springer Nature", *Science*, 2020. 6. 16. https://www.sciencemag.org/news/2020/06/huge-open-access-journal-deal-inked-university-california-and-springer-nature(검색일: 2021. 2. 9).

4. Ivy Anderson, "Transformative Agreements as an Open Access Accelerator", NASEM Aligning Incentives for Open Science Roundtable in Washington, D.C., 2019. 9. 20.

5. Nisha Gaind, "Huge US university cancels subscription with Elsevier." *Nature*, 2019.3.1. https://www.nature.com/articles/d41586-019-00758-x(검색일: 2021. 2. 2).

6. "Libraries", University of California, https://libraries.universityofcalifornia.edu/(검색일: 2021. 1. 5).

7. "About CDL", CDL: California Digital Library, https://cdlib.org/about(검색일: 2021. 1. 5).

8. RELX, *RELX Annual Report and Financial Statements 2018*, https://www.relx.com/~/media/Files/R/RELX-Group/documents/reports/annual-reports/2018-annual-report.pdf(검색일: 2021. 2. 5).

9. Kristen WIlson, "Publisher versus imprint", Open Library Foundation, 2014. 9. 25. https://openlibraryenvironment.atlassian.net/wiki/spaces/GOKB/pages/656201/Publisher+versus+imprint(검색일: 2021. 1. 29).

10. "Browse by imprint", Elsevier, https://www.elsevier.com/books-and-journals(검색일: 2021. 2. 5).

11. "Browse 4,366 journals and 30,667 books", ScienceDirect, https://www.〈ScienceDirect〉.com/browse/journals-and-books(검색일: 2021. 1. 27).

12. "Shop for books, journals and more.", Elsevier, https://www.elsevier.com/catalog?productt

ype=journals&cat0=&q=&imprintname=Elsevier&author=&sortby=sortByDateDesc(검색일: 2020. 2. 2).

13. ScienceDirect를 통해 학술지를 유통하는 600개 이상의 전문 학회(출판사)들을 말한다.

14. "ScienceDirect: Elsevier's permier platform of peer-reviewed literature", Elsevier, https://www.elsevier.com/solutions/「ScienceDirect」(검색일: 2021. 2. 5).

15. "1.4 million articles on 「ScienceDirect」 are open access", ScienceDirect, https://www.「ScienceDirect」.com(검색일: 2021. 2. 5).

16. UC Office of the President, "UC terminates subscriptions with world's largest scientific publisher in push for open access to publicly funded research", University of California, 2019. 2. 28. https://www.universityofcalifornia.edu/press-room/uc-terminates-subscriptions-worlds-largest-scientific-publisher-push-open-access-publicly(검색일: 2021. 1. 8).

17. Jeff MacKie-Mason, Gunter Waibel, and Mathew Willmott, "UC and Elsevier A blueprint for publisher negotiations", *CNI*, 2019. 4. 8.

18. "An introductory guide to the UC model transformative agreement", Office of Scholarly Publication, University of California, https://osc.universityofcalifornia.edu/uc-publisher-relationships/resources-for-negotiating-with-publishers/negotiating-with-scholarly-journal-publishers-a-toolkit/an-introductory-guide-to-the-uc-model-transformative-agreement/#about(검색일: 2021. 2. 3).

19. Rachael Samberg, Richard A. Schneider, Anneliese Taylor, and Michael Wolfe, "What's behind OA2020?", *College & Research News*, https://crln.acrl.org/index.php/crlnews/article/view/16881/18521(검색일: 2021. 2. 3).

20. Ralf Schimmer, "Initiatives for the Large-Scale Transition to Open Access", https://liber2016.org/wp-content/uploads/2015/10/1400-1420_Schimmer_Open_Access_2020.pdf(검색일: 2021. 2. 5).

21. "Pathways to Open Access", Office of Scholarly Communication, University of California, https://osc.universityofcalifornia.edu/uc-publisher-relationships/resources-for-negotiating-with-publishers/pathways-to-oa/(검색일: 2021. 2. 3).

22. "Open Statement: Why UC terminated journal negotiations with Elsevier", Office of Scholarly Communication, University of California, 2019. 3. 20. https://osc.universityofcalifornia.edu/2019/03/open-statement-why-uc-terminated-journal-negotiations-with-elsevier/ (검색일: 2021. 2. 3).

23. "Quick guide: Access to Elsevier articles", Office of Scholarly Communication, University of California, 2019. 12. 19. https://osc.universityofcalifornia.edu/uc-publisher-relationships/uc-and-elsevier/alternative-access-to-articles/(검색일: 2021. 2. 2).

24. "Elsevier welcomes a new CEO", ScienceBusiness, 2019. 2. 18. https://sciencebusiness.net/network-news/elsevier-welcomes-new-ceo(검색일: 2021. 2. 2).

25. "Open Statement: Why UC terminated journal negotiations with Elsevier", op. cit.

26. 엘스비어 학술지들에 출판하는 UC 저자들의 전체 논문 약 9,000건 모두에 대해 OA 출판을 요구하기보다, UC 저자들이 OA 출판을 선택하는 논문을 전체를 의미한다. UC는 이 수치를 약 4,500건으로 설정한다. 이는 UC 저자들이 연간 엘스비어 학술지들에서 출판하는 논문 수(약 9,000건)의 50% 수준

에 해당한다.

27. Jeff MacKie-Mason, Gunter Waibel, and Mathew Willmott, op. cit.

28. UC Office of the Preseident, "UC terminates subscriptions with world's largest scientific publisher in push for open access to publicly funded research", Press Room, University of California, 2019. 2. 28. https://www.universityofcalifornia.edu/press-room/uc-terminates-subscriptions-worlds-largest-scientific-publisher-push-open-access-publicly(검색일: 2021. 2. 2).

29. Gretchen Kell, "Why UC split with publishing giant Elsevier", Berkley News, 2019. 2. 28. https://news.berkeley.edu/2019/02/28/why-uc-split-with-publishing-giant-elsevier/(검색일: 2021. 2. 2).

30. "Elsevier's response to the University of California's announcement today", 2019. 3. 1. https://twitter.com/ElsevierConnect/status/1101265584266928129(검색일: 2021. 2. 4).

31. 무료 출판은 저자에게 논문 출판 비용을 무료로 하고, 대신에 도서관을 통해 유료 논문(구독 논문)으로 유통하는 방식을 말한다. 유료 출판은 저자에게 논문 출판 비용을 부과하고, 무료 논문(OA 논문)으로 유통하는 것을 말한다. 전자는 기존의 구독학술지 출판 유통에서 사용하며, 후자는 OA 학술지나 하이브리드 학술지에 OA 논문 출판에 사용하는 방식이다.

32. 실제 트윗에서는 협상 상대를 UC가 아니라 CDL이라고 표기하고 있다. UC를 대표해 CDL이 협상에 나선 것임을 알 수 있다.

33. Jeff Mackie-Mason, "Building a UC coalition", https://www.arl.org/wp-content/uploads/2019/05/mm19sp-BuildingUCCoalition-MacKieMason.pdf(검색일: 2021. 2. 4).

34. Robert May, "University of California Academic Council Statement on the University's Negotiations with Elsevier Publishing", 2019. 2. 28. https://senate.universityofcalifornia.edu/_files/reports/academic-council-statement-elsevier-feb28.pdf(검색일: 2021. 2. 4).

35. The UC Office of the President, op. cit.

36. David Barner, "Support the UC's "publish & read" proposal to Elsevier", https://sign.moveon.org/petitions/support-the-ucs-publish(검색일: 2021. 2. 17).

37. Robert Sanders, "UC faculty to Elsevier: Restart negotiations, or else", *Berkeley News*, 2019. 8. 7. https://news.berkeley.edu/2019/08/07/uc-faculty-to-elsevier-restart-negotiations-or-else/(검색일: 2021. 2. 17).

38. "UC and Elsevier: Why It Matters", Office of Scholarly Communication, University of California, 2019. 3. 1. https://osc.universityofcalifornia.edu/uc-publisher-relationships/uc-and-elsevier/uc-and-elsevier-impact/#library(검색일: 2021. 2. 4).

39. "Elsevier Subscription Changes", Florida State University Libraries, 2019. 3. 22. https://www.lib.fsu.edu/elsevier-changes(검색일: 2021. 2. 17).

40. Lindsay McKenzie, "SUNY cancels Big Deal With Elsevier", *Inside Higher ED*, 2020. 4. 13. https://www.insidehighered.com/quicktakes/2020/04/13/suny-cancels-big-deal-elsevier(검색일: 2021. 2. 17).

41. Bob Blouin, and Elaine Westbrooks, "Upcoming Elsevier Cancellations", UNC University Libraries, 2020. 4. 9. https://library.unc.edu/2020/04/upcoming-elsevier-cancellations/(검색일: 2021. 2. 17).

42. MIT Libraries, "MIT, guided by open access principles, ends Elsevier negotiations", *MIT*

News, 2020. 6. 11. https://news.mit.edu/2020/guided-by-open-access-principles-mit-ends-elsevier-negotiations-0611(검색일: 2021. 2. 17).

43. 하리스코, 「MIT 등 미국 주요 대학들, '오픈 액세스 모델' 논쟁으로 Elsevier와 출판 계약 포기」 『Harrisco』, 2020. 11. 20. https://www.harrisco.net/board/view.php?bc_table=blog&ba_srl=67(검색일: 2021. 2. 17).

44. Gretchen Kell, "UC wins North America's largest open access publishing agreement", *Berkeley News*, 2020. 6. 16. https://news.berkeley.edu/story_jump/uc-wins-north-americas-largest-open-access-publishing-agreement/(검색일: 2021. 2. 17).

45. "Open Access Publishing", UCDavis Library, https://www.library.ucdavis.edu/service/open-access-publishing/(검색일: 2021. 2. 17).

46. David Kramer, "Transformative open-access deals spread to the US", *Physics Today*, 2020. 6. 10. https://physicstoday.scitation.org/do/10.1063/PT.6.2.20200710a/full/(검색일: 2021. 2. 2).

47. Kell, op. cit.

48. Diana Kwon, "Springer Nature and UC Strike Largest Open-Access Deal in US", *TheScientist*, 2020. 6. 16. https://www.the-scientist.com/news-opinion/springer-nature-and-uc-strike-largest-open-access-deal-in-us-67640(검색일: 2021. 2. 9).

49. Kumsal Bayazit, "Collaborating to Support the Research Community: The Next Chapter", 2019, Charleston Library Conference, 2019. 11. 7.

50. Kumsal Bayazit, "Kumsal Bayazit, Elsevier CEO, shares her vision for building a better future in research", Elsevier, 2019. 11. 8. https://www.elsevier.com/connect/kumsal-bayazit-on-collaborating-to-support-the-research-community-the-next-chapter(검색일: 2021. 2. 9).

51. Kumsal Bayazit, and Cris Ferguson, "Collaborating to Support the Research Community: The Next Chapter", *Proceedings of the Charleston Library Conference*, 2019. https://docs.lib.purdue.edu/cgi/viewcontent.cgi?article=2186&context=charleston(검색일: 2021. 2. 9).

52. Dan Strempel, "University of California Pressures Elsevier to Bend on Open Access", Market Research Blog, 2019. 9. 23. https://blog.marketresearch.com/university-of-california-pressures-elsevier-to-bend-on-open-access(검색일: 2021. 2. 9).

53. "Unprecedented agreement with Elsevier for Polish science", icm, 2019. 6. 13. https://icm.edu.pl/en/blog/2019/06/13/unprecedented-agreement-with-elsevier-for-polish-science/(검색일: 2021. 2. 9).

54. "Hungary and Elsevier agree pilot national license for research access and Open Access publishing", Elsevier, 2019. 10. 31, https://www.elsevier.com/about/press-releases/corporate/hungary-and-elsevier-agree-pilot-national-license-for-research-access-and-open-access-publishing(검색일: 2021. 2. 9).

55. "New transformative agreement with Elsevier enables unlimited open access to Swedish research", Elsevier, 2019. 11. 22. https://www.elsevier.com/about/press-releases/corporate/new-transformative-agreement-with-elsevier-enables-unlimited-open-access-to-swedish-research(검색일: 2021. 2. 9).

56. Tania Rebesandratana, "Elsevier deal with France disappoints open-access advocates", *Science*, 2019. 12. 13. https://www.sciencemag.org/news/2019/12/elsevier-deal-france-disappoints-open-access-advocates(검색일: 2021. 2. 9).

57. "Open Access Agreements", Elsevier, https://www.elsevier.com/open-access/agreements(검색일: 2021. 2. 9).

58. CSU Libraries, "CSU / Elsevier 〈ScienceDirect〉 Renewal Supports the Future of Research in California", *CSU Libraries Network*, https://libraries.calstate.edu/csu-elsevier-renewal/(검색일: 2021. 2. 10).

59. Amanda Bradford, "UC libraries continue talks with research publisher Elsevier, enter new agreements", *The Daily Californian*, 2020. 1. 28., https://www.dailycal.org/2020/01/28/uc-libraries-continue-talks-with-research-publisher-elsevier-enter-new-agreements/(검색일: 2021. 2. 17).

60. "UC and Elsevier", Office of Scholarly Communication, University of California, https://osc.universityofcalifornia.edu/uc-publisher-relationships/uc-and-elsevier/(검색일: 2021. 2. 17).

10장

1. 이 대담은 『상허학보』 60, 2020에 실린 것이다.

2. 「새로운 학문 생산 체제와 '지식 공유'를 위한 학술 단체 및 연구자 연대 선언」, https://knowledgecommoning.org/ ; 새로운 학문 생산 체제와 '지식 공유'를 위한 학술 단체와 연구자 공동 심포지엄, 성균관대학교, 2019. 8. 29. https://knowledgecommoning.org/documents?uid=4&mod=document&pageid=1 ; 「논문은 학자가 썼는데, 왜 돈은 업체가 버나」, 『한겨레』, 2019. 8. 30. http://www.hani.co.kr/arti/culture/religion/907767.html

3. 「지식공유연대 "리포트 거래소는 대학생을 지식 착취의 공모자가 되도록 유도"」, 『경향신문』, 2020. 6. 17, http://news.khan.co.kr/kh_news/khan_art_view.html?artid=202006171414001&code=960100 ; 「리포트 거래 사이트, 학생 표절 조장·지식재산권 인식 왜곡」, 『교수신문』, 2020. 6. 17, http://www.kyosu.net/news/articleView.html?idxno=53269 ; 「지식공유연대 "지식 공공성 위한 법·제도적 환경 조성 필요"」, 『대학지성 In&OUT』, 2020. 7. 9, http://www.unipress.co.kr/news/articleView.html?idxno=1605 등.

4. 박숙자, 「'지식공유연대'와 OA 운동」, 『국내 학술지 오픈 액세스 전환 정책 토론회』, 국회도서관 강당, 2019. 11. 21, https://knowledgecommoning.org/documents?uid=5&mod=document&pageid=1

5. 새로운 학문 생산 체제와 '지식 공유'를 위한 학술 단체와 연구자 연대 https://knowledgecommoning.org/

6. 「논문집에 관한 규정」, 상허학회 http://www.sanghur.net/story_03.html#sub02

부록

1. Korea Journal Copyright Information(http://copyright.oak.go.kr/main.do)

참고문헌

1장

데이비드 그레이버, 서정은 옮김, 『가치 이론에 대한 인류학적 접근: 교환과 가치, 사회의 재구성』, 그린비, 2009.

드미트리 클라이너, 권범철 옮김, 『텔레코뮤니스트 선언』, 갈무리, 2014.

맛테오 파스퀴넬리, 서창현 옮김, 『동물혼』, 갈무리, 2013.

박서현, 「한국 학계에서 지식 커먼즈의 대안적 생산·공유의 과제」, 새로운 학문 생산 체제와 '지식 공유'를 위한 학술 단체와 연구자 공동심포지엄, 2019. 8. 29.

배성인, 「학문의 위기와 한국연구재단: 조직혁신 및 학술지원 정책 방안」, 새로운 학문 생산 체제와 '지식 공유'를 위한 학술 단체와 연구자 공동심포지엄, 2019. 8. 29.

이재성, 「"논문은 공유재" 21세기형 지식인 운동 닻 올린다」(천정환 인터뷰), 『한겨레』, 2020. 2. 21, http://www.hani.co.kr/(검색일: 2022. 1. 8.)

해리 클리버, 권만학 옮김, 『자본론의 정치적 해석』, 풀빛, 1986.

Cleaver, Harry, *Rupturing the Dialectic: The Struggle against Work, Money, and Financialization*, Chico, California: AK Press, 2017.

De Angelis, Massimo, *Omnia Sunt Communia: On the Commons and the Transformation to Postcapitalism*, London: Zed Books, 2017

Federici, Silvia, "The University: A Knowledge Common?", in *Re-enchanting the World: Feminism and the Politics of the Commons*, Oakland: PM Press, 2019.

2장

교육과학기술부, "학술지 지원 제도 개선방안", 2011. 12. 7, https://www.korea.kr/news/policyNewsView.do?newsId=148723664(검색일: 2021. 7. 18).

교육부 학술진흥과, 「인문사회분야 학술연구지원사업 처리규정」, 2018. 4. 11, https://www.law.go.kr/LSW/admRulLsInfoP.do?admRulSeq=2100000121259(검색일: 2021. 7. 18).

구정모, 「학술지 등재 제도 유지한다...폐지계획 유보」, 『아시아타임즈』, 2013. 7. 18, https://asiatime.co.kr/article/20130718004265(검색일: 2021. 7. 18).

김누리, 「서평: 주식회사 유니버시티: 대학의 기업화와 학문 공동체의 위기(1)」, 『영미문학연구』 27, 2010.

김창록, 「학술지와 학술진흥―법학학술지에 초점을 맞추어」, 『서울대학교 법학』 50(2), 2009.

박서현, 「한국 학계에서 지식 커먼즈의 대안적 공유에 대해―인문사회계 분야를 중심으로」, 『한국사회』 21(2), 2020a.

박서현, 「한국 학계에서 지식 커먼즈의 대안적 생산에 대해―인문사회계 분야를 중심으로」, 『사회과학연구』59(1), 2020b, 190.

박서현, 「지식 커먼즈로서 학술 지식의 사회적 가치: 열린 공공성을 가지는 공공재」, 『상허학보』60, 2020c.

박숙자·정경희·박배균·천정환·장문석·고찬미·조은정, 「포스트 코로나19 대응 학술 단체 지원 사업 개선 방안 연구」, 한국연구재단, 2021. 6. 23. https://www.nrf.re.kr/cms/board/library/view?menu_no=419&nts_no=161199(검색일: 2021. 1. 9).

박찬길, 「인문학 평가, 어떻게 할 것인가」, 『안과밖』37, 2014.

백영경, 「커먼즈와 복지: 사회재생산 위기에 대한 통합적 접근을 위한 시론」, 『ECO』21(1), 2017.

새로운 학문 생산 체제와 지식 공유를 위한 학술 단체와 연구자 연대, "새로운 학문 생산 체제와 '지식 공유'를 위한 학술 단체와 연구자 연대 선언", 2019. 8. 29, https://knowledgecommoning.org/(검색일: 2021. 7. 18).

샬럿 헤스·엘리너 오스트롬, 김민주·송희령 옮김, 『지식의 공유』, 타임북스, 2010.

시민과 함께 하는 연구자의 집, 「온라인 '지식 공유 플랫폼' 구축 및 '지식 공유 플랫폼 협동조합' 설립 사업(안)」, 2019.

신하영·이재, 「학술지 등재제 유지 결정은 사팔귀정」, 『한국대학신문』, 2013. 7. 23, http://news.unn.net/news/articleView.html?idxno=126263(검색일: 2021. 7. 18).

엘리너 오스트롬, 윤홍근·안도경 옮김, 『공유의 비극을 넘어』, 알에이치코리아, 2010.

우지숙·김보라미·신현기·최정민·배관표·정소영, 「공공기금에 의한 연구 성과물의 공공접근정책 연구」, 한국과학기술정보원, 2010.

이지영, 「[연재기획] 학술진흥재단을 점검한다(4): 학술지평가사업의 현황과 개선 방향」, 『교수신문』, 2003. 6. 19, https://www.kyosu.net/(검색일: 2021. 7. 18).

정경희·김규환, 「국내 학술지 저작권 정책 변화 의미 분석」, 『정보관리학회지』34(2), 2017.

질케 헬프리히, 카오모 옮김, 「코로나바이러스는 어떻게 시장과 국가를 넘어 생각하게 하는가?」, 커먼즈번역네트워크, 2020. 7. 17, http://commonstrans.net/?p=2222(검색일: 2021. 7. 18.)

피에르 다도·크리스티앙 라발, 카오모 옮김, 「정치적 시험으로서의 팬데믹: 전지구적 커먼즈를 주장하며」, 커먼즈번역네트워크, 2020. 3. 28, http://commonstrans.net/?p=2264(검색일: 2021. 7. 18).

최원형, 「"국가 차원에서 '오픈 액세스' 의무화해야"」, 『한겨레』, 2021. 6. 18, https://www.hani.co.kr/arti/culture/book/999897.html(검색일: 2021. 7. 18)

한국과학기술정보원, 한국기록관리학회, 한국기록학회, 한국도서관·정보학회, 한국문헌정보학회, 한국비블리아학회, 한국서지학회, 한국정보관리학회, 「문헌정보학분야 학술 단체 오픈 액세스 출판 선언」, 2018. 4. 20, https://jksarm.accesson.kr/notice/13/?q=&locale=ko(검색일: 2021. 7. 18).

한국연구재단, 「2020년도 학술지평가 계속평가/재인증평가 신청요강(안)」, 2020. 3. 30, https://www.kci.go.kr/kciportal/ss-mng/bbs/bbsNoticeView.kci(검색일: 2021. 7. 18).

홍재현, 「국내 학술지 논문의 오픈 액세스와 아카이빙을 위한 저작권 귀속 연구: 한국학술진흥재단 등재 학술지를 중심으로」, 『한국도서관·정보학회지』39(1), 2008.

힐러리 웨인라이트, 김현우 옮김, 『국가를 되찾자』, 이매진, 2014.

"Budapest Open Access Initiative", 2002. 2. 14, https://www.budapestopenaccessinitiative.org/read(검색일: 2021. 7. 18).

Caffentzis, George and Silvia Federici, "Commons against and beyond Capitalism", *Community Development Journal* 49(S1), 2014.

Fattori, Tommaso, "Public-Commons Partnership". P2PF Wiki, http://wiki.p2pfoundation.net/Public-Commons_Partnership(검색일: 2021. 7. 10).

Milburn, Keir, and Bertie T Russel, "Public-Common Partnerships: Building New Circuits of Collective Ownership", Common Wealth, https://www.common-wealth.co.uk/reports/public-common-partnerships-building-new-circuits-of-collective-ownership(검색일: 2021. 7. 10).

Vemeir, K. "Scientific Research: Commodities or Commons?", *Science & Education* 22(10), 2013.

3장

문화체육관광부(저작권정책과), 『저작권법』, 2021. 6. 9, https://www.law.go.kr(검색일: 2022. 3. 7).

이해완, 『저작권법』 전면개정판 3판, 박영사, 2015.

「자유 소프트웨어란 무엇인가?」, GNU 홈페이지, 2021. 9. 20, https://web.archive.org/web/20040413084027/http://www.fsf.org/philosophy/free-sw.ko.html(검색일: 2022. 3. 7).

Boyle, James, "The Second Enclosure Movement and the Construction of the Public Domain", *Law and Contemporary Problems* 66(1/2), 2003.

"Copyright Term Extension Act" in One Hundred Fifth Congress of the United States of America, 1998, https://www.copyright.gov/legislation/s505.pdf(검색일: 2022. 3. 7).

"Creative Commons", https://creativecommons.org/(검색일: 2022. 3. 7).

"Digital Millennium Copyright Act" in One Hundred Fifth Congress of the United States of America, 1998, https://www.copyright.gov/legislation/s505.pdf(검색일: 2022. 3. 7).

"Eldred v. Ashcroft, 537 U.S. 186, 193", Justia US Supreme Court, 2003, https://supreme.justia.com/cases/federal/us/537/186/(검색일: 2022. 3. 7).

"Open Soucre Initiative", https://opensource.org/(검색일: 2022. 3. 7).

Ostrom, Elinor, *Governing the Commons: The Evolution of Institutions for Collective Action,* Cambridge, New York: Cambridge University Press, 1990.

4장

새로운 학문 생산 체제와 지식 공유를 위한 학술 단체와 연구자 연대, 「새로운 학문 생산 체제와 지식 공유를 위한 학술 단체와 연구자 연대 선언」, 2019. 8. 29, https://knowledgecommoning.org/(검색일: 2022. 1. 9).

우지숙, 「저자는 어디에 있는가?: 국내 학술 논문의 저작권 논의에 대한 비판적 고찰」, 『언론과 사회』 16(3), 2008.

윤종수 · 이은우 · 김일권 · 최하나, 「한국연구재단 학술연구 발전을 위한 국내 학술 단체의 저작권 관리 실태 분석 및 저작권 관련 규정에 관한 연구」, 한국연구재단, 2019. 6. 25, https://www.nrf.re.kr/cms/board/library/view?menu_no=419&o_menu_no=&page=10&nts_no=129868&nts_cat=REPORT_L_06&search_type=NTS_TITLE&search_keyword=&nts_cat=REPORT_L_06(검색일: 2022. 1. 9).

정경희, 「학술지 유통 현황과 이슈」, 한국문헌정보학회 · 한국비블리아학회 2018년 춘계 공동학술대회, 2018. 4. 20.

정경희, 「한국기록관리학회지의 오픈 액세스 출판 전환 과정 기록」, 『한국기록관리학회지』 20(4), 2020.

황은성, 「학자들이 '논문 공짜 공개'를 환영하는 이유: [반론] 논문의 목적과 기능을 제대로 인식해야」, 『오마이뉴스』, 2015. 12. 17, http://www.ohmynews.com/NWS_Web/View/at_pg.aspx?CNTN_CD=A0002169058(검색일: 2022. 1. 9).

"Berlin Declaration on Open Access to Knowledge in the Science and Humanities", 2003. 10. 22, https://openaccess.mpg.de/Berlin-Declaration(검색일: 2022. 1. 9).

"Bethesda Statement on Open Access Publishing", 2003. 4. 11, https://www.jlis.it/article/view/8628/7766(검색일: 2022. 1. 9).

"Budapest Open Access Initiative". 2002. 2. 14, https://www.budapestopenaccessinitiative.org/read/(검색일: 2022. 1. 9).

Canhos, Vanderlei, Leslie Chan, and Barbara Kirsop, "Bioline Publications: How its Evolution has mirrored the Growth of the Internet", Learned Publishing 14(1), 2001.1, https://onlinelibrary.wiley.com/doi/pdfdirect/10.1087/09531510125100269(검색일: 2022. 1. 9).

FOAA, "The Fair Open Access Principles", 2017. https://www.fairopenaccess.org/the-fair-open-access-principles/(검색일: 2022. 1. 9).

Ginsparg, Paul, Preprint Deja Vu: an FAQ. arXiv:1706.04188, 2017.

Guedon, Jean-Claude, "Open Access: Toward the Internet of the Mind", 2017, https://www.budapestopenaccessinitiative.org/boai15/open-access-toward-the-internet-of-the-mind/(검색일: 2021. 1. 9).

Hagedorn, Henry, "A Call for Change in Academic Publishing", 2001, http://www.insectscience.org/about/change/openletter/(검색일: 2022. 1. 9).

Harnard, Steven, "Scholarly Skywriting and the Publication Continuum of Scientific Inquiry", Psychological Science 1, https://eprints.soton.ac.uk/251894/1/harnad90.skywriting.html(검색일: 2022. 1. 9.)

Hughes, Annie M., Publication Behaviors of the Signers of the Public Library of Science(PLoS) "Open Letter to Scientific Publishers". A Master's Paper for the M.S. in L.S. degree. 2008. 4.

McPherson, James M., "A Crisis in Scholarly Publishing", Perspectives on History. 41(7), 2003. 10. 1, https://www.historians.org/publications-and-directories/perspectives-on-history/october-2003/a-crisis-in-scholarly-publishing(검색일: 2021. 1. 9).

Okerson, Ann S., James J. O'Donnell(Eds.), Scholarly Journals at the Crossroads: A Subversive Proposal for Electronic Publishing. Washington, DC.: Association of Research Libraries, 1995. 6.

Poynder, Richard, "The Open Access Big Deal: Back to the Future", 2018. 3. 28, https://poynder.blogspot.com/2018/03/the-open-access-big-deal-back-to-future.html,(검색일: 2022. 1. 9).

Rosenzweig, Michael L., Protecting Access to Scholarship: We are the Solution, http://www.evolutionary-ecology.com/citizen/spring00speech.pdf(검색일: 2022. 1. 9).

SPARC, Declaring Independence: A Guide to Creating Community-controlled Science Journals, SPARC, 2001.

Taylor, Mike, "Open Access is about Sharing, Unity and Sanity, not about Money", 2013. 11. 19~20. Berlin 11 Conference, https://openaccess.mpg.de/1528644/Session-2-Taylor.pdf(검색일: 2021. 1. 9).

van der Maarel, Eddy, "Eddy van der Maarel statement", 2001. 10. 30, https://web.archive.org/web/20101116021937/http://lists.topica.com/lists/fos-forum/read/message.html?mid=902159566&sort=d&start=44(검색일: 2022. 1. 9).

5장

김영철, 「등록금 동결 정책과 고등교육의 재정위기」, 『재정학연구』 11(4)(통권 제99호), 2018.

박상인, 「언론 중재법 말고 미디어 바우처」, 『경향신문』, 2021. 8. 27, https://www.khan.co.kr/opinion/column/article/202108270300065(검색일: 2022. 1. 9).

최무영, 『과학, 세상을 보는 눈: 통합학문의 모색』, 서울대학교출판문화원, 2020.

홍성주·송위진, 『현대 한국의 과학기술정책: 추격의 성공과 탈추격 실험』, 들녘, 2017.

Annemieke van Barneveld-Biesma, et. al., *Read and Publish Contracts in the Context of a Dynamic Scholarly Publishing System: a Study on Future Scenarios for the Scholarly Publishing System*, 2020. 7.

6장

김동춘, 「학술운동의 현황과 전망」, 『현상과인식』 12(4), 1988.

김명환, 「국내 학문 생태계의 현실과 혁신의 방향: 지식의 공공성, 저작권, 오픈 액세스」, 2021년 지식공유연대 심포지엄, 2021. 7. 23, https://knowledgecommoning.org/documents?uid=20&mod=document&pageid=(검색일: 2022. 1. 9).

김서중·김은규, 「한국언론정보학회 20년, 비판적 학술운동의 고민과 한계」, 『한국언론정보학보』 43, 2008.

박배균, 「한국 지식인운동과 민교협 명칭 변경의 의미」, 『대학: 담론과 쟁점』 8, 2019.

박서현, 「지식 커먼즈로서 학술 지식의 사회적 가치: 열린 공공성을 지니는 공공재」, 지식공유연대 세미나 발표문, 2020. 10. 16.

박서현, 「공공성과 거버넌스: 한국 인문사회분야 지식 생산의 공공성을 증진하는 커먼즈와 국가의 관계」, 2021년 지식공유연대 심포지엄, 2021. 7. 23, https://knowledgecommoning.org/documents?uid=20&mod=document&pageid=(검색일: 2022. 1. 9).

장훈교, 「학술운동이라는 오래된 질문에 관한 재조: 한 개인의 지방적 메모」, 『2021년 지식 공유 학술세미나 '학술운동은 무엇을 할 수 있는가?: 지방과 비제도권의 목소리' 자료집』, 2021. 6. 4.

장훈교·조희연, 「제4세대 대항학술운동: 공통자원 기반 급진민주주의 프로젝트」, 『역사비평』 104, 2013.

정정훈, 「비제도권 학술운동의 궤적과 동시대 학술운동에 관한 시론」, 『2021년 지식 공유 학술세미나 '학술운동은 무엇을 할 수 있는가?: 지방과 비제도권의 목소리' 자료집』, 2021. 6. 4.

정태석, 「대학의 변화와 지식인운동의 전환」, 『대학: 담론과 쟁점』 1, 2016.

7장

강한배, 「국가전자도서관구축 기본계획」, 한국데이타베이스학회 1998년도 국제 컨퍼런스: 국가경쟁력 향상을 위한 디지털도서관 구축방안, 1998. 9. 1.

김규환·이수상·이재윤·정경희·강희경, 『국내 학술지 오픈 액세스 활성화를 위한 출판․유통 모델 연구 최종보고서』. 연구보고 CR 2020-6, 한국교육학술정보원, 2020. 12.

박대현, 양정보, 신선호, 『학술지원 저술성과 확산을 위한 대학출판조직 지원 방안』. 한국연구재단 이슈리포트 2021-7, 2021. 4. 5.

백승찬, 「'소수에 집중 지원'으로 바뀌는 학술지 지원 사업 논란」, 『경향신문』, 2012. 10. 28, https://m.khan.co.kr/culture/culture-general/article/201210282129175(검색일: 2022. 1. 14.) 「외국학술지지원센터 소개」, 외국학술지지원센터, http://www.fric.kr/user/centerinfo/centerIntroView.do(검색일: 2022. 1. 14).

이재윤, 「학회의 OA 추진 사례와 과제」, 2019 KESLI 지식정보 공유 포럼 발표 자료, 2019. 4. 25.

이재윤, 「인문사회 학술지 OA 전환 해외 동향 및 도서관의 역할」, 2021년도 한국사립대학교도서관 협의회 웨비나 발표자료, 2021. 11. 26.

이재윤 · 정경희, 「해외 인문사회과학 학술지 오픈 액세스 전환 동향 연구」, 『정보관리학회지』 37(3), 2020.

「학술지 기관통계」, 한국학술지인용색인, https://www.kci.go.kr/kciportal/po/statistics/poStatisticsMain.kci(검색일: 2022. 1. 14).

"Aid to scholarly journals", Social Sciences and Humanities Research Council, 2021. 6. 25, https://www.sshrc-crsh.gc.ca/funding-financement/programs-programmes/scholarly_journals-revues_savantes-eng.aspx(검색일: 2022. 1. 14).

"Aid to scholarly journals selection committees: June 2018 competition". Social Sciences and Humanities Research Council, 2019. 4. 17, https://www.sshrc-crsh.gc.ca/funding-financement/merit_review-evaluation_du_merite/selection_committees-comites_selection/journals-revues_2018-eng.aspx(검색일: 2022. 1. 14).

Edwards, C., "Building a non-APC business model for humanities journal publishing", 2016, https://oaspa.org/wp-content/uploads/2016/10/Caroline-Edwards-Talk-Virginia-Sept.-2016.pdf(검색일: 2022. 1. 14).

"Episciences", https://www.episciences.org/(검색일: 2022. 1. 14).

Hook, D., I. Calvert, and M. Hahnel, The Ascent of Open Access: An analysis of the Open Access landscape since the turn of the millennium, London: Digital Science, 2019, https://www.digital-science.com/blog/news/the-ascent-of-open-access-report/(검색일: 2022. 1. 14).

"Hrcak", https://hrcak.srce.hr/(검색일: 2022. 1. 14).

Irawan, D. E., J. Abraham, R. A. Zein, I. A. Ridlo, and E. K. Aribowo. "Open access in Indonesia". Development and Change 52(3) https://doi.org/10.1111/dech.12637(검색일: 2022. 1. 14).

"Journal.fi", https://Journal.fi/(검색일: 2022. 1. 14).

"Janeway", https://janeway.systems/(검색일: 2022. 1. 14).

Montgomery, L., J. Hartley, C. Neylon, M. Gillies, E. Gray, C. Herrmann-Pillath, Chun-Kai (Karl) Huang, J. Leach, J. Potts, X. Ren, K. Skinner, C. R. Sugimoto, and K. Wilson. Open Knowledge Institutions: Reinventing Universities, The MIT Press, 2021. Retrieved from https://doi.org/10.7551/mitpress/13614.001.0001

Moya-Anegon, F., V. P. Guerrero-Bote, and E. Herran-Paez. "Cross-National Comparison of Open Access Models: A Cost/Benefit Analysis". In: C. Daraio and W. Glanzel (Eds) Evaluative Informetrics: The Art of Metrics-Based Research Assessment, Cham: Springer, 2020, https://doi.org/10.1007/978-3-030-47665-6_14(검색일: 2022. 1. 14).

"Norwegian open journals in the social sciences and humanities: A consortium for Norwegian SSH OA journals", https://www.openaccess.no/english/humsam/(검색일: 2022. 1. 14).

"openjournals.nl", https://openjournals.nl/(검색일: 2022. 1. 14)

Packer, A. L., N. Cop, A. Luccisano, A. Ramalho, and E. Spinak, SciELO - 15 Years of Open Access: an analytic study of Open Access and scholarly communication. Paris: UNESCO, 2014.

Polonen, J., S. Syrjamaki, A-J. Nygard, and B. Hammarfelt. "Who are the users of national open access journals? The case of the Finnish Journal.fi platform". Learned Publishing 34(4), 2021, https://doi.org/10.1002/leap.1405(검색일: 2022. 1. 14).

Reckling, F., K. Rieck, and E. Scherag. "Report on the FWF Open Access Journal Funding Initiative", (2018). Retrieved from http://doi.org/10.5281/zenodo.1433993

Schopfel, Jo. "Open Access to Scientific Information in Emerging Countries". D-Lib Magazine 23(3/4), 2017.3/4, https://doi.org/10.1045/march2017-schopfel(검색일: 2022. 1. 14).

"SciELO", https://scielo.org/en/(검색일: 2022. 1. 14).

"SCINDEKS", https://scindeks.ceon.rs/(검색일: 2022. 1. 14).

"Tidsskrift.dk", https://tidsskrift.dk/(검색일: 2022. 1. 14).

Van Noorden, R. "Indonesia tops open-access publishing charts". Nature, 2019.5.15, https://doi.org/10.1038/d41586-019-01536-5(검색일: 2022. 1. 14).

Watkinson, A. "APE 2018 Selected Reports". Information Services & Use 38(4), 2016.

8장

김명환 (좌담), 「국외 학술지 국가 차원 구독 협상, 한국형 오픈 액세스 시급」, 『한겨레』, 2021.8.2, https://www.hani.co.kr/arti/culture/religion/1006202.html(검색일: 2022. 1. 9).

김지훈 기자, "논문은 학자가 썼는데, 왜 돈은 업체가 버나", 『한겨레』, 2019. 8. 30. https://www.hani.co.kr/arti/culture/religion/907767.html(검색일: 2022. 2. 9).

박서현, 「공공성과 거버넌스: 한국 인문사회 분야 지식 생산의 공공성을 증진하는 커먼즈와 국가의 관계」, 2021년 지식공유연대 심포지엄, 2021. 7. 23, https://knowledgecommoning.org/documents?uid=20&mod=document&pageid=(검색일: 2022. 1. 9).

박숙자 · 정경희 · 박배균 · 천정환 · 고찬미 · 장문석 · 조은정, 『포스트 코로나19 대응 학술 단체 지원 사업 개선 방안 연구』, 한국연구재단, 2021. 6. 23. https://www.nrf.re.kr/cms/board/library/view?menu_no=419&nts_no=161199(검색일: 2022. 1. 9).

프란츠 카프카, 임홍배 옮김, 『어느 학술원에 드리는 보고』, 아루투어 슈니츨러 외, 『어느 사랑의 실험』, 창비, 2010.

「한국어문학 지식 공유 위키」, 2021. 12. 2, http://www.klbksk.com/wiki/index.php/Korean_Language_and_Literature_Wiki(검색일: 2022. 1. 9).

허선, 「우리나라 과학 분야 학술지 Open Access 발행 역사와 국제 동향」, 2021년 지식공유연대 심포지엄, 2021. 7. 23, https://knowledgecommoning.org/documents?uid=20&mod=document&pageid=1(검색일: 2022. 1. 9).

홍여진, 「논문 공장의 영업 비밀」, 『뉴스타파』, 2021. 6. 23, https://www.youtube.com/watch?v=DRnjMrjDU6(검색일: 2022. 1. 9).

9장

하리스코, 「MIT 등 미국 주요 대학들, '오픈 액세스 모델' 논쟁으로 Elsevier와 출판 계약 포기」, 『Harrisco』, 2020. 11. 20. https://www.harrisco.net/board/view.php?bc_table=blog&ba_srl=67(검색일: 2021. 2. 17).

"About CDL", CDL: California Digital Library, https://cdlib.org/about(검색일: 2021. 1. 5).

Anderson, Ivy, "Transformative Agreements as an Open Access Accelerator", NASEM Aligning Incentives for Open Science Roundtable in Washington, D.C., 2019. 9. 20.

"An introductory guide to the UC model transformative agreement", Office of Scholarly

Publication, University of California, https://osc.universityofcalifornia.edu/uc-publisher-relationships/resources-for-negotiating-with-publishers/negotiating-with-scholarly-journal-publishers-a-toolkit/an-introductory-guide-to-the-uc-model-transformative-agreement/#about(검색일: 2021. 2. 3).

Barner, David, "Support the UC's "publish & read" proposal to Elsevier", https://sign.moveon.org/petitions/support-the-ucs-publish(검색일: 2021. 2. 17).

Bayazit, Kumsal, "Collaborating to Support the Research Community: The Next Chapter", 2019, Charleston Library Conference. 2019. 11. 7.

Bayazit, Kumsal, "Kumsal Bayazit, Elsevier CEO, shares her vision for building a better future in research", Elsevier, 2019. 11. 8. https://www.elsevier.com/connect/kumsal-bayazit-on-collaborating-to-support-the-research-community-the-next-chapter(검색일: 2021. 2. 9).

Bayazit, Kumsal, and Cris Ferguson, "Collaborating to Support the Research Community: The Next Chapter", *Proceedings of the Charleston Library Conference*, 2019. https://docs.lib.purdue.edu/cgi/viewcontent.cgi?article=2186&context=charleston(검색일: 2021. 2. 9).

Blouin, Bob, and Elaine Westbrooks, "Upcoming Elsevier Cancellations", UNC University Libraries, 2020. 4. 9. https://library.unc.edu/2020/04/upcoming-elsevier-cancellations/(검색일: 2021. 2. 17).

Bradford, Amanda, "UC libraries continue talks with research publisher Elsevier, enter new agreements", *The Daily Californian*, 2020. 1. 28. https://www.dailycal.org/2020/01/28/uc-libraries-continue-talks-with-research-publisher-elsevier-enter-new-agreements/(검색일: 2021. 2. 17).

Brainard, Jeffrey "Huge open-access journal deal inked by University of California and Springer Nature", *Science*, 2020. 6. 16. https://www.sciencemag.org/news/2020/06/huge-open-access-journal-deal-inked-university-california-and-springer-nature(검색일: 2021. 2. 9).

"Browse by imprint", Elsevier, https://www.elsevier.com/books-and-journals(검색일: 2021. 2. 5).

"Browse 4,366 journals and 30,667 books", ScienceDirect, https://www.〈ScienceDirect〉.com/browse/journals-and-books(검색일: 2021. 1. 27).

CSU Libraries, "CSU / Elsevier 〈ScienceDirect〉 Renewal Supports the Future of Research in California", *CSU Libraries Network*, https://libraries.calstate.edu/csu-elsevier-renewal/(검색일: 2021. 2. 10).

"Elsevier's response to the University of California's announcement today", 2019. 3. 1. https://twitter.com/ElsevierConnect/status/1101265584266928129검색일: 2021. 2. 4).

"Elsevier Subscription Changes", Florida State University Libraries, 2019. 3. 22. https://www.lib.fsu.edu/elsevier-changes(검색일: 2021. 2. 17).

"Elsevier welcomes a new CEO", ScienceBusiness, 2019. 2. 18. https://sciencebusiness.net/network-news/elsevier-welcomes-new-ceo(검색일: 2021. 2. 2).

Gaind, Nisha, "Huge US university cancels subscription with Elsevier." *Nature*, 2019. 3. 1. https://www.nature.com/articles/d41586-019-00758-x(검색일: 2021. 2. 2).

"Hungary and Elsevier agree pilot national license for research access and Open Access publishing", Elsevier, 2019. 10. 31. https://www.elsevier.com/about/press-releases/corporate/hungary-and-elsevier-agree-pilot-national-license-for-research-access-and-open-access-publishing(검색일: 2021. 2. 9).

Kell, Gretchen , "UC wins North America's largest open access publishing agreement", *Berkeley News*, 2020. 6. 16. https://news.berkeley.edu/story_jump/uc-wins-north-americas-largest-open-access-publishing-agreement/(검색일: 2021. 2. 17).

Kell, Gretchen, "Why UC split with publishing giant Elsevier", *Berkley News*, 2019. 2. 28. https://news.berkeley.edu/2019/02/28/why-uc-split-with-publishing-giant-elsevier/(검색일: 2021. 2. 2).

Kramer, David, "Transformative open-access deals spread to the US", *Physics Today*, 2020. 6. 10. https://physicstoday.scitation.org/do/10.1063/PT.6.2.20200710a/full/(검색일: 2021. 2. 2).

Kwon, Diana, "Springer Nature and UC Strike Largest Open-Access Deal in US", *TheScientist*, 2020. 6. 16. https://www.the-scientist.com/news-opinion/springer-nature-and-uc-strike-largest-open-access-deal-in-us-67640(검색일: 2021. 2. 9).

"Libraries", University of California, https://libraries.universityofcalifornia.edu/(검색일: 2021. 1. 5).

Mackie-Mason, Jeff, "Building a UC coalition", https://www.arl.org/wp-content/uploads/2019/05/mm19sp-BuildingUCCoalition-MacKieMason.pdf(검색일: 2021. 2. 4).

MacKie-Mason, Jeff, Gunter Waibel, and Mathew Willmott, "UC and Elsevier A blueprint for publisher negotiations", *CNI*, 2019. 4. 8.

May, Robert, "University of California Academic Council Statement on the University's Negotiations with Elsevier Publishing", 2019. 2. 28, https://senate.universityofcalifornia.edu/_files/reports/academic-council-statement-elsevier-feb28.pdf(검색일: 2021. 2. 4).

McKenzie, Lindsay, "SUNY cancels Big Deal With Elsevier", *Inside Higher ED*, 2020. 4. 13. https://www.insidehighered.com/quicktakes/2020/04/13/suny-cancels-big-deal-elsevier(검색일: 2021. 2. 17).

MIT Libraries, "MIT, guided by open access principles, ends Elsevier negotiations", *MIT News*, 2020. 6. 11., https://news.mit.edu/2020/guided-by-open-access-principles-mit-ends-elsevier-negotiations-0611(검색일: 2021. 2. 17).

"New transformative agreement with Elsevier enables unlimited open access to Swedish research", Elsevier, 2019. 11. 22., https://www.elsevier.com/about/press-releases/corporate/new-transformative-agreement-with-elsevier-enables-unlimited-open-access-to-swedish-research(검색일: 2021. 2. 9).

"Open Access Agreements", Elsevier, https://www.elsevier.com/open-access/agreements(검색일: 2021. 2. 9).

"Open Access Publishing", UCDavis Library, https://www.library.ucdavis.edu/service/open-access-publishing/(검색일: 2021. 2. 17).

"Open Statement: Why UC terminated journal negotiations with Elsevier", Office of Scholarly Communication, University of California, 2019. 3. 20., https://osc.universityofcalifornia.edu/2019/03/open-statement-why-uc-terminated-journal-negotiations-with-elsevier/(검색일: 2021. 2. 3).

"Pathways to Open Access", Office of Scholarly Communication, University of California, https://osc.universityofcalifornia.edu/uc-publisher-relationships/resources-for-negotiating-with-publishers/pathways-to-oa/(검색일: 2021. 2. 3).

"Quick guide: Access to Elsevier articles", Office of Scholarly Communication, University of

California, 2019. 12. 19., https://osc.universityofcalifornia.edu/uc-publisher-relationships/uc-and-elsevier/alternative-access-to-articles/(검색일: 2021. 2. 2).

Rebesandratana, Tania, "Elsevier deal with France disappoints open-access advocates", *Science*, 2019. 12. 13., https://www.sciencemag.org/news/2019/12/elsevier-deal-france-disappoints-open-access-advocates(검색일: 2021. 2. 9).

RELX, *RELX Annual Report and Financial Statements 2018*. https://www.relx.com/~/media/Files/R/RELX-Group/documents/reports/annual-reports/2018-annual-report.pdf(검색일: 2021. 2. 5).

Samberg, Rachael, Richard A. Schneider, Anneliese Taylor, and Michael Wolfe, "What's behind OA2020?", *College & Research News*, https://crln.acrl.org/index.php/crlnews/article/view/16881/18521(검색일: 2021. 2. 3).

Sanders, Robert, "UC faculty to Elsevier: Restart negotiations, or else", *Berkeley News*, 2019. 8. 7., https://news.berkeley.edu/2019/08/07/uc-faculty-to-elsevier-restart-negotiations-or-else/(검색일: 2021. 2. 17).

Schimmer, Ralf , "Initiatives for the Large-Scale Transition to Open Access", https://liber2016.org/wp-content/uploads/2015/10/1400-1420_Schimmer_Open_Access_2020.pdf(검색일: 2021. 2. 5).

"ScienceDirect: Elsevier's premier platform of peer-reviewed literature", Elsevier, https://www.elsevier.com/solutions/"ScienceDirect(검색일: 2021. 2. 5).

"Shop for books, journals and more.", Elsevier, https://www.elsevier.com/catalog?producttype=journals&cat0=&q=&imprintname=Elsevier&author=&sortby=sortByDateDesc(검색일: 2020. 2. 2).

Strempel, Dan, "University of California Pressures Elsevier to Bend on Open Access", Market Research Blog, 2019. 9. 23., https://blog.marketresearch.com/university-of-california-pressures-elsevier-to-bend-on-open-access(검색일: 2021. 2. 9).

"The only world-class public reseach university for, by and of California", University of California, https://www.universityofcalifornia.edu/uc-system(검색일: 2021. 1. 4).

The UC Office of the President, "UC Terminates Subscriptions with World's Largest Scientific Publisher in Push for Open Access to Publicly Funded Research". *News & Events*, The Library UC San Diego, 2019. 2. 28. https://library.ucsd.edu/news-events/uc-terminates-subscriptions-with-worlds-largest-scientific-publisher-in-push-for-open-access-to-publicly-funded-research/(검색일: 2021. 2. 4).

"UC and Elsevier", Office of Scholarly Communication, University of California, https://osc.universityofcalifornia.edu/uc-publisher-relationships/uc-and-elsevier/(검색일: 2021. 2. 17).

"UC and Elsevier: Why It Matters", Office of Scholarly Communication, University of California, 2019. 3. 1., https://osc.universityofcalifornia.edu/uc-publisher-relationships/uc-and-elsevier/uc-and-elsevier-impact/#library(검색일: 2021. 2. 4).

UC Office of the President, "UC terminates subscriptions with world's largest scientific publisher in push for open access to publicly funded research", University of California, 2019. 2. 28., https://www.universityofcalifornia.edu/press-room/uc-terminates-subscriptions-worlds-largest-scientific-publisher-push-open-access-publicly(검색일: 2021. 1. 8).

"Unprecedented agreement with Elsevier for Polish science", icm, 2019. 6. 13., https://icm.edu.pl/en/blog/2019/06/13/unprecedented-agreement-with-elsevier-for-polish-science/(검색일: 2021. 2. 9).

WIlson, Kristen, "Publisher versus imprint", Open Library Foundation, 2014. 9. 25., https://openlibraryenvironment.atlassian.net/wiki/spaces/GOKB/pages/656201/Publisher+versus+imprint(검색일: 2021. 1. 29).

"1.4 million articles on 「ScienceDirect」 are open access", ScienceDirect, https://www.〈ScienceDirect〉.com/(검색일: 2021. 2. 5).

지식을 공유하라

1판 1쇄 발행 2022년 4월 29일

엮음 박서현 정경희 | **기획** 새로운학문생산체제와'지식공유'를위한학술단체와연구자연대 · 서울대 아시아도시사회센터

펴낸이 임중혁 | **펴낸곳** 빨간소금 | **등록** 2016년 11월 21일(제2016-000036호)

주소 (01021) 서울시 강북구 삼각산로 47, 나동 402호 | **전화** 02-916-4038

팩스 0505-320-4038 | **전자우편** redsaltbooks@gmail.com

ISBN 979-11-91383-13-3(93330)

· 책값은 뒤표지에 있습니다.

· 이 저서는 2017년도 정부재원(교육부)으로 한국연구재단 한국사회과학연구사업(SSK)의 지원을 받아
연구되었음(NRF-2017S1A3A2066514)

· 이 책에 포함된 모든 글에는 CC BY-NC-SA(저작자표시-비영리-동일조건변경허락)를 적용합니다.